Piccola Biblioteca Einaudi   28
Nuova serie
Saggistica letteraria e linguistica

ISBN 88-06-15433-8

Vittorio Coletti
Storia dell'italiano letterario

Dalle origini al Novecento

Piccola Biblioteca Einaudi
Saggistica letteraria e linguistica

Indice generale

Premessa

A confronto con la storia della lingua parlata in Italia, la cui vicenda cronologica procede per scarti e differenze molteplici nell'intricata geografia delle regioni e dei dialetti, la storia dell'italiano letterario appare un percorso quasi rettilineo, anche se non ininterrotto, verso una soluzione centrale, comune e nazionale. Le eccezioni ad essa sono state precocemente marginalizzate con rapidità simmetricamente opposta alla lenta resistenza dei volgari regionali nell'italiano parlato (ad esempio, nell'Italia nord orientale, il volgare locale è sentito, in letteratura, come dialettale già dal Trecento, mentre, nell'uso, sarà lingua a pieno titolo sino alla caduta della repubblica di Venezia). Le varietà regionali sono rimaste fuori dalla storia della lingua letteraria, confinate in diverse, spesso suggestive e ricchissime ma «altre», storie letterarie dei dialetti e solo, eventualmente, vi sono rientrate per la finestra di speciali effetti stilistici. Cosí, mentre i dialetti ligure o lombardo o romanesco continuano ancor oggi a condizionare e diversificare negli italiani regionali la lingua parlata nazionale, i volgari dell'Anonimo o di Bonvesin o della *Vita di Cola* sono dialettali ed esterni (se non estranei) alla lingua letteraria nazionale sin dai tempi del *De Vulgari Eloquentia*. Anche l'unico, serio tentativo fatto, in età rinascimentale, di difendere, almeno in parte, i particolarismi delle grandi regioni culturali e linguistiche (con le proposte grammaticali di un italiano letterario settentrionale del Trissino nel corso del dibattito sulla questione della lingua), nulla ha potuto contro una forza centripeta resa irresistibile dal successo del toscano, prima, e dall'autorità dei grammatici, poi.

Paradossalmente, solo i toscani hanno continuato a prospettare e frequentare, dal loro specialissimo angolo, una pratica regionale della lingua letteraria nazionale; ma il loro è un caso, come è evidente, molto particolare, come particolarissimo è (e soprattutto era) il loro regionalismo linguistico.

Insomma: mentre c'è un'attiva storia regionale dell'italiano parlato che porterà addirittura a realizzazioni diversificate tra di loro (gli italiani regionali appunto), la storia regionale dell'italiano letterario è vicenda della resa e dell'omogeneizzazione delle diverse periferie e non andrà mai oltre, nei casi migliori, la promozione di uno stile vagamente comune tra autori conterranei: stile, cioè opzione letteraria individuale, e non lingua.

È per questo che, a rigore, una storia dell'italiano letterario non può che essere una storia centralistica e monolingue, in cui le varietà regionali e, in qualche caso, dialettali appaiono solo come ingredienti di uno stile, variazioni dell'unica lingua alla quale tutti hanno teso. Eccetto, naturalmente, quegli autori che l'hanno rifiutata aderendo invece totalmente a quella della propria città e hanno scritto quindi, senza margini di dubbio, in un'altra lingua, in un dialetto. Ma costoro appartengono, almeno per questo aspetto della loro produzione, alla storia dell'italiano letterario quanto gli autori che scrissero in francese o in provenzale (e, per altro, come si sa, non contarono poco). Tutto questo andava detto per spiegare soprattutto le esclusioni o il poco spazio concesso in questo libro a dialettali e affini.

L'ipotesi dionisottiana della storia e geografia linguistico-letteraria, tanto suggestiva e feconda in sede di storia della letteratura, e utilizzabile anche di piú in quella della generale storia della nostra lingua, non mi pare dunque del tutto adeguata alla storia dell'italiano letterario, dove l'italiano procede saldamente al centro e assimila i diversi, che ben volentieri e spesso con molto zelo si fanno assimilare (non è forse un veneto, Pietro Bembo, il piú lucido teorizzatore di questo processo?).

È per ciò che questo libro racconterà la vicenda nei secoli dell'italiano in letteratura guardando prevalentemente (anche se, si capisce, non esclusivamente) a ciò che in essa unisce, omogeneizza sincronicamente, piú che a quello che distingue e si oppone; riservando l'analisi delle differenze al luogo classico di tutte le storie: al tempo, al cambiamento in diacronia.

Ma appunto perché di storia di una lingua – con la sua grammatica – vorrebbe qui trattarsi, sarà bene precisare che non potrà essere una storia degli stili letterari, somma di fatti individuali per quanto istituzionalizzati in scuole e convenzioni; e che la specificità letteraria interverrà solo per differenziare questa storia speciale da qualsiasi altra storia di una qualsiasi lingua: cioè, nelle ragioni dei cambiamenti (e delle persistenze), nelle cause del movimento linguistico.

La letteratura, infatti, sarà quella che ci spiegherà i perché delle svolte (e dei tanti rettilinei) del percorso della sua lingua. Un esempio: se la lingua poetica preferirà a lungo le forme monottongate di *cuore* e *fuoco* sarà per ragioni letterarie, come sarà per ragioni letterarie se, poi, le abbandonerà insieme a tanti altri scarti del lungo processo di lavorazione (si pensi alla lenta agonia dei dittonghi dopo *r* tipo *pruovo*, *triegua*). Questo, naturalmente, non vuol dire che l'italiano letterario non raccolga sollecitazioni e forme da fuori della letteratura (ad esempio le forme dell'imperfetto in *-o* alla prima persona singolare in luogo di quelle in *-a*); anzi, gli studi storicolinguistici piú importanti di questi anni hanno dimostrato come la lingua letteraria si nutra persino dei fenomeni piú tipici del parlato. Ma vuol dire che il consolidamento (e cioè l'accettabilità storica e grammaticale, al di là di un autore o oltre il breve periodo) di ogni fenomeno linguistico è dato, in una lingua letteraria, solo da ragioni di tipo letterario. Un esempio ancora: l'abbondanza di forestierismi nella lingua della poesia contemporanea discende certamente dall'internazionalismo dell'italiano di oggi; esso è stato registrato da grandi autori (Montale, Sanguineti); ma il suo declino nell'italiano letterario piú recente dipenderà assai piú dalla crisi delle motivazioni di poetica che l'avevano favorito negli anni Sessanta-Settanta che dal suo andamento nella lingua della società contemporanea, dove i forestierismi continuano, invece, ad essere sempre molto numerosi.

Insomma: la letteratura dovrà spiegare, qui, i movimenti della lingua, ma le sue categorie (stilistiche e di poetica) non serviranno per descriverla; compito, del resto, tradizionalmente proprio della grammatica.

Mi piacerebbe poter dire che in questo libro si sono uniti gli insegnamenti di due maestri e amici carissimi come Pier Vincenzo Mengaldo e Francesco Sabatini, con le loro diverse e complementari sollecitazioni; se si è trattato di una unione proficua, essendo tutta e solo mia responsabilità, giudicherà il lettore.

Mia sorella Carla ha rivisto bozze e indici con una pazienza cui può essere pari solo la mia gratitudine.

VITTORIO COLETTI

Università di Trento e di Genova, 1990-92.

STORIA DELL'ITALIANO LETTERARIO

In memoria di mia madre

Parte prima
Alla ricerca di un modello

La scuola poetica siciliana

La storia di una lingua letteraria è sempre vicenda di continuità e tradizioni, soprattutto quando si tratta di lingua ai piú complessi livelli di letterarietà, come quella poetica. Persino le eccezioni, le rotture, i molteplici dinamismi che interrompono e modificano la tradizione ne suppongono costantemente una, oltre a costruire quella specifica. Cosí, non c'è origine della storia letteraria di una lingua che non sia già un fenomeno di eredità, modifiche e conferme di una storia precedente; anche quando, come per l'italiano, prima dell'esordio ci sono solo lingue diverse e straniere.

L'italiano, per quanto è possibile chiamare con questo nome la lingua letteraria delle nostre origini e di tutto il Medioevo[1], nasce alla letteratura in maniera organizzata e sistematica con la scuola poetica siciliana. È dall'esperienza di quella generazione e da quel primo episodio di solidarietà poetica che muove il filo rosso che rapidamente congiungerà in una realtà linguisticamente non troppo disomogenea la piú importante produzione letteraria degli esordi. Molte cose, anche di non poco pregio, restano in verità fuori dall'asse che dalla Sicilia alla Toscana all'Emilia raccorderà la varia esperienza che Dante per primo definirà «italiana» al piú alto grado; alcune di esse vi confluiranno parzialmente grazie alla *Commedia*; la maggior parte però vivrà di una vitalità propria, regionale, importantissima ai fini della storia della nostra lingua ma secondaria ai fini di quella letteraria. La stessa poesia religiosa, che inaugura in Umbria con san Francesco il libro della nostra poesia e poi continua coi laudari jacoponici e anonimi che attraverseranno mezza Italia, non produce modi linguistici capaci di mettere radice nella lingua letteraria, se non ai suoi livelli piú popolari e secondari. La poesia didattica e moral-religiosa di tante città del Nord Italia è fin da subito dimensionata a una realtà molto locale, anche sul piano linguistico. Mentre il «siciliano illustre» della «prima scuola» tiene a immediato battesimo con la poesia d'amore, come aveva ben visto Dante nel *De Vulgari Eloquentia*, il nuovo italiano poetico.

Non per questo vanno taciuti gli apporti che vengono da Genova (l'Anonimo) o da Milano (Bonvesin de la Riva), da Verona (Giacomino), da Lodi (Uguccione) o da Cremona (Gerardo Patecchio). Ma il fatto stesso che la lingua di queste poesie sia oggi riconoscibile solo coll'ausilio dei glossari, che il suo studio alimenti non già la storia della lingua ma la dialettologia italiana ci dice che essa appartiene sí, e in pieno, alla storia delle lingue d'Italia e quindi a quella dell'italiano; ma che si iscrive solo provvisoriamente e senza successo in quella dell'italiano letterario. In questa, per altro, i contributi regionali saranno in parte recuperati e rivitalizzati, ma solo come varianti e manipolazioni stilistiche di una base linguistica che quasi subito li ignora e respinge.

È dunque tra i poeti della scuola siciliana che andrà cercata la prima testimonianza letteraria dell'italiano. E ciò che subito in essi colpisce è la presenza massiccia, voluta e insistita di elementi linguistici preesistenti, ancorché stranieri; è, insomma, il segno inequivocabile del fatto che si comincia con una tradizione. E, come puntualmente registra Dante, la tradizione di linguaggio in poesia volgare era francese, di Francia e di Provenza. Ad essa guardarono dunque i nostri primi poeti.

Quando si dice «tradizione di linguaggio» non si intende, va da sé, il puro e semplice prelievo linguistico, da una lingua preesistente. In questo senso generico non ci sarebbe tradizione di linguaggio piú attiva e operante nella nostra lingua letteraria di quella del latino. Con questa espressione si vuole indicare invece una ripresa consapevole (non importa se rispettosa o ironica) di modelli linguistici precedenti, assunti col preciso intento di citare (o parodiare) la propria fonte, di mostrare verso di essa deferenza (o irrisione), di chiedere ad essa autorevolezza (o togliergliela), di ottenere da essa prestigio e altezza di linguaggio (o demistificazione di prestigi e altezze non piú accettati). In questo piú preciso senso, allora, la tradizione che fonda le origini letterarie della nostra lingua è, prima ancora che latina (lo diventerà semmai piú tardi), volgare romanza, francese e provenzale.

C'è stata a lungo una certa resistenza ad ammettere questa realtà; il mito romantico delle origini pure e popolari, prima; il gusto del reperto dialettologico originario, poi, hanno ostacolato la presa di coscienza e la misurazione di questa realtà, come ha fatto notare tanti anni fa, in uno splendido saggio, Theodor Elwert[2]. Ma ora è ben chiaro che i poeti della corte sveva scrissero in un siciliano in cui vollero forti e chiare le tracce dei modelli francesi e soprattutto provenzali, con prestiti e adattamenti solo raramente richiesti dal contenuto del loro discorso. «Si voleva sottolineare ed esagerare (come si fece colle similitudini), si voleva rendere ancor piú spiccato il carattere analogo e consimile di questa poesia sorella in un idioma affine; e allora si passò ad accrescere il numero delle parole dall'aspetto provenzale». Ed ecco il grande sfruttamento delle forme a suffisso:

-anza: accordanza adimoranza alegranza amanza amistanza bassanza benenanza benvoglianza certanza confurtanza diletanza dimoranza disianza dubitanza erranza fallanza fermanza intendanza leanza malenanza membranza mispregianza misuranza obrianza onoranza perdanza pesanza sicuranza tempestanza tristanza
-enza: canoscenza contendenza cordoglienza credenza intenza mantenenza perdenza,
-mento: adonamento agecchimento cominzamento compimento confortamento dimostramento dipartimento mancamento narramento pensamento regimento,
-agio: coragio damnagio fallagio fermagio usagio,
-ore: acerore amarore baldore bellore dolzore gelore lostrore pascore verdore,
-ura: verdura freddura frondura riccura chiarura:

forme certo compatibili col e spesso già proprie del siciliano (come anche, poi, del toscano), ma qui presenti (e in tal quantità) come provenzalismi in grado di alludere al modello e di autenticare cosí il valore letterario del nuovo testo. E «che questi poeti si servissero di questi neologismi suffissali per dare ai loro componimenti un'aria piú spiccatamente provenzale» lo dimostra il gran uso che ne fanno anche nella posizione privilegiata di rima. In una poesia di Odo delle Colonne, Elwert individuava in rima i seguenti «gallicismi» piú o meno originari o ricostruiti: *allegranza parlamento speranza disianza dimoranza talento confortamento amadori parladori pesanza piagente usanza sovrana piacimento adastiamento spiacimento sconfortamento credanza* ecc. Ma leggiamo due strofe da *Dal core mi vene* di Giacomo da Lentini: «Dottrina è benvolenza: | la vostra benvolenza | mi dona caunoscenza | di servire a chiasenza | quella che piú m'agenza, | e agio ritemenza | per troppa sovenenza... eo piango per usagio, | già mai non rideragio | mentre non vederagio | lo vostro bel visagio...» L'opzione provenzaleggiante e francese non è, ovviamente, sempre obbligata e spesso si alterna con quella di tipo italiano; si noti ad esempio l'alternanza di *chiaro* e *clero*, di *acqua* e *aigua*, di *matino* e *maitino*, di maschile e femminile in *fiore*. A volte essa coincide coll'esito siciliano, come nel caso della conservazione (latina e provenzale) del dittongo *au* (*laudare, ausare, aucidere, auscello aunore* ecc.). Sono stati segnalati (Schiaffini)[3] poi come gallicismi casi di preposizioni (*ver'* e *inver*, prov. *ves* e *enves*, rispetto a), di congiunzioni (*ni* per *e*), di costrutti sintattici (infiniti sostantivati, verbo intransitivo in luogo del riflessivo: «e certo bene ancoscio», «und'io tormento» – Giacomo da Lentini), di locuzioni (*certa fare*, dal prov. *faire cert*, informare; *tener mente* da prov. *tener men*, stare attento); il genere femminile di *valura* o di *pascore* o di *fiore*, avverbi come *lungiamente*, aggettivi come *manti*, nomi come *mutto* (motto, parola), *travaglia* (sofferenza), *mispregianza* (poca stima). Sono inoltre ben note le forme fortunatissime *gioi / gioia* (felicità, gioiello, donna amata ecc.), *noi / noia* (dispiacere), *ciausire* (vedere, scegliere), *geloso, corteare* e *donneare* (tener corte e fare la corte), *coragio* e *corale* (cuore), *merzè, talento*. E poi i cosiddetti «provenzalismi semantici», cioè quelle voci a forma italiana (siciliana) ma dal significato provenzale. Ecco alcuni casi riportati da Elwert: *partenza* e *far partenza* per divisione, separare; *amoroso* per amabile; *pensoso* per penoso, (dal *pensier* prov., ital. cruccio), *adesso* per sempre, *incendere* per ardere, *guerire* per vivere in pace, *onde* per con cui, con la quale, *guardare* per proteggere, *sonetto* per componimento in senso generale, *richiamarsi* per lagnarsi, *insegnato* per istruito, *accordarsi, accordanza* per decidersi, decisione, *soglio* col valore di passato, *pesante* per pieno di affanni, *donna* (signora) e *omo* (da *hom litge*, servitore fedele), *meritare* per ricompensare, *drudo* (amante in senso positivo) ecc.

Questa imponente ospitalità ai gallicismi avviene in un tessuto linguistico che, oggi è chiaro dopo la ricostruzione filologica dei testi e grazie ad alcuni reperti meglio conservati, è fondamentalmente siciliano [4]. Se ne era dubitato in passato, a causa della forte toscanizzazione dei manoscritti che riportano le liriche dei siciliani; del resto già Dante coglieva tra la propria lingua e quella dei suoi predecessori meno differenze del dovuto proprio a causa della loro vicenda manoscritta. Ora, la grana linguistica di base, il siciliano, è stata definitivamente riconosciuta; ad esempio nel vocalismo a cinque soluzioni toniche (*còri amuri taciri bèn fari*) e tre atone finali (*ca cori multu*); o nella sonorizzazione di *s* nel nesso *-ns-* (*penzata*) o l'esito *z* o *zz* del nesso *cj* o *ccj* (*dolzi plazimento abbrazata fazo*); anzi, si è visto come anch'essa finisca per introdursi a costituire la tradizione della lingua poetica delle origini. Siciliana sarà ad esempio la consuetudine alle forme non dittongate da *è* e *ò* in sillaba libera (ital. *ie, uo*) che è all'origine del successo secolare dei vari *core foco loco more omo fero*. La fonologia siciliana, imponendo *i* e *u* tonici dove l'italiano ha *é* ed *ó*, ha prodotto le durevoli forme del tipo *nui vui priso miso* e determinato, nella successiva toscanizzazione dei manoscritti, una serie di rime imperfette: *pintura : ogn'ora, avere : servire* ecc. Ma questa, che sarebbe stata un'eccezione inammissibile alla regola medievale della rima perfetta, venne tosto interpretata come un'autorizzazione a ulteriori possibilità rimiche che consentirono, anche fuori di Sicilia, la cosiddetta rima siciliana di *tenere* con *venire* (da *tiniri : viniri*), di *croce* con *luce* (da *cruci : luci*), di *noi* con *lui* (da *nui : lui*), di *uso* con *amoroso* (da *usu : amurusu*), di *acresce* con *perisce* o *condutti* con *ghiotti* ecc. A volte i copisti dei poeti della prima scuola cercavano di regolarizzare la rima restaurando in quella sede le forme siciliane e creando cosí dei tipi linguistici da allora in poi legittimi solo in rima, di cui c'è ancora traccia nel celebre *nui* manzoniano in rima con *lui*. Alla tipologia della rima siciliana appartengono anche rime imperfette duecentesche, come quelle di *è* con *i* e di *ò* con *u* (Guittone: *ciascuno : bòno*); in essa rientra in pieno anche la rima dantesca *lome : come*, per la quale, tuttavia, dal fatto che *lumen* latino dà *lome* in bolognese, si è parlato anche di rima bolognese. Nel restauro toscanizzante dei copisti non potevano però quadrare mai certe rime consentite dal vocalismo atono finale del siciliano, tipo *fare : baciari* (sostantivo plurale) (da *fari : baciari*). In effetti, in atonia e finale di parola, il siciliano riduce gli esiti vocalici ad *a i u* e quindi presenta molte discordanze con i finali toscani che possono essere in *a i e o*. Se era dunque possibile la rima di *doliri* (dolere) con *martiri* (sostantivo plurale) o di *diri* con *sospiri*, questi casi non erano omogeneizzabili rimicamente in toscano e restavano a rivelare per sempre la veste linguistica modificata nel percorso manoscritto dei primi testi. All'influsso siciliano è, infine, almeno in parte, riducibile anche la fortunata tendenza ad ammettere come perfetta la rima (per l'occhio) di *è* con *é* e di *ò* con *ó* (vérde : pèrde, fióri : còri, fòre : valore); nei siciliani, infatti, *e* ed *o* venivano pronunciate sempre aperte e quindi consentivano di stabilire rime anche tra aperte e chiuse, quando queste ultime venivano recuperate per latinismo (ad esempio *amori : cori*) [5].

Ma caratteristiche del siciliano, spesso fortunatissime, sono altresí forme come *disio* (da desedium?), *abento* (riposo), *attassare* (agghiacciare di paura), *astutare* (spegnere), *eo, meo, saccio* (so), *ave* (ha) e, soprattutto, una particolare coniugazione verbàle. Ad esempio, *ajo* e *aggio* da *habeo* (con i corrispondenti analogici *vio* vedo, *crio, creo* credo), da cui i futuri in *-a(g)gio* e in *-aio* (*moriraio, ameragio, falliragio*); *este, esti* per *è*; *-imo- iti- -ite -ati* (voi *mostrati, vedite*) desinenze delle persone plurali del presente indicativo; i passati remoti di prima coniugazione alla terza singolare in *-ao -au* (Giacomo da Lentini: «Tristano a Isolda non amau sí forte»; Rinaldo d'Aquino: «Quando la croce pigliao | certo no lo mi pensai, | quelli che tanto m'amao | ed illu tanto amai» e quelli di terza alla prima in *-ivi* (*audivi*, *partivi*) e alla terza in *-ío* (*morío udío punío*); e soprattutto l'imperfetto in *-ía* dei verbi in *-e-* di seconda coniugazione (*vedia, avia*); il participio passato in *-uto* di quelli di terza (*apperceputo smaruta arriccuto*); i condizionali in *-ía* e quelli, piú popolareggianti, in *-ara* (da Giacomo da Lentini, *Madonna, dir vi voglio*: «s'eo no li gittasse | parria che soffondasse; | e bene soffondara, | lo cor, tanto gravara»).

Ma c'era, per i siciliani come per un po' tutti gli scrittori dell'epoca, in qualsiasi lingua, un'altra risorsa per alzare il tiro linguistico oltre il livello della parlata materna, secondo un processo che già Dante aveva ben colto come costitutivo della lingua letteraria e in modo speciale di quella poetica. C'era il ricorso al latino, che suggeriva forme come *plenu, speclu, altru, amore* (invece di *chinu spechu autru amuri*) e vari casi di conservazione dei nessi consonantici (ad esempio *blanca blasmare claro*), in cui la lingua classica poteva congiungere la propria azione con quella del francese o del provenzale.

Fin dall'inizio c'è dunque un passato che interviene a modificare e arricchire la lingua materna ancora vergine di letteratura. I modelli non solo offrono una soluzione immediata per staccare la lingua dei poeti da quella del popolo ma le suggeriscono i mezzi per farlo autonomamente; ad esempio insegnando la grande produttività dell'uso di suffissi e prefissi, grazie ai quali si possono facilmente e rapidamente moltiplicare le risorse linguistiche. Ecco un ulteriore, breve spoglio del lessico dei poeti siciliani con un occhio all'attività suffissale e prefissale:

-ezza: adornezze alegrezze bellezze fereza mattezza
-oso: contrariosa cordoglioso doglioso cruccioso afretosa bonaventurosa sofretoso
di- dis-: dichinare discredere disfidarsi dismisuranza dismagare dispagarsi dispietanza diservo
in-: inchiedere inconverchiare inavanza inorare
ri-: risbaldire riprendenza ritemenza
s-: scanoscenza schiavare scompagnare scondurre scordansa sdubioso sfare sporto smena scresce spiacere

mis-: miscrederi misdicente misfare misleanza
sor-: sorcoitanza sorgogliare;

serie che andrà naturalmente assommata a quelle già ripor-
tate a certificare, fin dall'inizio della nostra storia, per quali
vie, numerose e spesso a buon mercato, può arricchirsi e
moltiplicarsi il lessico letterario.

È da segnalare subito come questa grande produttività
lessicale si manifesti soprattutto nel terreno della formazione suffissale degli astratti, termini di cui, naturalmente,
le lingue volgari, sino ad allora inesperte di usi colti, dovevano essere piú carenti. Un notevole vantaggio dovevano
inoltre ricavarne le sedi di rima che dal ripercuotersi degli
stessi suffissi trovavano perfetto contraccambio fonico (e
non è quindi da escludere che il bisogno di rima abbia ac-
celerato questo processo); inoltre nasce da questa insistenza suffissale (presto dotata di un potere allusivo, poeticamente evocatorio) quello che Maria Corti ha definito «un
gusto architettonico dei suoni stessi, alternati e disposti secondo particolari rapporti entro il componimento lirico o
estremamente insistiti»[6].

Un altro elemento viene poi ad accrescere la disponibilità linguistica del poeta del Duecento ed è la possibilità di
variare i suffissi di una stessa radice mantenendo sostanzialmente inalterato il significato delle diverse parole cosí
formate (doppioni, varianti fonomorfologiche). Ampiamente utilizzato dai provenzali, questo accorgimento è ricorrente fin dai siciliani ed è perfettamente funzionale alla
strategia comunicativa della poesia che tende a ribadire
pochi, importanti concetti e situazioni, variandone all'infinito la tessitura formale. Ecco qualche esempio dal glossario dei poeti siciliani redatto dal Panvini[7]:

alegranza allegressa allegreza alegraggio,
amistanza amistade,
bellessa belleze biltà (bieltà) bellore bieltate,
conforto confortamento confortanza,
difesa difenza difensione,
disio disideranza (disianza disiranza) desiderare (sost.),
dubio dubitamento dubitanza,
fallo fallanza fallenza fallagio fallia fallimento fallire (sost.),

gravanza gravenza graveza,
innamoramento innamoranza innamorare (sost.),
merzè mercede,
oblio obrianza (ublianza) obria,
piacere piacenza (plagenza chiagensa) piacimento,
pietà (piatà) pietade pietanza,
riccheza riccura ricco (sost.),
sembiante (sembrante) sembianza (semblanza) semblamento,
speme spera speranza speramento,
temenza timore temere (sost.),
uso usagio usanza usare (sost.),
valenza valere (sost.) valimento valore.

La poesia utilizza tanto l'incertezza fonomorfologica
delle origini, quanto la disponibilità alla suffissazione
quanto, infine, la pluralità delle fonti (ad esempio latino e
provenzale). Il risultato è comunque quello della variazione dentro una sostanziale fissità, che è il segno, come ha
scritto Maria Corti, «di una grande fiducia negli elementi
tradizionali della lingua poetica e nel rapporto statico fra
un dato contenuto e un dato stile». Ciò, nota ancora la
Corti, «conferisce, soprattutto ai poeti minori, una particolare somiglianza e alla poesia il senso di una terra comune. In simile genere di linguaggio l'usare frequentemente
suffissi come -anza, -enza, -ore, -aggio è dunque coerenza li-
rico-linguistica a una determinata poetica»[8].

Come si vede, si scopre subito la possibilità di ricavare
effetti stilistici e retorici (e metrici) da dati puramente linguistici. Questa possibilità si realizza pure in una tipica figura della poesia antica, anch'essa nata in Italia coi siciliani, la «dittologia sinonimica»[9]. Si tratta di una replica, a
distanza ravvicinata, per lo più immediata e congiunta,
dello stesso concetto (espresso da aggettivo, nome o verbo
che sia) con effetti di ribadimento, spesso di pura sinonimia. Ecco qualche esempio.

Da Giacomo da Lentini:
eo getto | a voi, bella, li miei sospiri e pianti; ben m'aucideria | e
non viveria; tempesta e dispera; la mia venuta | dea placire ed
alegrire; sollazando e in gioia stando;
da Pier delle Vigne:
crudele ed ingressa; mi compiango e doglio, | perdo gioia e mi
svoglio;

da Rinaldo d'Aquino:
Già mai non mi conforto | né mi voglio ralegrare; salva e guarda
l'amor meo; temuta e dottata; chi ardo e 'ncendo tutta;
da Giacomino Pugliese:
lo nostro amor falsi e cangi; fallimento o villania;
da Re Enzo:
crudele e spietata; Però lo tegno saggio e canoscente;
da Guido delle Colonne:
m'ha vinto e stancato; non convegna e stiavi bene; in pregio ed
in grandezza; mi sbatte e smena; asconde ed incoverchia; fredda e ghiaccia; la mia gran pena e lo gravoso afanno; pen' e tra-
vaglia; non v'incresca e grave; guerra e prova ecc.

Elwert, che insiste sull'origine provenzale di questo fenomeno, fa notare anche come spesso le coppie siciliane ne
ricalchino altre, identiche, usate dai provenzali e come esse
in genere siano infarcite di provenzalismi. Non c'è dubbio,
per altro, che la spinta a questo ulteriore sfruttamento del
vocabolario, a questa sua fitta esplorazione, stia in un processo con cui il linguaggio poetico recupera una struttura
comunicativa primaria e colloquiale (la ridondanza) propria di ogni lingua, trasformandola in una feconda immagine retorica. E la fecondità di questa struttura stilistica
minimale è dimostrata non solo dalla sua fortuna nel tempo (come vedremo) ma anche dalla disponibilità a farsi ali-
mentare da variazioni molteplici; a cominciare da quella
che sostituisce al secondo sinonimo un termine antitetico
al primo. Cosí, Giacomo da Lentini, paragonandosi a «om
che pinge e sturba» o a «lo foco donde arde stutò con foco»[10]; Jacopo Mostacci, dicendo d'Amore che è colui che
«ha lo podere | di ritener' e di darme cumiato», preparano
il terreno alle celebri coppie con cui Petrarca dichiarerà
«pace non trovo e non ho da far guerra» o «ardo et son un
ghiaccio».

1.1. *I rapporti con le altre lingue.*

La dimensione europea della letteratura dei primi secoli
emerge anche da questa continuità di esperienze in lingue
diverse. Del resto, all'inizio, non c'è, soprattutto in Italia
(la cui letteratura viene cronologicamente dopo quelle

d'oc e d'oïl), il senso del rapporto tra espressione linguistica e nazionalità: il caso stesso del latino era lí ovunque a costituire un esempio di transnazionalità della lingua di cultura. È cosí familiare e ovvio per un autore italiano (che, oltre tutto, vive un'età di fitti viaggi e intenso interscambio
economico e culturale tra i diversi paesi) scrivere in una
lingua differente dalla sua materna, che Dante, nel *Convivio*, deve precisare i limiti della conoscenza e dell'esercizio
delle lingue straniere. Lui, che nel *De Vulgari Eloquentia*
non nasconde il suo fastidio per la piccineria nazionalistica
che induce certi suoi compatrioti a sovrastimare la lingua
materna («quicunque tam obscene rationis est ut locum
sue nationis delitosissimum credat esse sub sole, hic etiam
pre cunctis proprium vulgare licetur» I. VI. 2), deve intervenire a riprendere quanti «fanno vile lo parlare italico e
prezioso quello di Provenza» (*Conv.* I. XI. 14) [11]. Le lingue
romanze comunicavano tra di loro in letteratura con una
intensità poi non piú conosciuta: anche il tramite delle traduzioni infittiva questi legami, proponendo soluzioni linguistiche che invece della distinzione tra gli idiomi offriva-
no le piú varie miscele che frantumavano e confondevano i
territori specifici di ogni lingua (si pensi al cosiddetto fran-
coveneto usato per acclimatare nel Nord Italia tanta materia narrativa di provenienza francese). I libri di Francia e
di Provenza circolano abbondanti in Italia [12]. Gli scrittori
d'oltralpe scendono da noi, in particolare i trovatori, da
Raimbaut de Vaqueiras a Peire Vidal a Uc di Saint Circ:
«sono una quarantina [quelli] di cui è attestato il passaggio» [13]. L'autore della *Chanson d'Aspremont* è un francese
che scrive in Italia nei tempi della terza crociata (1191) e la
fortuna precoce del *Roland* in Italia ha fatto persino pensare a una sua gestazione italiana. Ma non pochi sono gli intellettuali italiani che vanno all'estero: se per Dante il sog-
giorno parigino non è provato, Brunetto Latini visse e
scrisse in Francia e in francese, i trovatori genovesi impara-
rono la lingua d'oc per via dei loro incarichi istituzionali in
Provenza e Catalogna. Le traduzioni dal francese (il *Ro-
man de la rose* volto compendiosamente nel *Fiore*, forse da
Dante stesso) e dal provenzale (si pensi alla fortuna di Fol-
chetto di Marsiglia) sono assolutamente comuni e numero-

se. Il *Milione* è scritto in francese da Rustichello come la *Cronaca* veneziana di Martino da Canal; Niccolò da Verona compone in lingua d'oil, pur mescidata d'italianismi, la *Prise de Pampelune*. In provenzale scrivono poeti di tutta Italia, il bolognese Lambertino Buvalelli e il mantovano Sordello, il veneziano Bartolomeo Zorzi e,i molti genovesi (Bonifacio Calvo e Lanfranco Cigala su tutti), il toscano Dante da Maiano e Terramagnino da Pisa. Non c'è dunque nessun motivo di stupore se la prima scuola poetica d'Italia, quella siciliana, sia a cosí stretto contatto con le liriche di Francia e Provenza, per temi, ambientazione e persino lingua.

---

[1] Useremo dunque questo nome per indicare la lingua letteraria, anche quella medievale, di cui oggi è erede diretta la lingua nazionale; e quindi non vi comprenderemo quelle lingue di cui oggi sono piuttosto eredi i dialetti.

[2] T. Elwert, *Per una valutazione dell'elemento provenzale nel linguaggio della scuola poetica siciliana*, in *Saggi di letteratura italiana*, Steiner, Wiesbaden 1970, pp. 29-56.

[3] A. Schiaffini, *La prima elaborazione della forma poetica italiana. Momenti di storia della lingua italiana*, Ateneo, Roma 1953², pp. 17-42 e ora in *Italiano antico e moderno*, a cura di T. De Mauro e C. Mazzantini, Ricciardi, Milano-Napoli 1975, pp. 35-66 e id. *La lingua dei rimatori siciliani del Duecento*, a cura di F. Sabatini, Ateneo, Roma 1957.

[4] È il caso, ad esempio, di un frammento di Re Enzo e di piú estesi residui di poesie di Stefano Protonotaro, conservati grazie alle cure del filologo cinquecentesco G. M. Barbieri (cfr. S. Debenedetti, *Le canzoni di Stefano Protonotaro: la canzone siciliana*, in «Studi romanzi», XI [1932], pp. 5-68). I. Sanesi, *Il toscaneggiamento della poesia siciliana*, in «Giornale storico della letteratura italiana» (= GSLI), XXXIII (1899), pp. 354-67, ha mostrato come la toscanizzazione sia un fatto progressivo e comporti ad esempio il passaggio del pronome personale di prima dal presumibile *eu* a *eo* a *io* a seconda dei manoscritti; allo stesso modo *aio aggio ao* sarebbero stati, a volte, sostituiti con *ho, saccio sao* con *so, creio creo* con *credo* ecc. Cfr. comunque il sempre fondamentale N. Caix, *Le origini della lingua poetica italiana*, Le Monnier, Firenze 1880.

[5] G. Parodi, *Rima aretina, rima siciliana, rima bolognese*, in *Lingua e letteratura*, a cura di G. Folena, Neri Pozza, Venezia 1957, vol. I, pp. 152-202; G. Contini, *Letteratura italiana delle origini*, Sansoni, Firenze 1970; cfr. anche G. Beltrami, *La metrica*, Il Mulino, Bologna 1991.

[6] M. Corti, *I suffissi -or e -ura nella lingua poetica delle origini*, in Atti dell'Accademia Nazionale dei Lincei. Rendiconti morali, 1953, vol. VIII, pp. 294-311.

[7] B. Panvini, *Le rime della Scuola siciliana*, II, *Glossario*, Olschki, Firenze 1964.

[8] M. Corti, *I suffissi* cit. A lungo si è discusso se queste forme suffissali siano tutte o in parte di origine provenzale e francese oppure siano indigene dell'italiano, perlomeno di quello letterario. La Corti distingue tra prestiti veri e propri dal provenzale (*lauzore, dolzore*) e adattamenti alla fonetica italiana (*laudore, dolciore*) e toscana (*ladore*). Provenzali di origine sono gli astratti in *-ore* al femminile, mentre è processo italiano la trasformazione in sostantivi dei comparativi provenzali: *forzore, gienzore*. In ogni caso il precedente provenzale fa intendere queste forme dai poeti, per lo meno all'inizio, come segnali di Provenza e poi, in generale, di poeticità linguistica e come tali vengono usate, anche quando sono invece di nascita locale (un caso celebre e indicativo è quello di Jacopone da Todi che ne impiega in quantità come marchio poetico pur in un tessuto complessivo, culturale e linguistico, tutt'altro che provenzaleggiante). Infine, sempre sulla scorta del prestigioso modello provenzale, anche il latino può essere scomodato a produrre forme concorrenti, come *amarore angore pavore rubore*.

[9] T. Elwert, *La dittologia sinonimica nella poesia lirica romanza delle origini e nella scuola poetica siciliana*, in *Saggi di letteratura italiana*, cit. pp. 171-97.

[10] *Sturba*, cancella; *stutò*, spense.

[11] Il *De Vulgari Eloquentia* è citato dall'ed. a cura di P. V. Mengaldo, in Dante Alighieri, *Opere minori*, Ricciardi, Milano-Napoli 1979, tomo II; e il *Convivio* dall'ed. a cura di C. Vasoli, in Dante Alighieri, *Opere minori*, Ricciardi, Milano-Napoli 1988, tomi I/II.

[12] C. Bologna, *Tradizione testuale e fortuna dei classici italiani*, in A. Asor Rosa (a cura di), *Letteratura italiana*, VI, Einaudi, Torino 1986, pp. 425-928.

[13] A. Roncaglia, *Le origini*, in *Storia della letteratura italiana*, Garzanti, Milano 1987 (n.e.), I, p. 241.

2.

I siculo-toscani

La scuola siciliana è, fin dall'inizio, come si sa, un fenomeno non solo insulare ma con radici e propaggini continentali vistosissime. Anche a tacere di quanto sono svariate le regioni del meridione d'Italia in cui trova praticanti e seguaci (Giacomino Pugliese, Pier delle Vigne, Rinaldo d'Aquino), quella lirica, come Dante dichiarerà nel *De Vulgari Eloquentia*, si identificherà a lungo con la poesia italiana piú alta. E di conseguenza, il volgare di quei poeti terrà per un certo periodo il ruolo dell'italiano letterario, favorito anche da un rapido processo di acclimatazione dei testi siciliani in altri ambienti linguistici, a partire proprio da quelli di Toscana, che li assimilano e modificano quanto basta per non avvertirne piú l'estraneità di partenza. Ma pur al di qua di questo processo di esautoramento delle proprietà piú specifiche della lingua originaria, quale ci attestano i canzonieri rimasti, il siciliano si identifica con la lingua letteraria tout court, piú o meno come era accaduto e accadeva al provenzale. Ecco allora scrivere in «siciliano» il genovese Percivalle Doria (che affianca il siciliano al provenzale) o il pratese Compagnetto o il pisano Tiberto Galiziani. Ed ecco soprattutto il sicilianismo diventare elemento costitutivo della poesia colta che, in Toscana e in Emilia, trasferisce, coi nuclei tematici caratteristici della prima scuola, anche buona parte dei suoi tratti linguistici. Cosí il periodo di transizione che lega la scuola siciliana alla grande poesia toscoemiliana dello stil novo, quello dei cosiddetti siculo-toscani, dimostra quanto rapidamente la lingua letteraria cristallizzi i suoi modi e affermi i propri modelli. Al tempo stesso, i nuovi poeti riprendono insieme con la lezione dei siciliani anche le loro fonti provenzali, cui si rifanno anche e piú di loro, veicolando nel sistema linguistico della nostra prima lirica, con e accanto al siciliano illustre, ulteriori gallicismi. Succede cosí che, dalla rinnovata opportunità, molte forme escano fortemente marcate di indizi poetici e per questo siano ripetutamente usate, anche, cioè, a prescindere dagli originali, italiani e stranieri, cui dapprima appartennero. Basterebbe dare un'occhiata ai poeti toscani che Dante ritiene in *De Vulgari Eloquentia* I, XIII troppo municipali, per rendersi conto come in essi il dato linguistico locale (che certo poteva colpire di piú il conterraneo e contemporaneo Dante di quanto faccia con noi oggi) conviva con quello di provenienza siciliana e di importazione provenzale. Prendiamo il poco documentato Galletto Pisano (già morto ai primi del Trecento): egli ha sí nel suo linguaggio i segni pisani di *piò* (piú) *sensa solasso condissione aggiolo u* (per o), ma i tratti fonetici nativi (che potevano spiacere a Dante) si introducono nella morfologia d'importazione provenzal-siciliana, come si vede in *'ntendansa leansa certansa scordansa allegransa amansa altessa prodessa sbaudir*. Ci sono francesismi scoperti come «li mai parlier» e sicilianismi altrettanto vistosi come *miso* (fuori rima), *mandao, donao*; e, insieme, i soliti prodotti della suffissazione, come gli astratti in *-mento: insegnamento*[1] *adornamento perdimento parlamento partimento difendimento* ecc.: e tutto questo in una sola (*In alta donna*) delle due canzoni di lui pervenuteci. Lo stesso (col conforto di una ben maggiore documentazione) si può dire di Bonagiunta Orbicciani, immortalato in *Purgatorio* XXIV; egli porta i segni del lucchese nativo nell'esito *-er-* nel futuro di essere (*serà seranno*) o nell'epitesi di *e* atona nelle forme ossitone del verbo (*feràe viveràe*) o nel dittongamento di *e* chiusa (*nieve*) o infine nella generalizzata assibilazione sorda dei nessi consonantici in forme come *solasso lasso* (lascio) *mossa* (mostra) e nell'esito in *s* sorda dell'affricata equivalente: *sensa allegressa arditesse dolse*. Ma questo volgare si compiace poi di morfemi che, pur non essendo di per sé estranei, certo gli vengono dalla lingua poetica di Sicilia e di Provenza: *falensa dimoransa consideransa erransa partensa riprendensa dismisuransa*. Evidenti tracce delle

fonti nei gallicismi *ciausir motti* (scegliere parole) *convita-
no* (invitano) *gradire* (lodare) *cria* (grida) *damaggio* (danno) *laldatore falisse* (mancasse) *verdura* (verde) e nei sicilianismi *saccio dormuto smarruto s'astutasse* (si spegnesse), *da
loco* (di lí), *launque* (ovunque), *caunoscensa* (coll'adattamento toscano di *iscaunoscenti*): forme su cui grava tanto
la lettura dei poeti di Federico II quanto quella dei loro
modelli d'oltralpe.

2.1. *Guittone.*

Stessa miscela ma con dosi ben piú calibrate si trova nel
piú grande poeta toscano della generazione prima di Dante, nel complesso e coltissimo Guittone di Arezzo [2]. La sua
capacità di impadronirsi, immettendola nel toscano, di tutta la materia linguistica precedente, di Francia, di Provenza e di Sicilia, è pari alla sua intenzione di rinnovarla, attingendo al latino e alle perizie stilistiche suggerite dall'ornato delle *artes*. Basterà scorrere le note linguistiche che Contini ha posto a commento della sua scelta guittoniana per
cogliere l'impasto del linguaggio del poeta d'Arezzo. Ecco
in Guittone gallicismi e provenzalismi (spesso di mediazione siciliana, anche se certo ripresi alle fonti). Molti i primi:

motto (parola composizione) *ingegnare engegno* (ingannare)
donando (dando) *adesso* (sempre) *perta* (perdita) *maidí* (m'aiuti Dio) *pro* (molto) *sprovar* (mettere alla prova) *ver'* (rispetto a)
manente (ricco) *mesagiato* (scomodo) *mal talento* (avversione)
truianti (malviventi) *parlieri* (parlatore) *desdotto* (piacere) *lon-
giare* (allontanare) *lungiamente* (a lungo) *asseggiato* (assediato)
a certo (certamente) *ricca* (potente) *mante* (molte) *adagia* (piace) *plusor* (molti) *disragion* (torto) *coraggio* (cuore) *lecciaria*
(malcostume) *bailito* (dato) *semblante* (apparenza) *eslogna* (allontana) *s'abandona* (si dispera) *s'agenza* (si acconcia) *piacente-
ro* (amabile) *anticessori* (avi) *bellore com* (come) *forsenaria* (de-
lirio) *ladore* (bruttezza) *mesdicente* (maldicente) *malvestate*
(malvagità) *saisina aggio* (ho preso) *signoraggio decedesti* (in-
gannasti)

cui si possono aggiungere i provenzalismi veri e propri:

a dobbio (doppio) *lausengeri* (maldicente) *plagire* (piacere)
enante (anzi) *partimento* (partenza) *parvente* (evidente) *guaire*

(guari) *orranza* (onore) *corale* (sincero) *follore* (follia) *lausor* (lode) *riccor* (ricchezza) *grave* (difficilmente) *villaneggio* (mi comporto da villano) *aunito* (disonorato) *piagenza miradore especchio regnare* (vivere) *condutti* (cibi) *sorbella* (molto bella) *guaimenta* (si lamenta) *benistante* (felice) *croia* (volgare) *tutta stagione* (sempre) *amanza noi' gioi'*,

in larga parte già attestati nei siciliani. Del resto in Guittone è fitto, non meno dei precedenti, il sicilianismo, a partire da quello in rime tipo *condutti : ghiotti, appiggiora : cura, ora : paura, vive : receve, voi : altrui* ecc. E quindi: *ave aie* (ha, abbia) *nente meve smarruto veo miso creo* (credo) *dia* (giorno) *loco* (là) *canoscente* (savio) *signoria* (signoreggia) *portara comportara* (forme del condizionale) *astutare* (spegnere) *pei* (peggio) *saccio partuto aucide avaccio aonore*.

Per altro, la lingua di Guittone non nasconde i suoi tratti aretini come in: *mainera sirà como piggior mesto* (misto) *reposa envilia* (invidia), *encontra enganna* (in genere *de, el, me* ecc. con *e* protonica in luogo di *i*), *fae poe foe sae donque ponto onghie venti* (vinti) *paiese soie formòne pono pogo*, anche se essi poi, in certi casi, ad esempio ribadendo la morfologia verbale siciliana negli imperfetti e nei condizionali in *-ía*, contribuiscono ad assestare il sistema linguistico letterario preesistente. Allo stesso modo, la prevalenza in lui di forme non dittongate (*core foco vene*), sia essa tratto indigeno o desunto dal siciliano letterario, corrobora un istituto che durerà non poco nella lingua della poesia. Ma soprattutto si ribadiscono, in un ventaglio più vario e quindi meno monotono, il gusto dello scavo nei prefissi

disamore desface disembra dispeso disragion desmembrato disvoglio spare spiacere adispiacere sloco sbenda agrandire tracarca sovragrande sovrapiena sovrabondoso sorbella,

e nei suffissi

avaccianza pietanza coranza amanza dubitanza mostranza leanza rimembranza acordanza despregianza spiagenza temenza signoraggio danaggio lignaggio spiacimento pesamento consommamento partimento perdimento follore riccore bellor gioivo gradivo defensione restorazione ontoso altizzosa bramoso vilezza mattezza gravezza ecc., la ricerca del raddoppiamento sinonimico:

> deporto e gioia, gioioso e benistante, crudele e fella, gioioso e
> bello, rechiamo e chero, mi corona e sagra, in gaudio e pace,
> mendo e defetto, restorazione e refetto, errore e stoltezza, in
> chiostro e in ermo ecc.,

e persino dell'accoppiamento antitetico:

> m'aucide sovente e mi risana, for cui vivendo moro e vivo a
> morte, e leial lo truiante (malvivente) e 'l folle saggio, no li toc-
> ca guerra e cher battaglia ecc.

Ma in Guittone appare con piú nettezza il soccorso del
latino (evidente anche in certe omissioni dell'articolo, tipo:
«boni tutti potenti esser vorrieno, | mali stringendo in fre-
no») a dotare la lingua di una risorsa che Dante sfrutterà
intensamente:

> *commodo* (beneficio), *mendo* (difetto), *dive* (ricco), *labore tra-*
> *de* (tradisce), *operi magno* (faccia grandi cose), *parve cose*, (*ar-*
> *bore auro pugnando divizia gaudio*); gli astratti in *-ate* (*podestate*
> *bonitate dignitate vertute*) che si affiancano alle forme apoco-
> pate popolari ecc.

E, inoltre, con lui (e col suo vicino Monte Andrea)[3] la
lingua poetica scopre il gusto dell'esplorazione delle forme
foneticamente aspre, dei materiali fonici da *trobar clus*;
una strada di esperimenti che Dante percorrerà a fondo
con le «petrose» e dalla quale tuttavia vorrà nel *De Vulgari
Eloquentia* prendere le distanze. Le rime delle quartine del
sonetto guittoniano *De coralmente amar mai non dimagra*
(*dimagra arretra magra petra sagra metra s'adagra metra*) sono un anticipo delle «petrose» ma anche un accumulo di
suoni *silvestria e yrsuta* che il trattato dantesco ammetterà
solo con riserva. Ma intanto la complessa esperienza guittoniana non solo trasferisce con definitiva autorità in Toscana l'iniziativa poetica e linguistica nazionale (con forti
novità anche tematiche: si pensi solo ai temi civili e religiosi
della lirica guittoniana) ma proprio nel momento in cui piú
altamente lo stabilizza comincia a smuovere da dentro l'i-
stituto linguistico appena consolidato, lasciando intravedere la possibilità di una revisione dei suoi modelli e dei
suoi modi.

2.2. *Chiaro Davanzati.*

Tuttavia, non mancano certo autori, meno impegnati di Guittone, cui chiedere un'ulteriore e piú limpida certificazione del sistema formale che la poesia ha, anche grazie all'aretino, acquisito. È il caso di un poeta tanto copioso quanto medio e tipico della transizione dai siciliani alla lirica cortese toscana come Chiaro Davanzati. Di uno scrittore di limitata originalità è piú facile misurare il profilo e la consistenza del sistema linguistico, riprendendo e anche dilatando i vettori che piú vistosamente lo veicolano. In Chiaro, autore tanto trascurabile per i critici quanto ghiotto per i linguisti, basterà dare un'occhiata alla quantità e alla qualità delle suffissazioni e si vedranno subito in funzione il peso di una tradizione e l'omaggio a essa. Ecco gli ormai ben familiari suffissi in *-anza* ulteriormente moltiplicati:

> costumanza rimembranza dimoranza disperanza dottanza amanza benenanza disianza alegranza pesanza acontanza adimoranza agrestanza amisuranza arditanza bassanza dimostranza fallanza fidanza gentilanza nominanza malenanza (i)namoranza orgoglianza palesanza perdonanza solenanza dimostranza eranza guerianza intendanza leanza membranza mostranza nominanza obrianza orgoglianza possanza sicuranza solenanza soverchianza

oppure quelli in *-enza*:

> intenza voglienza credenza cherenza doglienza temenza valenza agenza percepenza plasenza spiagenza fallenza increscenza servenza

o quelli in *-mento*:

> adastiamento argogliamento astiamento asultamento atendimento inviamento coninzamento consumamento crescimento dimoramento gechimento pensamento mostramento parlamento perdonamento placimento rispondimento sbaldimento servimento tentamento usamento valimento

in *-ore -ura*:

> amatore apellatore bellore cheritore cominciatore difenditore

> dolzore follore fortura fredura laudore portatura pugnatore rancura riccura validore

in -*oso*:

> antalosa argomentoso benvoglioso contrarioso dottoso malauroso saporoso talentoso voglioso

o quelli in -*aggio*:

> segnoraggio oltraggio damaggio feraggio folaggio

o in -*ezza*:

> adornezza alegrezza ferezza gravezza pigrezza

o in -*ione*:

> difensione diligione ofensione pensagione salvazione tradigione.

Se si calcolano poi i vari prefissi, di cui i piú produttivi sono quelli in *dis-*

> disavantura disaventuranza disconfortato discredente dismaruto dispendente disposata disvolere disamato discredente discuranza dispietata dispietosa disvegliare

cui andranno assommati quelli in *s-* (*sconoscente sconfortare smiri smisura*) e i vari in *mis-* / *mes-* (*mesdire minespreso misprenda*), si avrà una panoramica efficace degli assi che sostengono la produzione del lessico poetico delle origini. Si pongano inoltre i doppioni morfologici, abbondantissimi

> beltà / beltate / bellezza / bellore, disio / disianza / disire / disiderio, doglienza / dolore / duol, franchezza / franchitate, intendanza / intendimento / intenza, temenza / tema / temore, pietà / pietate / pietanza ecc.

e vi si accostino (pur con tutte le differenze del caso) quelli puramente fonologici, innumerevoli (*amisurato / misurato*, *biasmare / blasimare*, *cominciamento / cominzamento*, *omiltà / umiltà*, che si assommano a *umilianza / umilitate*) e il risultato sarà quello di una lingua che cresce a sviluppo paradigmatico, che prolifera coi criteri di un dizionario, come si conviene a un'età in cui il linguaggio esplora ancora e abbondamente se stesso. Ma questo sfruttamento intensivo nasce, non va dimenticato, da un'autorizzazione, dalla suggestione di modelli che immediatamente iscrivono l'operazione linguistica sotto il segno della continuità, dell'autenticazione dotta. Per questo, sarebbe altrettanto facile riconoscere negli esempi di Chiaro su riportati i rispettivi precedenti siciliani, provenzali o francesi, e altri se ne potrebbero aggiungere in quantità. Per limitarci ancora a qualche caso:

> abento abella acatato aulore augello aucidere aulimenta canoscenza corale crai como dipartuta feruto pulzella miso prisa plusor smaruta ripentuto ecc.

È segno del diretto e vistoso contatto con la lirica di Provenza anche il frequente ricorso a costrutti perifrastici in luogo del semplice verbo. Chiaro ad esempio usa *fosse credente* per *credesse*, *fosse... fallente* per *fallasse* e cosí: *fia giungiente, sono clamante, essere posante* [4]. In Guittone si legge *son tacente* e *esser sofrente*, in Bonagiunta *sarestene... penetente*; è una soluzione già adottata dai siciliani (Stefano Protonotaro: *sia nociente, son temente*; Giacomo da Lentini: *è penitente, m'è rendente*; Guido delle Colonne: *estar tacente*), assimilabile a quella del tipo *son piangitore, son tacitore* ecc. di Guittone e compagni, che ha moltiplicato le fortune dei sostantivi in *-tore* [5]. Sono tutti processi (come le perifrasi tipo: avere + sostantivo o tenere, mettere, venire, andare, stare + *in* o *a*: *mettere in despregianza* di Guittone, *venire in fallenza* di Chiaro, o fare + sostantivo, come *far partimento* di Guittone, *fazo accordanza* di re Enzo, *non facciate adimoranza* di Giacomino Pugliese, *far dimostranza* di Guido delle Colonne) di cui Maria Corti ha ben colto la natura [6]: essi tendono infatti a bloccare l'azione espressa dal verbo, staticizzandola, allungandone ed enfatizzandone la durata e trasferiscono l'attenzione sull'idea, sul concetto, fissando il movimento in un modo di essere: è l'apoteosi dell'astratto.

Ma intanto questo processo di raccolta e di perlustrazione di materiali tràditi si situa sempre piú fermamente nell'Italia peninsulare e specialmente in Toscana. I tratti del toscano si introducono ormai decisamente a colorare di sé il linguaggio poetico. Chiaro usa ancora *core* in forma rigo-

rosamente monottongata come aveva imparato dai siciliani, ma a *bono* alterna *buono*, a *vole vuole*, *uomo* comincia
ad affacciarsi accanto a *om(o)*, *tiene* si accosta a *tène*, *viene*
a *vène*, assecondando cosí un processo di dittongazione in
atto nel toscano.

Bisogna, a questo punto, ricordare che la tradizione di
linguaggio è parallela a una persistenza di temi enfatizzata
dall'univocità del grande motivo d'amore. L'invenzione
del poeta si muove dentro un codice dato e si libera di preferenza quasi solo nei paragoni, nella moltiplicazione dei
confronti della donna con le cose o gli animali o gli astri.
C'è un ampio repertorio di immagini, ora piú rapide e funzionali, ora piú dilungate e analitiche; Giacomo da Lentini
si compiace di prolungare il paragone dell'amante col pit-
tore, coi naufraghi, con l'avaro; celebre è l'immagine del-
l'acqua e del fuoco in Guido delle Colonne, o quella della
calamita (distesa su 8 versi); Pier delle Vigne confronta l'a-
mante desideroso della donna al marinaio che attende di
toccare terra; Stefano Protonotaro usa le similitudini della
tigre, dell'unicorno, del basilisco. Guittone si paragona al-
l'arciere; Bonagiunta, in una stessa canzone, alla candela,
alla sera, all'acqua, al leone, all'uccello, all'uliva; l'immagine del naufrago occupa 20 versi in Chiaro Davanzati, che
comincia spesso le sue poesie con una similitudine (cervo,
castoro, tigre ecc.). Il repertorio è però alla fine saturato,
come mostra, con un po' di ironia, un componimento anonimo del tardo Duecento toscano, il *Mare amoroso*, che infila una sequenza interminabile di immagini:

> Ché li cavelli vostri son piú biondi | che fila d'auro o che fior
> d'aulentino, | e son le funi che 'm tegnon 'lacciato; | igli occhi,
> belli come di girifalco, | ma son di basilischio, per sembianza, |
> che saetta il veleno collo sguardo; | i cigli bruni e sottili avol-
> ti in forma d'arco | mi saettano al cor d'una saetta; | la bocca,
> piccioletta e colorita, | vermiglia come rosa di giardino [...]
> (vv. 90-98).

È forse per questo che le prime avvisaglie del cambiamento accenderanno polemiche proprio intorno alla manipolazione delle similitudini brevi e ripetute con cui si raf-
figuravano la donna e i vari stati e protagonisti dell'inna-

moramento. E potrebbe essere con il primo sintomo del nuovo, quello enunciato da Guido Guinizzelli nel sonetto «Io voglio del ver la mia donna laudare | ed asembrarli la rosa e lo giglio: | piú che stella diana splende e pare, | e ciò ch'è lassú bello a lei somiglio», che garbatamente polemizza Guittone, rimproverando d'un «laido errore» il poeta che, «quando vuol la sua donna laudare, | le dice ched è bella come fiore, | e ch'è di gemma over di stella pare, | e che 'n viso di grana ave colore» (*S'eo fosse tale*); per altro già Giacomo da Lentini aveva composto un sonetto, *Diamante, né smiraldo, né zafiro*, che gli stessi comparanti aveva attivato sempre in rapporto colla donna amata: «è somigliante [a stella] di sprendore... e piú bell'esti che rosa e che frore». La suggestione, ma anche il dispetto verso un «nuovo stile», è però esplicitamente denunciata, senza ombra di dubbi, da Bonagiunta Orbicciani quando si complimenta con Guido bolognese di «avansare ogn'altro trovatore» e sottolinea la novità «filosofica» del suo poetare: «Voi, ch'avete mutata la mainera | de li plagenti ditti de l'amore | de la forma dell'esser là dov'era». Ma, precisa poi, il Guinizzelli non potrà certo far meglio di Guittone, con questa sua poesia cosí difficile che non si può spiegare chiaramente: «Cosí passate voi di sottigliansa, | e non si può trovar chi ben ispogna, | cotant'è iscura vostra parlatura»; anzi, non è davvero un pregio, piuttosto una «gran dissimigliansa», «ancor che 'l senno vegna da Bologna», «traier canson per forsa di scrittura», comporre versi in puro stile scritturale e teologico: il «nodo» dello stil novo sta per essere superato e chi resta al di qua non ne capisce l'«iscura parlatura».

¹ *Insegnamento* ha il senso qui di «perfezione cortese di modi» (Contini).

² Le citazioni di questo capitolo sono da G. Contini, *Poeti del Duecento*, Ricciardi, Milano-Napoli 1960.

³ Monte Andrea (*Le rime*, a cura di F. F. Minetti, Accademia della Crusca, Firenze 1979) è il poeta forse stilisticamente piú prossimo a Guittone. Gioca anche lui con la produttività dei prefissi *dis-* : *disparere*, *disformata*, *disvero*. Nel bolognese Onesto (*Rime* a cura di S. Orlando, Sansoni, Firenze 1974 cfr. *Glossario*) sui tratti indigeni (mancanza, a volte, di anafonesi: *ponge gionto*; assibilazioni: *faça zusto çochi*) ci sono i so-

liti segni della tradizione: *amaror dolzor combattitore cominciatore coraggio doglienza partenza temenza increscenza gradenza disianza soverchianza vedimento* ecc.

4 Cfr. G. Rohlfs, *Grammatica storica della lingua italiana e dei suoi dialetti*, Einaudi, Torino 1966, § 85. Chiaro Davanzati è tra i piú attivi nell'utilizzare gli schemi formali del linguaggio tradizionale. Maria Corti (*Contributi al lessico predantesco. Il tipo «il turbato» «la perduta»*, in «Archivio Glottologico Italiano», I (1953), pp. 58-92) nota in lui una singolare abbondanza di astratti da participi passati: *acquistato* (per acquisto) *adoperato aprovato aspetato* (per attesa, è anche in Guinizzelli) *blasmato cominzato consigliato costumato distinato* (per destino, è anche in Guinizzelli) *pensato* (per pensiero, è anche in Guittone e in Guinizzelli) *sensato* (per sensi, sarà anche in Cavalcanti e Dante) *trovato* (per opera, anche in Guittone) *paruta* ecc. Questi astratti (segno della crisi cronica alle origini del ruolo del verbo) si dànno anche in congiunzioni perifrastiche tipo: *star fidato* (→ in fidanza) *far fallita* (→ fallimento) ecc. Il fenomeno è in Chiaro un calco sui modelli provenzali, ma è alimentato anche dal suo successo in area religioso-liturgica e tecnico-retorica (ad esempio la *tornata*); lo si trova abbondante anche in Jacopone da Todi (*deriso*, derisione, *parlato*, discorso). Cfr. anche M. Alinei (a cura di), *Spogli elettronici dell'italiano delle origini* (= *SEIOD*), *Chiaro Davanzati, Rime*, Il Mulino, Bologna 1971.

5 Qualche esempio: *concipitore* (Giacomo da Lentini) *sentitor posseditore prenditore refator cantator parlador distruggitore laudatore struttori* (Guittone) *apellatore fallatore comandatore imprometidore cheritore riprenditore* (Chiaro).

6 M. Corti, *Studi sulla sintassi della lingua poetica avanti lo stilnovo*, Atti dell'Accademia La Colombaria, Firenze 1953. Allo stesso titolo, è di largo impiego anche il gerundio in funzione estesa, come in Giacomo da Lentini: «la mia vita è croia | sanza voi vedendo» o in Guittone: «E voi, signori mii, potenza avete | grande molto, e tempo essa overando», «in voi è sol sanando e ucidendo, | e sí come sanando è 'n voi podere, | esser vi de' a plagere».

3.

Lo stil novo

La «sottigliansa» di Guinizzelli pareva dunque a Bonagiunta una «gran dissimigliansa»; e non è un caso che in
Purg. XXIV sia proprio il poeta lucchese a certificare a
Dante il «nodo» che separa lo «stil novo» dai grandi della
prima stagione: Bonagiunta stesso, il Notaro Giacomo da
Lentini e Guittone. Lo stile nuovo è legato, proclama Dante, a un intimo rapporto tra le «penne» del poeta e quelle
del «dittatore» Amore: «I' mi son un che, quando | Amor
mi spira, noto e a quel modo | ch' e' ditta dentro vo signifi-
cando». Un'espressione analoga si può cogliere nell'infa-
stidita risposta di Cavalcanti al suo interlocutore, Guido
Orlandi: non è dato a tutti «venire», dice Guido, «là dove
insegna Amor, sottile e piano, | di sua maniera dire e di su'
stato»; non è infatti «cosa che si porti in mano: | qual che
voi siate, egli è d'un'altra gente: | sol al parlar si vede chi v'è
stato». Il discorso d'amore si complica e si fa, con lo stil
novo, piú intenso e ravvicinato, meno esornativo e piú eso-
terico e filosofico: cambia cosí anche il linguaggio. Come il
Dante del *De Vulgari Eloquentia*, Cavalcanti rimprovera
Guittone di «difetto di saver», incapacità di fare «un sofi-
smo | per silabate carte» e insieme di «barbarismo» «nel
profferer». Naturalmente la novità, come la coscienza di
essa, è un'acquisizione progressiva e Guido Guinizzelli,
che Dante (*Purg.* XXVI, 97-99) chiamerà «padre | mio e de
li altri miei miglior che mai | rime d'amor usar dolci e leg-
giadre», riserba ancora questo titolo a Guittone: «O caro
padre meo, de vostra laude | non bisogna ch'alcun omo se
'mbarchi» ed è contraccambiato dall'aretino con un «Figlio mio dilettoso»: segno che, pur a contatto di inedite

differenze, all'inizio la percezione della continuità tra le due esperienze poetiche non è minore di quella della loro diversità.

3.1. *Guinizzelli.*

In effetti, pur dentro potenti innovazioni (si ricordi la celebre *Al cor gentil rempaira sempre Amore*), ci sono in Guinizzelli ancora molti tratti del precedente linguaggio poetico.

I gallicismi ad esempio, come: *de foll'empresa* (ardito) *fer esmire* (specchiarsi da *esmirer*) *rivera* (fiume) *asletto* (eletto) *lungia stagione* (a lungo) *rempaira* (ritorna) *giano* (giallo) *meritato* (ricompensato); i provenzalismi: *sclarisce enveggia* (invidia) *ausello sotti!* (bassa) *regna* (vive) *coralmente*; i sicilianismi: *saccio este* (è) *passao sorpriso miso eo feruto audivi loco* (là) *adastare* (contrastare) *have aggio* ecc. Dalla Francia con rinforzo del retroterra latino e dello stesso volgare settentrionale, viene la fitta conservazione del nesso di consonante piú *l* (*plagato clarità doplero clar sclatta blasmo plui semblo*); dalla Sicilia e dalla Provenza vengono i vari *core, more, ven* e i soliti astratti in *-anza -enza*: *allegranza intendanza acusanza amanza certanza orgoglianza piagenza consideranza saccenza possanza leianza disperanza disconfortanza disperanza*; in *-aggio*: *coraggio visaggio dannaggio*; in *-ura* e *-ore*: *freddura olore clarore bellore rancura verdura altura lucore*; in *-uta* (*fanno partuta*) e lo sfruttamento di suffissazione (gli apax *altisce* e *levantisce* oppure gli aggettivi: *contrarioso angostioso geloso* [freddo]) e prefissazione (*dis-*: *dispietosa dismisura disnaturato disprende disvole*; *for*: *forfalsitade* [sincerità]; *sovra*: *sovralarchi* [larghissimi]). Sono sempre attive le dittologie sinonimiche del tipo: *more in letto e giace*; *gioia ed allegranza*; *tu m'assali, Amore, e mi combatti*; *splende e pare*; *degna di laude e di tutto onore*; *taglia e divide*; *spezza e fende*; *vita né spirto* ecc.

Il tutto in una lingua che non nasconde, neppure nei manoscritti rimasti, il bolognese, denunciato ad esempio da forme come *nascute saver vene* (vengono) *donqua cò* (capo) *presomisti*, da assibilazione di *c* davanti a vocale palatale (*dise*), da gerundi come *volgiando siando*, da esiti in *-o* di *e* finale: *ottono* (ottone). E tuttavia trattiene i segni idiomatici in misure assai piú contenute di quelle desumibili, ad esempio, dalle coeve rime piú popolareggianti dei *Memoriali bolognesi*, come la celebre *Pàrtite, amore, adeo* coi suoi *zorno, zoglia* o *For de la bella cayba* col suo *oxeleto, luxignolo* ecc.

Del resto anche la fraseologia figurativa di Guinizzelli ha molti e vistosi agganci con la lirica cortese provenzale e siculo-toscana: dal «foco d'amore» alla «stella diana» alle immagini della pantera e della salamandra fino, in generale, a tutto il repertorio dell'«asembrare», delle rassomiglianze, esplicitato nel già citato *Io voglio del ver la mia donna laudare*[1].

Ma, dentro di essa, si innestano motivi nuovi, da quello del saluto a quello della «battaglia di sospiri», alla «angelicazione» della donna e alla sua trascrizione teologica (donna → immagine di Dio) e ideologica (il rapporto tra amore e «cor gentil»), che richiedono nuovi supporti linguistici, a partire da quello latino (*laude aude claude gaude vimi* sono parole rima, guarda caso, di un sonetto di corrispondenza con Guittone). Insomma si avviano dal Guinizzelli quei modi di linguaggio che saranno la cifra di una nuova continuità, questa volta non solo, o non piú solo, diacronica ma anche sincronica; continuità di gruppo e di scuola, che le allocuzioni cavalcantiane e dantesche al «voi» dei «fedeli d'amore» (celebre il dantesco «Voi che savete ragionar d'amore») attestano esplicitamente e le tante corrispondenze in versi testimoniano nel momento stesso in cui la costruiscono (si pensi al famoso *Guido, i' vorrei che tu e Lapo ed io...*). Meglio sarebbe dire forse che si tratta di una contiguità, fissata da Dante nella categoria dello «stil novo», e che noi vediamo grammaticalizzarsi in *topoi* e parole, a partire dall'arcinoto «cor gentil» e dalla «bella donna» «gentile» e ineffabile («di questa donna non si può contare» dice Cavalcanti, e Guinizzelli: «parlar non posso», e Dante: «dove appare, | si veggion cose ch'uom non pò ritrare | per loro altezza e per lor esser nove»). Ecco allora prendere corpo valori e movenze nuovi: la *virtute* morale e intellettuale della donna, l'analitica descrizione del moto vista-innamoramento (dal Guinizzelli: «Dice lo core agli occhi: "Per voi moro", | e li occhi dice al cor: "Tu n'hai desfatti". | Apparve luce, che rendé splendore, | che passao

per li occhi e 'l cor ferio», al Cavalcanti: «Questa vertú
d'amor che m'ha disfatto | da' vostr'occhi gentil' presta si
mosse... Sí giunse ritto 'l colpo al primo tratto, | che l'ani-
ma tremando si riscosse», a Dante: «e se io levo li occhi
per guardare, | nel cor si comincia uno tremoto, | che fa de'
polsi l'anima partire»). Le doti soprannaturali della donna
si sviluppano dalla semplice similitudine iperbolica originaria (Giacomo da Lentini: «Angelica figura – e compro-
bata | dobiata – di riccura – e di grandeze, | e di senno e d'a-
dorneze – sete ornata, | e nata d'afinata gentileze») fino al-
l'ardua ipotesi teologica dell'*angel* venuto a salvare l'uomo
amante: «da la quale par ch'una stella si mova | e dica: "La
salute tua è apparita"» (Cavalcanti), «Angelica figura no-
vamente | di ciel venuta a spander tua salute» (Lapo), e
«par che sia cosa venuta di cielo in terra a miracol mostrare» (Dante). La donna dello stil novo è infatti un principio
di sublimazione non solo erotica ma anche intellettuale.
Scrive Guinizzelli (*Lo fin pregio avanzato*): «Radobla ca-
noscenza | chi 'n voi tuttora mira»; «'n lei enno adornezze,
| gentilezze, savere e bel parlare | e sovrane bellezze», e Ca-
valcanti (*S'io prego questa donna che Pietate*): «Già risimi-
gli, a chi ti vede, umile, | saggia e adorna e accorta e sottile |
e fatta a modo di soavitate» e Dante (*Di donne io vidi una
gentile schiera*): «De gli occhi suoi gittava una lumera, | la
qual parea un spirito infiammato; | e i' ebbi tanto ardir
ch'in la sua cera | guarda', e vidi un angiol figurato. | A chi
era degno donava salute | co gli atti suoi quella benigna e
piana, | e 'mpiva 'l core a ciascun di vertute. | Credo che de
lo ciel fosse soprana, | e venne in terra per nostra salute»[2].
Il saluto della donna è la salute spirituale dell'amante e presto anche la sua salvezza religiosa.

3.2. *Cavalcanti*.

Il grande protagonista di questa svolta è il primo «amico» di Dante, Guido Cavalcanti[3]. Con una poesia che colloca il discorso d'amore dentro una minuta analisi della fenomenologia dell'innamoramento, inteso come contrasto
tra idealità della donna e forza distruttiva della passione, e

lo avvicina al repertorio filosofico-medico che accerta i dati ontologici e patologici dell'eros, Cavalcanti rinnova e risistema anche il vario e ormai stabilizzato materiale linguistico ricevuto dalla tradizione. Ci sono quindi i dati costitutivi della continuità poetica;

> ad esempio le solite forme suffissali in *-anza -enza*: amanza beninanza consideranza costumanza disianza pesanza piagenza possanza rimembranza riposanza temenza valenza; in *-mento*: dimostramento mostramento pensamento piacimento; in *-ezza*: adornezza allegrezza altezza bellezza chiarezza debolezza; o quelle a prefisso *dis-*: disconforta dispenti dispietato distringere disvegliai discalza discovrire disfatto. Si osservano le ben sperimentate dittologie sinonimiche: *pace né riposo, sconoscente e vile, dolente e paurosa, bell'e gentil, disfatt' e paurose, in allegrezza e 'n gioia* e i costrutti perifrastici tipo *star soffrente*. Ci sono i segni della precedente meridionalità della lingua poetica: *ave avie eo face luntana feruta parute saccio si partío compriso priso*, le rime tipo *noi : altrui*[4], l'uso sistematico delle forme monottongate: *fero loco cor conven vène pò more avén fòre foco novi bono mantene dole sòl*. Ci sono i provenzalismi consueti: *blasmare plager gente* (gentile) *piacente rivera fin presio sconoscente*; i francesismi: *bieltà con' com'* (come) *null'omo sguardare*.

Tutto ciò dentro un toscano fiorentino esplicitamente accusato, come in: *stea* (stia); *aviàno rimagnàn siàn diciàn* (prima plurale presente indicativo); le terze plurali del passato remoto in *-aro, -iro* (*guardaro colpir*), *fuoro*; *fue* con la *e* paragogica; la *i* prostetica di *istar*; il condizionale in *-ebbe*, che compare, come già in Guittone, accanto a quello tradizionale in *-ía* (*sarebbe / saría, farei ritornerebbe*); le forme dittongate in estensione (*priego fuor fuoro rispuose*); il pronome *io* a fianco del riporto siculotoscano di *eo*. A sostegno dotto del tutto, poi, concorrono, naturalmente, anche i latinismi: *luce* (verbo) *chiaritate respetto se forte* (se mai) *aude tolle pietate crudeltate soavitate labbia volontate subietto qualitate sperto* (sperimentato). Ma anche gli emblemi piú usurati della tradizione cambiano segno in Cavalcanti. Si pensi a *core*, attestato in 85 occorrenze che (se rapportate al piccolo *corpus* cavalcantiano) lo trasformano da parola genericamente indicativa di «animo, forza» ecc., come nella tradizione del «coraggio» cortese, a segno stabilmente fissato al centro della scena intima dell'amore, sede del dramma che l'innamoramento fa esplodere. Anche *amore* dilaga in quantità (71) vistose e al tempo stesso si fissa in una ipostasi lirica e fisiologica cui è dedicata l'intera celebre canzone *Donna me prega*. Non c'è da stupirsi allora, se a parte l'obbligatorio *donna* (52), si infittiscano nel secondo Guido i segni lessicali dell'intellettualizzazione dell'analisi d'amore: *spirito* (45), *anima* (24), *mente* (23), *virtú* (23), *pensero* (9 + *pensare* 7) e quelli della sua fenomenologia sensibile: *occhio* (37), cui va assommato il verbo piú frequentato, *vedere* (60) (+ *guardare* 18 + *mirare* 13), e poi *sentire* (34) e *sospiro* (12). L'amore diviene, come è noto, dramma della passione: ecco lo sbigottimento (*sbigottire* 6), il pianto (*pianto* 7 e *piangere* 10), il dolore (*dolore* 13 *doglia* 7 e *dolere* 17), lo strazio e il tremore (*pietà* 16 e *tremare* 12) e persino la morte (*morte* 20 e *morire* 24), la distruzione (*disfatto* 6 e *distruggere e struggere* 11). In questa resa drammatica dell'atto amoroso colpisce allora, come aveva notato Maria Corti', la movimentazione della scena interiore in dibattiti e «parti» diverse, segnalata dall'uso del dialogo (tra i verbi *dire* è il piú frequentato con 61 occorrenze; ma ce ne sono anche 8 di *parlare*, 5 di *parole* e 5 di *rispondere*) con cui il poeta parla (*sermocinatio*) per tramite di una personificata realtà interiore (*spiriti, pensero* ecc.) o ad essa si rivolge; egli dà *voce* (7) contemporaneamente ai richiami contraddittori del cuore o al colloquio coi «fedeli d'amore» (*chiamare* 14, *udire* 10). Per altro, il teatro dell'amore non è solo dramma mortale; è anche visione incantata, indefinibile (*parere* e *apparire* 34), *dolce* (13) attesa di *mercede* (20) da parte della «bella donna» (sui 14 casi di *bello* almeno la metà sono nello stilema citato), sentimento *novo* (13) e *soave* (5) che dà *piacere* (16). La donna è infatti oltre che *adorna* anche *gentile*: ha «gentil core» «gentil vertute» «gentile spirito» «occhi gentil» «gentil natura» «gentil mente» «gentil costume». *Allegrezza* (5) e *angoscia* (4) si disputano i sentimenti dell'amante, anche se le forze distruttive della *ferita* (11) d'amore finiscono per prevalere; si vedano gli aggettivi in -*oso*: *angoscioso cruccioso doglioso doloroso dubbioso ingiuliosa pauroso vergognose*, a dominante tratto negativo, non certo controbilanciati dai

pochi *amoroso*, o da *aventurosa e gioiosa* di valenza positi-
va. Mentre la dimensione «leggera e piana», che pure è nel
dettato dell'amore, si evince soprattutto da un tratto nuovo di Guido: il gusto della *diminutio* affettuosa e a volte
persino ironica. Sono i suoi celebri diminutivi stilnovistici:
spiritelli (numerosissimi), *deboletti, cesoiuzze, coltellin, fio-
chetto, ballatetta, gentiletta, fontanella, biondetti e ricciutelli, arbuscelli* ecc[6].

---

[1] Per Guinizzelli cfr. il commento in G. Guinizzelli, *Poesie*, a cura di E.
Sanguineti, Mondadori, Milano 1986; per le *Rime dei memoriali bolognesi* cfr. l'ed. a cura di S. Orlando, Einaudi, Torino 1981.

[2] Per questi dati si veda E. Savona, *Repertorio tematico dello stilnovo*,
Adriatica, Bari 1973, da confrontare con W. Pagani, *Repertorio tematico
della Scuola siciliana*, Adriatica, Bari 1968.

[3] Cfr. G. Cavalcanti, *Rime, con le rime di Iacopo Cavalcanti*, a cura di D.
De Robertis, Einaudi, Torino 1986.

[4] Cfr. però anche il testo fissato in G. Cavalcanti, *Rime*, a cura di G. Fava-
ti, Ricciardi, Milano-Napoli 1957.

[5] M. Corti, *Studi sulla sintassi della lingua poetica avanti lo stilnovo*, Atti
dell'Accademia Colombara, Firenze 1953. Ma della Corti si veda anche
l'*Introduzione* a G. Cavalcanti, *Rime*, a cura di M. Ciccuto, Rizzoli, Milano 1987.

[6] La misura della novità linguistica dei maggiori stilnovisti si coglie anche
dal confronto col poeta, nella scuola, forse linguisticamente piú arcaico,
Lapo Gianni, di cui Contini (*Poeti del Duecento*, Ricciardi, Milano-
Napoli 1960) scrive: «la fenomenologia degli spiritelli e delle angiolet-
te... s'innest[a] su un tessuto molto piú arcaico di linguaggio provenzaleggiante e siciliano». In Lapo infatti ci sono sí «angelica figura» e «an-
gela che par di ciel venuta» «spiritello» «atterello» «gentil vertute» e
«nobile» o «gentile» «intelletto» ma anche abbondanza di suffissi in
-ezza: *gentilezza giovanezza grandezza allegrezza ferezza gravezze fortezze*
e in *-anza -enza*: *fallenza sconsolanza baldanza turbanza piagenza doglienza possanza disianza valenza perdonanza temenza dimostranza disnoran-
za perdenza cordoglienza benenanza innamoranza allegranza amanza malenanza pietanza*, in *-aggio*: *riparaggio barnaggio* (nobiltà) *usaggio vedo-
vaggio*, che, insieme coi molti altri provenzalismi, francesismi e sicilianismi, fanno un quadro di vistosa tradizionalità linguistica.
La novità della scuola stilnovistica si osserva bene anche nell'esame del
linguaggio di un suo interprete molto scolastico come Dino Frescobaldi, che ormai lavora sui materiali già consolidati da Cavalcanti e Dante.
Scrive F. Brugnolo (Introduzione a Dino Frescobaldi, *Canzoni e sonetti*, Einaudi, Torino 1984, p. IX): «Per lui il problema se accettare o meno
spunti tematici e supporti linguistici della precedente tradizione pro-

venzale-siculo-toscana sembra – a differenza di un Lapo Gianni o di un Cino da Pistoia – non porsi nemmeno... si veda... per non dire d'altro, la drastica riduzione di elementi fonomorfologici e lessicali di origine siciliana (nessun caso di *saccio* o di *àve*; solo *aggia* congiuntivo ma non *aggio* indicativo, anche come morfema del futuro; rari condizionali in *-ia* alternanti col tipo fiorentino...) o transalpina (mai i tipi *temenza*, *dolzore*, *coraggio* per cuore ecc. e dei sostantivi in *-anza* si salvano solo i cavalcantiani *pesanza* e *amanza*; ecc.), in favore di un deciso adeguamento a condizioni e tradizioni spiccatamente fiorentine (e qui Brugnolo rinvia ai casi di *fecior* (o), fecero, *giungor*, giungono, *sute*, state ecc.)».

4.
Dante

4.1. *Le rime.*

Sono questi i temi, le suggestioni e le forme che le rime (e la *Vita nuova*) di Dante conducono all'esito piú alto e clamoroso.

Il quadro in cui si situano le liriche di Dante, raccogliendo tutta l'antica tradizione provenzale e italiana, ma anche e soprattutto innovandola sulla scorta dei due Guidi, è quello in cui si definisce compiutamente la fisionomia tematica e stilistica dello stil novo e, al tempo stesso, questa è superata verso nuove sperimentazioni culturali (le rime allegoriche e dottrinali) e linguistiche (le petrose). La scena dominante è sempre quella, già ben fissata dal Cavalcanti, del rapporto d'amore inteso come contrasto (di attrazione e repulsa, di desiderio e privazione) tra la donna e il poeta innamorato. I 326 casi di *io* soggetto (cui vanno aggiunti i 344 di *mi* e i 62 di *me*) – dilagando sui 98 *voi* (pur ad accostarvi i 46 *vi*, i 68 *ella* e i 91 *lei*) – mostrano come la scena proietti al centro il soggetto e il suo dramma interiore (gli 81 *tu* coi 57 *ti* sono spesso pronomi del dialogo tra i diversi attori del palcoscenico interiore del poeta), per quanto, tra i sostantivi, il primo posto in frequenza spetti sempre a *donna* (179), seconda solo all'eterno protagonista, *Amore* (198). I luoghi rappresentati sono quelli cavalcantiani degli *occhi* (90), del *cuore* (139) e dell'*anima* (37), ma uno spazio maggiore vi ha la *mente* (46) con l'*intelletto* (20), mentre sempre larga è l'ipostasi di *spirito* (32). Ci sono i *sospiri* (15) che nascono dal *vedere* (56), c'è un fitto *piangere* (36) e *parlare* (36), un dialogo spesso interiore (*dire*: 98) intorno a un

amore nato da una donna *bella* (40), *gentile* (65) che libera
intorno a sé un alone *dolce* (37), *soave* (10), *umile* (11), rive-
lando cosí la propria superiore e diversa natura d'*angelo*
(12). Il vocabolario delle rime[1] è indizio evidente di una
crescita consistente del patrimonio linguistico della poesia
(crescita riscontrata dal Boyde anche all'interno del *corpus*
stesso di Dante, dalle poesie della *Vita Nuova* alle petrose),
pur a dedurvi i doppioni morfologici (per altro qui in diminuzione) tipo: *disio / disianza / desire / desiderio*; *bellezza /
beltate / beltà*; *speme / speranza*; *doglia / dolore /duolo*, e
quelli fonologici invece sempre assai numerosi (spulciando
solo alla lettera *p*): *pensero / pensiero*; *petra / pietra*; *piange
/piagne*; *pioggia / ploia*; *preghero / preghiera*; *prego / priego*
ecc. Tra questi ultimi andrà segnalata (pur con le dovute riserve filologiche) la rimonta delle forme dittongate accanto a quelle in monottongo: *fero / fiero, vene / viene, può /
pò, omo / uomo*; *bono / buono*; ma l'opposizione *novo
/nuovo* sembra ancora risolta tutta a vantaggio della prima
forma (20 a 2) e cosí *loco / luogo* mentre (nel testo oggi fissato) si conosce un solo *cuor* (67 v. 65) a fronte dei 138 *core*,
segno che la parola piú topica resiste nella veste fonetica
che per prima l'ha accolta nella poesia italiana.

Nelle rime sono comunque in netta diminuzione i riporti diretti della tradizione, specie facendo caso ai dati
numerici.

Ecco i suffissi in *-anza -enza: possanza sicuranza orranza
sembianza* (ri)*membranza erranza dilettanza baldanza disianza
amanza dottanza pesanza allegranza* (ad)*dimoranza accordanza
fidanza valenza temenza fallenza* (in totale appena una quarantina di occorrenze; morfema « stanco » lo definirà il Bembo); in
-mento trovo, di significativi, solo: *incantamento intendimento
parlamento cominciamento pensamento piacimento reggimento*
(in tutto 10 occorrenze); in *-ura -ore* si segnalano solo i 4 casi di
parlatura freddura dolzore riccore e in *-aggio* i pochi: *signoraggio
paraggio servaggio vassallaggio oraggio* (pioggia) *coraggio* (cuore); mentre nella solita misura (proporzionalmente) abbondante si contano solo le forme a prefisso *s-* e *dis-: sdonnei scano-
scenti sbandeggiata sguardando smaga smore sturba disconforta
disconsolata disgombra dispento dispietata disvicina disamorato
dischiera discoloro disconcia disnore disvegliar disvia.* Restano
poi alcuni provenzalismi e francesismi tradizionali come: *fazzo-*

ne (aspetto) *s'agenza* (si compiace) *com* (come) *bieltate lungiamente desire insegna* (segno) *unquemai genti* (nobili) *messione*
(spesa) *malfatata* (sciagurata) *cera* (viso) *accontarsi* (familiariz-
zare) *poggia* (sale) *fello* (triste) ecc. E accanto ad essi i sicilianismi: *saccio vui vederete* (in luogo del futuro sincopato toscano
che dà altrove addirittura un: *risalutrai*) *caunoscenza ancider* [2].

Anche le dittologie sinonimiche si riducono per quantità in Dante e si presentano con valori (eccetto forse in alcuni componimenti) decisamente piú bassi di quelli correnti
nella poesia della generazione precedente alla sua e anche
di quella contemporanea (Cino) o successiva (Petrarca).

Eccone a ogni modo vari esempi: Pianger di doglia e sospi-
rar d'angoscia, dolorosa e rotta, malvagio e vile, soave e dolce,
scudiscio e ferza, chiude tutto e salda, s'attrista tutto e piagne,
atti disdegnosi e feri, dritto e verace, leggiadre e belle, malvagia
e croia, discinta e scalza ecc.

Significativo è il contenimento nell'impiego del gerundio, non piú usato con la larghezza tipica della prima stagione (con preposizione, o in luogo dell'infinito o del participio presente); rari anche i casi di gerundio assoluto del
tipo: «E poco stando meco il mio segnore, | guardando in
quella parte onde venia, | io vidi...» XXI, 7-9 o «e poscia
imaginando, | di caunoscenza e di verità fora, | visi di don-
ne m'apparver». Scrive Franca Ageno [3]: «Mentre nella lingua poetica del secolo XIII il gerundio poteva stare per qualunque tipo di proposizione subordinata, compresa la con-
secutiva e la finale, presso Dante da una parte si trova una
straordinaria varietà lessicale, dall'altra l'equivalenza sintattica si riduce ai soliti tipi». Allo stesso modo, segno della
reazione alla consuetudine dominante è la radicale riduzione delle similitudini, specie di quelle standard (cui ancora indulgeva il Guinizzelli), tolte un paio o poco piú:
«ne la sembianza mi parea meschino, | come avesse perdu-
to segnoria», «e par che sia una cosa venuta | da cielo in
terra a miracol mostrare». Le similitudini delle poesie di
Dante sono per lo piú non esornative ma esplicative: «Do-
na e riceve l'om cui questa vole | mai non sen dole; | né 'l
sole per donar luce a le stelle...»: un dato notevole specie
se paragonato a quello, assai diverso, della *Commedia*.

La struttura della frase acquisisce, sulla scorta per altro di precedenti illustri come Guinizzelli e Cavalcanti, una piú ampia gamma di possibilità, affiancando alle preponderanti frasi semplici o di minima complessità periodi piú articolati con piú subordinate di grado diverso o tra di loro coordinate[4]. Ecco un esempio:

> Poscia ch'Amor del tutto m'ha lasciato,
> non per mio grato,
> ché stato non avea tanto gioioso,
> ma però che pietoso
> fu tanto del meo core,
> che non sofferse d'ascoltar suo pianto;
> 'i canterò [...]

Tra le subordinate (crescenti dalle opere giovanili in avanti) emergono, come tipico, le relative:

> Quivi dov'ella parla, si dichina
> un spirito da ciel, che reca fede
> come l'alto valor ch'ella possiede
> è oltre quel che si conviene a nui.

Frequenti, poi, come già in Cavalcanti («una donna veduta, | la qual è sí gentil e avenente | e tanto adorna, che 'l cor la saluta» ecc.) e in genere nello stil novo, sono le consecutive, proposizioni care alla lingua delle origini: «Tanto gentile e tanto onesta pare | la donna mia quand'ella altrui saluta, | ch'ogne lingua deven tremando muta [...] Mostrasi sí piacente a chi la mira, | che dà per li occhi una dolcezza al core». Ha scritto Francesco Agostini[5]: «ci troviamo di fronte a uno stilema avente un preciso valore funzionale. Il sentimento d'amore, concepito come qualcosa di per sé ineffabile, non viene espresso in forma diretta ma soltanto attraverso l'analisi di alcune reazioni che esso provoca nel "cor gentile"; a questo rapporto tra sentimento e moti dell'animo, che oggettivamente considerato sarebbe di causa ed effetto, il costrutto consecutivo infonde una tensione emotiva che sottolinea da una parte l'impossibilità di riversare nelle parole tutta la sapienza del sentimento e dall'altra l'irrinunciabile aspirazione del poeta a esternare in qualche modo il valore unico e irripetibile di quella sua esperienza interiore».

Ai fini della organizzazione sintattica è ovviamente molto importante osservare l'ordine delle frasi nel periodo e quello delle parole nella frase. Dante spesso interrompe la proposizione principale inserendovi delle secondarie: «E questa, ch'era sí di pianger pronta, | tosto che lui intese, | piú nel dolor s'accese», oppure ne ritarda la comparsa facendola precedere da varie subordinate come nei versi sopracitati di *Poscia ch'Amor del tutto m'ha lasciato* o l'anticipa quando dovrebbe invece, a rigor di logica, farla seguire: «Dannomi angoscia li sospiri forte, | quando 'l pensero ne la mente grave | mi reca quella che m'ha 'l cor diviso». Tuttavia ben frequente è anche la sequenza normale e semplice, secondo un indice che il Boyde ha mostrato molto variabile a seconda delle diverse stagioni della poesia dantesca. Altrettanto equilibrata è la sintassi riguardo all'ordine delle parole, anche se quello inverso cresce percentualmente dalle prime alle ultime poesie. Significative sono soprattutto le inversioni «complesse», cioè implicate in due o piú elementi della frase come in questi esempi: «bagnar nel viso suo di pianto Amore»; «cosí leggiadro questi lo core have»; «visi di donne m'apparver crucciati» ecc. Tra le inversioni piú comuni è ricorrente quella del rapporto soggetto-verbo («là 've non pote alcun mirarla fiso»; «fa che li annunzi un bel sembiante pace»), specie se il verbo è anticipato in posizione forte, all'inizio del verso (o dell'intera poesia): «Videro li occhi miei quanta pietate»; «Ita n'è Beatrice in l'alto cielo». L'anticipazione dell'oggetto sul verbo è frequente: «Sola Pietà nostra parte difende», «questi mi face una donna guardare», mentre rari sono i casi piú radicali con anticipo dell'oggetto e del verbo sul soggetto, come in «tanto dolore intorno 'l cor m'assembra | la dolorosa mente». Ricorre invece la prolessi dell'avverbio: «lo parlar suo sí dolcemente suona», «e fella di qua giú a sé venire» o del sintagma preposizionale: «che fai di te pietà venire altrui», «Morte villana, di pietà nemica, | di dolor madre antica». Al fine della perspicuità immediata della sintassi poetica non va ovviamente dimenticato che molto conta il rapporto tra unità sintattiche e unità metriche: lo sviluppo della lirica dantesca conferma anche su questo lato un accentuarsi delle difficoltà in diacronia e

cioè un incremento della complessità con una riduzione
dell'indice delle coincidenze di metro e sintassi dal 51%
al 39%.

Resta tuttavia, nelle rime, un tratto caratteristico della
lingua poetica antica, l'inclinazione, già nota, per i sostantivi astratti, spesso ricavati dalla «conversione» di un aggettivo o di un verbo in sostantivo: «veggendo in lei tanta
umiltà formata», «ed avea seco umilità verace», «io presi
tanto smarrimento allora», «che dopo morte fanno | ripa-
ro ne la mente | a quei cotanti c'hanno canoscenza». Acca-
de inoltre che la donna sia chiamata con una delle sue
«qualità»: «io vidi la speranza de' beati», «quand'i' ve-
gno a veder voi, bella gioia», «ch'io non veggia talor tanta
salute» e che non di rado questi procedimenti si accumuli-
no, come qui:

> Madonna, quel signor che voi portate
> ne gli occhi, tal che vince ogni possanza,
> mi dona sicuranza
> che voi sarete amica di pietate;
> però che là dov'ei fa dimoranza,
> ed ha in compagnia molta beltate,
> tragge tutta bontate
> a sé, come principio c'ha possanza
>
> (*Madonna, quel signor*).

Tra le figure retoriche si fa frequente la perifrasi, usata
anche per nominare persone: «quella che m'ha il cor divi-
so» (Beatrice), «chiamo quel signore | ch'a la mia donna
ne li occhi dimora» (Amore), «chi tenne impero» (l'imperatore) o i luoghi: «quand'elli è giunto là dove disira»; il
letto del poeta ammalato d'amore diviene: «là 'v'io chiamava spesso Morte»; la morte di Beatrice diventa: «poscia
| che la mia donna andò nel secol novo». In canzoni parti-
colarmente complesse, più complessa può divenire anche
la perifrasi, come è il caso di quella astronomica all'inizio
de *Io son venuto al punto de la rota*, irrobustita da un ampio
metaforeggiare. Come in quelle di Cavalcanti, si istituzio-
nalizza nelle rime di Dante il ricorso al discorso diretto come forma tanto del dialogo d'amore («Beato, anima bella,

chi te vede») quanto del discorso interiore («oh mente cie-
ca, che non pò vedere») o dell'allocuzione poetica («Pie-
tosa mia canzon»).

4.2. Il «De Vulgari Eloquentia».

Dante è il primo a esprimere una coscienza teorica e storica della nuova poesia volgare. Nel De Vulgari Eloquentia
(= DVE) coglie innanzitutto il tratto che salda insieme la
lirica italiana (del sí) con quella francese (d'oil) e soprattutto con quella provenzale (d'oc): «pro se vero argumenta-
tur [...] [lingua d'oc], quod vulgares eloquentes in ea pri-
mitus poetati sunt tanquam in perfectiori dulciorique loquela» (I. x. 2) [6]. Anche se si tratta di un'esperienza che,
come insegna la Vita Nuova (= VN), è recente e inedita, la
poesia si presenta già costituita da una tradizione. C'è un
usus con le sue autorità (II. x. 5), diligentemente elencate
per ognuna delle tre lingue (II. vi. 6). Dalla Provenza all'I-
talia la poesia trasmette un patrimonio di soluzioni metriche (le canzoni di endecasillabi, su tutte), di esperimenti
ritmici (ad esempio nella scelta e disposizione delle rime) e
di artifici retorico-sintattici capaci di rendere un discorso
alto e notevolmente complesso. Anche i temi si annodano
già in una storia, in un ventaglio che, nel trattato latino, è
piú largo di quello previsto, anni prima, nel XXV della
VN, dove si diceva: «E lo primo che cominciò a dire sí come poeta volgare, si mosse però che volle fare intendere le
sue parole a donna, a la quale era malagevole d'intendere li
versi latini. E questo è contra coloro che rimano sopra altra
matera che amorosa, con ciò sia cosa che cotale modo di
parlare fosse dal principio trovato per dire d'amore». La
storia europea della poesia ha una propria specificità nel
suo momento italiano, l'«usus noster» pare sintetizzarsi
nel proclama di I. x. 2: «tertia [lingua] quoque, que Lati-
norum est, se duobus privilegiis actestatur preesse: primo
quidem quod qui dulcius subtiliusque poetati vulgariter
sunt, hii familiares et domestici sui sunt, puta Cynus Pisto-
riensis et amicus eius [è Dante stesso]; secundo quia magis
videntur initi gramatice que comunis est» [7]: dunque la poe-

sia italiana conta i migliori poeti in volgare (Cino da Pistoia
e Dante) e questi sono, tra i rimatori volgari, quelli che piú
si sono attenuti agli insegnamenti della «grammatica»,
cioè del latino e della sua cultura. Quest'ultima, determinante caratteristica era già stata individuata da *VN* XXV,
«ché dire per rima in volgare tanto è quanto dire per versi
in latino, secondo alcuna proporzione [...] Dunque, se noi
vedemo che li poete [latini] hanno parlato» in un certo
modo, «degno è lo dicitore per rima [volgare] di fare lo so-
migliante, ma non sanza ragione alcuna [...] Che li poete
abbiano cosí parlato come detto è appare per Virgilio [...]
Per Lucano [...] Per Orazio [...] Per Ovidio [...]» Il modello dei latini (poeti e perfino prosatori) riappare in *DVE*
(II. VI. 7: «Et fortassis utilissimum foret [...] regulatos
vidisse poetas, Virgilium videlicet, Ovidium Metamorfo-
seos, Statium atque Lucanum, nec non alios qui usi sunt al-
tissimas prosas, ut Titum Livium, Plinium, Frontinum,
Paulum Orosium et multos alios») quando Dante deve
spiegare quali sono i tipi di costruzione (retorica e sintattica) che meglio si convengono alla grande poesia volgare. Il
linguaggio figurato degli antichi può integrare il repertorio
delle autorità cui chiedere soccorso per organizzare la propria sintassi secondo il «gradum constructionis excellen-
tissimum». È quel modo che *VN* XXV aveva colto nell'a-
bitudine dei grandi poeti di parlare «a le cose inanimate, sí
come se avessero senso e ragione, e fattele parlare insieme;
e non solamente cose vere, ma cose non vere, cioè che detto hanno di cose le quali non sono, che parlano, e detto che
molti accidenti parlano, sí come se fossero sustanzie e uomini». Dalle proprie rime Dante toglie, a questo proposito, l'esempio di *Amor che ne la mente mi ragiona*, la canzone commentata in *Convivio* III e lí svelata nella sua radicale
figuralità di lode di una donna, che è, in realtà, allegoria
della Sapienza. L'insegnamento dei latini non si concreta
quindi tanto nel latinismo lessicale o sintattico (piú presente nella prosa di Dante, come vedremo, che nelle sue poesie) quanto nella capacità di sostenere un grandioso processo di trascrizione metaforica del mondo astratto e con-
cettuale, realizzandone una concreta, viva e palpabile rappresentazione (l'unico modo dato all'uomo di accostare le

verità di ragione, visto che, come spiegherà *Par.* IV, 41, l'intelletto umano «solo da sensato apprende»). Scatta a questo proposito la reiterata accusa a Guittone e soci, tacciati di «nunquam in vocabulis atque constructione plebescere desuetos». Che cosa Dante intendesse con *plebescere* lo aveva detto *DVE* I. XIII. 1 dove si sentenzia che Guittone, Bonagiunta, Galletto Pisano, Brunetto Latini e altri poeti toscani sono rimasti legati a una misura linguistica municipale, mancando l'obbiettivo del volgare illustre e curiale. A II. VII. 2 sgg. egli precisa ulteriormente per quanto riguarda il lessico: vanno scartate parole *puerilia* («ut *mamma* et *babbo*, *mate* et *pate*») o *muliebria* («ut *dolciada* et *placevole*») e accolte solo le *virilia*; ma, tra queste, sono da escludere le *silvestria* («ut *greggia* et *cetra*») e quelle troppo lisce (*lubrica*) o troppo (*reburra*) ispide («ut *femina* et *corpo*»). Andranno quindi accolte solo quei «trisillaba vel vicinissima trisillabitati» che sono «sine aspiratione, sine accentu acuto vel circumflexo, sine *z* vel *x* duplicibus, sine duarum liquidarum geminatione vel positione immediate post mutam [...] ut *amore, donna, disio, virtute, donare, letitia, salute, securtate, defesa*». Sono parole senza troncamenti o aspirazioni, senza nessi consonantici o consonanti doppie; accanto ad esse sono ammesse, oltre gli indispensabili monosillabi e interiezioni varie, poche voci, pur se «asperitatem habeant aspirationis et accentus et duplicium et liquidarum et prolixitatis: ut *terra, honore, speranza, gravitate, alleviato, impossibilità, impossibilitate, beneavventuratissimo, inanimatissamamente, disaventuratissimamente, sovramagnificenissimamente*». Insomma, la giusta miscela di suoni e forme è il risultato migliore e più consigliabile.

Non ci si aspetti di trovare però proprio queste parole (e magari in gran copia) nelle poesie di Dante: queste sono solo dei «campioni» semantici (si osservino i temi adombrati del primo elenco, che ricalcano i tre *magnalia* dell'*amor, virtus* e *salus*) e fonomorfologici delle voci ideali del più alto poetare. Una gradazione diversa della miscela che questi precetti consigliano può far scattare la denuncia di municipalità, di eccessiva asprezza (ammessa solo per particolari ed eccezionali esperimenti come le «petrose») caduta su Guittone e compagni.

Dante, in effetti, traccia nel *DVE* una storia della poesia italiana dai siciliani allo stil novo a se stesso che si svolge all'insegna della *gravitas* e di un *polite loqui* che si stacca dal volgare municipale («a proprio poetando divertisse»). Il filo rosso è certamente quello della grande poesia d'amore (forse Guittone e Brunetto sono respinti anche per ragioni tematiche), che muove dalla reggia di Federico II (il fascino del motivo imperiale in Dante!) e permea di sé le prime prove «eo quod quicquid poetantur Ytali sicilianum vocatur» (I. XII. 2), anche in virtú (probabilmente) del suo pronto adattamento linguistico ai volgari di Toscana e del centro Italia; e poi si sviluppa nei bolognesi (Guido Ghisleri, Fabruzzo, Onesto, Guinizzelli maximus) e nei toscani dello stil novo: «scilicet Guidonem, Lapum et unum alium [Dante], Florentinos, et Cynun Pistoriensem» (I. XIV. 4).

Le categorie tematiche, linguistiche e stilistiche del *DVE*, ottimo reagente per la storia precedente fino al Dante rimatore, non funzioneranno già piú di lí a poco, quando Dante stesso ne rovescerà le gerarchie costruendo la *Commedia*. Ma intanto egli si è posto al culmine del tracciato della poesia del *sí* anche grazie alla versatilità che gli ha concesso di sviluppare, oltre il discorso d'amore, quello della rettitudine, la sua poesia dottrinale e filosofica. Non a caso, citando dalle sue rime l'esempio sommo del canto della «directio voluntatis», Dante riporta la canzone *Doglia mi reca ne lo core ardire*. Tra le sue piú esplicitamente dottrinali (*Poscia ch'amor del tutto m'ha lasciato* e *Le dolci rime*), questa è la sola che non congeda del tutto il tema amoroso e in cui il proposito di discendere «in parte ed in costrutto | piú lieve, sí che men grave s'intenda» non implica un abbandono delle rime «dolci» (d'amore) per quelle «aspre e sottili» (filosofiche), ma si realizza in una scelta stilisticamente «essoterica» (Contini), in un linguaggio ancora concreto, al cui centro c'è l'immagine del «cieco avaro disfatto», che «da sé vertú fatto ha lontana» e che «voi [donne] non dovreste amare».

Il *DVE* pone, sia pure solo a modo di precisazione, un principio interessante: la superiorità della poesia sulla prosa (II. 1. 1). È un principio controverso per Dante stesso, che nel *Convivio*, negli stessi anni, proclamava la superiore capacità della prosa di svelare le «naturali» bellezze di una lingua, salvo, per altro, ribadire che la poesia «legando» con «numero e con rime» era piú utile alle fortune di una lingua, perché assicurava ad essa «conservazione» e «stabilitade».

Il confronto tra la lingua delle rime e quella delle parti prosastiche della *VN*[8] mostra subito come, nella pur poetica e coltissima prosa del libello giovanile, il peso della tradizione sia vistosamente minore. Non ci sono o quasi i segni del provenzalismo e del sicilianismo coi vari suffissi in *-anza*, *-enza* (si può segnalare appena un *lamentanza*), e diminuiscono quelli in *-tore* (*dicitori distruggitore imponitore laudatore*); appena piú numerosi quelli in *-mento* (*appari-mento cominciamento intendimento pensamento raccendi-mento trasfiguramento*) mentre resta discretamente attivo solo il prefisso *dis-* (*discacciati dischernevole discolorito di-sconfiggea disconfortai disconsolati disfogare disposata di-svegliato*). Si riducono drasticamente le varianti fonomor-fologiche (di quelle in precedenza notate per le rime, resta-no solo *bellezza / bieltade* e *desiderio / disiri*); il condizio-nale alterna il tipo siciliano (*porria rimarria dovria soster-ria*) col tipo toscano (*farei torrei vorrei*); le forme dittonga-te hanno il netto (e spesso esclusivo) sopravvento su quelle in monottongo di ascendenza poetica (9 *buon / o / a* con-tro 1 *bon*, *cuore* non conosce rivali se non in citazioni dai versi, lo stesso, *uomo* e cosí *luogo* e c'è solo *fuoco*). Mentre segno della minore rigorosità sintattica della prosa è la maggior frequenza in essa del gerundio assoluto, si fanno d'altro lato piú espliciti e marcati i latinismi lessicali (*ama-ritudine appropinquare gioventudine vocabulo propinquita-de nullo obumbrare redundava*), netti soprattutto negli ag-gettivi in *-abile -ibile* (*ineffabile risibile*) o in *-ale* (*locale cor-porale naturale* ecc.). Come latinismo è stato valutato (Bal-delli) anche il frequente ricorso al superlativo assoluto (*gentilissima, amarissima, propinquissima, bellissima* ecc.)[9].

4.3. La «Commedia».

I canoni fissati dal DVE e soprattutto le gerarchie che Dante fissava al culmine della sua esperienza stilnovistica esplodono tra le mani del poeta della Commedia [10]. Il programma di selezione rigorosa dei materiali linguistici salta a favore di una straordinaria, inaudita capacità di assorbimento degli apporti piú diversi. La continuità stessa con le tradizioni piú note e recenti del volgare illustre si frantuma in una molteplicità di sondaggi, allargati, oltre la linea maestra della poesia d'amore, alle esperienze di poesia allegorica e morale, religiosa e liturgica di area e circolazione spesso molto regionali e spinti nel grande territorio della letteratura latina, classica e cristiana. Il già vacillante monolinguismo della prima stagione poetica (che non faceva molto per nascondere, magari col camuffamento fonomorfologico, il prestito provenzale o francese), ulteriormente incrinato dalle incursioni nel latino nella Vita Nuova, si rompe del tutto nel poema e lascia spazio aperto al latino innanzitutto, ma poi anche al provenzale e ai prelievi da vari dialetti. Chi non ricorda, ad esempio Par. XV, 28-30 quando Cacciaguida si rivolge a Dante in latino («O sanguis meus, o superinfusa | gratia Dei, sicut tibi cui | bis unquam celi ianua reclusa?») o il lungo discorso in provenzale di Arnaut Daniel (Purg. XXVI, 139 sgg.) che comincia: «Tan m'abellis vostre cortes deman, | qu'ieu no me puesc ni voill a vos cobrir [...]» I latinismi si evidenziano poi numerosi (sititis vime cirro baiulo cive circunspetta colletta continga patre image umbriferi passuro circunfulse secreto calle) e si impongono con forza in rima (combusto : giusto, colubro : rubro : delubro, cuba : Iuba : tuba, liqua : iniqua, latebra : crebra, ubi : dubi : Cherubi, frui : cui : lui, dipigne : igne : cigne, rua : tua : sua, imo : opimo : primo). Il latino è il serbatoio del linguaggio tecnico di Dante, da quello della geometria («l'imago al cerchio») a quello dell'astronomia (epiciclo : periclo) e dell'anatomia (epa : crepa). «E tuttavia la Commedia risulta nel suo insieme l'opera piú fiorentina di Dante, nella sua struttura fonetica, morfologica e sintattica e nel lessico fondamentale, forse per un ricupero del fiorentino, anche sul piano teorico. La lingua di Firenze si fa sempre piú incombente, in maniera addirittura proclamata: "E un che 'ntese la parola tosca" (*Inf.* XXIII, 76), "parlandomi tosco [...]" (*Purg.* XVI, 137), "O Tosco [...] | La tua loquela ti fa manifesto | di quella nobil patria natio" (*Inf.* X, 22-26), "ma fiorentino | mi sembri veramente quand'io t'odo" (*Inf.* XXXIII, 11-12)» [11]. È per questo che i gallicismi balzano in rima (spesso mescolandosi ai latinismi) come in: *dolzore : fore : amore, gaggi : maggi, ostello : uccello, ploia : moia, verna : governa : sempiterna, parvenza : circunferenza, spegli : svegli : immegli, visaggio : viaggio,* quasi a marcare la loro estraneità o perlomeno a sottolineare la loro eccezionalità linguistica nel contesto. E in rima sono anche, spesso, le rade forme in *-anza,* con le loro tracce provenzali: *beninanza dilettanza disianza fallanza sobranza possanza nominanza orranza.* Molto esibiti ed estraniati risultano anche i tratti dialettali: il lucchese *issa* di Bonagiunta, il sardismo *donno* di Michele Zanche, il *sipa* bolognese di Venedico Caccianemico, *istra* settentrionale, e cosí, forse: *barba* (zio), *scàrdova, burchio, ancoi, adesso, chiappa* (sasso), oltre alla sonorizzazione in rima di *figo* e *sego.* La rima accoglie pure ed emargina i pochi casi di sicura eccezione fonomorfologica al fiorentino, come il pisano-lucchese *fenno,* l'aretino *abbo,* il non ben definibile (si è parlato anche di umbro) *vonno* [12]. Sicilianismi letterari sono (oltre i casi di rima siciliana: *noi : fui : sui, nome : come : lume, suso : sdegnoso : desideroso*), i vari imperfetti di seconda in *-ía* (in rima e no), i condizionali in *-ía* (mai in rima), *satisfara, miso, sorpriso, riprisa* (di tradizione lirica), e poco altro. La *Commedia* percorre liberamente anche i diversi livelli del toscano, perlustrandone le varietà di contado e plebee: *sirocchia* (sorella) *parroffia* (parrocchia) *signorso* (il suo signore) *mora* (mucchio di pietre) *allotta* ecc. L'alternanza di varianti fonomorfologiche è largamente sfruttata da Dante per ragioni metriche e di rima, come succede con i diversi esiti del condizionale: «una sola virtú sarebbe in tutti» (*Par.* II, 68) e «fora di sua materia sí digiuno» (*ibid.,* 75) [13].

Spulciando qua e là, e solo fra le sedi di rima, cogliamo *cada / caggia, pianga / piagna, rimanga / rimagna, allora / allotta,* sem-

bianza / sembiante, pieta / pietade, doglia / doglienza / duolo, disianza / disire / disio, rimembranza / ricordo, onranza / onore ecc., con un gioco ininterrotto di preferenze opposte, ora per la forma dotta ora per quella piú popolare, per il toscanismo o per il latinismo.

Per quanto è possibile confidare nel testo stabilito, si noterà che in rima (a ribadirne l'eccezionalità) si accampa la maggior parte delle forme non dittongate di tradizione letteraria, come *convene fera sede* o *core*, che supera *cuore* per frequenza e posizione di rima, o *foco*, che su 67 occorrenze, ne ha 21 in rima, o *loco*, che su 90 (non bilanciate per altro dai 17 *luogo*) ne conta 27 in rima. «Complessivamente [però] poche sono le forme senza dittongo»[14]: ad esempio c'è solo il tipo *buono* e *lieve* prevale su *leve* che è solo in rima; *viene* è piú frequente di *vène* e costanti sono *lieto* e *insieme*. La polimorfia del linguaggio della *Commedia* è dunque enorme e autorizzerà l'impiego in letteratura di infinite varianti: ad esempio alterna *i* ed *e* in protonia (*vertú nepote rimane iguale*) oppure, sempre in protonia, *a* (piú popolare: *sanesi danari sanza giovanetto*) ed *e*; una certa oscillazione c'è pure tra le consonanti intervocaliche sorde e le sonore (*savere / sapere, ovra / opra, adovra / adopra* ecc.). Secondo Ambrosini[15], per altro, «anche se varie sono le componenti culturali dei sostantivi usati da Dante, tutti hanno però veste morfologica di tipo toscano fiorentino». Toscani e fiorentini in prevalenza sono i pronomi personali (compresi i popolareschi *mee, tue*) e molto oscillanti (ma, a parte quelle di tradizione letteraria, per varietà interne al fiorentino) le forme verbali. Il condizionale in *-ei*, toscano, prevale su quello in *-ia*, legato alla tradizione siciliana, ma comunque ancora ben attestato; difficile poi stabilire, a causa delle incertezze filologiche, i rapporti tra gli imperfetti letterari in *-ia* e quelli toscani in *-e(v)a* dei verbi delle classi in *e-*; invece non molte sono le forme senza *i* della prima plurale del presente indicativo (*vedemo sapem tenem* ecc.). La terza plurale dei passati remoti è prevalentemente in *-ar(o)* e solo un quarto circa esce in *-aron(o)*; si esibiscono in rima il caso dubbiamente fiorentino di *rifondarno* (*Inf.* XIII, 148) e quello pisano di *terminonno* (*Par.* XXVIII, 105) che rima con la morfologia non fiorentina di *vonno* (: *ponno*).

Ma c'è nella *Commedia* anche l'invenzione verbale di Dante, scatenata soprattutto nei verbi parasintetici a prefisso *in-*: *s'imborga s'india s'inluia t'inlei s'infutura s'insempra s'indova s'insusi s'infora immegliarsi*: «ché quella viva luce che sí mea | dal suo lucente, che non si disuna | da lui né da l'amor ch'a lor s'intrea» (*Par.* XIII, 55-57); «s'io m'intuassi come tu t'immi» (*Par.* IX, 81). Lo stesso si dica dei parasintetici a prefisso *a-* (*arruncigliarmi v'abbella acceffa m'attempo s'adima*), *di-* (*dilacco dipela dirocciarsi dilaccarsi divimarsi*), *dis-* (*dismalare dissonna disfama dischiomi disgrevi discarno dispoglia disvelta*), *ri-* (*rinselva rinfami rintoppa*). A questi possono unirsi i denominali (*doga falca bugio galla*) e, simmetricamente opposti, i sostantivi deverbali, come *sbarro mischio scoscio*. La fantasia linguistica di Dante opera anche su materiali non di sua invenzione ma da essa per la prima volta, o quasi, tratti alla poesia. È il caso di quelle voci che il *DVE* aveva sconsigliato per la loro fonomorfologia («parole tronche, con consonante doppia liquida, con sorde piú liquida, con z [...]» scrive Baldelli) e che la *Commedia* (sulla scorta già delle petrose) accoglie in quantità. Ecco esempi dalle sole zone di rima: *miglia : assottiglia : maraviglia, Boemme : Ierusalemme : emme, Navarra : arra : garra, soffolge : bolge : volge, merigge : s'affigge : trafigge, Cagnazzo : Draghignazzo : pazzo, Tagliacozzo : mozzo : sozzo, Stricca : ricca : appicca, Verrucchio : succhio* (dove si vede anche il potere foneticamente attrattivo dei nomi propri), ecc.

A paragone con le *Rime*, piú vasto e articolato è nel poema anche l'impiego del gerundio, con casi di gerundio preposizionale («in andando ascolta» di *Purg.* V, 45) o equivalente a infinito («poi cominciò "Ave, | Maria" cantando», *Par.*, III, 122) o a participio presente («com' occhio segue suo falcon volando», *Par.* XVIII, 45); e la gamma degli usi proposizionali del gerundio (temporale: «cosí andando, mi disse» e causale: «temendo no 'l mio dir li fosse grave») si adegua piuttosto alle consuetudini sperimentate nelle prose della *Vita Nuova* e del *Convivio* che a quelle delle liriche. Il fatto è che la *Commedia* ha elevato al grado alto del discorso letterario i modi linguistici sino ad allora concessi, tutt'al piú, per i sonetti e i componimenti realistico-comici, alla Cecco Angiolieri o Rustico Filippi. Si prenda ad esempio il lessico dell'anatomia popolare dei canti dell'*Inferno* e si vedranno *pancia ascelle coppa scabbia minugia corata pertugia canna strozza moncherin cosce ren ventre casso muso merda mascella faccia sozza*: un campionario del grottesco linguistico già sperimentato nei luoghi duri delle tenzoni e soprattutto nelle violenze espressionistiche della poesia burlesca e realistica.

Un'importante novità del poema sta anche nel numero, nell'estensione e nel ruolo delle similitudini. Nella lirica precedente esse non uscivano da un campionario tutto sommato limitato e convenzionale e soprattutto assolvevano un compito di esibizione linguistica e di gioco comparativo. Si ricordino per tutti i celebri versi *Io voglio del ver la mia donna laudare* del Guinizzelli o *Biltà di donna e di saccente core* del Cavalcanti. Dante aveva cominciato già in alcune delle rime piú mature (specie nelle petrose) a scavare dentro la tecnica della similitudine che poi diviene nella *Commedia* un istituto centrale. Il comparante si dilunga nel poema e si precisa (in *Inf.* XXIV occupa 15 versi; ma si veda anche *Par.* XXX, 1-10) ben oltre il comparato e, in un certo senso, si specializza (in *Par.* XXXI, 31, ad esempio, l'ampia immagine distesa in 6 versi:

«Se i barbari, venendo da tal plaga | [...] | io [...]» è replicata al v. 43: «E quasi peregrin che si ricrea | [...] | menava io [...]» e ancora una volta ripresa al v. 103: «Qual è colui che forse di Croazia | viene [...] | [...] | tal era io [...]»; ma si ricordino anche le immagini tratte dalla geometria di *Par.* XXXIII),

favorendo il consolidamento di una sintassi a larghe campate, con la principale che spunta solo dopo il lungo svolgimento del comparante; si pensi al legamento distanziato nel tipo: «Qual venne a Climené [...] | [...] | tal era io [...]» (*Par.* XVII), ancora vivo nel manzoniano *Cinque maggio*: «Come sul capo al naufrago [...] | [...] | tal su quell'alma».

4.4. *La poesia comica.*

La *Commedia* raccoglie e convoglia fino ai piani alti della lingua letteraria anche quella municipalità linguistica e quell'icasticità di stile che, per una sorta di precoce specializzazione delle scritture letterarie, si erano fissate nei generi comico-realistici e burleschi, dei quali resteranno sempre un segno vistoso. Sono queste le forme in cui la lingua letteraria commercia piú da vicino coi volgari, pur in modi stilizzati e presto piú artificiali e che autentici. Questa dissociazione del linguaggio è particolarmente evidente, fin da subito, là dove, come in Sicilia e in Toscana, si era sviluppata una lingua poetica alta, per lo piú legata alla lirica d'amore. Quando i poeti si volgono alla beffa o perlomeno a materia piú triviale e diretta, il loro linguaggio opta per tratti piú vicini al parlato e comunque meno rispettosi della pur recente tradizione e anzi esplicitamente polemici e derisori nei confronti di essa.

Come la poesia comica si collochi immediatamente su un piano linguistico di piú esplicita municipalità e di provocatoria «bassezza» si vede, ad esempio, dai precoci esperimenti del fiorentino Rustico Filippi, la cui lingua, nei sonetti comici, denuncia «un fiorentino assunto nella sua intera carica di dialettalità, quale proprio l'assetto sovramunicipale della lingua lirica "illustre" libera e proietta in negativo [...] un lessico inventivo e coloritissimo, costellato di *hapax* e traslati concreti nuovi, irresistibilmente calamitato verso la posizione forte della rima». Mengaldo ha messo in rilievo anche l'opposizione tra la lingua del Rustico «comico» e quella del Rustico «cortese» con coppie che mettono di fronte a *bieltate membrare vengianza aiutare al mio parvente* del secondo *bellezza ricordare vendetta atare al mio parer* del primo; e cosí ancora: *veritate* e *vertà*, *laudare* e *lodare*, *dolze* e *dolce*, *faraggio* e *farabbo*[*]. Ma si potrebbero aggiungere le opposizioni tra il tradizionale *cor* dei sonetti cortesi e il *cuor* di quelli comici, segno che il monottongo è per l'autore soluzione del tutto letteraria; e cosí *foco* e *fuoco*, *fori* e *fuor*; allo stesso modo si oppongono *audo* e *udir*, *eo* e *io*. C'è poi da osservare che si trovano soprattutto nei sonetti amorosi i resti della tradizione suffissale in -*anza*, in -*aggio*, le grafie siciliane di *aucide* o di *penzero*; mentre sono tutte sul versante comico le forme realistiche come *peverada strolago burfa danaio somaio* e anche *boto* (e *boce*) e *manicare*, che Dante aveva riprovato nel *De Vulgari Eloquentia*.

Queste caratteristiche sono nitide anche nel piú celebre giocoso del Duecento, il senese Cecco Angiolieri. Anche a tener conto, come sempre occorre fare coi testi antichi, delle incertezze della tradizione manoscritta, i tratti senesi e soprattutto di toscano popolare sono ben netti, come in *piei* (piedi) *mie* (miei) *Die* (Dio) *abbo*, *chèsto* (riprovato da Dante ai senesi nel *DVE*) *grolificato afriggea creggio stremità* (povertà) *begolardo* (fanfarone) *gollasse* (ingoiasse) ecc. Nel fortunato sonetto *S'i fosse fuoco, arderei 'l mondo*, costruito su condizionali paradossali, è notevole che questi siano tutti (meno un *faria*) di tipo toscano senese (*farei lasserei andarei serei* ecc.); ed è anche da notare quel *fuoco* che gli editori fissano in dittongo e che cosí evade un luogo fisso della lingua tradizionale, come lo fa, altrove, *nuovo* e addirittura *gentil cuore* (ma non mancano i casi in monottongo). Cecco, del resto, si fa beffe della tradizione deridendone i francesismi (*mescianza motto*), cui contrappone il popolaresco *bonino* esclamativo.

Istruttivo è anche il confronto tra due collane di sonetti, quella dei «mesi» di Folgore da san Gimignano e quella, responsiva di questa e beffarda, di Cenne della Chitarra, aretino. La lingua di Folgore è di livello medio alto con escursioni da francesismi come *tutte stagioni* (sempre) o stilemi tradizionali tipo *star razzanti* o diminutivi stilnovistici come *montagnetta erbetta* a forme mediane come i dittonghi di *buono fuoco fuor*; quella di Cenne le fa eco a livello basso, per cui a *neve* risponde popolarescamente *nieve*, a *preti priete*, a *monistero munistero* a *danaro denaio*[17].

---

[1] I dati si possono desumere, da M. Alinei (a cura di), *SEIOD, Dante Alighieri, Le rime*, Il Mulino, Bologna 1972.

[2] Nelle *Rime* ci sono 86 *ha*, 30 *ho* contro 4 *have* 6 *aggio* (e 2 *aggiate*); l'imperfetto in -*ia* è solo in rima ed è ben superato dal tipo toscano; *saccio*

sacciate sono solo (oltre che nel *Fiore*) in rime della giovinezza e nelle dubbie. Cfr. I. Baldelli, *Lingua e stile delle opere volgari di Dante*, in *Enciclopedia Dantesca* (→ *ED*), *Appendice*, Istituto dell'Enciclopedia italiana, Roma 1978, pp. 62-74.

[3] F. Ageno Brambilla, *Verbo*, in *ED*, *Appendice* cit., p. 294.

[4] G. S. Lisio, *L'arte del periodo nelle opere volgari di Dante Alighieri e del sec. XIII*, Zanichelli, Bologna 1902 e P. Boyde, *Retorica e stile nella lirica di Dante*, Liguori, Napoli 1979.

[5] F. Agostini, *Proposizioni*, in *ED*, *Appendice* cit., p. 385.

[6] Cfr. P. V. Mengaldo, *Linguistica e retorica di Dante*, Nistri Lischi, Pisa 1978 e cfr. Introduzione e note a Dante Alighieri, *De Vulgari Eloquentia*, a cura di V. Coletti, Garzanti, Milano 1991.

[7] «La terza lingua, quella degli italiani, ha due motivi per emergere: innanzitutto che i migliori poeti volgari d'amore e scienza sono suoi familiari e intimi, come Cino da Pistoia e l'amico suo; poi, che essi si sono piú di altri sforzati di accostarsi al latino, che è universale».

[8] Si veda per la *Vita nuova* M. Alinei (a cura di), *SEIOD, Dante Alighieri, La Vita Nuova*, Il Mulino, Bologna 1971.

[9] Come latinismo è possibile considerare, in parte, anche l'opzione per le forme a suffisso conservato dai sostantivi latini in *-tatem*, in luogo delle corrispondenti tronche (*bontade, brevitade, capacitade, cittade, infermitade, nobilitade, dignitade, etade, onestade, oscuritade, sanguinitade, umilitade, veritade, volontade*): oscillano solo *vertú / vertude* e *pietà / pietade*): il celebre «d'umiltà vestuta» è parafrasato in prosa «coronata e vestita d'umilitade»; «Ell'ha nel viso la pietà sí scorta» diviene: «Certo ella piange sí, che quale la mirasse doverebbe morire di pietade». Si osservi però il predominio assoluto della fonetica sonorizzata (*-tade*), anche là dove in poesia si legge il piú conservativo (*-tate*): la traccia della latinità è contemporaneamente esibita e nascosta.

[10] Cfr. M. Alinei (a cura di), *SEIOD, Dante Alighieri, La Commedia*, Il Mulino, Bologna 1971; cfr. anche L. Lovera (a cura di), *Concordanze della Commedia di Dante Alighieri*, Einaudi, Torino 1975.

[11] I. Baldelli, *Lingua e stile* cit., p. 93.

[12] Cfr. G. Rohlfs, *La lingua di Dante nelle rime della Divina Commedia*, in *Studi e ricerche su lingua e dialetti d'Italia*, Sansoni, Firenze 1972, pp. 132-138.

[13] G. Nencioni, *Un caso di polimorfia della lingua letteraria dal sec. XIII al XVI*, in *Saggi di lingua antica e moderna*, Rosenberg e Sellier, Torino 1989, p. 25.

[14] Cfr. R. Ambrosini, *Fonologia*, in *ED*, *Appendice* cit., p. 116.

[15] *Ibid.*, p. 156.

[16] P. V. Mengaldo, Introduzione a Rustico Filippi, *Sonetti*, a cura di P. V. Mengaldo, Einaudi, Torino 1971, p. 13.

[17] Per Folgore, cfr. G. Caravaggi (a cura di), Folgore di san Gimignano, *Sonetti*, Einaudi, Torino 1965; per Cenne cfr. G. Contini, *Poeti del Duecento*, Ricciardi, Milano-Napoli 1960.

5.
Petrarca

La similitudine estesa e spesso quasi autonoma dal comparato, è un tratto dantesco che torna in Petrarca (si vedano ad esempio la canzone *Ne la stagion che 'l ciel rapido inclina* e i sonetti *Que' che 'n Tesaglia ebbe le man sí pronte, Movesi il vecchierel canuto e bianco, Quando 'l pianeta che distingue l'ore*). Trovato[1] ha osservato come anche il montaggio sintattico della similitudine passi a volte da Dante a Petrarca col tipo: «Maggior paura non credo che fosse | quando Fetonte abbandonò li freni» (*Inf.* XVII, 106) o «Non credo ch'a veder maggior tristizia | fosse in Egina il popol tutto [...]» (*Inf.* XXIX, 58 sgg.), appaiabile a «Non credo che pascesse mai per selva | sí aspra fera (XXII, 19-21) o «Simil non credo che Iason portasse» (CCXXV, 5-7); o anche col tipo: «Vapori accesi non vid'io sí tosto | di prima notte mai fender sereno, | né, sol calando, nuvole d'agosto» (*Purg.* V, 38-39) da avvicinare a: «Non vidi mai dopo nocturna pioggia | gir per l'aere sereno stelle erranti» (CXXVII, 57 sgg.). Dal Dante della *Commedia* al Petrarca del *Canzoniere* passa anche il gusto, pur di tanto piú sorvegliato e limitato, per parole foneticamente forti come *adugge m'attempo disperga distempre mi fiacco inforsa s'interna imbianca impetro invescato*, che, come si può vedere, appartengono, per lo piú, alla schiera dei parasintetici cari alla fantasia fertile di Dante. Petrarca ha dalla sua: *amezzo* (divido) «m'induro e 'naspro» *rinvesca ingiunca s'aggiorna inalba incischi m'addoglia innaspe* «'mperla e 'nostra» ecc. Pur piú legati alla tradizione antica, risentono però di certo dell'espressionismo dantesco i tanti composti in *dis-*: *discoloro disfogare disconvenga disface disvolere distempre disgombra disacerba*, cui si possono agganciare (con un occhio qui piú attento al Dante lirico) quelli in *s-*: *scapestra spiace sfaccia svoglia scompagna spetra snoda svolva smorso sbranco*. E da Dante, come ha minutamente ricostruito Trovato, discendono tante rime consonanticamente ricche di Petrarca; ad esempio:

> *rabbia : scabbia, sacco : fiacco, battaglia : saglia : vaglia : aguaglia, agro : magro, caldo : saldo, alma : salma : palma, valse : false : calse : salse, alto : smalto : assalto, campi : scampi, ciance : lance, carca : varca : barca, (ri)arse : sparse : apparse, sempre : tempre : stempre* ecc.

E tuttavia questa palpabile continuità si immette in una decisione di poetica e in una strategia stilistica che modificano alla fine anche la lingua. Non c'è in effetti autore che di fronte al volgare sia piú di Petrarca lontano e diverso da Dante, perlomeno a considerare il solo *Canzoniere*, che è comunque il testo chiave per la storia dell'italiano letterario. Se Dante aveva sviluppato sino in fondo, anche a tacere della *Commedia*, le implicazioni filosofiche e teoretiche previste dal discorso d'amore del Cavalcanti, Petrarca chiude, volgendosi piú al tardo Cino da Pistoia che ai due grandi fiorentini, questa ricerca e fa dell'amore un tema squisitamente psicologico e sentimentale. È evidente la maggiore modernità di questo atteggiamento che immette nella poesia un soggetto e dei deuteragonisti non piú allegorizzabili e colloca al loro posto il concreto e tormentato io individuale. Ma la lingua poetica paga un prezzo immediato a questa nuova sensibilità, smarrendo in parte quelle capacità argomentative e di discussione intellettuale che riemergeranno davvero solo molto piú tardi, con Leopardi. Per intanto si fissa una sintassi relativamente elementare, sufficiente a dar conto di stati d'animo ed emozioni e non piú interessata a controverse evoluzioni teoretiche. Il nome e, soprattutto, l'aggettivo occupano in essa lo spazio principale e spesso si distendono padroni su tutto il verso: «L'aura, et l'odore, e 'l refrigerio, et l'ombra», «Le stelle, il cielo, et gli elementi a prova», «L'oro e le perle, e i fior vermigli e i bianchi», «Verdi panni, sanguigni, oscuri, o persi», «Dolci durezze e placide repulse», «Fresco ombroso, fiorito e verde colle», «Chiare, fresche, e dolci acque», «Aspro core et selvaggio, et cruda voglia»: ecco un breve campionario, solo a spulciare qua e là l'indice dei capoversi del *Canzoniere*.

Il differente atteggiamento di Petrarca si evince, del resto, anche in sede, per cosí dire, programmatica. Non solo infatti non c'è in lui traccia dell'ambizione sistematica che verso la lingua materna nutre il Dante del *De Vulgari Eloquentia*, ma neppure c'è segno dell'affettuosa e sollecita premura che pervade il I del *Convivio*. La cura di Petrarca va a una lingua considerata come mezzo di esercitazione letteraria e non già di comunicazione e riscatto culturale, come proclamava con grande enfasi Dante. Non c'è nel poeta di Laura nulla che faccia pensare a una consapevolezza (se addirittura non si tratta di un rifiuto consapevole) del ruolo del volgare nel progetto di emancipazione degli uomini, ben presente invece a Dante, preoccupato di «coloro che per malvagia disusanza del mondo hanno lasciata la litteratura a coloro che l'hanno fatta di donna meretrice; e questi sono principi, baroni, cavalieri, e molt'altra nobile gente, non solamente maschi ma femmine, che sono molti e molte in questa lingua [...]» (*Conv*. I. IX. 5). Non ci sono le dichiarazioni affettuose che si leggono nel *Convivio* (dove è esaltato «lo naturale amore a la propria loquela», I. v. 3) e, soprattutto, ben diversa è l'idea di quali debbano essere i rapporti tra latino e volgare. La superiorità del primo, che per Dante è un dato non irreversibile (si veda *De Vulgari Eloquentia*, I, 1: «nobilior est vulgaris») e che comunque si può molto attenuare (fino a fare col volgare «quasi come per esso latino» *Conv*. I. x. 12), per Petrarca è invece il segno di una ragione antica che lo scrittore non può ignorare se vuole comunicare oltre il suo tempo. Che la lingua materna possa essere il «sole nuovo» destinato a sorgere sul «tramonto» dell'«usato» non sfiora neppure il cantore di Laura, che attende per sé gloria e fama dall'opera latina e in latino scrive persino i piú occasionali appunti. Quando afferra l'importanza letteraria della nuova lingua, sembra farlo quasi piú per poter praticare un terreno non sovrastato dall'insuperabile arte degli antichi, che non per una scommessa sull'idioma materno. Scrisse a Boccaccio

(*Senile* V, 2): «Nel piú nobile sermone latino hanno gli antichi con tanta perfezione trattata la poesia, da togliere a noi e a chiunque altro ogni speranza di fare qualcosa di meglio, laddove il volgare, nato da poco, strapazzato da molti, e da pochissimi coltivato, capace si porge di molti fregi e di nobilissimo incremento»[2]. Vorrà anche far credere che la sua stessa opera in volgare non sia stata altro che un trastullo giovanile e non lascerà mai esente da qualche riserva la scelta di Dante, non foss'altro per i miserevoli lettori cui, col parlar materno, si sarebbe incautamente affidato: Dante, poeta «quod ad rem haud dubie nobilis», ma, «quod ad stilum», decisamente «popularis».

Questa adesione, nuova e foriera di tanto successo, alla latinità, linguistica e culturale, si riflette poi in concreto sul volgare di Petrarca che è sottoposto al filtro esigente della classica e *aurea mediocritas*. La sua lingua è quindi il risultato di una selezione esigente, che semplifica e regolarizza al tempo stesso ciò che era arrivato ancora troppo movimentato e plurimo alle mani del poeta. Per questo la lezione della *Commedia* è recepita solo per alcune risultanze stilistiche, opportunamente, per altro, rimotivate, e, semmai, è scavalcata in direzione del recupero della lirica dantesca e di quella stilnovistica e prestilnovistica[3]. Ma anche qui, mentre riprende il contatto con la tradizione, c'è un lavoro di setacciamento che va oltre quello stesso, già deciso, del Dante lirico. Non sono forse poi molti, dopo il XIV secolo, i segni della antica sicilianità della poesia italiana; ma è sicuro che quelli che resistono al vaglio di Petrarca avranno una rendita assicurata per secoli. Sono, ad esempio, *core*, *novo*, *foco* (che escludono la forma dittongata) o anche *loco* (1 solo caso, al singolare, con dittongo) o *moro* (solo due casi di *muor*) e *movo*, *fele* e *mele*. Ma *buono* (16) supera *bono* (5) e cosí *suono* mentre tra *fori* / *fuori* e tra *fiera* / *e* e *fera* / *e* non c'è troppo divario, a prova che non appena si tratta di una parola meno letterariamente compromessa si affaccia il toscano nativo. In rima tuttavia Petrarca preferisce le varianti piú arcaiche non dittongate, con un risultato complessivo che vede ancora il prevalere delle forme a vocale intatta (*vène* / *viene* alternano nel verso ma *vène* domina in rima). Queste ad esempio prevalgono decisamente prima o dopo muta + liquida (*breve prego trema prova*, ma anche *triegua*) e spesso sono reintrodotte per correzione (*avien → aven, insieme → inseme, pensier → penser*), per quanto si osservi anche il processo opposto. Notiamo i passati remoti in *-ío* (*fuggío, morío*), del toscano arcaico e della tradizione poetica, quindi *àve* (*ha* è però ben maggioritario), *aggio* (ma vince *ho*), *aggia* (ma anche *abbi*), i molti condizionali in *-ia* (*poria porian saria* – e in piú *fora* – *avria avrian devria devrien farian perderia*), affiancati però da quelli toscani correnti (*sarei sarebbe avrei avrebbe vorrei saprebbe devrebbe*). Regolarizzati alla toscana sono gli imperfetti indicativi che spesso restaurano anche la *v* intervocalica (*nudriva sapeva faceva piangeva* ecc; *solía* si alterna con *solea*) e le terze persone dei passati remoti in *-aro(n)* (*legaro scoloraro incominciaro scacciar trovaron*); oscillano *abbiamo* e *avemo, siam* e *semo*; mentre tracce della tradizione siciliana si possono intravedere dietro *veggio cheggio seggio* (ma *debbo* e non *deggio*) e (tenendo conto della toscanizzazione da essa subita) dietro i non pochi casi di prima e terza singolare in *-e* del congiuntivo presente dei verbi di prima coniugazione (*stempre, consume, ascolte*, ecc.), per lo piú esposti in rima, con un procedimento di appropriazione ed esibizione insieme di materiale foneticamente allotrio. Petrarca si compiace di cultismi come *mesuratamente desvia fenestra enchiostro temore aguagliare polire occide*; allo stesso ordine di motivi si può ascrivere la presenza, in correzione, di *li* articolo antevocalico a *gli* e la pressoché costante osservanza delle antiche consuetudini dell'enclisia dei pronomi obliqui atoni all'inizio di proposizione (ripristinata anche nelle correzioni: *mi furo → furonmi, mi torna → tornami*)⁴. Anche il largo impiego di perifrasi va ascritto alla selezione lessicale del *Canzoniere*, che, ad esempio, invece di «Laura» propone «colei che sola a me par donna», «colei ch'avanza tutte l'altre meraviglie», «colei che guardando e parlando mi distrugge», «colei ch'è or sí presso al vero», «colei che la mia vita ebbe in mano» ecc. Della flora provenzale, già ben potata dallo stil novo, non resta in Petrarca che quanto ormai definitivamente non connotato, a parte pochissimi residui come *dolzore distruggitore rimembranza temenza*, o *poggia* (per sale). Non c'è più la fitta sequenza degli astratti in *-anza* o in *-ore -tore* e solo torna invece abbondante (ma di fatto non era mai venuto meno, neppure nella *Commedia*) il gusto della dittologia sinonimica:

> pietà non che perdono, poggio faticoso e alto, sbigottito e smorto, intento e fiso, vecchierel canuto e bianco, aspro e feroce, cose manifeste et conte, combattuta e vinta, angoscia e duolo, grave giogo et aspro, accorto e saggio, 'l desir monta et cresce, pace né triegua, pruine et ghiaccio, luci beate et liete, una dolcezza inusitata et nova, consuma et strugge, foco et fiamma, attento e fiso ecc.

Uno stilema dentro il quale si dispone il piacere dell'antitesi, così sfruttata dallo stile petrarchesco: *amara et dolce, dolce et acerba mia nemica, piango et rido, taccio et grido, m'agghiaccia et mi riscalda, si turba et rasserena, dolce et ria,* «assecura et spaventa, arde et aghiaccia, | gradisce e sdegna» (CLXXVIII). Allo stesso modo, ritrova alimento la perifrasi andare + gerundio, in cui però è spesso e significativamente recuperato il primitivo valore del movimento: *vo mesurando a passi tardi e lenti, mancando vo, disiando vo, vo lagrimando et disiando, vo empiendo, vai mostrando,* «andasse sempre lei sola cantando», «consumando mi vo di piaggia in piaggia» ecc. La lezione della *Commedia* è invece sfruttata nel rilancio dei latinismi, per altro qui meno esibiti e più sottili, spesso affidati alla finezza grafica (*condutto curto fenestra triumpho elice cape aurato ange thesauro arbor cale obiecto exemplo honorata* ecc.) e comunque sempre usati in funzione non di alternativa al codice monolingue ma di arcaizzazione (allo stesso modo della variante *belli* rispetto a *begli occhi* o *pe'* rispetto a *pie'*) [5] e nobilitazione del vocabolario.

Ricco di varianti foniche (assai più che morfologiche), anche grazie a un uso consistente, per quanto sempre controllato, dei troncamenti (a volte aumentati in correzione), il vocabolario di Petrarca è, rispetto a quello di Dante (delle *Rime* e soprattutto della *Commedia*), più selezionato e ridotto, persino semplificato e fissato su pochi elementi. Basterà osservare come è presentato il (ovviamente) ribaditissimo ritratto del corpo di Laura, la «bella donna» dal «bel corpo»: ecco allora gli *occhi* : *begli* (per 39 occorrenze), *belli* (per 23), *be'* (per 2), cui vanno aggiunti i *chiari occhi* e i *be' lumi* o *lume* (10 occorrenze), il *chiaro lume*, il *lume adorno*, gli *occhi leggiadri*, gli *occhi soavi*, il *bel* (7) *guardo sereno*, *gentile* o il *bel* (3) *ciglio*; poi il *bel viso* (42), spesso *leggiadro* o *adorno*, o anche *santo*; o il *bel volto* (4); quindi la *voce angelica* (3), *chiara*, *divina*, *soave*, cui si assommano le *angeliche parole* e l'«angelico canto e le parole»; la *bocca angelica* e *bella* (2); il *bel collo* (2); il *riso dolce* (7), *angelico*, *chiaro* (2), *mansueto*; il *seno* : *bel candido*, *angelico* e il *bel petto* (3); il *bel piede* / *pie'* / *pè* (5) *candido*, *snelli*; la *mano bella* (4), *bianca* (2), *bella et bianca*, *eburnea*, «ch'avorio et neve avanza»; le *belle membra* (3), gli *homeri belli* (4) i *bei* / *biondi capelli* / *capei* (6) e *d'oro* (5) con in più le *chiome bionde* (5) e *d'oro* (3) o le *trecce bionde*; infine la *fronte reverente*, *vergonosa*, *serena* e le *guancie* «ch'adorna un dolce foco». Come si può vedere o è addirittura lo stesso aggettivo (*bello*, persino le lagrime sono *belle*) o comunque l'escursione semantica è minima. Il corpo di «quella c'ha neve il volto | oro i capelli» e «la testa cr fino», «aurea» ha un «portamento divin», *humile*, *leggiadro*, *celeste*, è «un atto soave»; lo si può anche chiamare *velo soave*, *bel* (4) o *leggiadro*, o anche *bel manto*. Il *parlar* di lei è spesso *dolce* e *dolcemente* suonano le sue *parole*, che sono a loro volta *dolci* e *soavi*. Leggiamo l'inizio del sonetto CCV:

> Dolci ire, dolci sdegni, et dolci paci,
>   dolce mal, dolce affanno, et dolce peso,
> dolce parlare, et dolcemente inteso,
>   or di dolce ora, or pien di dolci faci [...]

È qui esasperata una scelta di stile che rende il linguaggio di Petrarca già pronto per l'imitazione; ne assimila le poesie a un glossario per l'uso lirico, a una sorta di prontuario che fornisce tutto l'occorrente per una data situazione o una certa immagine. Sono celebri ancor oggi quei versi del *Canzoniere* che radunano tutto quanto serve per fissare un quadro, definire un paesaggio o un particolare: «monti, valli, paludi, et mari, et fiumi» (CCCLX), «frutti, fiori, herbe, et frondi, onde 'l ponente» (CCCLXXXVII), «fresco, ombroso, fiorito et verde colle» (CCXLIII), «fior,

frondi, herbe, ombre, antri, onde, aure soavi» (CCCIII);
oppure un ritratto di donna: «a gli atti, a le parole, al viso, a
i panni» (CCCXIV), «et le braccia, et le mani, e i piedi, e 'l viso» (CCXCII); il suo modo di essere: «et viva, et senta, et vada, et ami, et spiri» (CCLXXXVI), «a l'andar, a la voce, al
volto, a' panni» (CCLXXXII); le sue qualità: «gentile, | san-
ta, saggia, leggiadra, honesta, et bella» (CCXLVII), «chiara,
soave, angelica, divina» (CLXVII) ecc. Quasi un dizionario
dei sinonimi utilizzabili nei casi previsti e variamente ri-
combinabili, questo stile non lascia nulla di non detto e, al
tempo stesso, dice solo l'indispensabile col minimo sforzo
e si offre, già di per sé ripetitivo, a una ripetizione che sarà
secolare[6].

A un secolo dalle sue origini la poesia italiana ha costituito una propria ben evidente tradizione di temi e stile.
Anche la lingua si è conformata all'omogeneità tematica e
stilistica muovendo verso un modello con minimi scarti, il
piú unitario possibile. Le differenze restano forti solo nei
generi minori e meno colti, dalle tematiche religiose e morali, dai contenuti spesso locali (ad esempio l'Anonimo genovese, che scarta decisamente dal discorso d'amore, non
esce linguisticamente dal suo ligure; e cosí, ben connotata
regionalmente è la lingua dei poemetti di Giacomino da
Verona o quella di Bonvesin de la Riva). Solo, in parte, il
laudario di Jacopone da Todi, pur nel suo forte radicamento fonologico municipale (la mancata anafonesi di *lengua*,
l'assimilazione del nesso -nd- in *granne stridenno vedenno*,
limitandoci a spulciare nella ben nota *O iubelo del core*),
avvicina questo ramo laterale della produzione poetica alle
forme di quello storicamente principale (la rima siciliana
priso : deriso, gli astratti in -anza: *costumanza esvalianza*, la
perifrasi *esser soffrente*).
Il filone centrale, in sostanza, segue un percorso assai
omogeneo e senza bruschi salti, al quale il fiorentino dei
poeti maggiori conferisce la conclusiva sistemazione (che
opera, come si è detto, anche retroattivamente, annetten-
dosi, magari nel travestimento dei copisti, le altre tradizioni, siciliana e bolognese). Qui perdono via via rilievo i connotati «esterni», siano essi (e principalmente) quelli stra-

nieri (i provenzalismi e i francesismi) o quelli indigeni (riduzione e specializzazione dei sicilianismi), per quanto siano ancora possibili (ma quasi mai dentro la lirica d'amore e quasi esclusivamente solo in altre tipologie poetiche) ripensamenti e rallentamenti. La strada verso una soluzione linguistica unitaria è quindi decisamente cominciata e il contributo ad essa di Dante (con la sua rapida fortuna nazionale) e di Petrarca (con la maneggevole limitatezza delle sue offerte) fu enorme.

Ma se la marcia non fu altrettanto veloce e mirata nei generi poetici per cosí dire «secondari» (didattico-religiosi, *Commedia* a parte), lo fu ancora meno nella prosa.

---

[1] P. Trovato, *Dante in Petrarca: per un inventario dei dantismi nei Rerum vulgarium fragmenta*, Olschki, Firenze 1979, p. 80.

[2] Cit. da U. Bosco, *Petrarca*, Laterza, Bari 1973³, p. 149.

[3] Giusta la percezione del Bosco che vedeva in Petrarca un annullamento della pregnanza della parola isolata di Dante, Trovato ha fatto osservare come Petrarca sciolga i nodi scorciati della *Commedia*, per cui «le cose ti fier conte» di *Inf.* III, 76 diventano «cose manifeste et conte» di *RVF* XXIII, 20, la «nave [...] | vinta da l'onda» di *Purg.* XXXII, 116-17 diviene «nave da l'onde combattuta e vinta», XXVI, 2, i «devoti preghi» di *Purg.* XXXIII, 42 divengono «i devoti et gli amorosi preghi» di XXVIII, 16.

[4] Cfr. F. Giannuzzi Savelli, *Arcaismi nelle rime del Petrarca*, in «Studi di filologia romanza», VIII (1901), pp. 89-124. E ora anche M. Vitale, *Le correzioni linguistiche di Petrarca nel «Canzoniere»*, in «Studi linguistici italiani», XIV (1988), pp. 3-37.

[5] B. Migliorini, *Storia della lingua italiana*, Sansoni, Firenze 1991¹⁰ (a cura di G. Ghinassi), p. 191.

[6] I dati sono ricavati dalle *Concordanze del Canzoniere di Francesco Petrarca*, a cura dell'Opera del Vocabolario, Accademia della Crusca, Firenze 1971.

6.

La prosa delle Origini

Quando, a metà Trecento, Giovanni Boccaccio affronta il *Decameron* un secolo di prove non è bastato alla prosa letteraria italiana per costituire una qualche tradizione. A parte le esperienze giovanili del Boccaccio stesso (*Filocolo* ed *Elegia di Madonna Fiammetta*) non c'è che il composito *Novellino* a porsi nel ruolo di precedente attendibile e autorevole della nuova fatica boccacciana. Una prosa narrativa, in un volgare italiano, è, insomma, dopo cento anni ancora alla ricerca di modelli e autorità. Quello che potevano offrire le grandi narrazioni francesi (Lancelot, Tristan ecc.) o era frutto di volgarizzamento (piú o meno riuscito) o era ancora conservato nella lingua originaria, che, anche secondo Dante di *De Vulgari Eloquentia* I. x. 2, poteva vantare «propter sui faciliorem ac delectabiliorem vulgaritatem quicquid redactum est sive inventum ad vulgare prosaycum, suum est: videlicet Biblia cum Troianorum Romanorumque gestibus compilata et Arturi regis ambages pulcerrime et quamplures alie ystorie ac doctrine»[1]. Due brevi passi dai piú antichi volgarizzamenti a noi noti in toscano il *Tristano riccardiano* e la *Tavola ritonda* ci dànno un'idea sufficiente, credo, dell'inaffidabilità di questi precedenti per un'ipotesi di prosa narrativa. Si legge nel *Tristano*[2]:

Allora disse lo ree: – Domanda tutto cióe che ti piace –. E Tristano disse: – Io voglio madonna Isotta la Blonda, che voi la diate per moglie a lo ree Marco –. E lo ree disse: – Dimandila te per tee o per lo ree Marco? – E Tristano disse: – Io la voglio pur per lo ree Marco –. E lo re Languís disse: – Io la voglio dare pur a tee e non ad altrui –. E Tristano disse: – Io la voglio pur per lo ree Marco, imperciòe ch'io igli l'hoe promessa –. E lo ree Languís disse a Tristano: – E promettimi tue queste cose sí come cavaliere? –. E Tristano disse che sí.

E nella *Tavola*[3]:

> E vedendo lo re Artú morto suo nipote, síe si bagna di lagrime tutto il viso; e per vendicallo sí va a ferire messer Turinoro, e fanno insieme una grande battaglia. Ma, per lo grande aiuto che lo re Artú ebbe da sua gente, sí fu morto messer Turinoro, e appresso fu morta tutta sua gente; e dalla parte dello re Artú vi morí piú di cento cavalieri. E allora lo re fa portare il corpo di messer Calvano [...] e fallo sopellire a grande onore. E appresso lo re non dimora niente, ma tantosto cavalca inverso lo castello [...]

Sono brani che ben attestano la povertà sintattica di questa prosa, la sua elementarità, ancora ben lontana dal rispondere alle esigenze costruttive del discorso narrativo. Ripetizione delle stesse parole e sintassi risolta prevalentemente con la paratassi, allineando le frasi sullo stesso piano, sono in effetti i tratti piú costanti della prima prosa narrativa. Vi largheggia il discorso diretto; la coordinazione è affidata ora all'asindeto (dal *Novellino*: «Cosí ordinaro il torniamento. Fedio il cavaliere: ebbe il pregio de l'arme; scaldossi d'allegrezza») ora, e piú spesso, al polisindeto (sempre dal *Novellino*: «Allora il re Meliadus cominciò ad abbatere i servi, e fecel sciogliere, e donolli uno bello e ricco destriere [...], e pregollo che [...]»). La subordinazione è quasi sempre minima (limitata per lo piú a principale e relativa, o a dipendenti di *verba dicendi* introdotte da *che* e da *come*); vi hanno largo posto le consecutive e, tra le implicite (ma la forma prediletta è quella di modo finito), la temporale realizzata dal gerundio; questo, per altro, svolge spesso anche funzione causale o modale: «E Pirro, vedendo ei visi de li Romani e sapendo la franchezza loro e conoscendo ch'ellino aveano perduto per loro defecto, li morti fece [...] onoratamente soterare e li prescioni tenne cortesemente facendoli molto servire» (dai *Conti di antichi cavalieri*). L'elementarità, la ripetitività di queste scritture è evidenziata anche dalle forti tracce che in esse lasciano le fonti impiegate, con conseguente abbondanza di gallicismi per quelle «compilate» dal francese (dai *Conti : debonaire dannagio lignaggio plusori ereditaggio prodom convotoisità*) o frequenza di dittologie che affidano a due lemmi il valore dell'unica forma latina («omnia ficta» è reso nei *Fiori di filosafi* con «le cose fitte e simulate», *presagium* con «augura e divinamento», «quod damnum putas» «quello che ti recche e impute a danno») [4].

Basi piú solide e sperimentate poteva invece trovare assai prima una prosa non narrativa e che oggi definiremmo o d'arte (e quindi attinente direttamente al nostro oggetto), o saggistica (che invece solo storicizzando le categorie critiche possiamo considerare come parte integrante di quella letteraria).

6.1. *La prosa non narrativa.*

È questo tipo di prose che può infatti avvantaggiarsi della fervida attività di volgarizzamenti e traduzioni che percorre tutto il primo secolo della nostra letteratura [5]. Dal latino (per lo piú medievale) e dal francese (non a caso Dante ricorda, oltre alle opere narrative, anche quelle di «dottrina») si traducono in gran quantità e con considerevole successo opere di divulgazione storica, morale, religiosa e scientifica. Tra le traduzioni trovano presto posto anche quelle destinate all'insegnamento e legate alle scuole di retorica (Brunetto Latini traduce il *De inventione* ciceroniano), che prospettano in prosa un'eleganza stilistica ben congeniale a una cultura che per il latino prosastico aveva messo a punto il ricco armamentario dell'«ornato». Da Guido Faba dei *Parlamenti ed epistole* al Guittone delle *Lettere* si esplora la possibilità di una prosa capace di fare concorrenza alla poesia con le sue regole ritmiche (il *cursus* mutuato dal latino della retorica) e con le sue scelte lessicali [6]. Se la sintassi resta disarticolata e approssimativa, il lessico del Guittone prosatore ripete valori propri di quello del poeta [7]. Per quanto, come mostra la contiguità con l'esperienza poetica, questa prosa resti sintatticamente limitata, pure essa comincia a praticare risorse stilistiche che saranno tosto ricorrenti e grammaticalizzate. Penso alla costruzione in iperbato: «bestial deletto seguendo corpo-rale» o «Per che gaudere de lui e de me deggio» o (riba-dendo la dislocazione finale del verbo, in seguito molto fortunata): «ché visio vertú li senbra»[8]; oppure al costrut-to dell'accusativo con infinito, che segnala una volontà di forte latinizzazione del tessuto sintattico: «e dice beatitu-dine cosa esser compiuta, e bramare nulla. E essa dice es-ser cosa delettabilissima».

Ma anche piú aveva lavorato a perfezionarsi quella pro-sa che oggi chiameremmo appunto saggistica, di discus-sione o esposizione del sapere. Questa aveva messo rapi-damente a punto un sistema di valori lessicali e un tesoro vocabolaristico idoneo a nominare in volgare teorie, og-getti e metodi della cultura. Si dà nome e contenuto se-mantico alle virtú e ai vizi, ai precetti della fede, ai principî dell'astronomia e a quelli della filosofia. È un'azione il cui profitto si riversa in verità piú sulla lingua in generale che su quella letteraria in senso specifico; ma è ovvio che que-sta sia la prima beneficiaria di tale donazione. Si tratta in-fatti di una perlustrazione, a volte di una vera e propria fondazione del vocabolario volgare, con tanto di lemma-tizzazione e definizione delle parole chiave del sapere vol-garizzato. È un'attività che si esercita un po' in tutti i prin-cipali volgari d'Italia, pur con la preminenza anche qui del toscano, per quantità e qualità di apporti. Si traducono te-sti in ligure e in veneto, in lombardo e in siciliano o in ro-manesco; a volte la stessa opera è volta in volgari diversi (come la *Somme le roi*, un trattato di morale, che, dal lati-no in cui fu composto, passò al francese e quindi al tosca-no, al ligure e al siciliano). Questa molteplicità di iniziati-ve, creando, e a volte ben consolidando, le tradizioni scrit-torie locali, ritarda però, piú di quanto non favorisca, la nascita di una tradizione nazionale per la prosa, che solo dalla Toscana riceverà istruzioni capaci di fissare un codi-ce linguistico sufficientemente unitario. Per altro, questo tipo di scritture cerca piú che una lingua comune, delle strutture compositive che si potevano concretizzare indif-ferentemente (o quasi) nei diversi volgari. Perché dunque nascesse una continuità linguistica occorreva che quelle strutture diventassero particolarmente efficienti e prestigiose in uno dei volgari: fu appunto quello che accadde in Toscana. Qui, infatti, piú che altrove, la prosa di divulgazione cominciò a operare a piú stretto contatto con quella narrativa, letterariamente piú ambiziosa, costituendo cosí il germe di un comportamento linguistico degno in seguito di essere imitato e ripreso. È esemplare un caso che togliamo dai *Fiori di filosafi*, parafrasi toscana dello *Speculum historiale* di Vincenzo di Beauvais. In uno dei capitoletti dell'opera si racconta la leggenda del filosofo Secondo che, avendo fatto morire di vergogna la propria madre di cui aveva voluto sperimentare la virtú, decide di restare muto per tutto il resto della sua vita. Neppure l'imperatore Adriano con le piú terribili minacce riesce a farlo parlare e deve infine rassegnarsi a ricevere risposte scritte alle sue domande. Giunto a questo punto, il racconto si snoda nella sequenza delle brevi domande di Adriano e delle risposte di Secondo, costruito secondo la tecnica nomenclatoria e vocabolaristica dei trattati medievali. Eccone un piccolo campione:

E premieramente adomandò: – Ch'è il mondo? – Quegli scrisse: «Il mondo si è un cerchio che volge sanza riposo, formamento di molte forme, eternale tenore, volgimento sanza errore». – Ch'è il mare? – E quegli scrisse: «Abbracciamento del mondo, termine coronato, albergo de li fiumi, fontana dell'acque e de la pioggia». – Ch'è Dio? – «Dio è mente immortale, altezza sanza desdegno, forma incomprensibile, occhio sanza sonno, luce e bene che contene tutte le cose» [...] – Che è parola? – «La parola èe manifestamento d'animo». – Che è il corpo? – «El corpo è magione dell'anima» [...] – Che è barba? – «La barba è discrezione d'etade, cognoscimento di persone». – Che è fegato? – «Il fegato èe guardia del caldo» [...] – Che è milza? – «La milza èe albergo dell'allegrezza e di riso» [...] [9].

L'enciclopedismo tascabile dell'acculturazione di base si realizza formalmente in sequenze da alfabeto dello scibile, da dizionario di pronta consultazione. In modo piú complesso e accurato questo avviene anche nell'opera piú importante e originale della prosa dottrinale duecentesca, prima di Dante, quella del *Libro de' Vizi e delle Virtudi* di Bono Giamboni. Qui c'è la finzione narrativa del viaggio iniziatico sotto la guida di Filosofia nei territori della mo-

rale e della fede. Ma la cornice letteraria mette rapidamente nell'enumerazione e disposizione teoretica di vizi e
virtú:

> Appresso venne la terza virtú, e fece otto schiere de la sua
> gente, e diede a catuna suo capitano. E quando ebbe cosí fatto,
> dissi: – Chi è quella Virtú c'ha or le sue genti schierate, chi sono
> i capitani delle schiere? Ed ella disse: – Quella è una Virtú che
> s'apella Temperanza, e fassi questa Virtú in otto modi, e cia-
> scun modo hae suo nome [...] Continenza, Castitade, Pudici-
> zia, Astinenzia, Parcità, Umiltà, Onestà e Vergogna [...] [10].

Questa tecnica definitoria, che costruisce di fatto il primo vocabolario dell'italiano, si ritrova anche nella piú importante tra le prose saggistiche volgari di tutto il Medioevo, quella del *Convivio* di Dante.

6.2.   Il «Convivio» di Dante.

Il *Convivio* è un'opera di divulgazione filosofica e scientifica concepita sul modello del commento a delle canzoni
(di Dante stesso) [11]. In essa è affermata, per la prima volta
con grande consapevolezza, la dignità del volgare nell'uso
colto e, ciò che piú importa, il ruolo della prosa nell'affermazione della nuova lingua. Se infatti la poesia occupa un
posto privilegiato di modello per la stessa prosa (*De Vulgari Eloquentia* II, 1) e soprattutto concorre in maniera decisiva a stabilire la grammatica del volgare (*Conv.* I. XIII)
imponendo a esso le regole del ritmo e del numero, la prosa svela la naturale bellezza di una lingua e la sua idoneità a
trasmettere quella cultura fino ad allora quasi esclusivamente riservata al latino.

> Ché per questo commento la gran bontade del volgare di sí
> si vedrà; però che si vedrà la sua vertú, sí com'è per esso altissi-
> mi e novissimi concetti convenevolmente, sufficientemente e
> acconciamente, quasi come per esso latino, manifestare; la
> quale non si potea bene manifestare ne le cose rimate, per le ac-
> cidentali adornezze che quivi sono connesse, cioè la rima e lo
> ritmo e lo numero regolato [...] (I. X. 12).

Il *Convivio*, cosí, definisce il suo vocabolario:

> filosofo, ché tanto vale in greco philos com'è a dire «amore» in latino, e quindi dicemo noi: philos quasi amore, e sophos quasi sapiente. Per che vedere si può che questi due vocabuli fanno questo nome di filosofo (III. XI. 5); autoritade non è altro che atto d'autore (IV. VI. 3).

costruendo definitivamente la lingua della filosofia italiana. Al tempo stesso però, e in misura prima mai vista, fonda anche la sintassi del discorso teorico, adattando al toscano le strutture argomentative del latino scolastico. Ecco l'inizio dell'argomentazione con una massima («Sí come dice lo Filosofo [...]») o con la dichiarazione dello scopo della ricerca («A piú latinamente vedere la sentenza litterale, a la quale ora s'intende, de la prima parte sopra divisa, è da sapere [...]») o con una subordinata temporale («Veduta la sentenza del proemio, è da seguire lo trattato»). Quindi il discorso si sviluppa utilizzando formule di progressione razionale del tipo *dico adunque che, onde è da sapere che, potrebbe dire qualcuno, però che, con ciò sia cosa che*, ecc. Da qui poi una sintassi del periodo ricca di latinismi, con costrutti all'infinito calcati sul gerundivo («a la quale restaurare fu l'umana natura poi creata») e sull'accusativo con infinito («sapemo essi tutte l'altre cose, fuori che la sapienza, avere messe a non calere»), con relative agganciate alla frase del periodo precedente («come le maledette ricchezze. Le quali come ne la loro possessione siano dannose, brievemente è da mostrare»), con incidentali e in genere secondarie anticipate di posto («la terza è, sanza essere domandato lo dono, dare quello»; «La qual durezza, per fuggir maggior difetto, non per ignoranza, è qui pensata»). Ruolo importante gioca in questa sintassi il gerundio, specie in funzione circostanziale («in quanta cechitate vivete, non levando li occhi suso a queste cose, tenendoli fissi nel fango») e strumentale, in dipendenza da verbi che indicano ragionamento, riflessione («pensando e rivolgendo questa diffinizione [...] levò via l'ultima particula») e anche dire, mostrare («narro come ella è utile a tutte le genti, dicendo che [...]», «potrebbe alcuno [...] dire, contra me argomentando»). Anche l'infinito soccorre la comunicazione filosofica con soggettive («parlare alcuno di se medesimo pare non licito», «comandar lo subietto al sovrano procede da ordine perverso»), veicolando un valore strumentale («basti che esso seguiti la legge e in quella seguitare si diletti»), finale o causale («saranno [...] le seguenti commendazioni, a mostrare come [...]).

C'è in generale, come ha ben visto Segre[12], una sintassi ad andamento prolettico che anticipa le interrogative indirette e le dichiarative («Lo qual movimento, se esso è da intelletto alcuno o se esso è da la rapina del Primo Mobile, Dio lo sa»), a volte controbilanciata da quella opposta che anticipa la principale e da essa governa tutto il periodo («n'accerta la dottrina veracissima di Cristo, la quale è via, verità e luce; via, perché per essa [...] andiamo a la felicitade [...]; verità, perché non soffera alcuno errore; luce, perché allumina noi [...]»).

I latinismi lessicali poi sono molto numerosi, anche e soprattutto nei luoghi di diretta traduzione da precedenti latini ben riconoscibili, soprattutto passi della Scrittura; ad esempio: «Maria ottima parte ha eletta», «e in piú sue opere non sie curioso, cioè sollicito», con un procedimento tipico dei traduttori medievali che accoppiavano al termine latineggiante (*sollicito*) il corrispondente volgare (*curioso*). Poi i sostantivi in *-ione*:

vilipensione impulsione induzione pullulazione

o gli aggettivi in *-abile -ibile*:

laudabile consumabile inrazionabile vaporabile profittabile mutabile equabile notribile corruttibile volubile

o in *-ale -evole*:

letterale piramidale eternale fontale perpetuale biasimevole soperchievole concordevole salutevole.

Gli stessi sostantivi in *-anza -enza*, tanto frequentati dalla poesia come provenzalismi e francesismi, si moltiplicano nel *Convivio*, ma anche (e forse soprattutto) come diretti discendenti degli astratti latini in *-antia -entia* di gran consumo scolastico:

significanza soperchianza menomanza disonoranza sicuranza dismisuranza riposanza beatanza lamentanza bastanza transmutanza continuanza piacenza negghienza temenza.

Lessico tecnicizzato è da vedere pure dentro altri sostantivi di morfologia familiare alla poesia come quelli in *-mento*:

multiplicamento cercamento appagamento gastigamento dispregiamento saziamento velamento fermamento ragunamento deliberamento ritraimento unimento discorrimento consentimento

o in *-ezza*:

turpezza agevolezza maschiezza vegliezza femminezza spessezza grossezza rattezza gravezza levezza [13].

Nel *Convivio* la prosa saggistica e scolastica convive accanto a una prosa piú letterariamente intonata, ad alta intensità oratoria e poetica (con tanto di condizionale «siciliano»):

Ahi piaciuto fosse al dispensatore de l'universo che la cagione de la mia scusa mai non fosse stata! ché né altri contra me avria fallato, né io sofferto avria pena ingiustamente, pena, dico, d'essilio e di povertate [...] Veramente io sono stato legno sanza vela e sanza governo, portato a diversi porti e foci e liti dal vento secco che vapora la dolorosa povertade [...] (I. III.3-5).

Il mezzo che collega piú efficacemente questi due livelli (filosofico-saggistico e poetico-letterario) sono le similitudini e le metafore. Le similitudini del *Convivio* anticipano per estensione e qualità quelle della *Commedia* (Baldelli) e introducono l'immaginosità del poeta nella severità del teorico. A IV, XII Dante vuole dimostrare come l'anima dell'uomo proceda nel suo desiderio di sapere progressivamente, fino all'«ultimo desiderabile, che è Dio, quasi base di tutti [...] e questa è la ragione per che, acquistando, li desideri umani si fanno piú ampii, l'uno appresso de l'altro»; ma anche come le succeda spesso di mancare l'obbiettivo. E allora introduce una lunga similitudine:

Veramente cosí questo cammino si perde per errore come le strade de la terra. Che sí come d'una cittade a un'altra di necessitade è una ottima e dirittissima via, e un'altra che sempre se ne dilunga (cioè quella che va ne l'altra parte), e molte altre quale meno allungandosi e quale meno appressandosi, cosí ne la vita umana sono diversi cammini, de li quali uno è veracissimo e un altro è fallacissimo, e certi meno fallaci e certi meno veraci. E sí come vedemo che quello che dirittissimo vae a la cittade, e compie lo desiderio e dà posa dopo la fatica, e quello che va in contrario mai nol compie e mai posa dare non può, cosí ne la nostra vita avviene: lo buono caminatore giugne a termine e a posa; lo erroneo mai non l'aggiugne, ma con molta fatica del suo animo sempre con li occhi gulosi si mira innanzi (18-19).

Altrove l'immagine penetra nel tessuto dell'argomentazione e ne modifica il tono, come quando (IV, XXII) l'«appetito d'animo naturale» è assimilato a un seme immesso da Dio nell'uomo. Si sviluppa allora l'immagine del seme che va ben coltivato e non trascurato e, se manca, va «insetato», innestato; e infine si conclude:

E però nullo è che possa essere scusato; ché se da sua naturale radice uomo non ha questa sementa, ben la puote avere per via d'insetazione. Cosí fossero tanti quelli di fatto che s'insetassero quanti sono quelli che da la buona radice si lasciano disviare!

La prosa saggistica si congiunge cosí a quella di invenzione che si afferma, però, solo nel *Decameron*.

6.3. Boccaccio, il «Decameron».

La tradizione della prosa letteraria italiana nasce, di fatto, col *Decameron* e subito si segnala per un esplicito scarto dagli eccessi della specializzazione linguistica poetica. Il testo stesso del Boccaccio consente una immediata certificazione di questo processo ospitando una ballata nelle conclusioni a ognuna delle dieci giornate narrative. Nei versi ci sono quelle forme che invece la prosa esclude, come il *core* monottongo presente anche nella poesia inserita in X, 7; cosí *loco* e *foco* sono solo in versi a fronte dei *luogo* e *fuoco* delle prose. In prosa c'è *foco* solo a VIII, 10, nella novella di Salabaetto, quando parla, appunto in siciliano, la «ciciliana»: «Tu m'hai miso lo foco all'arma, toscano acanino». In poesia si trovano pure i tipici *temenza gravenza sicuranza spiacenza*; questi per altro non mancano neppure in prosa (*abitanza continuanza civanza dottanza fidanza gravenza* ecc.), dove spuntano anche svariati sostantivi in -*mento* di ascendenza tradizionale (*alleggiamento apparecchiamento avvedimento consentimento correggimento contentamento essaltamento guernimento* ecc.), spesso però disposti in zone stilisticamente sostenute, come, ad esempio, nell'introduzione o nelle novelle della decima giornata. Di largo impiego sono anche i sostantivi in -*tore* come *amadore andatore beffatore componitore comperatore guardatore perdonatore novellatore morditore rubatore risponditore ragguardatore promettitore*, frequenti sia come spia di stile alto, sia come francesismo corrente e tecnicizzato. Il fatto è che il *Decameron* avvia la lingua della prosa narrativa su un ampio spettro di disponibilità e la situa quindi tanto a contatto con quella della lirica quanto con quella dell'oralità dialettale. Guardando ad alcuni fenomeni morfologici (i perfetti, i condizionali) nel *Decameron*, Giovanni Nencioni osservava che anche «in questo minimo cantuccio della morfologia si rispecchia il carattere linguistico di quel capolavoro: un impasto né aulico né plebeo, ma nobile per un connaturato aderire alla tradizione letteraria e per una costante ricerca di regolarità, onde si evitano le uscite del passato remoto in -*arno*, -*orono*, -*orno* [...] si rarefanno i condizionali in -*ia*, i perfetti in -*eo*, -*io* ecc., ma non si rinuncia alla libertà di ricorrere agli estremi dell'arcaismo, dell'idiotismo, del plebeismo dove la situazione e il tono lo richiedano»[14].

Il *Decameron*, con un procedimento che avrà grande successo nella narrativa italiana, inaugura un uso nuovo dei campioni verbali provenienti da aree linguistiche diverse da quella dell'autore. Essi infatti intervengono non già a nobilitare il testo, ma a rievocare, ora parodisticamente, ora a scopo di realismo mimetico, un dato ambito regionale. Del resto, il Boccaccio allerta ripetutamente il lettore sul ruolo dello scontro delle lingue nello sviluppo dei racconti: «essa poco o niente di quella lingua intendeva», «e sappiendo la lingua di lei», «e in nostra lingua [...] gli dissi», «era chiamato Cimone, il che nella loro lingua sonava quanto nella nostra bestione».

Dal canto suo, la poesia comica aveva già praticato la parodia linguistica dei «diversi» in canzoni che Dante, nel *De Vulgari Eloquentia*, chiama «improperia», sbeffeggi a dialetti differenti da quello dell'autore o a varianti piú basse del suo stesso. Dante ricorda appunto la canzone del Castra Fiorentino, scritta a burla dei marchigiani; ma si può rinviare anche alla parodia del romanesco e dei dialetti toscani di contado, attribuita a Cecco Angiolieri: *Pelle chiabelle di Dio, no ci arvai*; e si potrebbe citare anche il celebre *Contrasto* di Cielo d'Alcamo, in cui il comico nasce dallo scontro di due registri diversi (uno troppo alto e l'altro popolare) del siciliano.

Ma l'esercizio dell'improperio ha, in versi, un orientamento prevalentemente caricaturale, mentre nel *Decameron* convive con un intento realistico, di ricostruzione di ambienti e rappresentazione di personaggi. Inizia cosí una strategia stilistica che, in vari modi, attraverserà tutta la nostra narrativa, giungendo, in un certo senso, fino al Novecento.

Il Boccaccio, che anche in opere minori (*Commedia delle ninfe fiorentine* o *Ninfale fiesolano* e poi anche *Corbaccio*) e marginali (*Lettera napoletana*) aveva mostrato gusto e propensione per l'espressionismo [15], nel *Decameron* colora di varietà linguistiche ben connotate i personaggi di alcune novelle. A IV, 2, il racconto delle avventure di frate Alberto con la Lisetta è ambientato a «Vegnesia», in mezzo ai «bergoli» (i veneziani) e ai loro quartieri e luoghi. L'amante dell'«agnolo Gabriello» se ne esce in un «Per le plaghe di Dio, egli il fa meglio che mio marido [...] mo vedi tu», che ricorda l'*improperium* dei veneziani citato da Dante in *De Vulgari Eloquentia*, mentre la gente commenta con un «che s'è quel? che s'è quel?», che fa il verso alla cantilena del vernacolo lagunare; Chichibio (VI, 4, 6), per parte sua, canticchia un «Voi non l'avrí da mi, donna Brunetta, voi non l'avrí da mi». Nelle novelle «senesi» (VII, 10 e IX, 4) c'è *costetto* (codesto), varietà del deittico *chesto* già deriso dall'Angiolieri e da Dante, e l'idiotismo *cavelle*, oltre alla riduzione a *u* di *uo* (*giuco*) e la prima plurale dell'imperfetto indicativo di seconda in -*a*- invece che -*e*- (*solavamo avavamo*, forme per altro diffuse nei discorsi diretti in generale: *dovavate, sapavate*). Ci sono genovesismi a II, 9 (*Zinevra*) e forme romanesche sono a V, 3: *Liello, Gigliuozzo*. A Palermo (VIII, 10) *Biancofiore* è *Iancofiore* e qui, come abbiamo già visto, la donna dichiara il suo amore in siciliano («tu m'hai miso lo foco all'arma, toscano acanino»), con parole che la fiorentina Lisa Puccini (X, 7), pur vivendo a Palermo dice in toscano: «dello amor di lui mi s'accese un fuoco nell'anima». In verità, anche nei casi di scoperta ironia (e non di caratterizzazione realistica, evidente ad esempio nell'onomastica e toponomastica), Boccaccio non tanto parodia i dialetti diversi dal suo quanto ironizza sui livelli popolareschi di ogni parlata, come accade al toscano nella novella di monna Belcolore (VIII, 2) coi suoi «o che ve fo io?», «o sie?» e i molti alterati. In generale, egli guarda con divertimento e viva curiosità alla dimensione del parlato, che riproduce anche nei suoi tratti settoriali e tecnicizzati, come quello mercantesco di molte novelle [16]. Succede cosí che i gallicismi possano tanto connotare (a parte la lingua delle zone in versi) eleganza, nell'introduzione o nelle novelle della decima giornata (dove sono particolarmente numerosi come si è detto), quanto contribuire al realismo ironico della novella di ser Ciappelletto e a quello patetico del racconto di Giletta di Nerbona. Francesco Bruni ha messo ben in rilievo l'efficacia della fantasia linguistica che opera in Boccaccio su sollecitazioni e spunti offerti dalla realtà e gli suggerisce da *duagio*, il nome del tessuto fatto a Douai, i giocosi *treagio* e *quatragio* di VIII, 2 oppure gli fa modellare, su pur maldefinibili dati precedenti, i giochi verbali della «ciancifera di Norrueca, la semistante di Berlinzone e la scalpedera di Narsia» (VIII, 9); o ancora gli fa insinuare nel discorso di fra Cipolla il noto «Verbum-caro-fatti-alle finestre» [17].

Sono tutti modi diversi (a volte con vario intento stilistico, ora piú ora meno parodistico) di risolvere il primo grande problema in cui si è imbattuta una narrativa per la prima volta decisa ad ambientare i propri racconti non nella favola o nel mito, o comunque in un passato lontano e imprecisato, ma in una realtà spesso vicina e contemporanea, sempre ben riconoscibile, in cui parlano non piú santi ed eroi ma mercanti e donnette. Un problema che si rivela particolarmente arduo là dove l'autore vuole prestare voce ai suoi personaggi, dentro o in prossimità dei discorsi diretti. Le soluzioni adottate da Boccaccio conosceranno lunga fortuna.

Troviamo nel *Decameron*, infatti, i primi sintomi di una registrazione del parlato, a cominciare dalla evidenziazione dei luoghi rilevanti del discorso, dislocandoli a destra o a sinistra, con i relativi fenomeni di ridondanza e di anacoluto. I grammatici del Cinquecento rimproverarono al Boccaccio, ad esempio, espressioni di replica del pronome come «e qual è la mia vita, ella se 'l vede» o «che zenzeri mi mandi tu dicendo a me» o «che mi potrestú far tu?», oppure anacoluti del tipo: «Il Saladino, il valore del quale fu tanto [...], gli venne a memoria un ricco Giudeo, il cui nome era Melchissedech» o «Il Zima udendo ciò gli piacque». Sullo stesso piano vanno notati anche usi del *che* polivalente, tipici pure oggi del parlato («E venuto il dí che la notte seguente si dovean ragunare»; «e perciò abbiatemi per iscusata che al modo che voi mi richiedete io non v'amerò mai»), di concordanza a senso (e, nell'esempio riportato, vi si aggiunga il periodo ipotetico dell'irrealtà con imperfetto indicativo nell'apodosi): «che piú doveva io aspettare da te o da alcuno altro, se io tutto il tuo parentado sotto crudelissimi tormenti avessi uccisi?» [18]. Ma si osservino poi le interiezioni ed esclamazioni *Eh eia Deh Oh Ohioh Gnaffé oimè* (*non*) *piaccia a Dio, lodato sia Dio, Iddio m'aiuti, in fé di Dio*, i deformativi come *assettatuzzo insalatuzza foresozza parolozza novelluzza mercatantuzzo rugginuzza*, cui andranno aggiunti i primi tentativi di precisare la fonicità della parola, tono e forma dell'enunciazione: «con voce alquanto rotta disse», «e con una voce grossa, orribile e fiera disse», «umilmente parlando», «maschil voce», «con voce grossa e deforme», «con parola grave e dura», «Calandrino [...] non poteva raccogliere lo spirito a formare intera la parola alla risposta» ecc. Fenomeni che, insieme con le coloriture regionali che abbiamo già visto, cominciano (per quanto appena superficialmente) a incidere nell'amorfo terreno dei *disse domandò* e *rispose*, dominanti nella primissima narrativa e per altro ancora molto diffusi nel *Decameron*. Una novità che l'autore coglie per primo nella sua conclusione, pur riferendola in particolare a un presunto eccesso di realismo linguistico in campo sessuale:

> dico che piú non si dee a me esser disdetto d'averle scritte [certe parole volgari] che generalmente si disdica agli uomini e alle donne di dir tutto dí «foro» e «caviglia» e «mortaio» e «pestello» e «salsiccia» e «mortadello» e tutto pien di simiglianti cose.

Ma il marchio decameroniano si fissa anche nella messa a punto dei congegni narrativi e quindi, linguisticamente, dei nessi che ne regolano funzionamento e successione: da qui i molti *adunque allora appresso come che avvenne che mentre quando*. Boccaccio recupera poi, con scoperto latinismo, l'uso del relativo all'inizio di periodo (innumerevoli gli «Al quale, a cui, a che seguiti da il "soggetto" disse, rispose ecc.») in funzione di raccordo immediato. Spesso funge da legame, all'inizio di una nuova fase narrativa, anche la congiunzione *e*, che è subito interrotta da una o piú subordinate temporali, per lo piú di modo infinito (participio o gerundio), che hanno il compito di riassumere rapidamente gli eventi secondari prima che riprenda il nucleo principale del discorso («E cosí dicendo e avendo del tutto mutato proposito [...] fattosi piú presso alla giovane, pianamente la cominciò a confortare», I, 4, 17; «E uscito fuori e serrata la cella con la chiave, dirittamente se n'andò [...]», I, 4, 11; «E fattosi chiamare e familiarmente ricevutolo, seco il fece sedere», I, 3, 8 ecc.). Si mette qui a punto una struttura periodale complessa, ad ampia articolazione di subordinate, direttamente e quasi sempre felicemente ricostruita sui modelli latini.

Da II, 7 ne cogliamo alcuni esempi. Innanzitutto si noterà l'accumulo delle subordinate che anticipano la principale: «e per ciò che in una grande sconfitta, la quale avea data ad una moltitudine d'arabi, che addosso gli eran venuti, l'aveva maravigliosamente aiutato il re del Garbo, a lui, domadandogliele egli di grazia speziale, l'avea per moglie data». In quest'altro esempio sei subordinate, di cui una implicita, (una di primo grado, a sua volta reggente di altre due, e una di secondo, che ne regge altre due) precedono la principale: «Ma per ciò che, come che gli uomini in varie cose pecchino disiderando, voi, graziose donne, sommamente peccate in una, cioè nel disiderare d'esser belle, in tanto che, non bastandovi le bellezze che dalla natura concedute vi sono, ancora con maravigliosa arte quelle cercate di accrescere, mi piace raccontarvi [...]» Poi, il ruolo dei gerundi, semplici e composti: «in quegli somma felicità esser credendo e già avendo la Sardigna passata, parendo loro alla fine del loro cammino esser vicini, si levarono subitamente [...]», e quello dei participi passati: «Ma poi che alquanto con grandissimo piacere fu dimorato con lei, levatosi e fatto alquanti de' suoi compagni quivi venire, fe' prender la donna [...] e per una falsa porta [...] trattala, e a caval messala, quanto piú poté tacitamente, con tutti i suoi entrò in cammino»; spesso della coordinazione di entrambi: «incitandogli il buio e l'agio e 'l caldo del letto [...] dimenticata l'amistà e l'amor d'Antioco morto, quasi da iguale appetito tirati, cominciatisi a stuzzicare insieme [...] insieme fecero parentado». Frequente è il calco dell'ablativo assoluto latino: «Osbech, sentendo questo, il suo esercito ragunato, prima che da' due potentissimi signori fosse stretto in mezzo, andò [...]». Di largo impiego è pure la costruzione infinitiva latineggiante: «dissero sé esser certissimi» «affermo niuno poterne essere con pieno avvedimento, sí come sicuro da' fortunosi casi, che da' viventi si possa eleggere», «comprese per gli arnesi ricchi la donna che trovata avea [...] dovere essere gran gentil donna», «s'avvidero, che essi quella cosa loro di morte esser o di dolorosa vita cagione». Latinismi sono anche la costruzione di *temere* («temendo non quella cassa forse il percotesse»), il falso passivo del tipo: «si può da noi conoscere» o il complemento d'agente con *a*: «fattisi menare al matto là», «fattone a marinari trarre», «li fece pigliare a tre suoi servidori» e non poche altre reggenze. All'architettura latina del periodo va riferito infine anche il gusto retorico dell'inversione, sia come anticipazione che come ritardo di elementi frasali e sintattici, con uno spettro di soluzioni che va da casi minimi come questi: «la sua raccontando», «che ubidientissimo era», «Malagevolmente, piacevoli donne, si può da noi conoscere», a quelli di non piccola complessità come il seguente: «e surgendo già dalla tempesta cominciata la terza notte, e quella non cessando ma crescendo tutta fiata, non sappiendo essi dove si fossero né potendo per estimazion marinaresca comprendere né per vista, per ciò che oscurissimo di nuvoli e di buia notte era il cielo, essendo essi non guari sopra Maiolica, sentirono la nave sdruscire» o come questi che spezzano la catena sintattica con un iperbato forte: «e fatto in un bellissimo giardino, che nel luogo dove la donna dimorava era, apparecchiare un magnifico desinare [...]» «Furono dunque dopo cena i ragionamenti molti e lunghi, non senza cagione, tenuti».

Il periodare boccacciano è per altro capace delle misure piú varie e meglio adatte alle piú diverse occorrenze. Dal passo rapido dei secchi scambi di battute nelle novelle comiche, come quelle di Calandrino, si giunge al grave e paludato procedere del discorso tragico, come quello di Ghismonda: «Niuna cosa ti mancava a aver compiute essequie, se non le larime di colei la qual tu vivendo cotanto amasti; le quali acciò che tu l'avessi, pose Iddio nell'animo al mio dispetato padre che a me ti mandasse, e io le ti darò, come che di morire con gli occhi asciutti e con viso da niuna cosa spaventato proposto avessi [...]» (IV, 1). Come è noto, il tono grave esplode nelle novelle della giornata X, nella cornice e nel proemio, evidenziando piú che altrove quel gusto latineggiante dell'ipotassi e del verbo principale in fondo che resterà a lungo un segno distintivo della prosa piú alta:

> Già per tutto aveva il sol recato con la sua luce il nuovo giorno e gli uccelli su per li verdi rami cantando piacevoli versi ne davano agli orecchi testimonianza, quando parimente tutte le donne e i tre giovani levatisi ne' giardini se ne entrarono, e le rugiadose erbe con lento passo scalpitando d'una parte in un'altra, elle ghirlande faccendosi, per lungo spazio diportando s'andarono (II, 1).

---

¹ «Per il suo volgare facile e piacevole, tutto ciò che è stato composto in prosa volgare, le appartiene; ad esempio, i libri della Bibbia mescolati alle vicende di Troiani e Romani, le avventure affascinanti di Artú e molte altre storie e trattazioni».

² G. Contini, *Letteratura italiana delle origini*, Sansoni, Firenze 1970, p. 283.

³ *Ibid.*, p. 286.

⁴ Cfr. l'importante studio di M. Dardano, *Lingua e tecnica narrativa nel Duecento*, Bulzoni, Roma 1969.

⁵ Per questo paragrafo cfr. C. Segre (a cura di), *Volgarizzamenti del Due e Trecento*, Utet, Torino 1953 e C. Segre - M. Marti (a cura di), *La prosa del Duecento*, Ricciardi, Milano-Napoli 1959.

⁶ Cfr. A. Schiaffini, *Tradizione e poesia nella prosa d'arte italiana dalla latinità medievale a G. Boccaccio*, Storia e Letteratura, Roma 1943.

[7] Per la lingua della prosa duecentesca è fondamentale C. Segre, *Lingua, stile e società*, Feltrinelli, Milano 1963. Ma cfr. anche M. Dardano, *Lingua e tecnica narrativa* cit.

[8] Gli esempi sono tolti da C. Segre, *Lingua, stile e società*, cit., pp. 170-72.

[9] La citazione da S. Lo Nigro (a cura di), *Novellino e conti del Duecento*, TEA, Milano 1989, pp. 291-93.

[10] Bono Giamboni, *Il libro de' vizi e delle virtudi*, a cura di C. Segre, Einaudi, Torino 1968.

[11] Per il *Convivio* cfr. l'ed. a cura di C. Vasoli, in Dante Alighieri, *Opere minori*, Ricciardi, Milano-Napoli 1988, tomi I/II.

[12] C. Segre, *Lingua, stile e società* cit.

[13] Cfr. I. Baldelli, *Lingua e stile delle opere volgari di Dante*, in ED, *Appendice*, Istituto dell'Enciclopedia italiana, Roma 1978 e i dati ricavabili da M. Alinei (a cura di), *SEIOD, Dante Alighieri, Il Convivio*, Il Mulino, Bologna 1971.

[14] G. Nencioni, *Un caso di polimorfia della lingua letteraria dal sec. XIII al XVI*, in *Saggi di lingua antica e moderna*, Rosenberg e Sellier, Torino 1989. Nota per altro ancora il Nencioni che, tra l'indigeno *sarebbe* e il letterario *saria*, Boccaccio opta quasi sempre per il primo nella prosa, mentre li equipara in poesia, come varianti utili alle diverse necessità del metro. Lo si vede ad esempio nel *Filostrato* e nel *Filocolo* (nel *Filostrato* su 7 condizionali 3, secondo Nencioni, sono in *-ono*, gli altri in *-ieno*; nel *Filocolo* «le rare eccezioni toccano [...] soprattutto il condizionale»). «Ma nella prosa non meno sontuosa dell'*Ameto*, che non manca di forme arcaizzanti, si alternano i condizionali in *-ono* e quelli in *-ieno*»; anche la 3ª plurale dell'imperfetto indicativo alterna il tipo *morieno* al tipo *morivano*, nel *Decameron*. Nel *Filostrato* è notevole anche la frequenza del futuro sicilianeggiante in *-aggio* (*scriveraggio, terraggio*). Si veda ora il commento al *Filostrato* di L. Surdich (Mursia, Milano 1990). Per i dati lessicali si è attinto a A. Barbina (a cura di), *Concordanze del Decameron*, Giunti Barbera, Firenze 1965.

[15] Cfr. F. Sabatini, *Prospettive sul parlato nella storia linguistica italiana (con una lettera dell'«Epistola napoletana» del Boccaccio)*, in F. Albano Leoni (a cura di), *Italia linguistica. Idee, storia, strutture*, Il Mulino, Bologna 1983, pp. 167-201.

[16] V. Branca, *Una chiave di lettura per il Decameron. Contemporaneizzazione narrativa ed espressivismo linguistico*, introduzione a G. Boccaccio, *Decameron*, Einaudi, Torino 1980.

[17] F. Bruni, *Boccaccio*, Il Mulino, Bologna 1990.

[18] P. D'Achille, *Sintassi del parlato e tradizione scritta della lingua italiana: analisi di testi dalle origini al secolo XVIII*, Bonacci, Roma 1990.

7.
Primi successi del toscano

7.1. *La lingua poetica.*

La continuità di esperienze e di pratiche letterarie che, già agli inizi del Trecento, univa la Sicilia all'Emilia e alla Toscana, scaturiva, prevalentemente, dal comune dominio tematico dell'amore, che, a sua volta, trovava i propri modelli nei trovatori provenzali. Ma a fianco dei temi d'amore si era andata sviluppando anche una piú articolata gamma di motivi (da quelli «civili» a quelli «filosofici») che aveva sondato e ulteriormente allargato le disponibilità del nascente linguaggio poetico. Questo, poi, era stato ancor piú movimentato dalle prove spesso caricaturali ed espressionistiche della poesia «comica», che aveva esplorato le zone piú idiomatiche e dialettali dei volgari letterari. Cosí aveva fatto, in Sicilia, Cielo d'Alcamo, nel suo noto *Contrasto*; cosí fanno, in Toscana, come abbiamo visto, i poeti realistici e comici, come Folgore da San Gimignano, Cecco Angiolieri o Rustico Filippi. Ora, poiché, molto spesso, i testi toscani piú alti e seri si diffusero insieme con quelli piú bassi e giocosi, successe che il toscano cominciò a uscire letterariamente dalla propria regione in una varietà di esiti che lo resero ancor piú disponibile all'imitazione di quanto già non fosse per molte altre ragioni, linguistiche e no.

Dai primi del Trecento in poi tocca infatti al toscano farsi promotore di una nuova continuità linguistica, destinata assai presto a costituirsi in una vera e propria tradizione. La poesia, e soprattutto quella culturalmente piú alta e motivata, è, come al solito, all'avanguardia.

Nel toscano poetico di tardo Duecento si era condensato il messaggio linguistico delle prime generazioni di lirici italiani: in esso si erano adattati i residui del siciliano e del provenzale, le tracce del bolognese e il deposito attivo del latino. Arricchito, soprattutto dai guittoniani e dai comici, della molteplicità idiomatica delle sue province (da Arezzo a Siena a Firenze stessa), il toscano è presto, ancora vivo Dante e subito dopo la sua morte, lanciato in un ruolo letterario sovraregionale dalla fama dei suoi autori, in primo luogo, ovviamente, quello della *Commedia*.

Il codice Barberino Latino 4036, che contiene poesie toscane e perugine, negli autori locali mostra una gamma in cui si affiancano, in una situazione per il momento ancora non chiusa né univoca, il dialetto locale e il toscano letterario. Ad esempio nel poeta perugino Marino Ceccoli rimano *vento* (vinto) con *spento*, *pieie* (piede) rima con *mieie* e *seie*, *quilla* con *favilla*[1].

In Veneto il toscano compare per affiancarsi, inizialmente e abbastanza a lungo, alle vecchie tradizioni indigene in provenzale, francese e franco-veneto e, ovviamente, in latino. Uno dei codici piú celebri e importanti per la diffusione della lirica toscana in Nord Italia, il Barberiniano di Nicolò de' Rossi, accosta testi latini, francesi e provenzali a quelli toscani e ospita scritture in cui il veneto di koinè ha ancora larga parte.

Si delinea abbastanza presto un primo processo di omogeneizzazione perlomeno della lirica ai modelli toscani (alti e comici), secondo una direttrice che, privilegiando una varietà di volgare e uno stile, farà progressivamente precipitare le altre, specie quelle locali, a ingredienti di un espressionismo linguistico e di una satira delle lingue pur molto praticati ma fin da subito esplicitamente relegati ai livelli comici del discorso letterario. Il fatto è che la penetrazione toscana in Nord Italia è rapida e precoce, favorita da una considerevole somma di elementi sociologici (emigrazione toscana, mercatura), politici (incarichi politici e amministrativi dei toscani nei centri norditaliani e viceversa) e culturali (appropriazione dei libri e dei modelli toscani nelle corti signorili e negli ambienti borghesi). Bologna fa da centro di raccolta e di rilancio del materiale letterario che Dante in persona (e come lui Cino da Pistoia o Guido Guinizzelli) aveva portato con sé in Veneto. I manoscritti – il citato Vaticano Barberiniano 3953, fatto allestire, in parte direttamente compilato, da Nicolò de' Rossi tra il 1325 e il 1335 e l'Escorialense e. III 23 – sono testimonianza (oggi per piú ragioni preziosissima) di questo successo fin dai primi del Trecento. Assommando esperienze diverse, questi manoscritti propongono con forza una linea di continuità che, per quanto ancora non del tutto omogeneizzata, è già segno della nascita di una tradizione nazionale che si riconosce nel toscano dei poeti (e recupera attraverso di essi i precedenti piú antichi)².

In questo senso, prezioso è il canzoniere del trevigiano Nicolò de' Rossi che ci restituisce ad alto grado di attendibilità filologica un vasto *corpus* in cui è possibile misurare (senza i rischi della toscanizzazione propria dei manoscritti tardi) il livello di penetrazione del toscano nella lingua nativa e in mezzo alle altre varietà allora disponibili a un poeta del Settentrione. Nicolò de' Rossi, che aveva studiato a Bologna negli stessi anni (1314-18) in cui vi si laureava Cino da Pistoia (il cui canzoniere è il piú generoso repertorio del nuovo stile), portava la sua conoscenza del toscano letterario fin dentro le proprie rime. Scrive Furio Brugnolo: «La lingua usata da Nicolò de' Rossi può essere definita come una variante, a base fortemente veneta, di un toscano letterario recepito e assimilato asistematicamente attraverso la lettura di opere prevalentemente legate ai generi della lirica d'arte». Nella sua lingua si riscontra «un sostanziale ripudio di certi tratti scopertamente locali, peculiari del trevisano, a favore delle corrispondenti forme di koinè» e di tratti toscani (delle piú diverse varietà provinciali), che dànno, nell'insieme, «una specie di toscano ideale, trascendentale si direbbe», attinto piú alla letteratura che alla lingua³.

Grazie a Brugnolo è possibile dare uno sguardo piú ravvicinato alla lingua del De' Rossi, vero embrione di una soluzione di successo. In essa convivono esiti locali, di koinè e toscani letterari. Ad esempio le forme anafonetiche (fiorentine) *vinto stringere consiglio punto lunga* si affiancano alle non anafonetiche settentrionali *vento strençere conseglio ponto longa* (prevalenti dentro il verso). Le forme dittongate si alternano con quelle a monottongo, che prevalgono in posizione di rima. Sono quasi tutte scomparse le apocopi che Dante nel *De Vulgari Eloquentia* trovava cosí tipiche del trevisano: quelle di Nicolò sono del tipo ammesso dalla lingua letteraria toscana. Evidente è poi lo sforzo, per altro soprattutto grafico, di ripristinare la geminazione delle consonanti (che nei dialetti settentrionali scempiano) su influsso del toscano, con risultati a volte di ipercorrettismi tipo *çocco* (gioco) *forconni* (forconi) *scierra* (schiera)*vomitto* ecc.; allo stesso modo sono fortemente ridotte le consonanti sonore intervocaliche di tipo dialettale, per far luogo (perfino ipercorrettivamente: *sconfiato cridare cabia*) alla sorda toscaneggiante. Importante è poi osservare che il pronome personale soggetto singolare è a larga maggioranza quello letterario (*io, i', eo, tu*) in luogo di quello vernacolare: *mi, ti*. Resiste invece l'opposizione alla coniugazione analogica della prima persona plurale dei presenti indicativi dei verbi di seconda e terza, che escono in *-iamo* solo in pochi casi (*posiam vediam*). Invece alla seconda plurale le desinenze settentrionali in *-ati, -eti, -iti* alternano con quelle toscane in *-ate, -ete, -ite*. Frequenti gli imperfetti in *-ia* anche della coniugazione in *-e-*, di ascendenza siciliana e i condizionali toscani si affiancano a quelli di koinè (coincidenti con quello poetico dei siciliani): *farei, faria, avrebe, avria* ecc.; altrettanto significativa l'assenza del gerundio generalizzato in *-ando* per tutte le coniugazioni, tipico dei dialetti settentrionali (e attestato ancora in Guinizzelli); in suo luogo è registrato il tipo toscano diversificato in *-ando -endo*.

Anche piú avanzato pare il processo di toscanizzazione in un poeta veneto di poco piú anziano del De' Rossi, ma evidentemente piú influenzato dai modelli centroitaliani, Nicolò Quirini, nei cui superstiti otto sonetti alternano *vinto* e *vento* e resistono *vinçando* e *volí* e *podí* (potete), ma dentro una generale adeguazione al toscano[4]. E ancor piú inoltrata è la toscanizzazione che si coglie nel ricco canzoniere del «primo imitatore veneto» di Dante, Giovanni Quirini, che del poeta della *Commedia* pianse la scomparsa in un lamento tra i piú solleciti[5]. Anche a mettere in conto la mano dei tardi copisti delle sue liriche, è chiaro come con Giovanni Quirini si giunga a un livello assai maturo di assimilazione della lezione toscana e stilnovistica, senza piú le approssimazioni e le giustapposizioni del De' Rossi. Ed è anche subito evidente che questo processo è legato alle offerte della letteratura e massime di Dante; il toscaneggiamento infatti si realizza innanzitutto come citazione e riscrittura dei modelli prediletti. Si mettano a confronto, a titolo di esempio, alcuni versi di questa ballata del Quirini *Sol di guardar la bella vista umile*: «Quest' è colei che adimpie ogni disio | a chiunque la mira, | cum un splendor che dal suo viso move; | quest'è colei che possede el cor mio | e dolcemente inspira | a contemplar ie sue bellezze nove. | Amor la fece adorna a tutte prove» con i versi della dantesca *Amor che ne la mente mi ragiona*: «Questa è colei ch'umilia ogni perverso: | costei pensò chi mosse l'universo».

Non stupisce allora che già nel 1332 il rimatore e metricologo padovano Antonio da Tempo scrivesse nella sua *Summa artis rithymice*: «Lingua tusca magis apta est ad literam sive literaturam quam aliae linguae, et ideo magis est communis et intelligibilis». Pur ammettendo ancora, accanto ad essa, altre varietà linguistiche, quella toscana gli appare vincente per la forza dei fatti che l'hanno resa *communis et intelligibilis* e per questo *magis apta ad literam*. In Veneto dunque si avvia, prima e piú che altrove, l'omologazione del toscano a lingua della poesia, cominciando un percorso che si chiuderà proprio in Veneto col Bembo, nel Cinquecento.

Intanto, però, proprio questa cedevolezza al modello straniero promuove qui un forte uso letterario del dialetto, consapevolmente collegato a temi e forme popolareschi, come, nel tardo Trecento, mostrerà il petrarchista padovano Francesco di Vannozzo, affiancando al suo poetare scolastico e toscaneggiante componimenti satirici e polemici in dialetto[6]. D'altra parte è questa una stagione, ed è quella del Nord Italia una situazione, in cui la mescolanza, la pluralità delle esperienze poetiche è fatto comune e diffuso, che ammette, anzi richiede, una molteplicità di soluzioni linguistiche e stilistiche non ancora definitivamente sistematizzata, nonostante la lezione dei modelli si accresca ben presto del prestigio personale del Petrarca, ospite a Milano dei Visconti. Per questo, la persistenza, anche nei componimenti piú tributari ai grandi toscani, della lingua locale è segno di una identità linguistica ancora molto dinamica e indefinita. Antonio Beccari, di Ferrara, amico di Petrarca, imitatore di Dante, fa parlare cosí la Madonna: «Tristi giotton, sfacciati barattieri, | donca crediti vu' ch'i non m'accorga | de vostre zanze e de vostri penseri?» e in lui *remase* (rimase) rima con *pase* (pace). Il Vannozzo a sua volta, poetando d'amore, scrive «chiaro tuo vis paladino», con apocope pavana e ospita rime di *descassa* (scaccia) con *lassa* (lascia), di *cossa* (coscia) con *ossa*, di *taccio* con *paccio* (pazzo), possibili solo nella lingua della koiné settentrionale[7].

C'è di piú: fin dal Trecento è chiaro che il cammino di avvicinamento al toscano procede con ritmi diversi a seconda non solo dei luoghi ma anche dei generi letterari. Se è vero infatti che la lezione toscana tende nel corso del secolo a infiltrarsi in quasi tutte le scritture di una certa ambizione, solo in poesia questa presenza acquista un rilievo considerevole e significativo per il seguito della storia. E, tra le poesie, sono appunto quelle che per temi e suggestioni potevano trovare piú immediato riscontro nei toscani. Il poeta napoletano Guglielmo Maramauro, commentatore di Dante, petrarcheggia al punto da lasciare solo deboli tracce del suo idioma in sonetti in cui si può leggere: «Io maledico il tempo e la stagione | e 'l mese e la semmana, il giorno e l'anno»; Andreina Acciaioli corregge la lingua dei sonetti del marito Bartolomeo di Capua, conte di Altavilla, e chiede l'aiuto a Firenze di un nipote («nam scriptores harum parcium in lingua nostra non bene scribunt»).

Invece, i componimenti che restano estranei ai grandi precedenti della tradizione toscana, pur non immuni dalla loro suggestione, rimangono molto piú legati alla lingua locale degli autori, come si può vedere nella *Cronaca aquilana* di Buccio di Ranallo o nei poemetti napoletani del *Regimen sanitatis* e dei *Bagni di Pozzuoli* (che cito dalla redazione piú moderna e toscaneggiante: «o patria mirifica, Partenope in primera, | mo Napol nova dicese, facta citate altera [...] | De onne vertute et delectuso stato, | no saço chi te poça stare a lato»)[8] in cui, come nota la Corti, si osserva «una fedeltà piú organica alla fonetica locale»[9]. In Abruzzo, ai primi del Quattrocento, un Anonimo opta deliberatamente per la lingua locale nel suo cantare per la guerra dell'Aquila contro Braccio da Montone: «non so' franzese, e né so' toscanu, | ma veramente allo modu aquilanu: io rimarrò con lingua materna». Nel tardo trecentesco *Lamento di Bernabò Visconti* il lombardo è ancora ben visibile, nonostante gli interventi di piú tardivi copisti; eccone un'ottava a caso: «Se voy audariti come hebe forteza | imprende, tu chi leze, in lo corazo: | como piú amara me sentí grameza, | piú tosto anday a lo sancto viazo, | al Monte, a sancto Antonio, cum vageza, | dei desperadi facendo el pasazo: | per forteza che hebe nel corazo io | tronato sono sempre a l'alto Dio»; i toscanismi non dovevano mancare fin dalla redazione piú antica (la rima *io : Dio*), ma non riescono a coprire, neppure nella veste tràdita, la sostanziale dialettalità di lingua e grafia [10]. Allo stesso modo, caso ancor piú clamoroso, si nota la persistenza in Nord Italia dell'epica carolingia in lingua d'oil. Tratti linguistici locali sono infine prevalenti nelle molte anonime laudi trascritte nei codici delle diverse regioni, adattate alle esigenze di comprensione dei fedeli indigeni.

7.2. *La prosa.*

Il modello decameroniano si impone presto nella prosa narrativa, ma non certo in misura paragonabile a quella del toscano poetico. Nella stessa Toscana, del resto, la difficoltà a mantenere la lezione boccacciana è evidente già nel Sacchetti, le cui *Trecentonovelle* inciampano spesso nelle involuzioni di una sintassi che, invece, tenderebbe di per sé alla piú piana linearità della coordinazione. Cesare Segre [11] ha messo in luce peripezie ipotattiche di dubbio esito come questa:

> Perché mi pare esser entrato in certi judicii, e ricordandomi quanto fu diritto il judicio di Salomone verso quelle donne [...] e ancora avendo udito già la novella di colui che avea sognato d'avere due buoi dal suo vicino, i quali gli avea tolti, e 'l giusto giudice, veggendo che avea ferma la sua domanda, secondo il sogno, fece venire due buoi di mezzo giorno, quando il sole piú lucea, e mandatili su per uno ponte, menando l'addomandato

re con lui, mostrando l'ombre de' buoi nell'acqua, giudicò quelli esser i buoi suoi, e che quelli pigliasse; cosí racconterò in brevità quattro judicii.

Anche l'eccesso di un costrutto pur familiare alle origini come la paraipotassi (coordinazione subordinante), significativamente piú abbondante, già in precedenza, nelle scritture comiche (si vedano i primi versi del sonetto di Cecco *Dante Alighieri*), può essere assunto a indizio della approssimazione sintattica sacchettiana:

> Ed essendo le cose tutte ben disposte a tal vicenda dalla parte di monna Ermellina detta, e Gherardo esce dell'uno di certi canti della camera con un bastone in mano, e dà, e dà, e dà alla sposa novella. Costei comincia a gridare, e quanto piú gridava, e Gherardo piú bastonava. Quando ebbe un pezzo cosí bastonato, e la donna dicendo: Oimè [...]. E Gherardo rifà il giuoco.

Ma a questa diminuita abilità registica fa da contrappeso una maggiore disponibilità verso i registri popolari della lingua, di cui Sacchetti era attento e curioso esploratore. Il fiorentino vivo emerge nella morfologia verbale con forme come *giuocono, portorono, tormentavono*. Il lessico si annette parole ed espressioni popolaresche e acquista in vivacità nei dialogati, che si colorano di proverbi, di moduli colloquiali:

> ad esempio il raddoppiamento del verbo: *e ridi e ridi, passa e ripassa, guata e riguata, gira gira, batti batti*; la mimesi dei tratti dialettali locali come quella del friulano di Soccobonel (XCII) «Au, può esser cest? e que rispose: Sí, può esser canestre» o del genovese (CCIV): «Per lo sangue de De' che io lo vidi, essendo al porto, salire su la tal nave che andò in Caffa, che serà andà su quella nave [...] Dice il giovane: Io vegno cozzí di Caffa» o del marchigiano (CLXII) dove parla Popolo d'Ancona: «Con li denchi» o del modenese (CCL): «Mo via, voglio che tu venga con noi»; il gioco plurilinguistico (CL): «il volgersi, e 'l fuggire, e 'l gridare in manus tuas, domine»;

tutti espedienti che saranno poi messi a frutto nella novellistica piú tarda e soprattutto nella commedia del Cinquecento.

Certo è però che, assai piú della poesia, la prosa non toscana resta a lungo legata alle tradizioni scrittorie locali. È il caso dei numerosi volgarizzamenti di testi sacri e morali che si registrano un po' in tutte le regioni (*Vite dei Santi Padri*, *Dialoghi di San Gregorio*, *Detti e vite di francescani* ecc.) e che, pur portando, spesso, con sé le tracce del toscano di originali da cui (piú che dal latino) sono tradotti, non escono da una misura linguistica regionale. Cosí è volta in siciliano dalla versione toscana di Zucchero Bencivenni la *Somme le roi*, il *Libru di li vitii e di li virtuti* (1360-70) (come dalla versione toscana è volgarizzata in siciliano la «storia di Enea», l'*Eneide*, ad opera di Angilu di Capua) e la *Sposizione del Vangelo della Passione secondo Matteo* è esemplata «in vulgari nostro siculo» nel 1373. Uno dei capolavori della prosa trecentesca volgare, l'anonima *Cronica* che contiene la *Vita di Cola di Rienzo* (circa il 1360), è volta da una prima redazione latina in una piú ampia romanesca, come spiega l'autore stesso:

> Anche questa cronica scrivo in vulgare, perché da essa pozza trare utilitate onne iente la quale simplicimente leiere sao, como sono vulgari mercatanti e aitra moita bona iente la quale per lettera non intenne. Dunqua per commune utilitate e diletto fo questa opera vulgare, benché io l'aia ià fatta per lettera con uno latino [...] [12].

In napoletano è volgarizzata la *Historia destructionis Troiae* di Guido delle Colonne e in ligure la versione toscana (opera di Bono Giamboni) del *De miseria humanae conditionis* di Lotario Diacono.

La prosa dunque difende con maggior fedeltà la realtà linguistica di provenienza, cui rimane legata, per lo piú, dalla sua prevalente destinazione didattica o religiosa e paraliturgica, spesso dalle modeste origini e motivazioni intellettuali degli autori, sempre, dalla minor forza di imposizione di un modello riconoscibile.

7.3. Il latino.

La strada iniziata dal volgare letterario verso un modello unitario transregionale su base toscana subisce un lungo rallentamento nell'età dell'umanesimo latino. L'interesse dei colti torna a fissarsi sulla lingua classica e le lettere si allontanano, perlomeno nei loro esiti piú alti, da quelle materne. Il recupero della latinità, per altro autorevolmente promosso da maestri del volgare come Petrarca e, in parte, Boccaccio, favorisce piú il discorso saggistico, critico e filologico, che quello letterario, mal adattabile a una lingua fuori commercio quotidiano (anche se, il Pontano, nel secondo Quattrocento, svilupperà in latino proprio una scrittura ispirata da tematiche familiari e affettive, che avrà non poche incidenze anche sulla poesia volgare). Messo in secondo piano nell'attenzione degli addetti ai lavori, trascurata la poesia e la prosa letteraria, il volgare non trova esperienze che riprendano e accrescano il bisogno di una sua sistemazione unitaria. I modelli culturali che lo propongono sono in fase di appannamento (perfino Dante ne soffre, all'inizio) e mancano quindi le occasioni per saggiare ulteriormente le tendenze emerse fin dal primo Trecento. Per la verità, c'è chi le cerca, come il Leon Battista Alberti che promuove il *Certame coronario* per indurre e rilanciare una lirica volgare in crisi nei primi decenni del Quattrocento. Ma i tentativi sono infelici o comunque non fortunati: il certame non assegna neppure il premio previsto. Per la ripresa della letteratura volgare e quindi della storia attiva dell'italiano letterario occorrerà attendere la metà del secolo. Per il momento i colti si curano del latino e di filologia classica e trascurano Dante e il volgare. Oppure se ne occupano in una prospettiva erudita, per determinarne l'origine e i rapporti col latino. Se ne discute nel 1435 in un minuzioso dibattito che dovrebbe stabilire se il volgare è figlio, sia pure degenere, del latino (come credeva Biondo Flavio) o invece è la continuazione di una lingua parlata nell'antica Roma, ma già allora diversa dal latino (come credeva Leonardo Bruni) [v]. Tuttavia la familiarità con la lingua classica non sarà senza conseguenze, perfino immediate, sul volgare. La consuetudine col latino fa da incubatrice eccezionale di una già antica tendenza della scrittura colta volgare a saccheggiare la lingua di Cicerone, sia nella sintassi, come Boccaccio aveva splendidamente fatto nelle zone piú solenni del *Decameron*, sia, e ancor piú, nel lessico. Il volgare, poi, svincolato per qualche decennio dalla tutela prestigiosa ma selettiva dei letterati spazia con maggiore libertà nelle zone piú basse e familiari della scrittura prosastica (epistolari, libri di famiglia, opere di utilità pratica ecc.) e si gode i colori pittoreschi e le molteplici risorse dei livelli piú popolari nelle poesie comiche: tutti elementi che si inseriranno nel momento del suo recupero letterario come dati non facilmente espungibili dalla nuova dimensione linguistica.

D'altra parte, mentre l'alta cultura perfeziona il latino, la realtà quotidiana, anche quella delle cancellerie che tanto aveva contribuito al rilancio della lingua di Roma, non può fare piú a meno dell'uso scritto della lingua materna e cerca soluzioni che ne garantiscano un minimo di decoro e di formalità. Nei documenti ufficiali, in lettere di diplomazia o in verbali di riunioni, i volgari si affacciano in mezzo al latino di routine e chiedono un'autorevolezza che non può venire, in prima istanza, se non dai precedenti letterari e quindi dalla lingua che piú li aveva prodotti, il toscano. Al tempo stesso, l'esigenza di un'autentica comunicazione letteraria, a lungo compressa, non riesce piú a tacere e fa sentire la necessità di una lingua (che non può che essere volgare) idonea alla scrittura creativa. Non pochi intellettuali poi cominciano a deprecare l'isolamento elitario in cui li chiude l'uso del latino e auspicano una rinnovata sensibilità per la lingua materna. Leon Battista Alberti provvede per conto suo a teorizzarla e a metterla in pratica, precursore di una svolta che data dalla metà del secolo e che, non a caso e ancora una volta, sarà particolarmente vistosa in Toscana[14]. A realizzarla contribuí un fatto decisivo, di ordine prima politico-culturale che linguistico e letterario.

---

[1] Cfr. I. Baldelli, *Lingua e letteratura di un centro trecentesco: Perugia*, in *Medioevo volgare da Montecassino all'Umbria*, Adriatica, Bari 1983², pp. 385-418.

[2] Per tutta questa sezione cfr. l'importante studio di F. Brugnolo, *I Toscani nel Veneto e le cerchie toscaneggianti*, in G. Arnaldi - M. Pastore Stocchi, *Storia della cultura veneta*, Neri Pozza, Vicenza 1976, vol. II, pp. 369-439.

[3] Le citazioni sono tolte da F. Brugnolo, *Il Canzoniere di Nicolò de' Rossi*, 2 voll., Antenore, Padova 1974 e 1977 alle pp. rispettivamente 250 del II e XXXI del I. Il lavoro di Brugnolo è la base di tutto il discorso che segue;

ma per la penetrazione toscana nel Veneto e la sua convivenza con le altre tradizioni cfr. G. Folena, *La presenza di Dante nel Veneto*, ora in G. Folena, *Cultura e lingua nel Veneto medievale*, Editoriale Programma, Padova 1990, pp. 287-308 e C. Dionisotti, *Geografia e storia della letteratura italiana*, Einaudi, Torino 1967. Importante, C. Bologna, *L'Italia settentrionale nel Trecento*, in A. Asor Rosa, *Letteratura italiana. Storia e geografia*. I. *L'età medievale*, Einaudi, Torino 1982, pp. 511-600.

[4] Cfr. F. Brugnolo, *I Toscani nel Veneto* cit.

[5] Sul Quirini si veda G. Folena, *Il primo imitatore veneto di Dante*, ora in G. Folena, *Cultura e lingua* cit., pp. 309-36.

[6] Su Vannozzo e i poeti di corte cfr. L. Lazzarini, *La cultura delle Signorie venete e i poeti di corte*, in G. Arnaldi - M. Pastore Stocchi, *Storia della cultura veneta* cit., pp. 477-516.

[7] F. Bruni, *Centri di cultura nel Medioevo: l'Italia settentrionale*, in G. Bárberi Squarotti (a cura di), *Storia della civiltà letteraria italiana*, Utet, Torino 1990, vol. I, tomo II, pp. 595-671. Va comunque tenuta in conto, nella misurazione del livello di toscanizzazione, la realtà dei manoscritti; lo mostra nel caso di una canzone di Antonio Beccari che è attestata forse autografa in un codice magliabechiano. In questa redazione il tasso padano della lingua (con le consonanti intervocaliche sonorizzate: *seguro fradello*, con la degeminazione: *Ferara vechi*, con la metafonesi: *pili aviti paisi* ecc.) è molto piú evidente che nella lezione dei codici toscani. Basti il confronto dei primi versi. Magliabechiano: «Prima che 'l ferro arossi i bianchi pili | et che vergongna et danno in vu se spiechi | scoprivte i orechi | obtusi dal furore di vostri cori. | Siti vu çoveneti, o siti vechi? | Siti vu plebesciti o ver çentili? | Siti vu franchi o vili? »; Laurenziano: «Prima che 'l ferro arossi bianchi peli, | o che verghogna o danno in voi si specchi, | schopritevi gl'orecchi, | e chiusi dal furore i chiovi. | Sete voi giovanetti, o sete vecchi? | Sete voi plebessiti, o ver gentili? | Sete voi franchi o vili?» Cfr. P. Rajna, *Una canzone di maestro Antonio da Ferrara*, in GSLI, XIII (1889), pp. 1-37. Ma ora cfr. anche S. Baggio, *Ibridismo o koinè. Il caso di Antonio da Ferrara*, in G. Sanga, *Koinè in Italia dalle origini al Cinquecento*, Lubrina, Bergamo 1990, pp. 331-65.

[8] F. Bruni, *Centri di cultura nel Medioevo: l'Italia centromeridionale*, in G. Bárberi Squarotti, *Storia della civiltà* cit., pp. 673-707. Ma cfr. i casi ricostruiti da F. Sabatini, *Napoli angioina. Cultura e società*, ESI, Napoli 1975 (dalle cui pp. 124-28 sono tolti informazioni e dati su Maramauro e sull'Altavilla con relative citazioni).

[9] M. Corti, Introduzione a P. J. De Jennaro, *Rime e lettere*, Commissione testi di lingua, Bologna 1956; ma si veda ancora F. Sabatini, *Napoli Angioina* cit.

[10] C. Bologna, *L'Italia settentrionale* cit., p. 475. La citazione dell'ottava XXVII del *Lamento* è da *Lamento di Bernabò Visconti*, a cura di M. P. Musatti, All'insegna del pesce d'oro, Milano 1985.

[11] C. Segre, *Tendenze stilistiche nella sintassi del Trecentonovelle*, in *Lingua, stile e società*, Feltrinelli, Milano 1963, p. 313.

[12] V. De Caprio, *Roma e l'Italia centrale nel Duecento e Trecento*, in A. Asor Rosa, *Letteratura italiana. Storia e geografia*. I cit., pp. 489-510. Si

veda anche, nello stesso volume N. De Blasi - A. Varvaro, *Il regno angioino. La Sicilia indipendente*, pp. 458-88.

[13] M. Tavoni, *Latino, grammatica, volgare*, Antenore, Padova 1984. Per il certame coronario cfr. G. Gorni, *Storia del certame coronario*, in «Rinascimento», serie II, XII (1972), pp. 135-81.

[14] Nel proemio ai «libri della famiglia»; si leggono in L. B. Alberti, *I libri della famiglia*, a cura di R. Spongano, Sansoni, Firenze 1946 per l'importante introduzione. Ma si veda ancora B. Migliorini, *Latino e volgare nel Quattrocento*, in «Lettere italiane», VI (1954), pp. 321-35.

8.

Ultime resistenze alla norma

Il recupero del volgare all'esercizio letterario piú consapevole è anche, nel secondo Quattrocento, frutto di una svolta nell'assetto politico degli Stati italiani e della crescita, in essi, del ruolo e del prestigio dei principati. I principi si mostrano infatti, per piú ragioni, interessati e a volte personalmente coinvolti nel rilancio della cultura volgare. Osservava Lorenzo dei Medici:

> E forse saranno ancora scritte in questa lingua cose sottili ed importanti e degne d'esser lette [...] e tanto piú aggiungendosi qualche prospero successo ed augumento al fiorentino imperio, come si debbe non solamente sperare, ma con tutto l'ingegno e forze per li buoni cittadini aiutare [1].

Se è in Toscana che questa operazione si svolge con piú larga e complessa consapevolezza culturale e ideologica, in realtà essa è un tratto che accomuna regioni diverse. E sempre, o quasi, ci sono, dietro, l'iniziativa, il desiderio o l'esplicita pressione del principe. Non di rado, anzi, i letterati, ancora immersi nella devozione latina del primo umanesimo, fanno resistenza ai loro governanti e mecenati. Il Carbone, che a Ferrara traduce in volgare il *De bello Catilinae* di Sallustio per Alberto d'Este, non può fare a meno di chiosare: «De una cosa però ve voglio certificare, signore mio: che non se po' havere quella integra et perfecta dolceza nel volgare che provano et senteno i litterati per la maiestate delli ornatissimi voccabuli et per quelle galantiissime clausole tanto aptamente asserrate: et se questo potesti chiaramente vedere, lassareste ogni altro piacere e subito correreste alle schole nostre per impararle». Non diversamente, a Napoli, Giovanni Brancati si accingeva con molto rammarico a volgarizzare la pliniana *Historia naturalis* su sollecitazione di Ferrante I e, a Firenze, il Poliziano recalcitrava alle pressioni di Lorenzo e Landino in favore di un impegno nel volgare[2]. Questo aspetto non sarà ininfluente sulle modalità di recupero del volgare letterario. Perché, se la familiarità col latino alimentava, insieme coi latinismi, i conguagli possibili tra lingua locale (o di koinè colta) e lingua classica, concedendo alla fonologia regionale uno spazio in piú e un'ulteriore occasione di nobiltà linguistica, la componente politica a sua volta rafforzava il contatto con la lingua materna e viva, aumentando la resistenza contro l'omologazione su modelli letterari e linguistici sovraregionali. Si realizza cosí una scrittura volgare assai differenziata a seconda delle regioni, e, al suo interno ulteriormente diversificata a seconda della tipologia dei testi. Se, infatti, il contatto con la realtà linguistica di base (che, fuori di Toscana, può essere espressa dalle lingue di koinè, cioè dalle varianti colte e tra di loro conguagliate dei dialetti infarcite di toscanismi e di latinismi e, in Toscana, da una maggiore fedeltà al volgare parlato e di contado) è piú intenso in testi che hanno legami robusti col retroterra culturale locale oppure esigenze piú forti di realismo, questo contatto è invece piú debole e soprattutto piú facilmente attenuabile in generi e tipi a forte modellizzazione centripeta e nazionale. Succede allora, ad esempio, che, nel Nord Italia, la letteratura cavalleresca, alimentata da una lunga tradizione autoctona, prolunghi la lingua di koinè fin dentro l'*Orlando Innamorato* del Boiardo e persino nel primo *Furioso* dell'Ariosto; oppure, che, al Sud, la narrativa conservi piú a lungo i segni della lingua regionale. La lirica, invece, sulla quale il modello dello stil novo e soprattutto di Petrarca non è mai venuto meno, mette piú rapidamente in moto le procedure di cancellazione o di nascondimento dei tratti indigeni, anche se con gradazioni diverse a seconda dei luoghi, degli autori e dei tempi.

Il volgare torna dunque alla letteratura in una situazione in cui convivono tendenze opposte e queste si affiancano negli stessi luoghi, spesso negli stessi autori, a volte negli stessi testi. Soprattutto fuori di Toscana, come ovvio, questa pluralità e disponibilità di opzioni sono evidenti e significative, ché in Toscana esse si limitano a operare dentro un'unica varietà di linguaggio, di cui evidenziano ora l'aspetto piú nobile e arcaico, ora quello piú popolare e moderno, con varie soluzioni intermedie.

Tendenze unitarie e tentazioni e resistenze centrifughe convivono dunque a poca distanza e non di rado dentro le stesse realtà culturali e testuali, in parte enfatizzate, in parte dissimulate dalla sovrapposizione di nuovi sistemi grafici (umanistici, latineggianti), che ora divergono, ora invece coincidono con quelli di koinè sottostanti. Questo, scriveva Giovanni Nencioni, «è il momento di piú intensa polimorfia, un po' in tutti i settori della lingua. K. Huber nota che, mentre nel periodo tra il 1290 e il 1450 si contano, su 280 *due*, 2 soli *dua*, dal 1450 al 1530 i *dua* sono 110 e superano la forma scritta *due*, attestata in 60 casi»[3].

Quando, dopo l'interruzione (mai integrale ma sempre importantissima) dell'umanesimo latino, la storia dell'italiano letterario riprende, per le realtà locali c'è un rilievo piú cosciente e meno asistematico di quello che c'era stato nella prima stagione della toscanizzazione in Nord Italia. Inoltre il latino si inserisce in questa ripresa a dotare tanto le resistenze regionalistiche quanto le istanze normative di un potente alleato: si pensi, ad esempio, all'autorizzazione di certe forme locali da parte di chi vede in esse una adeguazione del volgare al latino (come per gli esiti metafonetici settentrionali, tipo *fecisti*) oppure alla tendenza a conservare le consonanti sorde del latino per una loro supposta coincidenza col toscano contro il dialetto che le sonorizza (*spica*).

Determinante è però in questo contesto la funzione dei generi letterari, come si diceva; non c'è infatti dubbio che la lirica, col suo petrarcheggiare, pur ancor libero e non normalizzato (come accadrà invece nel Cinquecento) affretti il processo di unificazione della lingua letteraria, che, invece, altri generi di poesia (ad esempio l'epica) e la prosa rallentano con la difesa di pulsioni centrifughe. Il fatto è che il petrarchismo non solo aveva dalla sua il modello comune e di per sé metastorico del Petrarca, ma poteva contare, nel secondo Quattrocento, anche su un testo che filtrava la lezione dell'archetipo mettendolo nel circolo letterario del XV secolo. Questo testo è la *Bella mano* del romano Giusto De Conti, campione del petrarchismo cortigiano di metà secolo e gran distributore di un Petrarca stabilizzato e di una lingua poetica convenientemente toscanizzata.

8.1. *La lingua della lirica verso la norma*.

8.1.1. nel Settentrione.

Caso esemplare è, in questo contesto, certamente quello di Matteo Maria Boiardo, la cui lingua è stata minutamente schedata da Pier Vincenzo Mengaldo. Il Boiardo asseconda innanzitutto la svolta volgare della corte estense, lasciando l'intenso e arido lavoro di scrittore in latino e dedicandosi alla lingua materna. La lingua dei suoi *Amorum Libri* però è assai diversa da quella del poco piú tardo e assai piú celebre *Orlando Innamorato*. Scrive Mengaldo: «Con un atteggiamento tipicamente quattrocentesco il Boiardo saggia a breve distanza di tempo due generi antitetici, e proprio esasperandone gli aspetti per cui possono porsi come antitetici»; «da una parte l'alto grado – relativamente – di toscanizzazione che il Boiardo attinge nel primo massiccio contatto col volgare, appunto negli *Amorum Libri*; dall'altro il fatto che questo livello non sarà piú mantenuto nelle opere successive, e in particolare nell'*Orlando Innamorato*»[4]. Nonostante la spinta toscanizzante che gli *Amorum Libri* ricevono dal genere e dai modelli e dalla scelta precisa del loro autore, anche in essi però restano forti e non puramente residuali e involontarie le tracce della koinè padana che poi nutrirà l'*Orlando Innamorato*. Non a caso, osserva Mengaldo, la toscanizzazione non supera di molto le soglie del lessico e della sintassi e solo scalfisce la morfologia e ancor meno la fonologia: segno dell'auroralità, della precocità forse del processo cominciato negli anni Settanta dal Boiardo e destinato ad essere compiuto solo all'inizio del secolo successivo. Di fronte a sé Boiardo, oltre al modello Petrarca-Giusto, può disporre (e crede di poterlo fare su un piano di sostanziale parità) del dialetto, del latino e persino del volgare letterario precedente a Petrarca. Questo impasto di lingue può anche provocare degli scompensi e delle risistemazioni, come quando Boiardo si stacca dalla soluzione Petrarca, ad esempio in certe forme non dittongate, perché le sente troppo prossime a quelle dialettali, e reagisce optando allora per offerte toscane moderne.

Le forme che in fiorentino sono anafonetiche incontrano non poca resistenza nella lingua degli *Amorum*, pur se finiscono per prevalere anche grazie al sostegno concomitante del latino (si alternano *avinto / avento*, *dipenta / depinto*, *ponto / punto*, *longo / lungo* ecc.). È significativo, rispetto alla normatività della letteratura trecentesca, che le eccezioni dialettali alla norma toscana appaiano per esigenza di rima, prevalentemente quindi nel luògo che in passato meno le avrebbe ammesse. Complessa la situazione del dittongamento di *e* ed *o* aperte in sillaba libera, molto oscillante anche per gusto di *variatio*, oltre che per l'affollarsi della tradizione antica, del toscano moderno, del fondo dialettale, con le loro difformi offerte, alle quali andranno infine aggiunte tendenze ipercorrettive piú o meno originali dell'autore (*spiero*, *mieco* ecc.). Monottonghe sono in prevalenza *core foco loco novo move moro*, in cui alla spinta della tradizione si affianca quella dialettale. L'ascendenza latina e arcaizzante favorisce il doppione del tipo *au / o*, *auro / oro*, *augei / ocei*. In protonia la soluzione *e* là dove il fiorentino opta per *i* dà modo di appoggiarsi alla tradizione, al latino e al dialetto contemporaneamente: *depinto, securo, degiuno, pregione*. Cosí anche per *o / u*, tipo *sugetto, sumiglia* e (all'opposto) *rogiada notrisco*. Per le apocopi Boiardo segue rigorosamente Petrarca, comportandosi in modo piú ligio e moderato dei vari Giusto (che presenta *pien -e-*), Lorenzo (*car-e-*) o Poliziano (*cur-e-*, *legger-a-*) ecc. Il fondo dialettale opera nel favorire il gusto e l'accoglienza delle apocopi normalizzate, che sono infatti in Boiardo molto frequenti. Dove la lingua padana colora di piú il tessuto linguistico degli *Amorum* è nelle consonanti scempie, solo in parte risarcite dall'ipercorrettismo, anche se qui vanno tenuti in conto il latinismo e i *ductus* grafici cancellereschi. Ci sono scempiamenti in rima e falsi raddoppiamenti (*fole : parole, tutto :*

pasciuto, tore : amore, reggio : veggio, velli : ocelli); solo dialettali sono pochi casi tipo: *degio : vegio, selvagio : hagio*. Conforme all'esito toscano, anche per la concomitanza del latino, è il trattamento dell'opposizione sorda / sonora, in cui il tratto dialettale sonorizzante è quasi del tutto espunto. Il fondo padano resiste invece nelle assibilazioni, opposte in prevalenza alla palatalizzazione toscana (*zascun / ciascun, zelo / gelo, merzè / mercè*). Il pronome personale soggetto è costantemente toscano letterario con l'unica concessione di qualche *lui / lei*. Nel verbo le forme toscane di prima plurale in -*iamo* sono prevalenti, nettamente, mentre alla seconda plurale -*eti -iti -ati* di koinè hanno la meglio sulle corrispondenti toscane e alla terza dei verbi di seconda e terza coniugazione si registrano ancora uscite in -*eno* (*dormen, solven*). Restano frequenti le forme arcaiche *hagio, have*; all'imperfetto prevale -*ea -eva*; in rima è ricorrente anche il tipo in -*ia* (*tenia, solia*). Il condizionale presente alterna i tipi (poetici e dialettali) in -*ia* e quelli toscani in -*ei* e in questi resiste -*ar*- (*trovarei*), come al futuro (*durarà*). Al congiuntivo presente è molto attestata la desinenza semicolta -*i* per le persone singolari dei verbi della seconda e terza coniugazione, appoggiata anche sul fiorentino quattrocentesco. Resistono, dei sostantivi a suffisso arcaico, quelli in -*anza -enza*, ripresi con una certa regolarità dalla poesia quattrocentesca in generale. Ma la zona del lessico boiardesco piú nuova rispetto alla tradizione (in genere diligentemente e variamente rispecchiata) è certamente quella, tipicamente quattrocentesca, dei latinismi: qui infatti non si vedono solo i latinismi già consolidati dall'uso poetico (come *liquore occaso rede clima* ecc.) ma se ne colgono di nuovi come *adusto* (per nero) *assueto* (consueto) *confiso egro flavo ircano rorare* (stillar rugiada) *venenato* ecc.

La consistenza dei tratti regionali nei poeti settentrionali è stata ulteriormente misurata di recente da Maurizio Vitale[7], che segnala soprattutto casi di dittongazioni locali o ipercorrettive (Correggio: *tuor tuol*; Refrigerio: *sieco tieco*; Serafino Aquilano: *spiero*; Visconti: *puoco*) e di monottonghi (tipo *omo*, presente quasi in tutti gli autori); di mancanza di anafonia (ad esempio il tipo *gionger* attestato un po' ovunque o *malegno benegno depento* ecc.); di *e* per *i* (*de-*

giuno meglior me te se ecc.) ed *u* per *o* in protonia (*suspiri difficultà succurri*) e gli opposti (*ligato fidel ocelli notrica odir*). Si notano poi anche la conservazione della nasale palatale (*cognosco*) e l'esito palatale di *gl-* (*giazo*, ghiaccio, *giande*, ghiande), l'assibilazione ben nota (*zorno zergo caçando brusa baresti zentil trezza cassina*); la prima plurale del presente variata a seconda della coniugazione (*erramo prememo patimo*); l'uso largo del condizionale in *-ia*, in cui il dialetto trovava il conforto della tradizione antica, e quello del futuro in *-ar* per i verbi della prima. Dei tratti locali resiste molto la terza plurale in *-eno* del presente indicativo dei verbi di seconda e terza; sempre molto attestata è poi l'uscita in *-e* alla prima e terza singolare del congiuntivo presente dei verbi di prima coniugazione, localizzata per lo piú in rima per il precedente di Petrarca.

8.1.2. nel Meridione.

Una realtà linguisticamente analoga, in gran parte, ha evidenziato Maria Corti nella Napoli aragonese tra i poeti che cominciano a operare sùbito dopo la metà del Quattrocento. «I poeti-funzionari della corte di Ferrante I restituiscono in barzellette e strambotti da un lato, in canzoni e sonetti dall'altro, quello che da differenti poetiche e modelli letterari avevano ricevuto [...] Non solo presso il De Jennaro, ma anche presso Rustico, Francesco Galeota e gli altri poeti si assiste a un differente atteggiarsi dei contenuti, dei modi espressivi e della lingua in generale all'interno dei due indirizzi»[6]. È cioè anche qui il petrarchismo (di un Petrarca ancora mediato da Giusto de' Conti) il gran collettore del toscano letterario e della lingua poetica tradizionale in un tessuto linguistico in cui forti erano i segni della koinè e del dialetto stesso. Ma se è dunque la lirica ad avviarsi, pure al Meridione, piú rapidamente sulla strada dell'omologazione centripeta, è da osservare che a Napoli i canzonieri dei petrarchisti hanno la natura composita tipica del poetare cortigiano (in genere ben distinto tra poesie d'amore e versi d'occasione) e, di conseguenza, si immettono sulla via maestra solo (o assai di piú) nelle zone piú prossime per contenuti e ispirazione al modello (cioè nelle liriche d'amore), procedendo, invece, piú lentamente nelle sezioni «varie». La Corti ha certificato questa duplicità (che nel Boiardo era tra generi diversi) all'interno dello stesso canzoniere di uno dei maggiori petrarchisti della corte, Pietro Jacopo De Jennaro. Scrive: «a una poetica di due stili, legati ai contenuti, corrispondono da un punto di vista linguistico, pur con le naturali oscillazioni, due diverse lingue, una di koinè (latino + Petrarca + dialetto) per le liriche varie e una con tendenze piú raffinate ed extraregionale (latino + Petrarca + fiorentino con pochissimo dialetto) per le liriche amorose»[7]. Una grande parte nell'acquisizione della lingua poetica nuova ha naturalmente il latino, che viene imitato in costrutti con frequenti inversioni («ma, con lui essendo, certo gelosia | dare da parte non podrai mai farmi») e che fornisce o autentica molto materiale lessicale. La misura della presenza del latino è però inversa a quella dell'adeguazione al modello toscanocentrico, come mostra, a Napoli, il caso di un poeta ancora tutto immesso nell'area umanistica come il De Petruciis, il Conte di Policastro, un autore in pari tempo piú legato alla lingua di koinè (ad esempio costante è la metafonesi: *piaciri poveriti quisto quillo cride* ecc.) e piú generoso coi latinismi.

Tornando al De Jennaro: la Corti ha osservato che le sue rime «varie» accentuano «fenomeni per i quali le condizioni fonetiche napoletane sono sostenute da una corrente di cultura (latinismo, petrarchismo, o l'uno e l'altro insieme)», mentre quelle amorose concentrano «fenomeni contrari alla fonetica napoletana e perciò di natura puramente letteraria»[8]. Succede cosí che la metafonesi meridionale di *é* e di *ó* (che si chiudono in *i* ed *u*, tipo i dialettali *fiuri vuce sulo quillo piangite prindisse*) sia piú facilmente ammessa quando il suo esito concorda col latino o col siciliano poetico; mentre quella di *è* o di *ò* (che dittongano), sia piú spesso eliminata anche per la concorrente dittongazione toscana di *è* ed *ò* in sillaba aperta. In realtà la tendenza prevalente è quella ad allontanarsi, nella lirica d'amore, il piú possibile dal dialetto, anche a costo di tradire lo stesso Petrarca (come accade nel De Jennaro per molte forme dittongate secondo l'uso toscano, attestate invece con prevalenza del monottongo in Petrarca: *conviene tiene insie-*

me pensiero, o addirittura in lui assenti, come quelle dopo consonante + *r*: *truova pruova priego grieve* o ancora: *vuoglia vuolger* ecc.). Allo stesso modo Rustico «opta per la dittongazione in sillaba aperta, cioè di tipo toscano, l'usa a volte in posizione senza condizioni metafonetiche, crea tipi analogici su alcuni modelli toscani»[9]. Altri poeti sono meno inclini a modellarsi sul toscanismo corrente (assimilato per lo piú attraverso la *Raccolta aragonese*, l'antologia della poesia italiana e soprattutto toscana quattrocentesca fatta preparare da Lorenzo il Magnifico e offerta a Ferdinando d'Aragona), come il Caracciolo e il Galeota, piú parchi nell'ospitalità alla dittongazione toscana. Anche piú restio alla ipertoscanizzazione è il già citato De Petruciis, certo anche per l'argomento non amoroso delle sue poesie, nate da «esperienze di cultura classica e di drammatica vita politica» (LXXIV). Dall'esame delle poesie del De Jennaro, del resto, risulta piú volte chiaramente, come già si è detto, la parte giocata dai contenuti nella determinazione della lingua; ad esempio ulteriore, si veda il rapporto, nel vocalismo atono, tra esiti in -*i* (toscani) ed esiti in -*e* dei pronomi enclitici (*mi ti si, me te se*), a tutto vantaggio di quelli in -*i* nelle rime amorose e di quelli in -*e* (in cui per altro il dialetto poteva concordare con Petrarca) nelle varie. E allo stesso modo si comporta il consonantismo.

La resistenza della lingua locale risulta un po' in tutti gli autori evidente, anche se con gradazioni diverse. Profonda è l'estraneità dell'anafonia (*comencia vermeglio vence donque gionger* sono un po' in tutti i poeti minuziosamente scrutinati di recente da Vitale)[10]; all'opposto, è viva la tendenza alla metafonia (*quisto vuce cruce puse dicisti dirrite havite*) e alla dittongazione anche metafonetica (*tiempo suonno*); ampio l'uso di *e* per *i* e *o* per *u* (e anche l'opposto) in protonia (*desdegno besognia ligati ritonde urecchie custume crodele logobre ingioriosa*). Il dialetto è denunciato dalla resistenza alla sonorizzazione in forme come *spica luoco latro aucello* e dal fenomeno opposto in *sagro resblende genebro segura*. Accade infine spesso che la soluzione locale sia sorretta dal riscontro con la tradizione, come nei condizionali in -*ia* o nei participi in -*uto* (*statuta vinciuto servuto*) o nei futuri in -*agio* (*faragio moreragio*). Nella morfologia verbale segnaliamo ancora la diversificazione nelle diverse coniugazioni della prima persona plurale del presente indicativo (*trovamo, prendemo, tenimo*), l'esito *-eno* delle terze plurali dei verbi di seconda e terza (*godeno, punisceno*) e la conservazione di *-ar-* al futuro (*portarò*). Al congiuntivo presente sono sempre copiose le uscite in *-e*, dialettali e petrarchesche, alla prima e terza singolare dei verbi di prima coniugazione.

8.1.3. in Toscana.

I modi e la misura della toscanizzazione della lirica italiana quattrocentesca non si comprenderebbero appieno se non si tenesse conto del ruolo che in essa finisce via via per giocare la poesia toscana contemporanea. È qui infatti che piú autorevole e al tempo stesso piú libero si fa il rapporto col volgare letterario del Trecento, a partire dal quale i poeti di Firenze possono facilmente e consapevolmente trascorrere verso la lingua a loro piú familiare e moderna. Ed è poi qui che piú programmaticamente si ripercorre e si riassume tutto l'arco della prima tradizione poetica, con concessioni anche a quella prepetrarchesca, assunta per certificare l'inevitabilità e il prestigio indiscutibile del ricorso al toscano, che viene a porsi cosí come il punto terminale di un cammino di secoli e di regioni diversi. È insomma proprio tra i Toscani che è possibile rintracciare l'atteggiamento piú libero nei confronti dell'avanzante modello di Petrarca, come, meglio di tutti, attesta il piú prestigioso promotore della cultura volgare fiorentina, il principe Lorenzo. Nelle sue rime il contatto con la tradizione stilnovistica è forte ed esplicito (e il *Comento* che egli ne fa rafforza questa chiave, recuperando lo stilnovismo filosofico in direzione neoplatonica e ficiniana). Situazioni tematiche e stilistiche di impronta stilnovistica (ad esempio si veda il sonetto *Un pensier che d'Amor parla sovente*, da mettere in relazione col dantesco *Tutti li mei penser parlan d'amore*) si inseriscono cosí nel petrarcheggiare tipico e, di conseguenza, il *gentil core* dello stil novo diviene tanto numeroso quanto i *begli occhi* di memoria petrarchesca. È evidente allora che la rilettura della tradizione ducentesca importi una serie di arcaismi come quelli che si leggono nella ballata *Parton leggieri e pronti*, dove troviamo condizionali in -*ia* (*staria perderia morria*) e un presente *aggio*, oltre agli astratti *temenza doglienza fidanza* e *possanza* di siciliana memoria. In generale queste macchie piú arcaiche si alternano nel Magnifico con soluzioni che scavalcano Petrarca in direzione opposta, sul versante cioè della contemporaneità; anzi, la lingua delle *Rime* «non sta con la tradizione ma con l'uso»; pur nella compresenza di «forme ormai blasonate» e di forme popolari, si nota che «i morfemi aulici [...] non si alternano con gli altri, bensí vi compaiono molto raramente, alcuni addirittura sporadicamente» [11]. Ecco allora, da un lato, *sare' dovre' vorrei* e, dall'altro, *avria parria faria acqueteria*, da una parte *cuor fuoco duole suole voule nuovo suon muore viene* e dall'altra *foco loco core more nove vòto fero*, senza contare le dittongazioni non petrarchesche come *pruovo truovo brieve rinuova triema niega*. L'insieme è però sbilanciato verso l'uso vivo dalla morfologia verbale, specie nelle terze plurali del presente indicativo (*canton*, *salton*) e dell'imperfetto (*spirovon*) e nell'uscita in -*o* alla prima singolare dell'imperfetto (*andavo*). In Lorenzo lirico ci sono incursioni in livelli persino piú popolari della lingua, secondo una linea di ricerca e di gusto da lui sperimentata (e in parte avviata) nei generi letterari «rusticani» [12]; linea per altro, nelle rime, ampiamente compensata dal versante dotto della scrittura, in cui hanno, come sempre nel Quattrocento, gran parte anche i latinismi.

Allo stesso modo, nelle *Stanze* di Poliziano, per passare al testo poetico piú raffinato del secolo, «i modi quotidiani e persino popolari si fondono con agio e disinvoltura meravigliosi», segnando «uno dei rari periodi in cui la nostra lingua d'arte, condannata all'aulicità e all'accademia, aprí con la lingua parlata uno scambio che serví in modo egregio e a rinfrescare i sapori e i colori e a digerire agilmente il latinismo» [13]. Nelle *Stanze* ci sono macchie arcaiche e sicilianeggianti (per altro largamente minoritarie) come, nella coniugazione di avere, *have*, e di essere *saria*, o di solere *solien*, o di potere *potria*, o di parere *parria*; si pescano ancora un *temenza*, un *sembianza* e un *desianza*; ma intanto le forme con monottongo e quelle dittongate si specializzano ulteriormente (sempre *buono muove vuole suole nuovo uomo suono, lieto viene tiene core loco fero / a*; oscillano ancora quasi solo *fuoco / foco, duole / dole, lieve / leve*) e queste ultime si estendono, conforme l'uso toscano (rilanciato dalla poesia quattrocentesca), anche in altre condizioni (ad esempio *truova pruova triegua ruotola brieve drieto*). Nel trattamento delle vocali atone si inserisce, come spesso accadeva, il latinismo (perlomeno grafico, piú evidente nella resa di certi gruppi consonantici: *essemplo templo*) che suggeriva i vari *nimica suggetto securo*. Sono sonorizzate le consonanti sorde in forme dotte, magari consacrate dalla tradizione come *nodrir cavriuol sovra*. Dei vecchi prefissi resta attivo *dis-* (*disgombrare disparire disvolere dispietata disacerbare discovrire*), mentre l'attività di *in-* si iscrive tra i parasintetici di ascendenza dantesca e petrarchesca (*infiorare inselvare invescare inanellare incappellare imbiancare imbrunare*). Di conseguenza si riducono i doppioni fonomorfologici e semantici tradizionali (*disio / disire / desianza, bellezza / biltà, doglia / dolore, speme / speranza*); ma ne emergono di nuovi, come un po' in tutta la lingua quattrocentesca (nelle *Stanze*, ad esempio, oscilla molto la morfologia verbale: *gridono / cantano, mostron / ingombrano*, con prevalenza delle forme in *-o-*; *creda / adempi*, ma il secondo caso è minoritario); e resistono quelli generati dall'accostamento del latinismo alla forma volgare (consolidata o no che sia): *imago / imagine, lauro / alloro, nembo / nuvola, auro / oro* ecc. Numerosi infatti anche qui i latinismi, come tipico (*egro damma contesto ludi ircana furare, rigido*, per freddo). I pronomi personali soggetto seguono il toscano del tempo assai piú che la tradizione ed escono in *io tu noi voi* e anche *lei* (accanto a *ella*) e *lui* (accanto ad *e' el*). Allo stesso modo si spiega la morfologia in *-o-* dei tempi verbali: *cercono, tirono, cominciorno, presono, eron, surgevon, spiravon*; mentre per l'uscita in *-i* della terza singolare dell'imperfetto congiuntivo la lingua viva avrà trovato conforto anche in Petrarca. Come un po' ovunque nella lirica del Quattrocento, anche nel Poliziano (come del resto in Lorenzo) sono infine numerose le apocopi, spesso persino molto ravvicinate: li suoi *car* figli, el *centaur*, col *cor fedel*[14].

8.1.4. Correzioni d'autore (Sannazaro).

Le apocopi «iperpoetiche» sono presenti in quantità anche nella prima redazione delle rime volgari di Jacopo Sannazaro, ma verranno in gran parte eliminate nelle correzioni dell'autore durante la preparazione della stampa cinquecentesca dei suoi versi. Con le poesie volgari del Sannazaro ci muoviamo su un piano in verità fin dall'inizio diverso rispetto a quello dei precedenti canzonieri, a un punto certamente piú avanzato lungo la strada dell'affermazione di un modello linguistico e stilistico unitario. Siamo con queste liriche ormai dentro un petrarchismo molto piú selettivo e normativo di quello medio quattrocentesco, con conseguenze anche sulla lingua, immediatamente piú accostata al modello. Le correzioni d'autore intervengono poi a radicalizzare questa tendenza, accentuandone l'istanza grammaticale con la potatura delle zone meno petrarchescamente ortodosse, anche di quelle inizialmente mutuate dai coevi fiorentini [15]. Questo processo, che si ripete e si ripeterà in numerosi autori (ed editori), è indizio di una coscienza piú severa della norma linguistica e letteraria, di un bisogno di certezze non piú compatibile (almeno in poesia) con le molteplici disponibilità delle lingue di koinè e, infine, di una piú forte percezione dell'esito unitario della lingua letteraria. Scrive Pier Vincenzo Mengaldo [16] che nella lirica del Sannazaro «si restringe assai la raggera delle fonti volgari [...] rispetto al precedente ibridismo: [...] confrontandola al *Canzoniere* del De Jennaro o a tanta produzione poetica coeva ed equipollente, si nota infatti agevolmente l'estrema rarità di spunti lirici prepetrarcheschi e la sostanziale limitazione, fuorché nel genere peculiare del ternario, degli influssi comici danteschi, e d'altra parte, ciò che piú conta, sono recisi i legami, cosí stretti nella lirica napoletana immediatamente precedente, con la contemporanea poesia toscana e medicea, tramite e legittimazione al vagheggiamento di cadenze ed esperimenti popolareggianti, qui rigorosamente esclusi [...] l'unico rilevante aspetto quattrocentesco dei *Sonetti e Canzoni* è reperibile nel persistente influsso di Giusto de' Conti». La novità della poesia sannazariana, già dunque chiara nella sua prima redazione (ad esempio nell'opzione per un periodare piú ampio e meno paratattico che coinvolge e scavalca le tradizionali partizioni metriche del sonetto verso una nuova orchestrazione musicale, che sarà poi pienamente sviluppata nel Cinquecento dal Casa), si accentua nel suo passaggio alla stampa, durante il quale l'autore interviene a indirizzare il proprio linguaggio ancor piú decisamente verso il puro modello petrarchesco. Da qui dunque l'eliminazione dei troncamenti non autorizzati che il Quattrocento aveva molto sviluppato, (*parol-e car-o ristor-o* presentano tutti la reintegrazione della vocale finale), l'ulteriore e quindi quasi completa eliminazione delle tracce metafonetiche (*pusi → pose*). Anche la dittongazione (meridionale o toscana) è risistemata nel processo correttorio secondo una regola «poetica» tradizionale: i dittonghi sono cioè generalmente espunti dalle voci tipiche (*fuogo luogo nuovo fiero → foco loco novo fero*, e si noti anche la variante consonante sonora → consonante sorda) e ovunque seguisse consonante + *r* (*priego → prego*). Rari gli esiti non anafonetici, per lo piú corretti (*ponto → punto, vesco → visco*) e normalizzata sul toscano letterario è tutta la vecchia oscillazione delle protoniche (*pinsier → pensier, ligata → legata*); anche la delicata alternanza di scempie e doppie è ricondotta largamente alla norma toscana colta. Scompare *lui* soggetto a favore di *ei* di ascendenza poetica, mentre molti latinismi cadono all'esame di una selezione che li considera ormai eccessivi e importatori di una fastidiosa mescidanza linguistica (*mundo → mondo, triumpho → trionfo, submise → sommise*).

8.2. *Le esitazioni della prosa.*

L'italiano comincia dunque a costituirsi in lingua unica e stabilizzata innanzitutto per la lirica. Fedele alla sua già antica vocazione, il nostro linguaggio si realizza nella forma a piú alta letterarietà e si presenta ai poeti delle diverse regioni come una realtà ormai profondamente distinta da quella delle lingue locali e parlate. Protetto dalla sua dimensione lirica e dalla sua solidità secolare esso può restare sostanzialmente indenne dalle commistioni con i volgari locali e da quella stessa col toscano quattrocentesco. La sprovincializzazione della lingua è anche il segnale della sua destoricizzazione e l'assunzione a suo modello di una varietà consegnata quasi esclusivamente ai libri dei poeti, di Petrarca in particolare. A questo processo manca ormai solo la coscienza critica e la lucidità grammaticale che gli conferirà, di lí a poco, Pietro Bembo. Ma non tutto il campo letterario è attraversato dalle stesse, decise e veloci correnti unitarie e normalizzanti che hanno investito quello della poesia. La situazione della prosa resta a lungo diversa.

8.2.1. La novellistica.

I contatti con la lingua locale sono in genere, come abbiamo già notato, piú intensi nella prosa, specie in quella narrativa, anche per esigenze immediate di realismo. Si vedano, in Toscana, i *Motti e le facezie del Piovano Arlotto*. C'è qui un quadro dell'«uso medio quattrocentesco della borghesia non letterata» [17], con punte verso la parlata rustica e popolaresca nel dialogato (ad esempio maggior frequenza nell'uso della *i* prostetica, *ispesi*, della prima plurale del presente indicativo in -*no* invece che -*mo* e altri casi di morfologia verbale: participio passato raccorciato, *guasto*, il passato remoto plurale *pagorono*. Nella *Novella del Grasso Legnaiolo* convivono tratti provinciali e popolareggianti con quelli della tradizione, senza precisa distinzione sociologica di chi li usa; anzi è il testo stesso dell'autore a collocarsi in questa medietà. Il tasso dialettale della novellistica si coglie meglio nelle *Novelle* del senese Simone Sermini, anche se esso esplode con particolare virulenza solo nel parlato dei personaggi popolari, ad esempio nel discorso del contadino Roncone della novella XII (di cui si riportano alcuni estratti):

> Dio v'aiuti, brigada. Doh che bene venga Roncone; o che va' tu cercando? O che so io? Fo bot' a Dio che bene ve godete a questo sole. E che vuo' fare? Como va? Avite semenado? E vui? Bene sia trovato, Mariano: dimme, vendiste, jeri le to castagne? Mieffe, e' gli è uno scempio! O, che le vendiste, che

Dio t'aiute? Assai poco. Alle guagnele, oh quanto? O guarda, ch'io ne portai do some, e no ne rifeci quasi niente.

Enrico Testa segnala l'esito sonoro di *t* in *brigada* e *semenado*, idiotismi come *alle guagnele*, *mieffe*, dialettalismi come *boto*, *to* (tuo), *so* (suo), *me* per *mi* nell'enciclisi dell'imperativo, il *tu* enclitico nella seconda singolare del passato remoto (*avestú*), epentesi di *r* (*catraste* di legna), la conservazione di *-ar-* (*partare*), il deittico *testo* (cotesto) ecc. [18]. La novellistica rivela, come già avevano mostrato Boccaccio e Sacchetti, una particolare sensibilità per la trascrizione realistica dei linguaggi, ben rappresentata da questo esempio del Sermini in cui parlano un toscano rozzo (di Fiesole), Bindaccino, un toscano furbo, Venturello, e un italo-tedesco, Arrigo:

> Venturello [...] si volse a quello fameglio che gli fece la suppa, gridando e dicendo: – Che rubbia hai tu fatto, Arrigo? di quale pignatto li facestú la suppa? Arrigo disse, com'era ordinato: – Che so mi? I' trovato dui pignatti con ventri; i' misso uno sopra l'altro, e feci suppa, e tutte cose era in lor pignatti, missi n'una stagna, e recai Bindaccine. Che saie? i' fatto che disse mi parone. Che aie fatte, che nasca vermocano per ti? [19].

Le cose non stanno diversamente a Bologna dove le *Porrettane* di Sabadino degli Arienti espongono idiotismi settentrionali del tipo *abrazzato*, *perdereti*, *voi diceti*, *quilli*, *giocai ala balìa*, *le piú sbudellate feste e pecerlecche* (salamelecchi), *se non sequireti il mio volere e consiglio per amore del maco* (il macco è una minestra di fave) *e della suppa*, *cadareti nella mia disgrazia* (sono tutti esempi dalla novella di Trionfo da Camerino) [20], soprattutto nei dialoghi; molti però ne accolgono anche nel discorso dell'autore, in virtú di un'opzione stilistica media che ben si addice alla realtà linguistica in cui questi scrittori sono immersi, ancora largamente tributaria alle lingue locali. La resistenza del dialetto è anche piú forte nei narratori meridionali, come nel Del Tuppo o nel Carafa; basti questo esempio dall'*Esopo* del Del Tuppo:

> Simo venuto ogie ad uno tempo, che la palme della scientia, della virtú, se dona alli vestimenti e alla roba; et hanno li grossi uno proverbio lo quale dice: lo homo bene vestito per li vesti-

menti se existima da tucto lo mondo essere docto, anchora che
sia idiota, grosso e tristo[21].

O quest'altro Esopo volgarizzato[22]:

> Non sirò io securo mentre che tu hai quessa grande accepta
> et mentre che questa mia pelle se recorda de le firite ad sé facte.
> Quel che mi habe offeso me offenderà un'altra volta, si offen-
> dere me potesse.

Al dialetto si mescola il latino in un accostamento casua-
le ma molto evidenziato come ingrediente nobilitante della
scrittura, che ancora risente molto di quella dialettale, tipica di altri, piú antichi, narratori napoletani, come Loise De
Rosa. Con Masuccio Salernitano la lingua locale comincia
però a diventare anche un ingrediente stilistico che serve a
caratterizzare con piú vivo realismo personaggi e situazioni e, di conseguenza, opera non solo accanto, ma anche in
opposizione al latinismo e alle forme letterarie dotte. Non
a caso i latinismi piú ingombranti nel *Novellino* si trovano
nelle novelle encomiastiche, che vogliono realizzare uno
stile solenne e se ne escono in *bellare agricola inquirere mi-
rifico merore masculo periclitare postea potissimo suspicare
sorore subscritto* ecc. Mentre i dialettalismi si fanno piú
espliciti nei dialoghi delle novelle comiche (san Bernardi-
no rimprovera i salernitani chiamandoli *carnalazzi*; Viola
fa scappare il suo amante da un *arbaretto*, una finestrella e
questi « si *fraccò* una gamba in piú pezzi »): *aracamatrice ar-
robare veveragio gliottoncello ribera versaglio* sono alcuni
esempi di questo lessico napoletano. Non va però dimenticato che il dialettalismo, anche in Masuccio come in tanti
altri autori dell'epoca, sopravvive ampiamente nel tessuto
fonomorfologico della lingua adottata, spesso anche in virtú della legittimazione del latino (esempi noti: *iusticia iudi-
ce ioco arbore*, che possono essere voci tanto dialettali
quanto latine) o della lingua letteraria arcaica (*toa, soa*). Il
contatto con la lingua letteraria avviene, principalmente,
attraverso Boccaccio, ma si allarga anche a fonti piú antiche e poetiche, che le origini meridionali rendevano piú facilmente disponibili per un narratore napoletano; *donno
dottanza ereditagio maisí trangosciato have apparuto agiuto*

conceputo vestuto, sono solo alcuni dei molti arcaismi cui ricorre Masuccio[23].

8.2.2. Latino e volgare.

Il piú immediato espediente di nobilitazione linguistica della prosa non poteva che essere, nell'età dell'umanesimo, il latino. Nella già citata novella di Sabadino degli Arienti troviamo *copioso patrone populi defensione rabidi turchi somnio triunfa essistimava cum summa diligenza*; sono tutti (a vario titolo) latinismi che inzeppano la prosa volgare di una stagione in cui le due lingue comunicano tra di loro fortemente (Raffaele Spongano ha ben dimostrato gli influssi del volgare sul latino degli umanisti) e in cui, soprattutto, il latino si presenta alla scrittura in volgare come una scorciatoia per legittimare letterariamente la lingua materna[24]. C'è una novella nelle *Facezie* del ferrarese Lodovico Carbone che fa argomento divertente la sua stessa mescolanza dei linguaggi, fissata significativamente nella polarità latino / volgare locale:

Fo scripta una lettera per parte del duca nostro ad uno podestate di Carpaneto in modenese, chiamato Polo da Foiano, ne la qual si conteneva che dovesse pigliare un sparviero e mandargelo ligato in uno sachetto che non fugisse. Le parole erano per lettera in questa forma: «Dilectissime noster, capias accipitrem et mitte nobis ligatum in sacculo ne aufugiat». Misser lo Podestà, che sapeva de la grammatica di montagna, legendo questa parola *accipitrem* intese che significasse l'accipriete, e chiamò Pavaione, so genero, e dicegli: «Il Signor mi scrive ch'io pigli l'accipriete e che gàl mandi ligato in un sacho, che 'l non fugga; qualche tradimento de' haver fatto costui, leze quela lettera». Pavaione che ne sapea tanto de la grammatica, quanto il misser, liege e dice: «Questo è certo che accipitrem vien a dire l'accipriete [...]»; e mandono per l'accipriete, dicendogli che l'era presone del duca [...] E cussí, messolo nel sacco, il condusseno a Ferara. Vanno da Lodovico Casella, dicendogli che hanno exeguito quel che gié stato commesso; Lodovico risponde che non sa covelle di tal commissione: «Ma havettivu littere?» «Ma sí», dicono costoro, e mostrano la littera. La qual legendo Lodovico, se l'ebbe piacere non è da dimandare; ma per non discoprire la ignorantia [...] fogli risposto che lassasseno pur il priete, perché altro s'era deliberato. E

credo che d'alora in qua se son scripte le littere per vulgare
[...] [25].

E in effetti il latino si introduce nel racconto del Carbone non tanto più a proposito (si vedano gli eccessi della
grafia) di quello che fa nella «grammatica» del podestà.

Non solo il lessico risente e denuncia il modello latino,
ma persino la sintassi, per quanto più limitatamente. Spongano ha individuato nel periodare dei *Libri della Famiglia*
dell'Alberti un andamento classico, perlomeno quanto a
estensione, ma solo il primo, quello d'esordio, gli pare davvero latinamente strutturato (una reggente e una miriade
di subordinate):

> Ripetendo a memoria quanto per le antique istorie e per ri-
> cordanza de' nostri vecchi anche, e quanto s'è a' nostri giorni
> potuto, come altrove cosí in Italia vedere, non poche famiglie
> solere felicissime essere et gloriosissime, le quali ora sono man-
> cate e spente, spesso fra me solea maravegliarmi e dolermi se
> tanto valesse contro agli uomini essere la fortuna iniqua et ma-
> ligna, e se cosí a lei fusse con volubilità e temerità sua licito, fa-
> miglie ben copiose d'omini virtuosissimi, abundante delle pre-
> tiose care cose et desiderate da' mortali, ornate di molta digni-
> tà, fama, laude, auctoritate et gratia dismetterle d'ogni felicità,
> porle in povertà, solitiudine et miseria, e da molto numero de'
> padri ridurle a pochissimi nipoti, e da ismisurate ricchezze in
> summa necessità, e da chiarissimo splendor di gloria somerger-
> le in tanta calamità, averle abiecte, gittate in tenebre et tempe-
> stose avversità [26].

La principale al centro («spesso fra me solea maravi-
gliarmi e dolermi»), preceduta e seguita dalle subordinate,
richiama, per quanto non senza cadute, il periodare latino
del *De oratore* ciceroniano, su cui il costrutto è stato esem-
plato. Segno della vicinanza del latino è anche, nell'Alberti, l'uso del congiuntivo imperfetto in luogo del condizionale presente in proposizioni esclamative o interrogative
dipendenti da un «nessuno c'è che» («non si gloriasse»
per dire «non si glorierebbe»; oppure: «oh gaudio [...]
chi non esponesse non che il sudore, ma più il sangue per
asseguirlo!») o voci come *esculto equabile* (per agevole)
potius ecc. Nei *Libri* dell'Alberti si vede «il latinismo ac-
coppiarsi imperterrito al più schietto volgarismo, specie

nelle frequenti endiadi sinonimiche: [...] exclusi e schifati [...] suspizioso o sfidato; vedi *crudelità* alternarsi con *crudeltà*, [...] *extremo* con *stremo* [...] prestiti dalla lingua madre o restauri del suo modello, come *tesauro, parvuli, merore* [...] mescolarsi ad elementi di tradizione volgare, quali *piatà appititi sinestro* [...] *priete* disseminati tra i preponderanti latinismi o rilatinizzati»[27].

In realtà il tasso di latinizzazione della prosa è a lungo più un indizio di difficoltà nella costruzione di una prosa volgare che un segno sicuro della sua buona riuscita. Si veda questo brano dello storico pesarese Pandolfo Collenuccio, la cui sintassi è piuttosto mal modellata su quella del latino, denunciato anche, ovviamente, dal lessico[28].

Costanza, che gravida era rimasta, seguitando Enrico suo marito per andare in Alemagna, essendo ne la Marca di Ancona, ebbe commissione dal marito che non andasse più oltra, ma che tornasse ne li confini del reame per certi movimenti che aveva inteso esser suscitati in quello; il perché essendo vicina al parto e trovandosi ne la città di Iesi, partorí un figliuolo maschio ne l'anno 1194, il quale dal nome de l'avo fu chiamato Federico. E perché essendo attempata e passando cinquanta anni, niuno quasi credea che la fusse veramente gravida; ed Enrico primo di tutti ne era stato sospetto, imperocché subito che lui intese lei esser gravida, meravigliandosi di questo, volse averne certezza da l'abate Ioachino, il quale allora fioriva e aveva fama di spirito profetico, e l'abate lo certificò lei esser gravida di lui e li predisse che partoriria un figliuolo maschio e li successi tutti de la vita sua, e di lui predisse che aveva entro pochi anni a morire nel territorio di Melazzo, che è vicino a Messina, e li interpretò alcune profezie de la Sibilla Eritrea e di Merlino; per questa cagione, e per levar via la suspizione di ciascuno, fece Costanza, come prudentissima donna, ponere un pavaglione ne la piazza pubblica di Iesi e in esso si condusse a l'ora del suo parto e volse che fusse lecito a tutti li baroni e nobili, maschi e femine, andar lí a vederla partorire, a fine che ciascuno intendesse quello non esser parto suppositizio.

La riduzione del peso specifico del latino sarà quindi un'acquisizione progressiva di maturità; la prosa di Lorenzo il Magnifico, nel suo *Comento*, rivelerà di fronte alla lingua classica una mano assai più leggera nel lessico e un definitivo affrancamento nella sintassi.

8.2.3. Correzioni d'autore (Sannazaro).

La lingua della prosa è dunque rimasta piú a lungo condizionata dalla resistenza delle lingue di koinè e dei dialetti e piú largamente sensibile all'ipoteca latina dell'umanesimo, che proprio nella prosa aveva, del resto, trovato il suo genere piú specifico. Tuttavia, anche nella prosa, la fine del secolo, con la moltiplicazione dell'attività editoriale, favorisce e accelera il processo di normalizzazione, che si avvia pure qui in direzione del toscano letterario di Petrarca e di Boccaccio, con progressiva espunzione dei tratti toscani quattrocenteschi e, ancor piú, di quelli regionali. Riscontrabile perfino in Toscana, nella prosa, ad esempio, del Magnifico, questo processo è però ampio e significativo soprattutto altrove, dove, in fondo, era piú inevitabile e, al tempo stesso, piú semplice l'adozione della lingua letteraria, percepibile senza la troppo ravvicinata mediazione del toscano contemporaneo. Tocca cosí all'*Arcadia* del napoletano Iacopo Sannazaro mettere in atto una prima, decisa conversione della lingua della prosa ai modelli della tradizione, ai quali solo la lirica si era fino ad allora molto avvicinata. Elaborata negli ultimi decenni del Quattrocento l'*Arcadia* presenta, nel suo abito composito di opera in prosa e in versi (di vario genere, piú petrarcheggiante nelle canzoni, piú popolaresco e al contempo piú latineggiante nelle egloghe), una lingua già ben insediata dentro la nascente norma, a una distanza subito notevolissima da quella, ancora cosí legata alla storia locale, dei precedenti scrittori napoletani. Per di piú, le correzioni, che l'autore introduce nella redazione manoscritta al momento di licenziare la stampa Summonte del 1504 accentuano ulteriormente questo aspetto, mostrando un'assunzione progressiva e programmata del modello. Se si potesse qui seguire minutamente l'esame che tanti anni fa Gianfranco Folena fece del testo sannazariano si coglierebbe facilmente quello che potremmo chiamare, per la prosa, la nascita della grammatica[29]. Qui ci limiteremo a pochi esempi. I casi residui, minimi rispetto a quelli sia delle poesie che delle prose napoletane quattrocentesche, di esiti metafonetici di *i* (*pili quilli*) sono costantemente eliminati nella stampa. E cosí i dia-

lettalismi che fanno uscire in -*essema* i superlativi. La toscanizzazione avanza nell'*Arcadia* anche con l'adozione
degli esiti condizionati di *i/e* od *o/u*; e quando non lo fa il
testo di partenza provvede la stampa (per cui *longo* → *lungo*, *vencere* → *vincere*, *lengue* → *lingue*). Nel trattamento
della dittongazione di *è* c'è un'abbastanza chiara tendenza a uniformarsi a Petrarca (quindi con una certa prevalenza del monottongo), specie là dove questi aveva ridotto i dittonghi, invece poi ribaditi dalla lirica toscana quattrocentesca (ad esempio dopo consonante + *r*: la stampa
chiude i dittonghi di *prieghi* e *brieve*). Un po' piú abbondante, giusta il precedente petrarchesco, è invece la dittongazione di *ò* in sillaba aperta. Spesso poi il latinismo era in-
tervenuto nella redazione manoscritta a salvare forme dialettali dell'esito di *o* lunga e *u* breve (*summo*, *giugo*, *rubi-
cundo*): la stampa però normalizza ripetutamente. Nel vocalismo atono: resiste solo -*ar*- che, nonostante l'autorità
congiunta di Petrarca e Boccaccio, non passa ad *er*, neppure nella stampa, con conseguenze ancora vistose per la
morfologia del futuro e del condizionale di prima coniugazione. La stampa invece elimina la coloritura dialettale rimasta nel manoscritto per la conservazione di *e* protonica
(*defendere* → *difendere*, *vecino* → *vicino*). U in luogo di *o*
protonica resiste meglio in virtú della concorrenza del latino (*voluntà murmurando regulato*); cosí nelle postoniche i
tipi *populi seculi*. Significativi, anche ai fini della morfologia verbale, le correzioni delle forme non sincopate dialettali: per cui *haverei* → *avrei* e *viveremo* → *vivremo*; entrano cosí in prosa anche *spirto opre* e *carco*, originariamente
proprietà della poesia. Aumentano invece, sempre per rafforzare l'allontanamento dal dialetto, le apocopi, segno del
trasferimento alla prosa (sulle orme del Boccaccio) di un
tratto tipico della poesia, pur se non si raggiungono gli eccessi della lirica quattrocentesca. Anche nel consonantismo la tendenza a normalizzare sul toscano petrarchesco è
netta: lo rivela ad esempio il frequente scempiamento, che,
per altro, la stampa adegua non di rado al toscano corrente. Cosí l'esito sonorizzato delle sorde intervocaliche è ricercato (*nodrito aguto podere*) ma spesso nella redazione a
stampa corretto sul toscano. La summontina normalizza

anche le grafie meridionali da *-cj-* (*-zz-* o *-cz-* corrette in *-cc-* o *-c-*) magari però anche in senso latineggiante (*tj* reso prima con *ci* poi con *ti*)[30]. Piú forte l'imposizione del modello letterario nel settore della morfologia: la coniugazione verbale, ad esempio, è toscanizzata, anche se non totalmente. Mancano comunque tracce arcaiche pretoscane: ad esempio l'imperfetto di seconda in *-ia*; il condizionale prevalente è quello toscano in *ei, ebbe*.

L'*Arcadia* iniziava cosí la sua grande fortuna editoriale, una cui tappa importante sarebbe stata scritta, qualche anno dopo, nel 1514, a Venezia dal celebre Aldo Manuzio. Nel catalogo volgare del Manuzio l'operetta di Sannazaro si affiancava a due testi che avevano segnato una svolta decisiva nella determinazione della norma volgare: si tratta delle edizioni di Petrarca e di Dante curate nel 1501 e 1502 da Pietro Bembo, i cui *Asolani* furono pubblicati nel 1505. È con Bembo, infatti, che nasce una filologia, volgare e con essa la grammatica dell'italiano[31].

[1] Citazione da Lorenzo de' Medici, *Opere*, a cura di A. Simioni, Laterza, Bari 1939, I, p. 19. Cfr. anche M. Vitale, *La questione della lingua*, Palumbo, Palermo 1978.

[2] V. Coletti, *Parole dal pulpito*, Marietti, Casale 1983, p. 113 e P. V. Mengaldo, *La lingua del Boiardo lirico*, Olschki, Firenze 1963.

[3] G. Nencioni, *Un caso di polimorfia della lingua letteraria dal sec. XIII al XVI*, in *Saggi di lingua antica e moderna*, Rosenberg e Sellier, Torino 1989, p. 67. K. Huber, *Notizie zur Sprache des Quattrocento*, in «Vox romanica» XII (1951), p. 14.

[4] P. V. Mengaldo, *La lingua* cit., p. 37 e 33. Da questo lavoro tutto quanto segue su Boiardo.

[5] M. Vitale, *Il dialetto ingrediente intenzionale della poesia non toscana del secondo Quattrocento*, in «Rivista italiana di dialettologia», X (1986), pp. 7-44. Ora, su tutto il periodo è disponibile l'importante M. Tavoni, *Storia della lingua italiana. Il Quattrocento*, Il Mulino, Bologna 1992.

[6] M. Corti, Introduzione a P. J. De Jennaro, *Rime e lettere*, Commissione testi di lingua, Bologna 1956, p. XVII.

[7] *Ibid.*, p. LI.

[8] *Ibid.*, p. LXVI.

[9] *Ibid.*, p. LXX.

[10] Cfr. M. Vitale, *Il dialetto ingrediente intenzionale* cit.

[11] G. Nencioni, *Un caso* cit., pp. 98-99. Per Lorenzo lirico si veda anche il

commento di P. Orvieto in Lorenzo de' Medici, *Canzoniere*, a cura di P. Orvieto, Mondadori, Milano 1984.

[12] Il lato popolaresco e ribobolaio della letteratura fiorentina è, come noto, ben rappresentato dalla curiosità linguistica del Pulci. Lo scavo, non di rado vocabolistico, del P. nella fiorentinità popolaresca (per altro esteso, come mostrano il *Vocabolista* e lo stesso *Morgante* anche dentro il latino «pedantescamente» esplorato), si riflette nel *Morgante* coi vari *micci buffetti mostaccione ciuffalmosto gorgozzule*, i mille proverbi, immagini e fraseologie spesso impiegati a parodia dei noti esiti illustri. Ma tutto il lato rusticano della nostra letteratura, completamente giocato sulla sovrabbondanza e la mistura di materiali linguistici eterogenei, partecipa alla costituzione di un modello linguistico unitario in quanto si fonda su e autorizza l'eccezione ad esso. In questo senso, le pur ineccepibili osservazioni di F. Ageno, *Scelta linguistica e reazione antiletteraria nel Morgante*, in «Lettere italiane», VII (1955), p. 114-29, vanno riconsiderate alla luce del discorso di G. Contini, *La letteratura rusticale come un caso di bilinguismo*, in *Atti del Convegno su la poesia rusticana nel Rinascimento*, Accademia dei Lincei, Roma 1969, pp. 43-56. La «densa patina dialettale» del *Morgante* emerge anche all'analisi della sua morfologia fatta da Nencioni, *Un caso* cit. pp. 90-91, che ribadisce comunque come «la via battuta dal Pulci *sia* una via laterale e, in definitiva, provinciale (anche se di un'aurea provincia) e che condurrà col tempo all'*impasse* del municipalismo».

[13] G. Nencioni, *Un caso* cit., pp. 102-4. Cfr. G. Ghinassi, *Il volgare letterario nel Quattrocento e le Stanze del Poliziano*, Le Monnier, Firenze 1957.

[14] I dati sono ricavati da D. Rossi, *Concordanza delle «Stanze» di Angelo Poliziano*, Olms, Hildesheim 1983. A non diversi risultati si perverrebbe allargando la documentazione a tutte le poesie volgari del Poliziano, oggi accessibili anche attraverso J. Rolshoven - A. Fontana, *Concordanze delle poesie italiane del Poliziano*, Cesati, Firenze 1986.

[15] Ma non tutti i poeti sono già all'altezza del Sannazaro. Ad esempio, gli è prossimo, ma non certo a fianco, il conterraneo Cariteo, di cui E. Fenzi (*La lingua e lo stile del Cariteo dalla prima alla seconda edizione dell'Endimione*, in *Studi di Filologia e letteratura*, I, Genova 1970, pp. 9-83) ha studiato le varianti d'autore dalla prima edizione dell'*Endimione* (1506) alla seconda (1509). Fenzi nota un progressivo avvicinamento al modello toscano, ancora però a metà tra la soluzione petrarchesca e arcaica e quella del fiorentino di tardo Quattrocento. Ad esempio, su una scelta di monottongazione più conservativa e letteraria (ma anche più prossima al dialetto) prevale la dittongazione toscana moderna, con un procedimento che è spesso di segno opposto a quello del Sannazaro. Restano però nella forma ridotta le parole chiave del lessico petrarchesco (*core foco novo moro* ecc.). Quando Petrarca oscilla, come per *sòle* che negli autografi è spesso *suol*, o *fuor / for* o *pò / puòi*, Cariteo passa alla soluzione più moderna. I casi di metafonesi sono rari all'inizio e poi ulteriormente ridotti (*perdisti → perdesti, scendisti → scendesti*) e sono eliminati i latinismi poetici quando accordano con la soluzione dialettale metafonetizzata (*firmo → fermo, profundo → profondo*). Estesa è l'anafonesi toscana, corretti i casi di *gionger* e *longo*. Così in protonia $u \rightarrow o$

(*summerso* → *sommerso, sustegno* → *sostegno*) ed *e* → *i* (*securo* → *si-curo*). Invece un caso di forte resistenza alla lingua letteraria è la conservazione di *-ar-* al futuro (*chiamarà*). È ridotta la geminazione napoletana di *r* nei futuri e nei condizionali (*averrà* → *averà*) e sorvegliato è il rafforzamento consonatico meridionale (*dispreggia*), mentre la sonorizzazione meridionale resta quasi solo in parole di tradizione letteraria (*lagrime, nudrisco, rugiada*). Di influsso toscano moderno sono i casi di *lui / lei* soggetto.

[16] P. V. Mengaldo, *La lirica volgare del Sannazaro e lo sviluppo del linguaggio poetico rinascimentale*, in «La rassegna della letteratura italiana», 1963, pp. 436-82 (citazione da p. 440).

[17] Cfr. G. Folena, *Appunti sulla lingua*, in id. (a cura di), *Motti e facezie del Piovano Arlotto*, Ricciardi, Milano-Napoli 1953, pp. 359-85.

[18] Cfr. E. Testa, *Simulazione di parlato. Fenomeni di oralità nelle novelle del '400 e del '500*, Accademia della Crusca, Firenze 1991.

[19] Cit. da *Prosatori volgari del Quattrocento*, a cura di C. Varese, Ricciardi, Milano-Napoli 1955, p. 765.

[20] *Ibid.*, p. 887-89.

[21] Citato da F. Tateo, *La letteratura in volgare da Masuccio Salernitano al Cariteo*, in *Letteratura italiana. Storia e testi*, a cura di C. Muscetta, vol. III., *Il Quattrocento*, tomo II, p. 558.

[22] *Vita e favole di Esopo*, a cura di S. Gentile, Liguori, Napoli 1988, p. 88.

[23] I dati per Masuccio sono ricavati da G. Petrocchi, *Masuccio Guardati e la narrativa napoletana del Quattrocento*, Le Monnier, Firenze 1953 (specie cap. 4: *Stile e lingua nella prosa di Masuccio*). Ma si tenga conto anche di C. Segre, Morelli, *Le Facezie del Piovano Arlotto e Masuccio*, in *Lingua, stile e società*, Feltrinelli, Milano 1963, pp. 365-68.

[24] R. Spongano, *La prosa letteraria del Quattrocento*, Introduzione a L. B. Alberti, *I libri della famiglia*, Firenze 1946.

[25] A. Tissoni Benvenuti, *Narrativa e teatro*, in *La letteratura italiana. Storia e testi. Il Quattrocento* cit., p. 428.

[26] L. B. Alberti, *I libri della famiglia* cit., p. 2.

[27] R. Spongano, *La prosa* cit. e G. Nencioni, *Un caso* cit., p. 85.

[28] Citato da *Prosatori volgari del Quattrocento* cit., p. 598.

[29] G. Folena, *La crisi linguistica del Quattrocento e l'«Arcadia» di I. Sannazaro*, Olsckhi, Firenze 1952.

[30] Il segno piú evidente dell'età umanistica nell'*Arcadia* si trova certamente nel lessico latineggiante: ci sono non solo i latinismi della tradizione alta del volgare, ma anche molti altri, poi di varia fortuna. Qualche esempio, scelto tanto tra i meno fortunati quanto tra i piú ricchi di successo: *ameno anelante calamo connubio cruente culmine erratico fanatico incelebre longinqui ablitera recolenda testudine vertice* ecc.

[31] Cfr. C. Dionisotti, *Gli umanisti e il volgare fra Quattro e Cinquecento*, Le Monnier, Firenze 1968.

Parte seconda
L'età della norma

I

La questione della lingua

Il Cinquecento riceve dagli ultimi anni del Medioevo un'istanza di regolazione e di pronta riconoscibilità della lingua letteraria e la fa prevalere su quanto di aperto e mosso era ancora negli esperimenti della scrittura tardoquattrocentesca, di per sé disponibile a una certa pluralità di risorse e di esiti. Ma stabilire quale deve essere la norma e come essa deve operare è faccenda che resta a lungo contesa e anima un dibattito che dura tutto il secolo: la questione della lingua [1]. In verità le forze che avevano alimentato la rinascita del volgare nell'età dell'umanesimo e che, come abbiamo visto, erano fortemente legate alle tradizioni locali e di koinè regionale, respingono tenacemente l'idea di una grammatica unitaria dell'italiano che prescinda da quella variabilità e pluralità di forme che ne aveva fatto sentire l'esigenza. Esse riconoscono alle corti, che del volgare erano state i centri di rianimazione durante l'egemonia del latino, il ruolo istituzionale di luoghi di riferimento e regolamentazione per una lingua che non intende rinunciare al molteplice apporto delle diverse regioni, alla pluralità degli stili di una tradizione dalle molte facce. Significativamente, le pagine piú autorevoli a sostegno di questa tesi «cortigiana» della lingua, in cui la discrezione raffinata della conversazione di palazzo vorrebbe prevalere sul rigore senza libertà della grammatica scritta, sono contenute nel *Libro del cortegiano* con cui Baldassar Castiglione impartisce istruzioni di alto galateo intellettuale all'uomo di corte. Poiché l'obiettivo è quello dell'amabile conversare ecco l'invito a lasciare l'affettazione che scende da eccessiva erudizione: «Ditemi [...] non ridereste voi molto di me

se or che siamo cosí tra noi domesticamente, dove tutti l'u-
no l'altro conoscemo, io comminciassi [...] a parlare antico
toscano?»; in verità «basti che se servino le regole grammaticali e che l'uomo sii discreto e cauto in elleggere belle
parole, ma però consuete nel comun parlare, et in tal modo
ne resulterà una lingua che si potrà dire italiana». Scritto e
parlato si avvicinano nella cultura cortigiana che ha, non a
caso, nel dialogo la forma prevalente della sua saggistica:
«direi che parlare e scrivere si devesse, come facciam or
noi» dice il conte di Canossa, uno degli interlocutori del
Cortegiano; «ma perché sempre nel scrivere si pone maggiore studio, ragione è che li scritti siano ancor piú castigati
e limati ch'l parlare cosí improvviso, ma non però che le
parole sian diverse»[2]. Il vicentino GianGiorgio Trissino si
proverà anche a dotare di una teoria e di una grammatica
questa lingua, che, proprio dalla varietà delle sue componenti, ricaverebbe il giusto titolo al nome di «italiana»,
somma e selezione delle migliori offerte regionali di una
già lunga storia. Nel suo *Castellano* (1529) il Trissino dimostra che l'italiano (degno di questo nome) è una realtà linguistica che include ma supera gli idiomi regionali, tra i
quali va collocato anche il toscano. A suo giudizio tutta la
migliore tradizione letteraria si era riconosciuta in questo
modello nazionale di lingua, al quale avrebbero contribuito siciliani, bolognesi e i piú grandi dei toscani. Solo i minori poeti di Toscana, i comici di Tre e Quattrocento, sarebbero rimasti chiusi dentro il puro fiorentino. I grandi
del Trecento invece (Dante e Petrarca) avrebbero scritto
in una lingua piú vicina a quella dei siciliani della prima
scuola che a quella dei loro conterranei popolareggianti.
Infatti nel Petrarca «né *testé* né *costí* né *costinci* né *cotesto*
né *guata* né *allotta* né *suto* né molti altri vocaboli» tipici di
Firenze si trovano e per converso se ne trovano molti che
fiorentini non sono, ma sono «siciliani» come *haggio* e *fa-*
raggio o «lombardi» come *poria* e *diria*[3]. Per questo, la lingua non si poteva neppure chiamare fiorentina o toscana
ma doveva essere detta italiana: e il Trissino allegava addirittura l'autorità del *De Vulgari Eloquentia* dantesco, da lui
appena riscoperto e subito lanciato nel dibattito con una
interpretazione certo discutibile e anzi erronea, ma allora

molto suggestiva e autorevole[4]. A sua volta, il bellunese Pierio Valeriano scrive nel suo *Dialogo della volgar lingua* steso intorno al 1530: «non si può piú vivere dapoché sono usciti fuora certi *soventi*, certi *eglino*, certi *uopi*, certi *chenti* [...] m'è venuta qualche volta tentazione di partirmi da Roma per non esser tenuto forse per ribello perché non parlo toscano e mi scappa di quando in quando *mi e ti*». Egli fa dire al Trissino che i nomi di proprietà esclusiva del toscano sono un numero ampio ma finito e di questo tipo: «cinguettare cavalcione [...] tuttatré tuttaquattro ambiadua [...] gnaffe gravaffe [...] e tant'altre simili»; che la pronuncia toscana è spesso inelegante, massime per la sua gorgia (*chasa*) e l'incapacità a restituire certi nessi consonantici (ad esempio *grolia* per *gloria*): anche qui, come in genere tra i «cortigiani», livello della scrittura (che non tollera forme troppo popolaresche) e livello del parlato (con le sue caratteristiche fonologiche) s'intersecano[5].

Ma i toscani e, soprattutto, i fiorentini, che nella ripresa letteraria del volgare avevano avuto un ruolo non inferiore a quello che già ebbero nella sua fondazione, pensano che il centro per eccellenza, l'unico in cui possano coincidere regione e nazione linguistica, sia la Toscana e in essa Firenze, la sola città d'Italia in cui era allora possibile sentire anche parlata quella lingua che altrove circolava soltanto scritta. È significativo che sia stata attribuita al fiorentino piú autorevole e spregiudicato, Nicolò Machiavelli, quella difesa della lingua di Firenze che si legge nel *Discorso o dialogo intorno alla nostra lingua*, acceso pamphlet che rivendica alla patria delle tre Corone un prestigio linguistico, che sarebbe non tanto effetto quanto causa del successo dell'idioma della *Commedia* e dei *Rerum vulgarium fragmenta*. L'italiano è il fiorentino, che è stato infatti la lingua dei maggiori autori. Il *Discorso* convoca addirittura il fantasma di Dante col quale intreccia una gustosa scenetta, al termine della quale il poeta deve ammettere di aver scritto in fiorentino e non – come aveva creduto il Trissino e, si pensava, il *De Vulgari Eloquentia* aveva teorizzato – in un miscuglio dei diversi volgari. È notevole che la confutazione del Dante teorico avvenga, prevalentemente, col Dante piú comico e realistico dell'*Inferno* (da dove si spulciano *piote zanche ciancie* ecc.), la cui lingua viene accostata a quella del *Morgante* del Pulci. I fiorentini sono attratti soprattutto da quelle opere che « senza scrivere i motti e i termini proprii patrii non sono belle. Di queste sorte sono le commedie »[6]. Da parte sua, il Gelli lamenta che « i forestieri » non conoscendo bene la lingua toscana, « col volerla troppo ripulire la guastano [...] mentre e' cercano, per farla piú ornata, di fare le clausole simili a quelle della latina, e' vengono a guastare quella sua facilità e ordine naturale [...] e oltre a questo piglieranno alcune parole usate qualche volta dal Boccaccio o dal Petrarca, benché di rado, le quali quanto manco le trovano usate da essi, tanto paiono lor piú belle, come sarebbono *guari altresí sovente adagiare soverchio* e simili; e perché e' non hanno per natura né il vero significato né il vero suono nell'orecchio, le pongon quasi in ogni luogo, e bene spesso fuor di proposito »[7].

Ancor piú che nell'ipotesi cortigiana, la coincidenza, in quella fiorentina, dell'italiano col toscano, avrebbe avvicinato i poli, altrove distantissimi, dello scritto e del parlato, con beneficio, si pensava, per entrambi i registri della lingua.

La regola desiderata non si trovò però né nel mosaico eclettico delle corti, sempre piú politicamente traballanti, né nel corpo vivo ma troppo mobile e inafferrabile del fiorentino contemporaneo, di cui gli stessi fautori faticavano a tracciare una grammatica rigorosa. Il Gelli pensava che fosse addirittura impossibile trascrivere il fiorentino in grammatica, perché ogni eventuale regola « in tempo non molto lungo » avrebbe « a scoprirsi defettosa, e non piú tale quale oggi forse ci apparirebbe »[8].

Del resto la realtà prevalente nella letteratura piú prestigiosa di tardo Quattrocento aveva suggerito all'umanesimo convertito al volgare un'altra strada, e precisamente la stessa che quello rimasto fedele al latino aveva battuto: fissare dei modelli letterari e accoglierli e grammaticalizzarli in quanto tali, al di là dell'instabilità e della varietà delle lingue vive. Fu il compito che si assunse e svolse esemplarmente, nelle *Prose della volgar lingua*, il veneziano Pietro Bembo, non a caso partito verso la questione della lingua dalla sede cruciale dell'editoria, di fronte ai problemi filologici connessi alle prime grandi edizioni dei massimi autori del Trecento, come Dante e Petrarca, da lui appunto curati.

L'assunto che sta alla base delle *Prose* bembiane e che, con la sua semplicità e evidenza, fu la causa principale del loro successo è il seguente: «non si può dire che sia veramente lingua alcuna favella che non ha scrittore». Questo (piú che quello dell'intrinseca bellezza) è il motivo della superiorità del fiorentino tra i dialetti d'Italia: «tanto sono le lingue belle e buone piú e meno l'una dell'altra, quanto elle piú o meno hanno illustri e onorati scrittori». Ma questo significa anche che la regola linguistica si deve desumere dagli scrittori (e tra essi dai migliori) e non dal popolo che la parla. Se è vero infatti che «le scritture, sí anco le veste e le arme, accostare si debbono e adagiare con l'uso de' tempi, ne' quali si scrive», non è però vero che «perché le favelle si mutano, egli si dee sempre a quel parlare, che è in bocca delle genti, quando altri si mette a scrivere, appressare e avicinare i componimenti». «La lingua delle scritture [...] non dee a quella del popolo accostarsi, se non in quanto, accostandovisi, non perde gravità, non perde grandezza». È per questo che «l'essere a questi tempi nato fiorentino, a ben volere fiorentino scrivere, non sia di molto vantaggio». Se l'uso cui importa guardare è dunque quello della scrittura letteraria, i suoi modelli non potranno che essere, come era accaduto per il latino umanistico, degli scrittori e, segnatamente, i migliori, anche se di «passate stagioni»: «molto meglio faremo noi [...], se con lo stile del Boccaccio e del Petrarca ragioneremo nelle nostre carte, che non faremo a ragionare col nostro». Il Bembo fissava cosí la sua grammatica nei grandi del Trecento toscano. La vicenda, che aveva prodotto e animato una lunga e articolata tradizione terminava per lui con i suoi due massimi, non superati esponenti, Petrarca e Boccaccio. Egli coglieva lucidamente il percorso delle prime prove poetiche e narrative, specie in rapporto all'utilizzazione dell'eredità provenzale (di cui minutamente elencava gli elementi piú vistosi e la loro fortuna), ma non faceva poi menzione di quello che era seguito nel XV secolo, liquidandolo in questo modo: «Sono dopo questi stati, nell'una facultà e nell'altra, molti scrittori. Vedesi tuttavolta che il grande crescere della lingua a questi due, al Petrarca e al Boccaccio, solamente pervenne; da indi innanzi, non che passar piú oltre, ma pure a questi termini giugnere ancora niuno s'è veduto». Cosí fondata, la grammatica sarà innanzitutto una stilistica e una retorica e in essa le notazioni di gusto (la *variatio*, il diverso peso delle consonanti, il vario suono delle vocali ecc.), le regole di metrica andranno di pari passo con quelle linguistiche. Anzi, vi interverrà persino una valutazione dei contenuti, se è vero che alcuni di essi possono indurre a frequentare un vocabolario per forma e provenienza (troppo rozzi e popolareschi) disdicevole alla letteratura. Accade allora che l'autore possa osservare che Dante «sarebbe stato [poeta] piú lodevole [se] [...] egli di meno alta e di meno ampia materia posto si fosse a scrivere, e quella sempre nel suo mediocre stato avesse, scrivendo, contenuta, che non è stato, cosí larga e cosí magnifica pigliandola, lasciarsi cadere molto spesso a scrivere le bassissime e le vilissime cose», come si vede nelle deprecabili «E non vidi giamai menare stregghia | a ragazzo aspettato da signorso» o «E si traevan giú l'unghie la scabbia | come coltel di scardova le scaglie», che «meglio avrebbe fatto ad aver del tutto [...] taciute, che a scriverle nella maniera che fece». Poiché è la misura di mezzo (né bassa e neppure troppo dotta e intellettualistica) ad essere la prediletta dell'*aurea mediocritas* umanistica applicata al volgare, gli *auctores* della grammatica piú fortunata della nostra storia saranno i piú misurati dei grandi: Petrarca delle *Rime* e Boccaccio del *Decameron*[9].

1.1. *La grammatica.*

La grammatica di cui Bembo traccia un ampio schizzo nel terzo libro delle sue *prose* è dunque costruita sull'uso dei grandi autori del Trecento e su una consapevole valutazione di quanto i diversi generi (poesia e prosa) consentono agli scrittori. La sua sostanziale fedeltà a un modello di fiorentino trecentesco e, in genere, alla lingua letteraria dei due sommi Petrarca e Boccaccio di cui pure nota con riserva le eccezioni arcaizzanti ed extraregionali, si coglie bene anche dal confronto con altre grammatiche dell'epoca, come quella del Giambullari, che accanto al pur preminente ruolo dei grandi trecentisti vuole sondare, qua e là, anche l'uso vivo del fiorentino del tempo e tenere in qualche conto un destinatario che la lingua volesse non solo scrivere ma anche «regolatamente parlare»; oppure come quella del Trissino, costruita su quel modello di italiano desunto dalle diverse koinè letterarie, caro all'idea cortigiana della lingua; o ancora come quella, precocissima, del Fortunio [10].

Osserviamo a titolo di campione, le coniugazioni dei verbi, cominciando dall'indicativo. La prima persona plurale del presente per il Bembo dovrebbe sempre uscire in -*iamo* alla maniera fiorentina e quindi «non *amamo valemo leggemo*, ma *amiamo valiamo leggiamo* si dee dire»; «*sentiamo* e non *sentimo* si dice», e se Petrarca e Boccaccio avevano usato *semo* e *avemo*, pure essi «non sono della lingua». Il Giambullari invece, pur essendo un fiorentino [11], accoglie le uscite in -*emo* -*imo* e, piú comprensibilmente trattandosi di un settentrionale, lo stesso fa il Fortunio; per essi «*amiamo* overo *amemo* (Fortunio), «*sentiamo* et *sentimo*» (Giambullari) sono soluzioni equivalenti; il Trissino da parte sua propone -*iamo* per la prima coniugazione, ma per le altre segue anche lui l'italiano settentrionale come -*emo* (*leggemo*) e -*imo* (*sentimo*). La terza plurale del presente, che per Bembo è sempre in -*ano* (prima coniugazione) e in -*ono* (le altre), per Trissino esce alla seconda e terza coniugazione in -*eno* (*leggeno senteno*), come in tanti autori non toscani di Quattro e Cinquecento [12], e la «mutazione di *e* in *o*» è segnalata solo come una caratteristica della lingua fiorentina quattrocentesca.

All'imperfetto Bembo (come Trissino) ammette le forme in -*ava* -*eva* -*iva* (alla prima singolare) alternate con quelle con dileguo di -*v*-. Giambullari invece alterna le forme in -*o* a quelle in -*a* alla prima persona («scrivevo et scriveva», «sentivo et sentiva») e non accoglie quelle senza consonante. Il Fortunio concede che «sono alcuni che in sua favella la prima persona dell'imperfetto tempo dell'indicativo tutti li verbi finiscono in o, [...] ma questo non tro-

vo io osservato d'alcuno de buoni scrittori». Il Giambullari inoltre considera, secondo il fiorentino vivo, equipollen-
ti la seconda singolare e la seconda plurale.

Il Trissino opta per un passato remoto di terza persona
in -eo (*haveo sentio leggeo*) che il Bembo riportava invece
(correttamente) come sicilianismo. Giambullari fa prece-
dere la forma «moderna» in -orono (*amorono*) a quella letteraria e bembiana (*amarono*).

Nel condizionale il Bembo enuncia la regola toscana
(-ei -ebbe -ebbono) cui ammette solo le alternative letterarie in -ia -iano «ma non toscanamente e solo nel verso». Il
Giambullari invece alterna le due concorrenti toscane alla
terza plurale («amerebbono et amerebbero») ed escude
quella in -ia, che invece il Fortunio propone in esclusiva alla terza plurale (ma avvertendola come settentrionale: *scri-
veriano*). Del resto il Fortunio coniuga anche *noi scriveres-
simo*, toscanamente invece realizzato dal Giambullari (*scri-
verremmo*). Il Trissino accosta addirittura due paradigmi diversi, affiancando, per ogni coniugazione, al primo
(*honoreria honoreresti honoreria honoreressimo honorereste honoreriano*) un secondo, «toscano»: *honorerei honoreresti honorerebbe honoreremmo honorereste honorerebb-
bono*.

Al congiuntivo presente, per il Bembo, le persone singolari dovevano essere sempre uguali tra di loro in ogni coniugazione, uscendo in -i nei verbi in -are (ma a volte anche
in -e, *ami* o *ame*) e in -a negli altri (*doglia, oda, legga*), con
l'eccezione ammissibile ma non apprezzata della seconda
singolare in -i (*conoschi*). Per il Trissino invece erano omo-
loghe solo la prima e la terza persona, con uscita, alla prima
coniugazione, in -e e in -i alla seconda persona (*che io honore che tu honori che quello honore*); in -i anche le seconde
persone di tutte le altre coniugazioni (*che io legga, che tu
leggi, che quel legga; che io senta, che tu senti, che quel senta; che io sia, che tu sii, che quel sia; che io habbia, che tu
habbi, che quel habbia*); contro questa tendenza il Bembo
aveva decisamente proclamato che «non è buona regola».
La seconda persona esce in -i nei verbi di seconda e terza
coniugazione per il Giambullari, come, in genere, per i toscani (*che tu abbi, che tu senti*); per le terze plurali, egli nota

abbino sentino scrivino, amino ma anche *ameno* del parlato; e Trissino, che coniuga come poi da grammatica, affianca però *honorino* e *honoreno* (settentrionale); il Fortunio colloca *habbino* vicino ad *haggiano* e opta per *ameno*. Bembo invece stabilisce: «la terza [...] plurale [...] della [...] terza [singolare...] trarre si può, questa sillaba *NO* in tutte le maniere de' verbi giugnendovi» e quindi *amino scrivano* e *abbiano*. Il congiuntivo imperfetto si coniuga per Bembo come poi da regola, pur con l'eventualità di doppioni non del tutto riprovati. Tra i due esiti tradizionali di terza plurale Bembo preferisce quelli in *-ero* (*amassero*) a quelli in *-ono* (*amassono*) e in *-eno -ino* (*andassen avessin*), invece accolti pacificamente, accanto ai precedenti, dal Giambullari (*scrivessino scrivessero*). Trissino fa uscire in *-e* la prima e la terza singolare (*honorasse leggesse sentisse*) e la seconda in *-i*; al plurale coniuga la prima in *honorassemo leggessemo sentissemo* e la terza in *honorasseno leggesseno sentisseno*.

Prendiamo ora la coniugazione di *avere* e di *essere*. Accanto ad *ho*, normale, Bembo segnala ma sconsiglia l'antica *abbo* (usata da Dante) e ritiene «non cosí rifiutata» *aggio*, «per questo detta da Petrarca»; quindi *hai, ha,* accanto ad *hae* di «troppa licenza» (e ricorda anche il poetico e meridionale *have*). Il Giambullari invece accoglie dall'uso vivo *hae* ed *hoe* pacificamente, accanto ad *ha* e *ho*, come fa con *fue* (ammesso con avviso di licenza poetica dal Bembo) accanto a *fu*, pur avvertendo di certo la valenza popolare delle forme con epitesi di *e*, per altro, avvalorata dai precedenti arcaici e letterari. Il Fortunio ammette senza distinzione *haggio ho habbo, ha have, havemo habbiamo*. Il Bembo accetta l'equivalenza di *stato* e *suto* e distingue tra verso e prosa per la serie: *saria / sarebbe / fora*, mentre il Fortunio non fa differenze e il Giambullari accoglie senza distinguere l'alternanza *sarebbe et fora* e, alla terza plurale *sarebbono / sarebbero, arebbono / arebbero*; Trissino affianca i due paradigmi di *seria* e *sarei*. Alla terza plurale del presente di *essere* tutti i grammatici qui considerati, escluso Bembo, pongono, vicino alla forma piú consueta (*sono*) *enno*, relitto arcaico o rustico. Al congiuntivo, per Bembo *sie* e *fie, sieno* e *fieno* sono voci ammissibili (in prosa), mentre il

Giambullari (e con lui Trissino) ha solo il normale *siano* e opta per l'uso col toscano *abbino*. Per Bembo, al futuro, *sarà* e *fia* si accoppiano a *saranno* e *fiano*, mentre il Trissino prescrive i settentrionali *serà*, *seranno*. Si avvicina alla lingua moderna toscana Giambullari proponendo, accanto ad *eravamo*, *eramo* e il futuro *arò arei* in luogo di *avrò avrei*; per Trissino il futuro, diversamente da Bembo, non è mai sincopato: *haverò*.

Concordanze e differenze dimostrano che il Bembo, assai piú e spesso diversamente dagli altri grammatici, preferisce la soluzione accreditata dall'uso letterario, salvo rifiutarla o accoglierla con riserva se coincide con tratti da lui avvertiti come popolareschi o regionali [13]. La sua proposta ha comunque un vantaggio, che presto le assicurerà il successo sulle altre: essa è controllabile e accessibile nei grandi scrittori a tutti noti, verso i quali andava un consenso prima ancora di gusto e di stile che di lingua. Restano cosí fissate le norme che regolano i troncamenti (caduta di *o* od *e* finali dopo *r* o *n* o *l*; resistenza di *a* e di *i* ecc.), la mobilità dei dittonghi nelle coniugazioni (*posso / puoi*, *voglio / vuoi*, *seggo / siedi*), l'uso di *lui / lei* pronomi solo in casi obliqui; si avvia la specializzazione dell'articolo (*il* davanti a consonante semplice, *lo* eliso davanti a vocale e integro davanti a s impura, *li* ammesso solo per i poeti ecc.): tutto quanto insomma diventerà «normale» nell'italiano scritto dei secoli successivi.

L'umanesimo volgare fissava le sue regole al modo stesso di quello latino [14]. Le obiezioni, che invitavano a tener conto della lingua viva o del relativismo linguistico della realtà, come quella, dottissima, del padovano Sperone Speroni, sono destinate a perdere, a poco a poco ma decisamente, rilievo [15]. I toscani stessi non tardano a piegarsi all'idea bembiana, nella quale scoprono persino un tornaconto campanilistico; essi accetteranno, ad esempio, alla prima singolare dell'imperfetto l'uscita in *-a*, di codificazione bembiana, respingendo il loro uso in *-o*, che si imporrà solo piú tardi e per il momento resta cosí confinato esclusivamente in scritture particolari, come quelle di Machiavelli o di minore impegno letterario (ad esempio nella *Vita* del Cellini) [16].

1.2. *I prontuari*.

Aperta dalle *Regole grammaticali* del Fortunio nel 1516 (poi ripetutamente ristampate), un'impressionante mole di studi, grammatiche e repertori (lessicali, di rime, di topoi) viene sfornata dall'editoria. Si tratta di opere di livello, taglio e successo molto diversi; ma tutte orientate a perlustrare il campo della scrittura letteraria (in genere quella dei tre Grandi) per estrarne regole di comportamento a beneficio di chi voleva usare per iscritto l'italiano. Ecco *Le tre fontane* (cioè Dante Petrarca e Boccaccio) del Liburnio (1526), il *Vocabolario, grammatica e ortografia de la lingua volgare con isposizioni di molti luoghi di Dante, del Petrarca e del Boccaccio* di Alberto Accarisio (1543), la trascrizione in manuale disposto alfabeticamente delle note grammaticali contenute nelle *Prose* bembiane [17], la *Fabrica del mondo*, interminabile repertorio preparato da Francesco Alunno (1548), i chiarimenti sui «luoghi oscuri» del Petrarca di G. B. Castiglione (1532), le *Annotazioni al Decameron dei Deputati alla sua correzione* (1573), senza contare i testi piú noti e frequentati della questione linguistica, ortografica e grammaticale. In tutto Amedeo Quondam [18] ha contato oltre duecento testi, alcuni dei quali ripetutamente riediti (*La Fabrica* dell'Alunno 14 volte, le *Regole* del Fortunio 15, le *Prose* del Bembo 19, il *Cortegiano* 26); la loro produzione esplode negli anni venti (in seguito alle provocazioni ortografiche del Trissino [19]) e si prolunga per quasi tutto il secolo, affiancando l'ingente serie di edizioni di testi classici, in primo luogo di Petrarca, che sfiora le cento. E piú della metà dei Petrarca si configura nella veste del «petrarchino», cioè di un testo con note, commento, apparati vari; insomma come un vademecum per lo scrittore; spesso, piú precisamente, per il debuttante.

Qualche esempio. Nelle *Volgari elegantie* [20] del 1521 il Liburnio distingue minutamente i consigli linguistici validi per la poesia da quelli validi per la prosa, preparando una prima, maneggevole casistica. Le «geminationi» delle preposizioni articolate sono fenomeno della prosa, mentre la poesia preferisce la degeminazione. In versi sono da prediligere le forme monottonghe di *sole foco loco fera nova move core more* e in prosa saranno più adatte quelle con dittongo (gli esempi sono tolti da Dante e Petrarca, da un lato, e da Boccaccio, dall'altro). Segue poi un inventario degli epiteti «convenevoli»: se si dice «amore» lo si qualifichi come *aureo agro cieco iniquo fallace duro blando crudele misero tenero*; se «bosco», *tenebroso tacito frondoso ombrifero sacro*; se «cielo», *sereno vario grande dipinto stellante profondo tacito*, e così via per alcune pagine su tre colonne. Allo stesso modo, il Liburnio offre un repertorio di «comparationi» tolte per lo più da Dante e dai grandi Latini (Virgilio) e organizzato in modo da coinvolgere in funzione di comparanti, a uso dei poeti, un po' tutti gli animali e i fenomeni di natura. Elenchiamo solo le bestie: *agnella aguila uccelli sparviere api biscia vitella veltro cerva leone pesci lepre leonessa lupo tigre cinghiale orsi*. I prosatori poi potranno disporre di una gamma di comparazioni che spazia da *Timante pintore* a un «*porretto over piccola nascenza del volto*», dal *buon vino* a quello *mescolato* con l'acqua, dal «*danaro imprestito pigliato*» alla *carne indurita*, dalle *medicine* ai *marmi* lavorati ecc.

L'opera più singolare ed emblematica di questa offerta di repertori e del bisogno diffuso di norma è, probabilmente, la citata *Fabrica del mondo* del ferrarese Francesco Alunno, «nella quale», recita il frontespizio, «si contengono le voci di Dante, del Petrarca, del Boccaccio e d'altri buoni autori, mediante le quali si possono scrivendo isprimere tutti i concetti dell'uomo di qualunque cosa creata». «La fabrica del mondo», scrive Quondam, «non è che una totale tautologia delle parole di Dante, Boccaccio e Petrarca»[21]. È organizzata come una sorta di dizionario enciclopedico che ordina secondo grandi categorie tematiche un po' bizzarramente articolate tutto o quasi il materiale verbale dei tre grandi (con le «voci loro che più sono in proposito»). Tutto quello che esiste nel dizionario dell'Alunno deve la sua presenza alle tre Corone e vi si trova nella molteplicità degli usi che esse ne hanno fatto. Il primo, grande contenitore è Dio, ovviamente, dal quale nascono Maria, gli Angeli, i Profeti, la Fede, la Chiesa ecc., sempre allegate con attestazioni degli autori prescelti.

Ad esempio, muovendo dai «Divini», stante l'autorità degli scrittori, potranno annoverarsi: «divi, immortal, eterno, sommo, superno, supremo, sempiterno, perpetuo, invisibile, santità, santo, Francesco (nella citazione di Dante), santoccio, santuzzo, salute, salvezza, salvamento, salvo, salvare, sacro, sacrare, beatitudine, beato, benedittione, bendetto, benedire, gloria, glorioso, gloriare, elettione ecc.», ognuno col proprio etimo latino e le appropriate esemplificazioni.

Il secondo tema è il «Cielo», infinitamente suddiviso in divinità, segni zodiacali, argomenti i più disparati (ad esempio i poeti, gli strumenti musicali, lo stile). Terzo è il «Mondo», di cui si evidenziano le quattro parti, i climi, le isole, le città, i castelli, gli ostelli e persino le cucine col lessico specifico (*caldaia pentola tegghia piattelli stoviglie...*). Seguono poi i quattro elementi, l'anima (articolata nei sottogeneri più diversi, dall'intelletto al cervello alla *mentecaggine... al pecorone* – «lo stolto» ...), il corpo, l'uomo, la qualità, la quantità e la misura. Ogni voce non solo dà origine a tutte quelle ad essa in qualche (spesso bislacco) modo affini, ma anche ai propri epiteti possibili.

Ad esempio, «uomo» ne enumera una serie su ben due colonne in ottavo; a «core / cuore» si affiancano: «afflitto aspro alto chiuso condenso conquiso contrario debil doglioso doloroso duro enfiato femineo freddo giovanil gentil gelato humil indurato italici leggiadri lieto mesto misero oscuro pacifico pensoso piagato piano profondo puro pudico queto saggio stanco timido tristo vago venale valoroso vano»; e poi un numero interminabile di locuzioni, modi di dire.

Nell'edizione del 1584 (corredata anche da un *Nuovo Vocabolario* [...] *aggiunto da M. Thomaso Porcacchi per intera sodisfazione di chi desidera haver piena cognitione della nostra lingua*), l'ultimo «libro» è dedicato alle «particelle», alle voci cioè che svolgono funzione grammaticale. Anche qui il criterio è di ammettere in grammatica ciò che è stato espresso dagli scrittori; di conseguenza, ad esem-

pio, *o* è distinto in «overo, né, dolentis et lamentantis, ex-
clamantis, irridentis, vocantis, invocantis, admirantis, re-
minescentis, miserentis, reprehendentis». Il toscano letterario trecentesco diventa cosí norma linguistica ed enciclopedia del sapere; la *Fabrica*, ad uso dei suoi lettori settentrionali, non manca di tradurlo, quando occorre, in lingua
regionale, («zio e zia, il barba et l'amida»; «zanzara, la
zanzala, che il piú vola di notte et piú regna ne luoghi vallo-
si et paludosi che altrove»...)

Anche un fiorentino, sensibile all'«uso vivo», come
Carlo Lenzoni[22], nella sua *Difesa della lingua fiorentina*
(edita nel 1556), distingue 56 tipi di parole secondo differenze tanto linguistiche quanto stilistiche e retoriche:
«dolci suavi aspre sonore [...] gonfiate sdrucciole dure
[...] composte proprie [...] nuove antiche [...] sporche sordide [...] gentili umili lascive [...] civili rustiche fiatose lan-
guide [...]», tanto per nominarne alcune. Sono per lui, po-
niamo, *sibilose*: «Sisifo Sansone e sasso»; *piene*: «pregno
affronta spigne possente»; *viziose*: «eziam eziamdio». Come si vede, si mescolano criteri estetici, semantici, fonologici e grammaticali, secondo un uso molto comune allora
(il Varchi, nell'*Ercolano*, si intratterrà a lungo sul diverso
valore linguistico-stilistico delle vocali).

Il fatto è che la norma si pone e si cerca nella scrittura e
fuori da essa ha poco senso e spazio (i fiorentini confessano
la difficoltà a fermare in grammatica la lingua viva, mutevole). Si schiude cosí, in questa congerie di ricerche e pub-
blicazioni, l'universo dello scritto letterario (innanzitutto
del petrarchismo), esaltato dall'Alunno come il tratto distintivo dell'umanità nel concerto vocale del creato, inse-
gnato da Dio affinché l'uomo «potesse mandare ad eterna
memoria quello che con l'intelletto capiva e con la lingua
isprimeva». La scrittura è l'ordine e la regola e «s'ella non
fusse non si avrebbe congnitione alcuna di religione, né di
legge, né di ordine, né di veruno ufficio umano, di maniera
che vivendo ciascuno a modo suo senza disciplina, la quale
dalla scrittura appariamo [...] sarebbe veramente quasi
quello antico Caos [...]»[23].

1.3. *La norma tipografica.*

A quest'ansia di sistemazione concorre, come abbiamo già accennato, l'editoria, che esige una scrittura normalizzata e stabile. Nelle tipografie correttori e compositori intervengono sui testi uniformandoli assai presto e poi sempre piú a una norma che tosto si riconosce nel Bembo. «È lecito supporre», scrive Paolo Trovato, «che verso la metà del secolo il lavoro dei correttori – quando ci sono – sia ancora piú omogeneo, almeno per quanto riguarda le tendenze piú generali (vocalismo e consonantismo fiorentino, morfologia del verbo e del nome petrarchesca ecc.)». L'edizione del 1540 della *Vita di Castruccio Castracani* del Machiavelli elimina tratti indigeni (*sirocchia → sorella*), latinismi (*stimatione → stima*) [24]. Preparando, già nel 1526, la stampa del poemetto la *Fenice* del perugino Lorenzo Spirito, la mano (con tutta probabilità) di un correttore-tipografo corregge i plurali maschili in -*e*, troppo perugini (*scoglie ingiegnie occhie dente*), in -*i*, con eccessi ipercorrettivi; gli imperfetti in -*ia*, arcaici, sono riportati piú vicino alla forma fiorentina (*avia paria solia* diventano *havea parea solea*); le forme in monottongo (*focho bon novo cor pede altero*) dittongano; le scrizioni latineggianti sono ridotte all'uso toscano (*triumpho templo extremo* divengono *triompho tempio estremo*); e spesso anche il lessico è uniformato a Petrarca con inserimento di *vago* e *dolce* in luogo di meno petrarcheschi epiteti [25]. Il correttore Tizzone Gaetano da Pofi, che lavora a Lecco e a Venezia, corregge (siamo verso il 1526) le *Stanze* del Poliziano eliminando, come da prescrizione grammaticale diffusa, *lui* e *lei* soggetti; sostituisce nel *Teseida* del Boccaccio, secondo norma bembiana, *qualunque* pronome con *chiunque* o *qualunque homo*; corregge -*emo* del presente indicativo prima plurale in -*iamo* e, alla terza plurale di prima coniugazione, -*'ono* con -*'ano*; gli imperfetti in -*ia* a volte muta in -*ea*, mentre nel congiuntivo imperfetto alla terza plurale predilige -*eno* (come il Trissino), respinto invece dal Bembo («è fuori della toscana usanza») che preferiva -*ero*; elimina ridondanze non logicamente motivate (ad esempio dal *Teseida*: «Cotal no-

vella tosto la rapporta» → «Cotal novella subito rapporta») [26]. Addirittura, in una riedizione del *Cesano* di Claudio
Tolomei, fautore del toscano-senese, si arriverà a eliminare
proprio il segno senese (*longo → lungo, mirolla → midol-
la, lassare → lasciare* ecc.). Un caso molto complesso ed
emblematico è poi quello della preparazione per la stampa
di un testo che prende posizione sulla questione della lingua, il *Cortegiano*. Il Castiglione stesso interviene a normalizzare, ora in direzione latineggiante (*pericolo → periculo,
lagrime → lachrime*), ora in direzione toscana (*lengua
spento longo* corretti in *lingua spinto lungo*; *seria* e *serà* in
saria e *sarà*; *seria* in *sarebbe*); ma anche corregge i suoi correttori in direzione opposta (ripristina *giaccio* che era stato
corretto in *ghiaccio*) lasciando vari tratti settentrionali. Ecco allora intervenire un revisore finale che completa la toscanizzazione essenziale della fonomorfologia del pur
«italianista» *Cortegiano* (*ge lo → glielo, li* + vocale → *gli,
li / gli* + consonante → *i, gene → gliene, potressimo → potremmo, procedeno → procedono, -arono* e *-irono* subentra-
no a *-òrno -írno* alle terze plurali dei passati remoti). Quest'ultima mano apporta «alla lingua del *Cortegiano* una
certezza grammaticale e una patina di "toscanità" che la
penna dell'autore non aveva raggiunto» e mette «la struttura grammaticale dell'opera in linea con la nuova letteratura, che veniva crescendo all'ombra dei modelli "toscani"» [27]. Il fatto è che l'avvicinamento alla grammatica è un
percorso sempre piú frequentato, nel quale gli scrittori si
inoltrano, anche senza attendere la correzione degli stampatori e dei loro funzionari.

1.4. *L'ortografia.*

L'editoria favorisce e realizza in parte anche la normalizzazione della grafia, che la stampa esige il piú possibile
omogenea e regolamentata. Se ne discute molto, con polemiche tra i fautori di una grafia etimologica e latineggiante
(il sistema grafico noto era soprattutto quello latino, mentre quello del volgare era molto oscillante e dubbio) e i fa-
vorevoli a una grafia il piú possibile fonetica (ma con con-

seguenti distinzioni tra chi pensava a una pronuncia toscana e chi invece a pronunce di koinè). I sostenitori dell'idea
di una lingua di corte, interregionale, respingevano grafie
o arcaizzanti (come quella del Bembo) o comunque troppo
toscanizzate. Mario Equicola si vanta di aver evitato toscanismi come *guari altresí eglino* e «mala scriptione» come
«oppenione iddii luoghi et simili» e scriveva cosí:

> Nella lingua patria scripsero quelli [Dante Boccaccio ecc.],
> non però devemo ad essi, como ad fixa tramontana, dirigere il
> curso non essendo auctori de ornatissimo parlare

abbondando, come si può vedere, in grafie latineggianti.
Precisava infatti:

> Non observo le regule del toscano se non tanto quanto al la-
> tino son conforme et le orecchie delectano [...] se 'l latino dice
> *obligatione*, mai non dirrò io *obrigatione*, se 'l latino *homo* non
> io *huomo*. Scrivo *como*, non *come* per ciò che *quomodo* il latino
> pronuncia. Non ho facta cesura, né remotione de littere [...]
> Admetto tutte le lettere da' nostri magiori [i latini] lasciatene
> como necessarie [...] Nelle parole che dal latino patre del vul-
> gare son deducte, se frequentate et recepute da l'uso commune
> le trovamo, como quelli le scrivevano, le scrivo, pur che vulgari
> apparano [...]

L'Achillini difende la grafia della «commune lingua»,
tipo *cognosco, epistola*, contro quella «toscana corrotta»
come *conosco* e *pistola*[28]. Altri invece propone una grafia
volgare indipendente da quella del latino, respingendo
scrizioni come *dixi, scripse* e domandando invece una scrittura dei vocaboli «come nella volgar lingua [...] siano pro-
nontiati»; il Fortunio suggerisce, ad esempio, di assimilare
i gruppi consonantici *bt ct dt*. Il Liburnio punta invece a
grafie toscaneggianti, mentre il Bembo editore di Petrarca
in parte si attiene all'arcaica scrittura dei manoscritti (ad
esempio assimilando, al modo dei toscani, i nessi consonantici) e in parte invece innova al modo umanistico (ad
esempio, *allora* diviene *allhora, cetera → cethera, e → et,
topaçi → topati, o → ho* ecc.)[29]. Nel 1524 Gian Giorgio
Trissino avanza una complessa proposta di sistemazione
ortografica, che introduce la fortunata distinzione tra *u* vocale e *v* consonante oltre ad altri segni diacritici (invece

senza successo), come omega per *o* aperta ed epsilon per *e* aperta, ç per *z* sonora, cosí distinta dalla sorda; piú tardi inserirà anche un segno per la *s* sonora [30]. Gli replicheranno polemicamente il Martelli, il Firenzuola e il Tolomei; quest'ultimo proporrà di distinguere anche *i* vocale dalla semivocale, segnata senza puntino.

Dibattuta era sempre la rappresentazione di *g* e *c* velari e palatali e la grafia dei nomi greci (*philosopho orthographia*, scrivevano molti). Il Trissino e, con lui, molti altri conservavano in voci di origine greca o latina i segni caratteristici di *y* (*tyranno*, ma il Fortunio avrebbe voluto abolirlo), *th* (*thesoro*; ma anche per rendere il suono *t* + *i* e non confonderlo con quello di *z*: *Scithia*), *ph* (*Phenice*) e *h* *x*. Ma se alcune di queste lettere, nomi propri a parte, cadono abbastanza largamente – sostituite, *y* da *i*, *th* da *t* e *ph* da *f* – piú complicata resta la questione di *x* e soprattutto di *h*. *X* già oscillava con *ss* nella scrizione di voci come *exempio* / *essempio* e progressivamente cede il posto a *s* semplice sonoro. *H* era di largo impiego come segnale etimologico (*havere honore huomo*) e spesso era impiegata anche per rendere la pronuncia velare di *c* e *g* davanti ad *a o u* (*fuocho chasa*). Il Trissino propone di evitarla e il Giambullari la lascia solo per *ho* e *ha* in funzione distintiva (come oggi). La grafia latineggiante *-ti-* per *z* (*vitio perfettione*) cede a poco a poco il posto a *z*, ma non senza contrasti e polemiche, tanto piú che spesso si introdurrà anche *c* (*ocio*), in scrizioni che però potevano risentire di pronunce settentrionali (Ariosto fa rimare *ocio socio negocio*); la *s* sonora era stata scritta a volte, nel Settentrione, come *x* (*caxo chiexa*) e la sorda come *ss* (*cossì*). L'incertezza si riduce via via anche riguardo alle consonanti scempie e doppie: i nessi si assimilano (*facto* → *fatto*, *septe* → *sette*), mentre a lungo piú oscillante resterà il trattamento grafico delle consonanti nei composti. Nell'edizione di Petrarca curata da Bembo già compare l'apostrofo («quand'io v'odo»), che sarà da molti usato oltre che per l'elisione anche per il troncamento («esser' tenuto»). L'articolo eliso (*l'ingegno*) è preferito all'elisione della vocale del nome che lo segue (*lo 'ngegno*) [31]. L'esito di *cl gl* latini, diverso nei volgari italiani, è graficamente incerto davanti a vocale palatale dove, come si sa, la soluzione velare concorre graficamente con quella palatale degli esiti di *c* / *g* + vocale palatale. Ecco allora che nell'*Orlando Furioso* del '15 e del '21 si coglie *schiocchezza* corretto nel '32 in *sciochezza* e cosí *gianda giotto cingia* per *ghianda ghiotto cinghia*². Nelle *Prose della volgar lingua* (cap. xx) il Bembo dà alcune istruzioni sulla grafia e spiega come nell'enclisi del pronome nel verbo la consonante del pronome raddoppia se il verbo è accentato sull'ultima sillaba (*sortílle fammi dinne favvi*). Al capitolo x ricorda che la consonante di *lo* e *la* raddoppia («da gli antichi quasi sempre e ora si raddoppia da' moderni») «quando essi hanno dinanzi a sé il segno del secondo caso, *Dell'uomo Della donna* [...]»; *a* / *ad* fa raddoppiare la consonante che segue per fonosintassi (*allui acciò*) registrata graficamente poi solo nelle voci composte (*appellare accogliere*); e cosí fa *ra* (*raddoppiare*).

Dall'ortografia alla grammatica allo stile, il Cinquecento si indirizza alla norma e alla stabilità, sospinto da una cultura, un'ideologia, un'estetica e una linguistica sempre piú concordemente tese alla regola. Per arrivarci occorreranno però proposte e soluzioni di larga e condivisa autorità; ancora verso fine secolo le varianti grafico-fonetiche dei vari testimoni manoscritti e a stampa della *Gerusalemme Liberata* sono lí a testimoniare, specie nel Settentrione, la persistenza di dubbi e la resistenza di abitudini. Per l'italiano si avvicina l'ultimo grande atto, che, ai primi del Seicento, si identificherà nell'opera dell'Accademia della Crusca.

¹ Per tutto l'argomento è basilare M. Vitale, *La questione della lingua*, Palumbo, Palermo 1978.

² Le citazioni sono tolte da *La seconda redazione del Cortegiano di Baldassarre Castiglione*, a cura di G. Ghinassi, Sansoni, Firenze 1968 alle pp., rispettivamente, 42, 44 e 47.

³ Il Trissino riteneva lombarde le forme settentrionali in *-ia*, ignorando o non tenendo in conto che esse erano pervenute alla lingua letteraria dalla lirica siciliana.

⁴ Le citazioni dal *Castellano* sono tolte da *Discussioni linguistiche del Cinquecento*, a cura di M. Pozzi, Utet, Torino 1988, pp. 156-58. Per gli altri scritti del Trissino qui sfiorati cfr. G. G. Trissino, *Scritti linguistici*, a cura di A. Castelvecchi, Salerno, Roma 1986.

[5] Le citazioni dal Valeriano da *Discussioni linguistiche* cit., pp. 50-51.

[6] N. Machiavelli, *Discorso o dialogo intorno alla nostra lingua*, a cura di B. T. Sozzi, Einaudi, Torino 1976; citazione da p. 22. Si è riaperta di recente la discussione sulla paternità machiavelliana dell'operetta. Cfr. M. Martelli, *Una giarda fiorentina: il dialogo della lingua attribuito a Niccolò Machiavelli*, Salerno, Roma 1978 e O. Castellani Polidori, *Niccolò Machiavelli e il Dialogo intorno alla nostra lingua*, Olschki, Firenze 1978 e id., *Nuove riflessioni sul Discorso o Dialogo intorno alla nostra lingua di Niccolò Machiavelli*, Salerno, Roma 1981.

[7] G. B. Gelli, *I Capricci di Giusto Bottaio*, in *Opere*, a cura di I. Sanesi, Utet, Torino 1952, p. 216.

[8] Id., dal *Dialogo sopra le difficoltà dell'ordinare detta lingua* in F. Foffano, *Prose filologiche. La questione della lingua*, Sansoni, Firenze 1978 (n.e.), pp. 77-78.

[9] Le citazioni sono da P. Bembo, *Prose della volgar lingua. Asolani. Rime*, a cura di C. Dionisotti, TEA, Milano 1989, pp. 110-38.

[10] La grammatica del Bembo è desumibile, per quanto in maniera non organica e piú vicina a quella delle «eleganze» annotate da un testo letterario che a quella di un manualetto, dal terzo libro delle *Prose della volgar lingua*, qui citato dall'edizione menzionata a cura di Dionisotti. La grammatica di Giambullari si legge in P. F. Giambullari, *Regole della lingua fiorentina*, a cura di I. Bonomi, Accademia della Crusca, Firenze 1986. La *grammatichetta* del Trissino in G. G. Trissino, *Scritti linguistici* cit.; quella del Fortunio in G. F. Fortunio, *Le regole grammaticali della volgar lingua*, a cura di M. Pozzi, Tirrenia, Torino 1973.

[11] Ma si vedano le precisazioni di I. Bonomi, *Alcune forme verbali nella grammatica di P. F. Giambullari*, in «Studi di grammatica italiana» 7, (1978), pp. 375-98.

[12] Cfr. M. Vitale, *Di alcune forme verbali nella prima codificazione grammaticale cinquecentesca*, in «Acme», x (1957), pp. 235-75 (ora in *La veneranda favella*, Morano, Napoli 1989, pp. 243-306).

[13] Molte altre differenze si potrebbero fissare ancora; ad esempio che Bembo non gradisce l'«usanza della Toscana» di incorporare il possessivo nel nome (*signorso mòglieta màtrema*), per quanto registrata in Dante e Boccaccio, laddove Giambullari nota l'uso senza riserve. Interessante sarebbe anche seguire la normalizzazione della morfologia e della posizione dei pronomi personali: cfr. L. Renzi, *Fiorentino e italiano: storia dei pronomi personali soggetto*, in F. Albano Leoni (a cura di), *Italia linguistica. Idee, storia, strutture*, Il Mulino, Bologna 1983, pp. 223-40.

[14] Cfr. G. Mazzacurati, *Misure del classicismo rinascimentale*, Liguori, Napoli 1967.

[15] Cfr. P. Floriani, *Grammatici e teorici della letteratura volgare*, in *Storia della cultura veneta*, Neri Pozza, Vicenza 1980, vol. III, tomo II, pp. 139-181.

[16] Cfr. la posizione espressa da B. Varchi, *L'Ercolano*, 1570, ristampa a cura di M. Vitale, Cisalpino Goliardica, Milano 1979. A. Castellani, *Italia-*

no e fiorentino argenteo, in *Saggi di linguistica e filologia italiana e romanza*, Salerno, Roma 1980, vol. I, pp. 17-35.

[17] Cfr. P. Sabbatino, *La «scienza» della scrittura. Dal progetto del Bembo al manuale*, Olschki, Firenze 1988.

[18] A. Quondam, *Nascita della grammatica*, in «Quaderni storici», XIII (1978), pp. 555-92.

[19] Si tratta de *L'Epistola de le lettere nuovamente aggiunte ne la lingua italiana*, ora edita in G. G. Trissino, *Scritti linguistici* cit.

[20] Nicolao Liburnio, *Le vulgari elegantie*, ristampa anastatica, a cura di G. Presa, Le stelle, Milano 1966.

[21] A. Quondam, *Nascita della grammatica* cit., p. 582. La *Fabrica* è qui citata nell'edizione di G. B. Porta, Venezia 1584.

[22] I brani citati dalla *Difesa* del Lenzoni si leggono in *Discussioni linguistiche del Cinquecento* cit., pp. 376-85.

[23] Citato da A. Quondam, *Nascita della grammatica* cit., p. 583. Ma qui va ricordato piú in generale il ruolo del «commento» nella diffusione del Petrarca anche tra i dotti, con esegesi di alto e complesso livello e comunque molto apprezzate e discusse, come quella del Vellutello o quella del Castelvetro.

[24] P. Trovato, *Primi appunti sulla norma linguistica e la stampa tra Quattrocento e Cinquecento*, in «Lingua nostra», XLVIII (1987), p. 1-7. Ma ora anche l'importante P. Trovato, *Con ogni diligenza corretto. Correzioni editoriali 1470-1570*, Il Mulino, Bologna 1991, di cui qui si citano le pp. 211 e 229; importante anche pp. 232 sgg. sulla grammatica del Dolce, nata dalle esperienze di correttore del letterato.

[25] I. Baldelli, *Correzioni cinquecentesche ai versi di Lorenzo Spirito*, in *Medioevo volgare da Montecassino all'Umbria*, Adriatica, Bari s.d. (n.e.), pp. 419-518.

[26] G. Ghinassi, *Correzioni editoriali cinquecentesche*, in «Studi di filologia italiana», XIX (1961), pp. 33-93.

[27] Id., *L'ultimo revisore del «Cortegiano»*, in ivi, XXI (1963), pp. 217-64 (cit. a p. 247).

[28] Le citazioni sono tolte dall'introduzione di E. Richardson a *Trattati sull'Ortografia del volgare 1524-1526*, University of Exeter, Exeter 1984.

[29] Si veda anche C. Dionisotti, *Machiavellerie*, Einaudi, Torino 1980 pp. 349-52 e M. Vitale *L'atteggiamento generale di G. F. Fortunio in ordine al problema ortografico*, in «Rendiconti dell'Istituto lombardo di scienze e lettere», LXXXIV (1951), pp. 227-44.

[30] Cfr. l'Introduzione di A. Castelvecchi a G. G. Trissino, *Scritti linguistici* cit. e B. T. Sozzi, *Aspetti della disputa ortografica nel Cinquecento*, in *Aspetti e momenti della questione linguistica*, Liviana, Padova 1955, pp. 175-238.

[31] B. Migliorini, *Note sulla grafia italiana del Rinascimento*, in *Saggi linguistici*, Le Monnier, Firenze 1957, pp. 197-225.

[32] G. Ghinassi, *Incontri tra toscano e volgari settentrionali in epoca rinascimentale*, in «Archivio glottologico italiano», LXI (1976), pp. 86-100.

2.
L'adeguazione alla norma

La lirica fin dall'inizio è stata, lo sappiamo, il vettore principale dell'unificazione linguistica e, dal Trecento in poi, della sua normalizzazione in senso petrarchesco. L'applicazione del canonico principio dell'imitazione ha fatto ripetutamente riciclare Petrarca nella nuova poesia. Presa come punto di riferimento della bravura di un autore, questa norma finisce per consentire, oltre che l'adeguazione a una regola linguistica, la ricerca di un'omogeneità stilistica che risalta persino nei poeti piú originali e diversi. Accade cosí che non solo sintagmi e stilemi, ma versi interi siano desunti da Petrarca (o da Dante) in quantità.

Il gran maestro del petrarchismo, Pietro Bembo, nelle sue *Rime*[1], preleva dal *Canzoniere* versi come i conclusivi delle rime v e vi: «grazie, ch'a poche il ciel largo destina» (Petrarca CCXIII) e, nello stesso sonetto v, sono petrarcheschi i seguenti emistichi: «[occhi] piú chiari che 'l sole» (*Canz.* CCCLII), «riso ch'acqueta» (*Canz.* XVII), «aspra pena e dura» (*Canz.* LXXI). Nella rima x l'emistichio «onde mia vita è trista» è «tolto di peso» da Petrarca CCCXXIII; il sonetto XXII comincia con «Re degli altri, superbo e sacro monte», che rifà *Canz.* CLXXX con la variante «e sacro monte» in luogo di «altero fiume»; il successivo attacca con «Del cibo, onde Lucrezia e l'altre han vita», che riprende *Canz.* CCCXLII: «Del cibo, onde 'l signor mio sempre abonda»; nel sonetto XXVII ci sono citazioni da Petrarca come: al v. 4 «qual uom, ch'è fatto per gran doglia insano», desunto da *Canz.* XLIII: «qual huom per doglia insano»; il 7: «ver me volgendo de' begli occhi i rai» da *Canz.* IX: «in me movendo de' begli occhi i rai»; l'8: «mi porse ignuda la sua bella mano» da *Canz.* CC: «bella ignuda mano»; il 9: «fredda era piú che neve» da *Canz.* XXX: «fredda piú che neve»; a XLV il v. 14:

«di pietate e d'Amor nemica e mia» discende da *Canz.* CLXIX: «questa bella d'Amor nemica e mia»; a LXIV: «di cui piú caro e prezioso pegno» viene da *Canz.* CCCXL: «dolce mio caro et prezioso pegno». Gabriel Fiamma, un poeta di secondo Cinquecento, dotato di una riconoscibile personalità, nel sonetto *Quand'io penso al fuggir ratto de l'ore*, ricalca da vicino Petrarca in versi come «fra le vane speranze e 'l van timore» (*Canz.* I, 6 «fra le vane speranze e 'l van dolore») e come «la morte, che sen vien a gran giornate» (*Canz.* CCLXXII «e la morte vien dietro a gran giornate»). Il Guidiccioni in *Iniquissimo sdegno* nei versi «che s'io ritrovo ancora, | Non dico lieta, ma posata un'ora» si rifà a Petrarca L: «non dirò lieta | Ma riposata un'ora». Il Coppetta attacca un sonetto con «Amor m'ha posto come scoglio a l'onda», che rinvia al petrarchesco CXXXIII «Amor m'ha posto come segno a strale»; in «Tra' nugoli si sta Febo sepolto», il verso «primavera per voi non verrà mai» cita *Canz.* IX «primavera per me pur non è mai».

Anche un poeta originale e di sicuro temperamento come il Della Casa mutua con abbondanza stilemi e strutture formali e tematiche dal Petrarca: il petrarchesco «quel poco di viver che m'avanza» diviene in lui «poco da viver credo che m'avanzi»; il verso «che 'l desir vive e la speranza è morta» diviene «secca è la speme, e 'l desir solo è verde». Si aggiunga poi che i petrarchisti ribadiscono e dilatano il modello con una esasperata ricerca di dittologie, specie tra gli aggettivi, da cui segue la continua riproposta di un vocabolario fissato in congiunzioni stabili e ridondanti. Ecco dal celebre sonetto casiano al sonno: vita *aspra e noiosa*; membra *stanche e frali*; *distendi e posa*; o notti *acerbe e dure*; in *Le bionde chiome, ov'anco intrica e prende*, tutto il componimento è una variazione sull'identico, come si vede dalla sequenza *splendor chiara facella luce stella rai incendio favilla cocente ardente infiammati incende fiammeggia splende riluce arde e sfavilla*[2]. Se dunque i poeti del Rinascimento petrarcheggiano per temi e strutture compositive, non c'è da stupirsi[3] se toscaneggiano nella lingua, per quanto fosse forte già allora la sensazione che un eccesso di imitazione finiva per nuocere e limitare la poesia. Anníbal Caro prende Petrarca ad esempio di libertà linguistica («quante ce n'ha messe [di parole] della latina, che non aveano mai prima, e non hanno mai dopo presa la forma

del nostro parlare, come sono *bibo scribo delibo* [...]») e
consiglia di fare non «i medesimi passi» ma «il medesimo
andare» del poeta di Laura e di non temere di usare voci
da lui non adoperate (del resto proprio cosí avrebbero fatto, a suo giudizio, poeti come il Casa o il Molza); insomma,
non è possibile, pensava il Caro, «sentir nella lingua quel
medesimo appunto che nella Fede: cioè che nel Petrarca e
nel Boccaccio si termini tutta la favella volgare, come negli
Evangeli ed in San Paolo tutta la Sacra Scrittura»⁴. Ma, nonostante riserve e opposizioni (e parodie burlesche), la lingua letteraria si orienta vistosamente verso i modelli riconosciuti e si adagia in una stabilità nuova e vincente.

Significativa è, a questo proposito, la conversione alla
norma di una poesia non lirica ma narrativa, come quella
dei poemi cavallereschi. Qui è noto ed emblematico il caso
dell'*Orlando Furioso*. L'Ariosto lo ha ripetutamente rivisto
ed edito tre volte (1516, 1521, 1532). Ora, la prima edizione,
per quanto già molto lontana dalla lingua di koinè quattrocentesca, conserva ancora tracce della situazione prenor-
ma in certe emergenze regionali o arcaizzanti: qualche forma non anafonetica (*gionco nonzio*), certi esiti dell'atona
(*rengrazio destruggon*), certo consonantismo (*trassinare
solfo*), la morfologia (-*ar*- atono nei futuri e nei condizionali), il lessico (i latinismi: *crebro difensione formidato tumen-
te* ecc.). Nell'edizione del 1521 ci sono già molti ritocchi in
direzione normativa (Ariosto doveva aver già letto a quel
punto le *Regole* del Fortunio), ma non mancano anche re-
tromarce; nell'edizione del 1532, eseguita sotto il controllo
del Bembo, il trionfo della norma è infine largo (anche se
non totale) ed esplicitato dall'inserimento dei celebri versi
in lode del grammatico veneziano: «Là veggo Pietro |
Bembo, che 'l puro e dolce idioma nostro, | levato fuor del
volgar uso tetro, | qual esser dee, ci ha col suo esempio mo-
stro». Significativa è allora la decisione di introdurre il piú
possibile il dittongo secondo le indicazioni del toscano letterario (e di Dante e Boccaccio piú che di Petrarca), per cui
*fero → fiero, tepide → tiepide, bono → buono, loco → luo-
go, novo → nuovo, pò → può* (ma *vuo' → vo'*); in fatto di
mono e dittonghi, «il solo petrarchismo del *Furioso* rimane *core*»⁵. *El* articolo è volto in *il*, che diviene *lo* davanti a *s*

implicata; *in* + articolo diviene *ne* + articolo e *ne*, «a noi», diviene *ci*. Le desinenze del presente indicativo prima persona plurale si regolarizzano in *-iamo* alla toscana, quelle della terza plurale dei verbi di II e III coniugazione passano da *-eno* ad *-ono* (*viveno* → *vivono*); la prima singolare dell'imperfetto passa ad *-a* come da norma bembesca (*io andavo* → *io andava*); la terza singolare del congiuntivo imperfetto da *-i* passa alla terminazione in *-e*. Non è invece bembiano il passaggio della terza plurale del presente congiuntivo da *-ano* a *-eno* e *-ino* (*credeno dormeno abbino voglino*) ma è comunque un fiorentismo; nei futuri e nei condizionali *-ar-* lascia il posto a *-er-* (*prestarà* → *presterà*, *arriverà* → *arriverà*, *giurarei* → *giurerei*, ma *serà* → *sarà*). *Tosto* avverbio sostituisce *presto*, che il Bembo non tollerava in tale funzione («è nome e non mai altro»), spesso *ove* prende il posto di *dove*; vari latinismi sono sostituiti (*inulto* → *senza vendetta*) o modificati (*suave* → *soave*). Normalizzata è pure la grafia, sempre piú raramente etimologica (*Nettuno* pú spesso di *Neptuno*, *sudditi* di *subditi*) e sempre meno lombarda (*cio* → *zio*, *settro* → *scettro*) o latineggiante (*patre* → *padre*)[6].

L'Ariosto, dunque, immette la tradizione canterina dell'epos cavalleresco, a lungo radicata nelle lingue e nelle culture dell'Alta Italia, nel filone toscano e nazionale della poesia d'amore che il Cinquecento andava, anche col concorso correttorio degli stampatori, stabilizzando. Sarà qui da osservare che anche le stampe delle *Commedie* ariostesche indussero arrangiamenti dettati dal desiderio di normalizzare una lingua che l'autore aveva avuto poca cura e tempo di rivedere[7]. L'Ariosto in persona intervenne invece sul testo delle sue *Satire*, come ha mostrato Cesare Segre[8], per adeguare la loro lingua alle regole cui si andava sempre piú uniformando nella parallela revisione del *Furioso*. Ecco allora *tosto* in luogo di *presto*, *in* + articolo sostituito da *ne* + articolo; *dimandare* → *domandare* (per altro le *Satire* conservano *vuo'* in luogo di *vo'* del *Furioso* e la prima dell'imperfetto in *-o* invece di quella bembiana in *-a*): l'italiano petrarchesco si inseriva cosí anche in un genere «comico», per sua natura assai piú resistente all'uniformazione letteraria.

Anche piú clamoroso, per quanto assai meno importante, è il caso delle «riforme» dell'*Orlando Innamorato* del

Boiardo riscritto per essere adeguato, tra le altre cose, anche alla norma fiorentino-bembesca [9]. Di queste riforme la piú nota è quella del Berni, che riportò l'*Innamorato* a piú classicamente e poveramente intonati costumi letterari e morali, con uno sforzo di fiorentinizzazione esteso dalla lingua letteraria a quella dei proverbi e dei motti demotici. Prendiamo qualche esempio dal canto I: *odir → sentir*; *possanza → forza*; *ponno* (che, scriveva Bembo, «non è nostra voce ma straniera») → *puossi*; *unde → onde*; *tenitoro → territoro*; *Franza → Francia*; *se avanta → si vanta*; *lassiam → lasciam*; *assigurato → assicurato*; *zoie → goie*; *forno → furon*; *sterno → stettono*; *stareti → starete*; *intrarno → entraro*; *attendia → attendea*; *paccio → pazzo*; *in lo → nel* (Bembo: «sono *In* e *Ne* quel medesimo; ma l'una si dice, quando la voce a cui ella si dà non ha l'articolo, *in terra in cielo*; l'altra quando ella ve l'ha») [10] ecc.

Persino la novella cerca di adeguarsi alla norma, per quanto il suo genere ripugni a una secca regolamentazione. Scriveva Francesco Bonciani [11]: «non la purità delle voci e la dolcezza del favellare solamente, ma i concetti e' precetti del novellare si ritruovano nel Boccaccio». Si voleva che le novelle non fossero diverse «né per l'azioni imitate né per lo modo» dalle poesie e che la differenza si riducesse allo strumento del verso o della prosa. Quanto alla loro lingua «ben dice Messer Giovanni Boccacci sé avere le sue novelle scritto in istile umilissimo e rimesso quanto il piú si può. I nomi propii adunque e non le translazioni saranno nelle novelle da riceversi, sí perché essi pongono le cose davanti agl'occhi altrui, sí ancora perché questi nel nostro favellare adoperiamo, sí veramente che noi abbiamo quella cura che Messer Giovanni Boccacci confessa avere auta egli: che quando pure si dee raccontare qualche cosa disonesta, con onesti vocaboli si dica, ché allora si conviene por da banda i propii nomi; ma perché questa cosa è stata ottimamente fatta dal Boccaccio [...] l'esempio di lui seguitando, altre regole non cercheremo».

La fedeltà della novella al modello decameroniano è, in un certo senso, anche piú significativa della ben piú scoperta imitazione petrarchesca della lirica. Il «genere» infatti di per sé era meno suscettibile di adeguazione normativa e il modello stesso non andava esente da qualche (sia pur piccola) riserva da parte del Bembo («alcuna volta molto prudente scrittore stato non sia») e più in generale dai trattatisti (il Della Casa, il Bargagli), sospettosi del «parlar licenziosamente». Ma anche nella ricostruzione della plebeità linguistica dei personaggi «ridìculi» il Boccaccio sarà assunto a modello, come nota nei *Marmi* il Doni: «[egli] non volle lasciarne perdere una [parola] che non fosse fiorentina naturale; ma egli le pose tanto a proposito, e tanto a sesta e al suo luogo [...] se l'era parola goffa di donna, a donna goffa la pose in bocca e a tempo; se di villano, se di signore, se di plebeo e, brevemente, altri che lui non se ne sa servire che la calzi bene» [12]. Succede così che il precedente decameroniano fornisca persino spunti per la mimesi del parlato cinquecentesco. C'è una novella del Grazzini, nei *Ragionamenti* (I, IV) che ricalca l'espressionismo di quella di monna Belcolore: la Tonia è anch'essa «foresozza brunotta e tarchiata», con tanto cioè di diminutivi e accrescitivi («carezoce belloccia noveloze») di boccacciana memoria; i personaggi esclamano col Boccaccio «alle guagnele», «gnaffe» e «mogliama». Il «parlato» in sostanza si declina secondo tipologie letterarie che hanno il loro punto di riferimento, oltre che nel *Decameron*, nei tipi «rusticani» del villano col suo linguaggio e le sue burle. Sullo stampo boccacciano sono però concesse alla novella una libertà e una spaziosità linguistica molto superiori a quelle della poesia, sino a evasioni calcolate dalla norma stessa.

[1] Cfr. il commento di C. Dionisotti, in P. Bembo, *Prose della volgar lingua. Asolani. Rime*, TEA, Milano 1989.

[2] E. Bonora, *Retorica e invenzione*, Rizzoli, Milano 1970, pp. 107-28.

[3] Naturalmente l'adeguazione al petrarchismo bembiano è fenomeno progressivo e non immediato, diversamente realizzato a seconda dei tempi, dei luoghi e degli autori. Si veda ad esempio quanto nota per la poesia a Milano S. Albonico, *Il ruginoso stile*, Angeli, Milano 1990; ma cfr. anche l'importante P. Bongrani, *Lingua e cultura a Milano nell'età sforzesca*, Università di Parma, Parma 1986.

[4] A. Caro, *Apologia* citata da F. Foffano, *Prose filologiche. La questione della lingua*, Sansoni, Firenze 1978 (n.e.), p. 65.

[5] A. Stella, *Note sull'evoluzione linguistica dell'Ariosto*, in *Ludovico Ariosto. Lingua, stile e tradizione*, a cura di C. Segre, Feltrinelli, Milano 1976, pp. 49-64. Ma cfr. anche M. Diaz, *Le correzioni all'Orlando furioso*, Tessitore, Napoli 1900.

[6] Cfr. B. Migliorini, *Sulla lingua dell'Ariosto*, in *Saggi linguistici*, Le Monnier, Firenze 1957, pp. 178-86.

[7] G. Ronchi - A. Casella, *Le Commedie e i loro stampatori*, in C. Segre (a cura di), *Ludovico Ariosto* cit., pp. 331-46.

[8] C. Segre, *Storia testuale e linguistica delle Satire*, in id. (a cura di), *Ludovico Ariosto* cit., pp. 315-30.

[9] Cfr. G. Nencioni, Premessa, a F. Berni, *L'Orlando innamorato*, a cura di S. Ferrari, ristampa anastatica, Sansoni, Firenze 1978 ora in *Tra grammatica e retorica*, Einaudi, Torino 1983, pp. 141-60.

[10] P. Bembo, *Prose della volgar lingua* cit., p. 274.

[11] *Lezione sopra il comporre delle novelle*, in B. Weinberg, *Trattati di poetica e retorica del '500*, Laterza, Bari 1972, vol. III p. 137-63.

[12] A. F. Doni, *I marmi*, a cura di E. Chiorboli, Laterza, Bari 1928, vol. I, pp. 131-32.

3.
Il gioco delle lingue

3.1. *La novella.*

La novella del Cinquecento percorre lo spettro della lingua con la libertà ammessa per il genere «comico»[1]. Se ne giovano naturalmente soprattutto i narratori fiorentini e toscani, che possono scorrere agevolmente dai modelli piú dotti ai reperti piú popolareschi. Si veda questo elenco di «motti e detti» di «certo buon vivo» nei *Marmi* del Doni:

> noi ce ne abbiamo a migliaia: o vedi a che otta suona nona? Di cotesto désse il convento! Tu non ci vai di buone gambe; E sono una coppia e un paio; io mi spicco mal volentieri da bomba; Forse che la non fa le gite a' martiri?, e infiniti modi di riprendere, d'amaestrare, da accusare, da difendere, da mordere, da indolcire, da trattenere e da licenziare[2].

o anche quanto scrive il Varchi nell'*Ercolano*[3]:

> Queste cose, le quali in su libri scritte non si ritrovano, non saperrei io per me donde poterlemi cavare. V. Non d'altronde, se non da coloro i quali l'hanno in uso nel loro parlare, quasi di natura. C. E chi sono costoro? V. Il senato e il popolo fiorentino [...] e non è sí tristo artigiano dentro a quelle mura che voi vedete (e il medesimo dico de' foresi e de' contadini) il quale non sappia di questi motti e riboboli per lo senno a mente le centinaia.

Varianti fonomorfologiche di stampo popolareggiante si inseriscono nelle *Sei giornate* dell'Aretino coi tipi *boce boto drieto ragghio tegghia gombito* (gomito) *gestra* (gesta) *agora* (aghi) *mammata*: tutte forme che rinviano a un livello linguistico «basso», rafforzate dalla morfologia verbale coi suoi *arò arei sendo faccino andassi* (andasse) ecc. Ma si tratta, spesso, piú dell'esibizione di un effetto letterario che di un preciso calco realistico dei registri colloquiali della lingua. Cesare Segre ha parlato a questo proposito di «edonismo linguistico», di gusto per la raccolta dei riboboli, del materiale lessicale demotico, della moltiplicazione dei procedimenti espressivi popolareschi e spesso caricaturali[4]. Per altro, la necessità di mimare il parlato accresce la coscienza della funzionalità stilistica della pluralità dei livelli della lingua, come l'Aretino dichiara in questo brano[5]:

> ANTONIA: La sua madrema [...] si fa beffe di ognuno che non favella alla usanza: e dice che si ha da dire «balcone» e non «finestra»; «porta» e non «uscio»; «tosto» e non «vaccio»; «viso» e non «faccia» [...] «percuote» e non «picchia» [...] e la «guisa» [...] è il suo occhio dritto [...]
>
> NANNA: [...] io per me [...] vo' dir «treccolare» e non «berlingare» e «sciabordo», non «insensato», non per altro che per dirsi nel mio paese
>
> [...] NANNA: e ti prego, figliuola mia, che non eschi de la favella che ti insegnò mammata, lasciando lo «in cotal guisa» e il «tantosto» a le Madreme; e dagliene vinta quando elleno [...] dileggiando chi favella a la buona, dicendo «vaccio» «a buonotta» «mo'mo» [...] «aguluppa» [...] e cento mille d'altre parole senza fette.

Nelle novelle aretiniane si incontrano cosí i vari *meffé a macca caffo mo'* e dialettismi di Arezzo (*raitare ansciare rincriccarsi*), segno di una ricerca linguistica che sconfina piú volte nell'edonismo verbale. Dialettalismi senesi spuntano ripetutamente nelle *Novelle dei novizi* del senese Piero Fortini: conservazione di -ar- nella coniugazione: *essare vendare mandarete*; lo sviluppo di -ns- a -nz- (*penza*), certe sonorizzazioni (*gattivi gastighi*), cui si aggiungono piú comuni tratti toscani non bembiani: *facci* (faccia), *abbi* (abbia), *stiavi* (schiavi), *obrigo*, *auta* (avuta), passato remoto in -orno, -oro (*consumorno, domandoro*). Le varianti fonomorfologiche si fanno inoltre anche piú idiomatiche là dove parlano personaggi «bassi» e plebei: ad esempio il pronome personale soggetto in luogo di quello oggetto («sarò forsata a chiamare altri che tu»), l'uso pleonastico del pronome («l'è la buona robba»).

Gli scrittori toscani hanno libertà di movimento linguistico superiore a quella dei non toscani. Per essi la lingua letteraria (già nella loro fonte prima, il *Decameron*) corre lungo una traiettoria che la innesta a poco a poco in quella popolare; questa, a sua volta, si articola in varietà diverse, distinte tra contado e città, tra lingua delle professioni e lingua della scrittura.

Per chi all'italiano deve accostarsi per via unicamente letteraria (e quindi, fatalmente, sempre piú bembiana) il ventaglio di soluzioni idonee ai diversi registri tipicamente ospitati nella novella è invece piú ristretto e meno agevole. Non sarà un caso se il lombardo Matteo Bandello, rifacendo anch'egli il celebre racconto decameroniano della Belcolore, spoglierà, come nota Enrico Testa, il suo modello della vivezza linguistica originaria, con «progressiva sparizione di moduli vernacolari e gergali». Il fatto è che il Bandello non poteva accostarsi alle zone del parlato se non con le riserve e le cautele del Bembo verso la lingua del «popolo», che cercava di ricostruire filtrandola attraverso le prove della novellistica toscana. Ne risulta una minore divaricazione del livello diegetico da quello della mimesi del parlato, per cui, ad esempio, certi tratti fonomorfologici (futuro in *-ar-*, *-eno* per *-ono* alla terza plurale del presente indicativo) sono tanto comuni al discorso dell'autore quanto a quello dei personaggi. Solo alcune spie lessicali si affacciano a colorare il parlato, sia con prelievi letterari dalla tradizione novellistica toscana (*cacasangue vermocan covelle cotesto castronaccio*), sia con reperti di lingua padana (*barba* per zio, *bever* per bere). Non è un caso se proprio in Bandello possiamo trovare un indizio di normalizzazione della morfologia verbale, ad esempio nelle terze persone plurali dei passati remoti (*-arono, -ero, -irono*), dei congiuntivi imperfetti (in *-ero*) e perfino dei condizionali, in cui accanto al collaudato tipo in *-iano* (*gettariano*) si avanza il tipo in *-ero* (*sarebbero, averebbero*).

A sua volta, lo Straparola, nelle *Piacevoli notti*, si rivela sostanzialmente indifferente a una distinzione linguistica del livello narrativo da quello dialogato, anche se gli indizi dialettali si trovano ovviamente di piú nel discorso diretto: se i segni caratteristici della koinè settentrionale (scempiamento, futuri non sincopati e in *-ar-*, prima plurale presente indicativo in *-emo*, terza in *-eno*) si possono trovare un po' ovunque, alcuni fenomeni si accentuano nei discorsi riferiti (*avere* ausiliare per essere, participio in *-esto*, *vardi* per

guardi, *i'* per essi ecc.). La medietà linguistica è affidata anche a soluzioni del parlato fiorentino, letterariamente già
consolidato, come nei passati remoti in *-orono* o nei congiuntivi imperfetti in *-ino* (*potessino, pagassino, servissino*).

L'esito non poteva che essere alla fine quello della progressiva letterarietà anche della lingua dei personaggi no-
vellistici «bassi», come appare negli *Ecatommiti* del ferrarese Giraldi Cintio; ormai solo l'artificio stilistico denuncia
le differenze (le oscillazioni morfologiche del verbo sono
perlopiú non connotate: *ebbero / ebbono, avessino / avessero* ecc.) e sono comunque espunti quei tratti linguistici
plebei, quelle voci del volgo che spiacevano, nel Boccaccio, al Bembo.

Non è perciò un caso se gli autori settentrionali difendono con insistenza la lingua nativa

> (scrive Bandello: «si pigli pure e la toscana e la napoletana e la
> romana o qual altra si voglia, che tutte, non eccettuando alcu-
> na, hanno bisogno d'esser purgate e diligentemente mondate,
> altrimenti tutte tengono un poco del rozzo ed offendono gli
> orecchi degli ascoltanti. Cosí credo io che il parlar milanese sia
> da sé incolto, ma si può leggermente limare. Tuttavia io non sa-
> prei biasimare chiunque si sia che la lingua sua volgare parli») [6]

ma poi finiscono per arrendersi alla superiorità del toscano

> (scrive il Giraldi: «Non è alcuno di noi che non sappia, quanto
> il parlar toscano sopra tutte le favelle d'Italia sia eccellente [...]
> e quanto sia la differenza fra quello e il parlare di Bergamo, per
> natura grosso e senza leggiadria [...] la qual cosa fa, che tanto
> piú volentieri si ode da gli italiani un favellatore toscano, quan-
> do offendono piú gli orecchi le parole zotiche della piú rozza
> parte di Lombardia [...]») [7],

che era però, per essi, accessibile solo per via letteraria. Il
risultato è che la lingua della novella, nonostante le libertà
extranormative dei toscani, non esce da un sostanziale monolinguismo guidato dal toscano del *Decameron*. Anche le
eccezioni ad esso tendono sempre piú a fissarsi nello stereotipo, esente da concrete accezioni sociolinguistiche. La
pluralità resta al di qua della lingua, dentro la gamma degli
stili, come ampiamente previsto e permesso dalla «poetica» cinquecentesca. La molteplicità delle lingue sarà invece segno speciale della commedia.

3.2. *La commedia.*

I contrasti da cui nasce la commedia del Cinquecento, non di rado debitrice anche in questo di quella classica, mettono di fronte personaggi di stato sociale, di nazione, di professione e di cultura diversi e opposti. Come avrebbero potuto parlare, nella verosimiglianza della messa in scena, tutti, egualmente, nell'italiano omogeneo previsto dalla grammatica? Come avrebbe potuto il comico, i cui sali sono innanzitutto linguistici – dai giochi di parole, agli equivoci, ai motti arguti – adattarsi alle maniere compassate di una lingua essenzialmente scritta e letteraria? Quando l'autore del *Dialogo intorno alla nostra lingua* (sia o no Machiavelli) osserva che proprio della commedia è ritrarre come «uno specchio» la «vita privata» ma «con certa urbanità e termini che muovono riso», è per sentenziare che «perché le cose sono trattate ridicolamente, conviene usare termini e motti che faccino questi effetti; i quali termini se non son proprii e patrii, dove sieno soli, interi e noti, non muovono né posson muovere». Ma come potrà riuscirvi un autore che possegga la lingua solo per il mezzo dei libri, nella veste solenne ma inamidata delle scritture dotte? «A provare questo», aggiungeva il *Dialogo*, «io voglio che tu legga una commedia fatta da uno degli Ariosti di Ferrara; e vedrai una gentil composizione e uno stilo ornato e ordinato; vedrai un nodo bene accomodato e meglio sciolto; ma la vedrai priva di quei sali che ricerca una commedia tale, non per altra cagione che per la detta, perché i motti ferraresi non gli piacevano e i fiorentini non sapeva [...]»[8]. Replicando al Trissino, il Martelli nel 1524 notava che in alcune commedie «costoro [i non toscani...] non usano cotali affetti né cotali detti quali alla Toscana lingua si confanno, ma delli loro ivi seminano, et fanno diversità tale, che recitati non fanno l'uficio a loro destinato [...] Di questo non è cagione altra cosa, che l'essere poveri dello nervo istesso della nostra lingua [...]».

La commedia, se voleva praticare la lingua, doveva dunque di necessità essere scritta in fiorentino da fiorentini: «i nostri comici», aggiungeva il Martelli, «gli quali dalla natural richeza d'essa [lingua] aiutati, havranno per molto fa-

cile lo esprimersi in quelle cose, che a costoro [i non tosca-
ni] per la detta povertà seranno impossibili» [9]. E chiosava
anche piú radicalmente il *Discorso*: «donde nasce che uno
che non sia toscano non farà mai questa parte bene».

Se alla tragedia era concesso frequentare, con le zone alte della lingua, anche la dimensione sovraregionale dell'i-
taliano (e con la *Sofonisba* del Trissino persino la teoria
cortigiana e italianistica poteva vantare un importante
campione), alla commedia questo era di fatto possibile solo dentro i limiti della dialettalità fiorentina; altrimenti, la
lingua doveva essere superata o perlomeno affiancata dagli
idiomi della realtà parlata, dai dialetti.

Il dialetto della e nella commedia è il segno piú visibile e
immediato della norma raggiunta dalla lingua, della definizione di un italiano a fronte del quale le altre varietà del repertorio nazionale scendevano al rango di dialetti, dove lo
stesso fiorentino parlato rischiava di essere confinato, nonostante le molte resistenze dei suoi sostenitori.

In un certo senso infatti è proprio il raggiungimento della grammatica della lingua ad avere favorito e richiesto l'e-
vasione dialettale: il dialetto si presenta, cosí, come il luogo
linguistico di quella realtà non rappresentabile nella lingua
lontana dai «parlari del volgo». Questo significa anche
che il dialetto balza sulla scena in funzione di contrasto (sociologico prima che linguistico, comico prima che stilistico) con la lingua, della quale funge da antagonista ed ever-
sore.

Come è noto, è soprattutto in area veneta che il dialetto
si fa particolarmente attivo sulle scene. Il Ruzzante celebra
«el naturale in fra gi uomeni e le femene» e proclama di
non voler «far como fa no so che cogombari, che vuò mo-
trare de essere sletràn e sinçié, che i vuò dire de pegorari,
che igi i ciama pastore, e sí favela da Fiorenza, che i me fa al
sangue de l'Anticristo! cagar de riso da per tuto. Mi, com
a' ve dighe, a' son bon pavan, né a' non cambierae la mia
lengua per dosento fiorentinesche» [10]. Nel prologo della
Piovana difende con orgoglio la scelta del suo dialetto contro il cedimento a un fiorentino libresco e irreale: «A fave-
lo an con la mia [lengua... no... fiorentinesca] per no strafa-
re la snaturalité, ché 'l no gh'è cossa che piasa pí a "detri-

que sesso" con fa el naturale». Il Ruzzante, come ha mo-strato Folena[11], utilizza tutte le possibilità comiche offerte dal contrasto dialettale; l'opposizione colto | popolare, cit-tadino | rustico nella *Pastoral*:

> ARPINO: O Sacro Pan, pietà d'i servi toi!
>
> RUZZANTE: Tu me vuo' dar del pan? Mo sú, anagun (sce-na XI);

lo scontro della lingua con dialetti diversi, pavano e berga-masco:

> ARPINO: Mastro, se 'l piace a tua benignitade | nosco venire al sancto sacrificio | di Pan, ti priego: ch'è opra di pietade [...]
>
> MEDICO: Sí, volentier. Andé, ch'a ve vegnio dré. | Vie' zà, villà, ch'a te vegni aca ti | a vedí i fag de misier Domnedé.
>
> RUZZANTE: Mo a' son contento. An, a' digo mi: | ghe serà da magnare?
>
> MEDICO: Cum? Sí ven via! el gh'è u castrò. No te poràtu im-pí? (scena XXI);

l'inserimento della lingua straniera che accresce il gioco plurilinguistico e il suo effetto comico, come nel *Parlamento*:

> MENATO: Cancaro a favellé moscheto, compare! Haí muò la lengua, a' favellé a la fiorentinesca da breseghella.
>
> RUZZANTE: Mo, compare, chi va per lo mondo fa cossí. E po a' giera co i Sbresegegi da Robin. A' favelon a sto muò. Mi mo, se a' favelesse franzoso, a' me intendesse ben mo, ch'a' imparí da paura a favelarge in t'un dí. Cancaro i gi è superbiusi, quan-do i dise: «Villan, cuchin, pagiaro, per la san Diu a' te magneré la gola!»
>
> MENATO: Cancaro i magne egi! A' intendo ben, compare, quel magneré la gola, mo a' no intendo quelle altre parole. Slai-né-le mo, compare.
>
> RUZZANTE: Vontiera, compare. Vilan vol dire vilan, inten-di-u? Cuchin vuol dir «un cuco, un beco» «vilan beco». Per la san Diu, «per l'amor de Dio» (scena II).

L'accusa al parlar «moscheto» è il rifiuto della resa al fiorentinesco approssimativo, efficacemente parodiato nel linguaggio di Ruzzante, nella *Moscheta*:

> RUZZANTE: Olà! Chi stano quano in questa casa?
>
> BETIA: Chi è quello?
>
> RUZZANTE: Io sono lo io mi, che voleno favellare con vostra signoria de vu. Ben stagano. Me cognosciti lo io mi?

BETIA: Se De' m'aí, no ch'a' no ve cognosso.
RUZZANTE: Sapeti perché lo io mi ve pareno che no me lo cognossiti? Guardatime bene... (atto II, scena IV).

L'autore polemizza e al tempo stesso rappresenta l'italiano «itinerario» del popolo, i primi tentativi di esecuzione orale e popolare del registro dotto nazionale: «Mo no è pí bello a dire mi che io?» [12].
L'italiano funziona da contrasto (col veneziano) anche nella celebre *Venexiana*:

VALERIA: Miser Iulio, cor mio, perché seu tanto crudel verso de mi?
IULIUS: Crudel verso Vostra Signoria? Dio, non lo consentir! anzi, umanissimo verso la mia diva: è ben tuto che io spero.
VALERIA: Se xé cusí, voio che sié mio; e che vu me pardoné, se l'altro zorno ve ho fatto scorozar.
IULIUS: Vostra Signoria perdoname a me, se per mia causa ha pigliato fastidio alguno; ché mo qui so' tuto suo, per cangiar ogni affanno in piacere.
VALERIA: Che paroline d'oro! [13].

Sono addirittura sette le lingue che si intrecciano nella *Spagnolas* di Andrea Calmo: il veneziano (a volte farcito da latinismi spropositati quando parla Zurlotto); il pavano dei contadini; il bergamasco di capitan Scarpella (che condisce il suo dialetto con spagnolismi che si riverberano nel titolo) e del facchino Meneghin; il grechesco, il dalmatico, l'italo-tedesco, l'italiano forense.
Nella commedia dell'arte il poliglottismo sarà un ingrediente fisso legato alle diverse maschere: Pantalone veneziano, Zani bergamasco, Pulcinella napoletano ecc., eredità di un teatro comico di pieno Cinquecento in cui le varie lingue (lo spagnolo del Capitano, il latino del pedante, il bergamasco del facchino) si erano andate specializzando nella rappresentazione dei tipi piú ricorrenti. Questa pluralità di lingue, via via sempre piú stilizzata, perderà progressivamente la propria funzione geograficamente denotativa e si risolverà nel gusto per la babele sonora, nell'accumulo fonico, in quello insomma che molto opportunamente M. L. Altieri Biagi ha chiamato comico del significante [14]. In particolare, si offre docile a questa dilapidazio-

ne del senso nel suono il linguaggio maccheronico del pedante, come in questo esempio dalla *Fantesca* del napoletano Della Porta:

> NARTICOFORO: Dic mihi vel responde mihi: non m'hai tu invento nel luogo, illic – status in loco –, ubi me dereliquisti, e con i coturni ancora?
>
> GRANCHIO: Sí bene.
>
> NARTICOFORO: Igitur, ergo, dunque come era io in casa sua? alle premesse seguita giusta conclusione (atto I, scena VII) [15].

E lo stesso si potrebbe dire della lingua di Manfurio nel *Candelaio* di Giordano Bruno:

> SANGUINO: Mastro, con questo diavolo di parlare per grammuffo o catacumbaro o delegante e latrinesco amorbate il cielo, e tutt'il mondo vi burla.
>
> MANFURIO: Sí se questo megalocosmo e machina mundiale, o scelesto ed inurbano, fusse di tuoi pari referto e confarcito.
>
> SANGUINO: Che dite voi di cosmo celesto e de urbano? Parlatemi che io v'intenda, ché vi risponderò.
>
> MANFURIO: Vade ergo in infaustam nefastamque crucem, sinistroque Hercule! Si dedignano le Muse di subire il porcile del contubernio vostro (atto I, scena V)

o di Prudenzio nel *Pedante* del Belo:

> In nomine Domini, e tu fac istud tea. E avvertisci ch'io non ritorni nella pristina còlera, ché non sunt in potestate nostra primi motus (atto III, scena II).

Anche il latino, in effetti, usciva profondamente ridimensionato dal successo letterario dell'italiano. La lingua dei pedanti comici denuncia la spossatezza storica (almeno in determinati settori) e la crescente ignoranza della lingua classica, trascinata nella pura sonorità, nel gioco verbale senza senso. È celebre la parodia del latino «in -bus e in -bas» nelle commedie dell'Aretino. E non è un caso se il prototipo di questa lingua degradata è nel maccheronico del Folengo che mescolava il latino anche a lingue straniere (oltre si capisce ai dialetti e al toscano), per dissolverlo in parodia fonica, in vertiginoso ludismo linguistico [16].

Allo stesso modo del latino, oggetto della satira in scena può essere l'italiano troppo libresco e letterario. Quando un personaggio della *Vedova* di G. B. Cini osserva che, da molte letture dei maggiori poeti, ha scoperto certi loro errori «come quanno vonno | laudare l'acque, che nce danno titulo | de "dulce" e non sanno ancor, povarielli, | che l'acque dulce so triste e che l'acque | fine non hanno aver nullo sapore», ironizza di fatto sugli stereotipi della lingua poetica, confinati spesso, nella commedia, nel discorso degli innamorati, deriso anche in queste battute della *Pinzochera* del Lasca (atto I, scena VI): «Orsú, poiché bisogna favellar teco a lettere d'appigionasi, ch'è di quella ladra traditoraccia, rubacuori? maledetto sia il Petrarca...»[17].

Il fatto è che, come abbiamo già notato, per la commedia in lingua era particolarmente difficile convivere coll'italiano letterario appreso dai poeti, costituzionalmente inidoneo al dialogo e ai personaggi del teatro. L'Ariosto lo aveva sperimentato in proprio, come aveva notato criticamente il *Discorso intorno alla nostra lingua*. Non a caso quando passa dalla redazione in prosa a quella in versi (ad esempio nei *Suppositi*) elimina latinismi libreschi come «impremeditato», che diviene «ch'ora non mi imagino», «orecchie piú patente», che diviene «piú aperte», «in questa vice» → «in quel cambio», «in captivitade» → in servitú» ecc[18]. Nel prologo della *Cassaria* dichiara che «la vulgar lingua, di latino mista, | è barbara e mal culta; ma con giochi | si può far una fabula men trista»: dunque occorrono giochi, artifici verbali, offerte lessicali speciali per vivacizzare l'italiano letterario[19]: se ne poteva trovare il repertorio nella tradizione burlesca toscana.

I toscani erano in effetti i soli a poter scrivere in lingua, senza troppi problemi preliminari, delle commedie «dialettali». Essi possedevano come dialetto quello che gli altri italiani cercavano di imparare come lingua dai libri ed erano perciò in grado di padroneggiare l'intera gamma delle opzioni sociolinguistiche, dai livelli piú alti e raffinati a quelli piú popolari. È proprio per questo che essi piú degli altri denunciano il peso limitatore della tradizione e reclamano una libertà di movimento che solo la loro nativa padronanza linguistica consenta. «La parte di Firenze» (per usare un'espressione di Gianfranco Contini) diviene cosí (e a lungo resta), nella letteratura italiana, quella piú polemicamente consapevole degli impacci ereditati dalla tradizione e quindi la piú pronta (a parte, si capisce, i dialettali) ad accogliere in lingua la realtà rappresentata sino ad allora solo dai dialetti. Nel prologo della *Sporta* G. B. Gelli scrive:

> E finalmente, quanto alla lingua, [...] io ho usato quelle parole ch'io ho sentite parlar tutt'il giorno a quelle persone che io ci ho introdotte; e, s'elle non si ritruovano in Dante o nel Petrarca, nasce che altra lingua è quella che si scrive nelle cose alte e leggiadre, e altra è quella che si parla familiarmente [...] E, se elleno non si truovano ancora tutte nel Boccaccio, il quale pur molte volte scrisse nelle sue novelle cose familiari, avviene perché le lingue, insieme con tutte l'altre cose naturali, continuamente, senza corrompersi al tutto, si variano e mutano [20].

E il Firenzuola da parte sua afferma con orgoglio [21]:

> Ecci un'altra cosa che non si dee stimare meno; e questo si è, che in cosa che io mai componessi, non ho costumato porre molta cura, come non ho fatto adesso, alle minute osservanze delle regole grammaticali della lingua tosca; ma tuttavia io sono ito cercando di mitar l'uso cotidiano, e non quel del Petrarca o del Boccaccio.

Pietro Aretino non è meno risoluto nel rivendicare la libertà linguistica di toscano e commediografo nel prologo della *Cortigiana*, per quanto poi, curando l'edizione a stampa, ne normalizzi la fonomorfologia in senso bembiano. Egli è maestro in quei «giochi» su cui contava l'Ariosto; si tratti di deformazioni di parole e moltiplicazioni di suffissi o di strategie ritmico-sintattiche deputate a rifare le concitazioni e le esitazioni del parlato. Ecco epiteti composti come *schifa-il-porco caca-stecchi sguscia-lumache*, alterazioni varie come *gagliofferia napolitanerie barbieraccio bestialacci asinone compariscevole* ecc. Per tacere poi dei procedimenti stilistici piú specifici, dalle metafore agli equivoci, che saranno il tessuto base di ogni commedia [22].

Nella *Mandragola* Machiavelli mostra come un fiorentino potesse percorrere con perfetta competenza tutto lo spettro stilistico della lingua; dall'italiano altamente impostato di Callimaco («A me non fia mai discaro fare piacere a voi ed a tutti li uomini virtuosi e da bene come voi: e non mi son a Parigi affaticato tanti anni per imparare, per altro se non per potere servire a' pari vostri», II, 11) a quello piú secco e pragmatico di Ligurio («Non perdiam piú tempo qui. Io voglio essere el capitano, e ordinare l'esercito per la giornata. Al destro corno sia preposto Callimaco, al sinistro io, intra le due corna starà qui el dottore», IV, IX) a quello idiomatico e frizzante di Nicia («Tu vuoi el giambo. Poi che avevo messo mano in pasta, io ne volsi toccare il fondo», V, II [23]).

Nella commedia si concentra dunque, in gran parte, la ribellione alla norma, sempre piú diffusa e non a caso il teatro comico in lingua, a disagio con l'italiano, entrerà, a fine secolo, in una lunga crisi da cui – eccetto qualche autore ancora una volta toscano – lo toglieranno solo i grandi dialettali, dal Maggi al Goldoni. Non per nulla un «fiorentino» convinto, come il Doni dei *Marmi*, concorda pienamente coi dialettali, lodando il Ruzzante e il Calmo per avere scritto nella loro lingua («perché s'ha da vergognare uno di favellar natío?», tanto piú che «chi non vuole o non sa scriver bene nella fiorentina fa bene a scriver bene nella sua, piú tosto che male in quella d'altri») [24].

Il rifiuto della norma (spesso piú intellettualistico che ideologico) comporta, dietro gli esperimenti espressionistici e plurilinguistici, un bisogno di perlustrazione di tutti i livelli della società dei parlanti. Il mondo contadino, ad esempio, programmaticamente escluso, come troppo volgare, dall'italiano colto, riesce, in qualche modo, a trovare diritto di parola nei divertimenti comici che gli intellettuali si compiacquero di comporre esplorando le lingue di contado.

3.3. *I generi rusticani*.

In verità è fenomeno già quattrocentesco la riproduzione (a metà tra il recupero archeologico e la caricatura) del mondo linguistico contadino [25]. Un po' ovunque il genere «rusticale» favorisce incursioni nei retroterra campagnoli delle lingue di koinè, come accade col lombardo rustico dei sonetti del milanese Lancino Curti o, a Napoli, con le farse cavaiole, o, in Veneto, col ben piú articolato caso del

Ruzzante, di cui ci siamo già occupati. Il dialetto è il luogo attraverso cui vedere e in cui rappresentare l'umanità, parodiata o affettuosamente rivisitata, dell'universo contadino.

In Toscana la letteratura rusticale è favorita dalla curiosità verso i settori popolareschi e campestri (i due versanti spesso si intersecano di fatto) della lingua che stava via via diventando la norma dell'italiano. Ai tempi del Magnifico essa era anche un'occasione per rivendicare la validità dell'intero patrimonio linguistico dei fiorentini e per stabilire un contatto tra le curiosità intellettuali degli scrittori (tra i quali lo stesso Lorenzo) e il mondo campagnolo. La *Nencia da Barberino*, quale che ne sia l'autore, e la *Beca* del Pulci sono i capostipiti di una produzione in cui si segnala, ancora in pieno Cinquecento, Bernardo Giambullari e che procede fino al nuovo secolo. In questi testi «il poeta, introducendo personaggi contadini, conduce il realismo della rappresentazione fino al punto di riprodurre la parlata rustica in alcuni suoi tratti più spiccati, devianti nettamente dalla norma urbana». Questi tratti (in parte afferenti al volgare del Mugello, assunto a «simbolo della rusticità» toscana) si ritrovano anche nei testi della letteratura rusticana del Cinquecento toscano, tipo la *Catrina* del Berni. I pronomi personali atoni escono in *e* (*me te se ce ve*), la terza plurale del presente indicativo di *essere* fa *enno*, futuri e condizionali sono sincopati dell'atona compresa tra la consonante e la *r* (*drò sresti frò rispondrò drei* ricorrono nel testo della *Catrina*, sincopato sin nel titolo); ci sono poi forme come *laggare* per lasciare, *palore* per parole, *avale*, *quinamonte*, *gaveggiare*, che resteranno a lungo un segno della rusticità linguistica. Si ritroveranno infatti, ormai nel secolo successivo, anche nella *Tancia* di Michelangelo Buonarroti il giovane (1611), il cui vocabolario è in parte frutto di scavi dialettologici nel contado e in parte di storpiature e rimaneggiamenti fonomorfologici di quello cittadino, adattato alla forma stilizzata di quello rustico [26].

In realtà il gusto rinascimentale e umanistico della parola si estendeva sino a questi territori estremi, senza che questo alludesse, in genere, a motivazioni ideologiche o culturali particolarmente complesse. Tuttavia si metteva in circolazione, anche per questa via (come piú latamente per quella della letteratura «comica» bernesca), un materiale linguistico che, pur rigorosamente posto ai margini della norma, non ne era però del tutto escluso, sia pure con le cautele e le limitazioni imposte dall'estetica dominante. Quello che altrove si configurava come rifiuto della lingua attraverso il dialetto, in Toscana diventava un ampliamento delle risorse della lingua stessa, che sarebbe presto tornato utile anche in sede normativa. Mano a mano che si venivano adattando al predominio della variante letteraria e nobile della loro lingua, i toscani, infatti, cercavano anche di recuperare di essa tutto quello che era possibile, pur dentro una controriformistica delimitazione dei settori. Il Varchi e il Salviati consentiranno al repertorio rusticale quelle registrazioni del toscano dialettale che tanto tempo dopo risulteranno preziose ad Alessandro Manzoni.

[1] Per tutto quanto segue sulla novella è essenziale lo studio di E. Testa, *Simulazione di parlato*, Accademia della Crusca, Firenze 1991.

[2] A. F. Doni, *I marmi*, a cura di E. Chiorboli, Laterza, Bari 1928, vol. I, p. 129.

[3] B. Varchi, *L'Ercolano*, 1570, ristampa a cura di M. Vitale, Cisalpino Goliardica, Milano 1979, p. 188.

[4] C. Segre, *Edonismo linguistico nel Cinquecento*, in *Lingua, stile e società*, Feltrinelli, Milano 1963, pp. 367-93.

[5] P. Aretino, *Sei giornate*, a cura di G. Aquilecchia, Laterza, Bari 1969, p. 165.

[6] M. Bandello, *Tutte le opere*, a cura di F. Flora, Milano 1934-35, vol. I, p. 988.

[7] Citato da E. Testa, *Simulazione* cit.

[8] N. Machiavelli, *Discorso o dialogo intorno alla nostra lingua*, a cura di B. T. Sozzi, Einaudi, Torino 1976.

[9] L. Martelli, *Risposta alla Epistola del Trissino delle lettere nuovamente aggiunte alla lingua volgar fiorentina*, in Richardson, *Trattati sull'ortografia del volgare 1524-1526*, University of Exeter, Exeter 1984, pp. 37-75.

[10] «Il naturale tra gli uomini e le donne è la piú bella cosa che ci sia [...] né crediate che io voglia far come fanno certi cogliomberli, che vogliono mostrare di essere letterati e scienziati, e vogliono dire di pecorari, che essi chiamano pastori, e parlano al modo di Firenze, che mi fanno, al sangue dell'Anticristo, cacar dal riso dappertutto. Io, come vi dico, sono un buon pavano, né cambierei la mia lingua con duecento fiorentinesche».

Cito dalla traduzione del Prologo della *Piovana* in Ruzzante, *Teatro*, a cura di B. Zorzi, Einaudi, Torino 1967, p. 887 (da qui anche tutte le successive citazioni da Ruzzante, indicate nel testo con atto e n. di scena).

[11] G. Folena, *Le lingue della commedia e la commedia delle lingue*, in *Scritti linguistici in onore di G. B. Pellegrini*, Pisa, Pacini 1983, vol. II, pp. 1485-1513, ora in G. Folena, *Il linguaggio del caos*, Bollati Boringhieri, Torino 1991, pp. 119-46.

[12] M. Milani, *Snaturalité e deformazione nella lingua teatrale del Ruzzante*, in aa.vv., *Lingua e strutture del teatro italiano del Rinascimento*, Liviana, Padova 1970, pp. 111-204.

[13] *La venexiana, commedia di anonimo veneziano del Cinquecento*, a cura di G. Padoan, Antenore, Padova 1974, atto V.

[14] M. L. Altieri Biagi, *Dal comico del significato al comico del significante*, in *La lingua in scena*, Zanichelli, Bologna 1980, pp. 1-57.

[15] Questo e gli altri brani sono citati da *Commedie italiane del Cinquecento*, a cura di N. Borsellino, Feltrinelli, Milano 1962.

[16] B. Migliorini, *Aspetti rusticani del linguaggio maccheronico del Folengo*, in *Atti del Convegno. La poesia rusticana nel Rinascimento*, Accademia dei Lincei, Roma 1969, pp. 171-94.

[17] Cfr. M. L. Altieri Biagi, *Dal comico del significato* cit.

[18] C. Grayson, *Appunti sulla lingua delle commedie in prosa e in versi*, in *Ludovico Ariosto. Lingua, stile e tradizione*, a cura di C. Segre, Feltrinelli, Milano 1976, pp. 385-87.

[19] S. Ferrone, *Sulle commedie in prosa dell'Ariosto*, in *Ludovico Ariosto. Lingua stile e tradizione* cit., p. 411.

[20] G. B. Gelli, *Opere*, a cura di I. Sanesi, Utet, Torino 1952, p. 39.

[21] Cit. da C. Segre, *Edonismo linguistico del Cinquecento*, in *Lingua, stile e società* cit., p. 388.

[22] M. Tonello, *Lingua e polemica teatrale nella «Cortigiana» di Pietro Aretino*, in aa.vv., *Lingua e strutture del teatro italiano del Rinascimento* cit., pp. 205-92.

[23] L. Vanossi, *Situazione e sviluppo del teatro machiavelliano*, in aa.vv., *Lingua e strutture del teatro italiano del Rinascimento* cit., pp. 3-110.

[24] Cfr. G. Contini, *La poesia rusticale come un caso di bilinguismo*, in *Atti del Convegno. La poesia rusticana nel Rinascimento* cit., p. 43.

[25] G. Ghinassi, *Esperimenti di linguaggio rusticale a Firenze tra Quattro e Cinquecento*, in *Atti del Convegno. La poesia rusticana nel Rinascimento* cit., pp. 57-72.

[26] T. Poggi Salani, *Il lessico della Tancia di Michelangelo Buonarroti il giovane*, La Nuova Italia, Firenze 1969.

4.
La trattatistica

Dopo l'età dell'umanesimo latino in cui la trattatistica aveva eletto la lingua classica a proprio strumento privilegiato, l'italiano ritrova nel pieno Rinascimento anche le vie della specializzazione saggistica. Naturalmente, le distanze tra l'italiano dei saggi e quello della letteratura non sono ancora cosí forti e nette come oggi. I due universi della scrittura, quello creativo e quello della riflessione, restano a lungo vicini e parzialmente sovrapposti. Ma non c'è dubbio che la saggistica cerchi vie e modi di espressione che richiedono una libertà linguistica maggiore o meno regolamentata di quella apprezzata in poesia o nelle novelle. Se è perciò vero che molti saggi guardano al modello linguistico della letteratura (ad esempio il *Galateo* del Della Casa dà istruzioni di buon vivere in un italiano tutto sommato bembesco e boccacciano)[1], in generale è facile riscontrare in campo saggistico una maggiore spregiudicatezza linguistica. Il fatto stesso che non pochi trattati della fatidica questione della lingua teorizzino e pratichino soluzioni di maggiore dinamicità e piú larga tolleranza linguistica è di per sé indicativo. Il *Cortegiano*, come abbiamo visto, propugna e in parte pratica l'italiano «discreto» della conversazione di corte; la *Civile conversazione* del casalese Stefano Guazzo ammette, sia pure solo nel parlato «civile», usi linguistici regionali[2]; il *Dialogo delle lingue* del padovano Sperone Speroni introduce tra gli interventi quello del filosofo Pietro Pomponazzi che proclama polemicamente la possibilità (e persino l'opportunità) di filosofare «in mantovano»[3]; il Gelli scrive coi *Capricci di Giusto Bottaio* un vero e proprio manifesto a favore dell'emancipazione culturale delle classi medie-popolari e teorizza, sia pure in nome dello schietto fiorentino moderno, una solida libertà dai rigori normativi degli arcaizzanti. Chi traduce o compila opere scientifiche sa, come dichiara Alessandro Piccolomini, di non poter evitare scelte non del tutto ortodosse ma ritiene che il fine pratico e utilitario dell'opera assolva dall'eccessivo rispetto grammaticale[4]. Se il problema era particolarmente acuto nella divulgazione delle scienze naturali e meccaniche (dove però c'era anche minor severità di controlli linguistici)[5], la sua soluzione era piú imbarazzante nella manualistica piú nobile, ad esempio nella critica d'arte. Vasari, per fissare i diversi colori, enumera gli aggettivi: *abbacinato abbagliato acquidoso affocato carico carnoso crudo smorto dolce fiammeggiante vivo malinconico pallido*, là dove il Cennini aveva usato tecnicismi come *azzurro oltramarino arzica biffo cignerognolo cinabrese morello ocra pesco porpora risalgallo sbiadato*. A sua volta il Cellini non sottilizza sulle buone regole per dare il nome a tanti strumenti come *corregiuoletto calderone mantachetti setolina vasetti ciotoline palettine coltelletti legnetti carboncini spugnuzze*, approfittando con larghezza dei diminutivi del parlar domestico[6].

4.1. *Machiavelli e Guicciardini.*

L'italiano della trattatistica oscilla perciò tra i modelli della lingua letteraria e piú o meno vistose libertà. Un caso celebre ed eccezionale per significato e valore è quello del *Principe* di Machiavelli. Come tutte le altre opere machiavelliane, anche il *Principe* è scritto nel fiorentino moderno del suo autore, sia pure con liberi movimenti da un polo all'altro dei modi e dei valori linguistici correnti, secondo il comportamento apprezzato e prescritto in quel *Dialogo intorno alla nostra lingua*, che appunto a Machiavelli è stato fondatamente attribuito. Ad esempio, l'articolo determinativo, differentemente da quelli che di lí a poco saranno i suggerimenti di Bembo, è al singolare *el*, accanto a *lo*, e al plurale *e'* accanto a *li / gli*. *Lui* e *lei* sono pronomi soggetti e il pronome personale è spesso duplicato («Le città [...] quando le vogliono [...] perché le sono in modo fortificate

[...]»); ci sono casi di mancata concordanza del verbo col soggetto («Restava [...] due difficoltà [...]»); nelle frasi negative il pronome non è mai enclitico del verbo (standovi / non vi stando, averla / non la avere); la terza singolare del congiuntivo imperfetto esce in -i (che egli *divenissi andassi*) a fronte della -e di Bembo, e la terza plurale del congiuntivo presente è in -ino per i verbi di seconda e terza coniugazione a fronte di -ano bembiano (*intendino venghino*); alla terza plurale del presente indicativo i verbi in -are escono (come nei grandi autori toscani del Quattrocento) spesso in -ono (*accordono acquistono*) e quelli in -ere -ire in -ano (*credano obediscano veggano*); alla terza plurale del passato remoto i verbi della prima escono in -orono (*ampliorono andorono*) e quelli della seconda in -ono (*elessono feciono*), con esplicita evasione dalla variante letteraria in -arono (-aro) -ero- irono (-iro). Ma l'opzione saggistica e la necessità di un linguaggio tecnico e specifico esigono una larga disponibilità anche verso i latinismi, alcuni addirittura conservati intatti. Ecco allora i vari *etiam solum de repente demum*, tipici del lessico cancelleresco; i latinismi graficofonetici (*augumento conspetto sentenzia miraculo defetto*), quelli tecnici: *defensione dedignazione* (ricusa) *contennendo direpzione* (saccheggio) *negligere periclitare propinquo* e quelli semantici: *capire* (entrare) *impeto* (assalto) *progressi* (azioni) *dannare* (biasimare). Si registra cosí una specializzazione del vocabolario che crea le premesse di un italiano della scienza politica: *reclamare*, nel senso di presentare una protesta, *riputazione*, *stato*, nella sua «piú matura» accezione, di istituzione, governo, territorio insieme congiunti. Perfino le serie metaforiche sono mobilitate per una tecnicizzazione del linguaggio politologico; ad esempio quella architettonico-edile coi vari *fondare fondamenti rovinare ruina edificare addentellato assolidato stabilito retto riparo scala sbassare disegnare bilanciare*; oppure quella biologica, coi suoi *corpo membro nervo nutrire nasce partorisce*[7], antesignane di consuetudini settoriali ancora in uso oggi.

La trattatistica politica e, con essa, la storiografia, sono, come si sa, nella prima metà del Cinquecento, un fatto soprattutto toscano. Con Machiavelli, anche Francesco Guicciardini mostra come la morfologia del fiorentino e persino qualche eccesso di *florentinitatem* (nei *Ricordi* troviamo *abbino, conoscessino, possino*; i presenti tipo: *trovono, arrecono*; forme come *drieto, drento*) si potessero ben adattare alla formula narrativa e saggistica di un'opera che era al tempo stesso storica e letteraria. Se è però vero che le variazioni da lui apportate via via alla sua lingua non sono tutte imputabili all'attenta lettura delle *Prose* bembiane, postillate con molta cura, è certo che non dovette essere estranea la lezione di Bembo all'evoluzione dell'italiano da quello delle *Storie fiorentine* (1508-509) e delle *Cose fiorentine* (circa 1527) a quello della *Storia d'Italia*. I latinismi erano all'inizio molto piú fitti e vistosi, a partire dalla grafia (*cictà actione actendono laudati simulatione huomo cincto tucti effecti captivi*); l'articolo determinativo *el*; *lui* era anche soggetto; il congiuntivo imperfetto in *-i* alla terza singolare (*si creassi si venissi*). Nell'opera principale si riducono (ma non scompaiono di certo: si vedano i vari *possessione defensione sentenza*) i latinismi; il congiuntivo imperfetto passa a *-e* (*si convocasse*, ma resta in *-ino* alla terza plurale, *riformassino*); il tipo *le arme* si muta in *le armi*; *el* → *il*; resta ai margini della norma il passato remoto in *-orono* (*cominciorono*). Soprattutto, Guicciardini mette a fuoco una sintassi di grande complessità e ambizione, che unisce la sequenza narrativa al periodare meditativo e valutativo: ecco l'uso seriale del participio passato assoluto («andato il Triulzio [...] saccheggiato da' soldati [...] partitisi Verginio e il conte di Pitigliano, dissoluto quasi tutto l'esercito [...]») e dell'infinito, il periodo ipotetico, il valore dei tanti *perché* e *conciossiaché*, strutture portanti di un discorso che resta letterario ma si viene specializzando e precisando [8].

4.2. *I grammatici.*

Anche la trattatistica piú direttamente implicata nel problema della lingua, quella dei teorici della «questione» e dei grammatici cerca un vocabolario idoneo alle proprie

esigenze. Il Bembo delle *Prose,* volendo evitare i latinismi
che spiacciono al suo purismo di ciceroniano, parla di voci
del *maschio* e della *femmina,* per maschile e femminile; *del
piú* e *del meno* per plurale e singolare; della *maniera* per coniugazione; delle «voci che senza termine si dicono» per
infinito; «il tempo [...] che corre mentre altri parla» è per
lui il presente e il futuro è «il tempo che a venire è». Invece
di «sostantivi» introduce «que' nomi, i quali, col verbo
posti, in piè soli star possono e reggonsi da sé senz'altro»,
in opposizione a quelli «che con questi si pongono, né stato hanno altramente», gli aggettivi; in luogo dei pronomi
parla «di quelle voci, che invece di nomi si pongono»; il
soggetto è «la voce che fa»; gli avverbi «quelle particelle
che a' nomi si danno e per casi o per numeri o per generi
non si storcono»; le preposizioni sono «proponimenti» o
«quelli che segni sono d'alcuni casi, e alle volte senza gli articoli si pongono, e talora insieme con essi»'. La trattatistica è in cerca di un sistema classificatorio preciso e di una
nomenclatura adeguata.

   Dopo le precorritrici e latineggianti proposte termino-
logiche della grammatichetta quattrocentesca attribuita al-
l'Alberti, cominciano ad affermarsi i termini poi fortunati
di *avverbio* (Fortunio), *interiezione* (Liburnio), *preposizione* (Trissino), *pronome* (Trissino, Fortunio), ma continuano a lungo le incertezze. Un grammatico napoletano, fotografato da Maria Corti [10], saccheggia il latino per trovare
etichette alle sue categorie grammaticali: usa *appellagione*
per il nome comune e *oragione* per il discorso, *gieno* per genere, *dittione* (verbo), *addittione* (avverbio), *dittionari* (i
deverbali), *esistenti* (i sostantivi), *adherenti* (gli aggettivi),
interposigione (l'interiezione) ecc. e propone definizioni
del tipo: «novero ee egli uno accrescimento di quantità, da
uno a piú procedente, per terminagione distinto»; «terminagione, osservamento sezzaio, una fine essere diciamo di
che chia sia appellagione» ecc.

   Piú tardi, il Castelvetro usa *sostantivo verbo pronome
adiettivo* o *aggiuntivo averbo;* il Salviati adopera solo i tecnicismi piú consolidati (*pronome* e non *vicenome, congiunzione* non *giuntura*); spiega il raddoppiamento col «mar-

tello che piú da alto cadendo sopra la 'ncudine, rende maggiore il suono»; osserva:

> nel [...] trattato i nomi, e i termini de' Latini gramatici useremo quasi sempre poiché ormai dimestichi [...] del parlar nostro [...] perciocché udendo da valent'huomo la voce, esclamazione, chiamarsi schiamazzio [...] non si può, senza riso, trapassar la lettura [...] [11].

Tuttavia, nelle *Regole della toscana favella* [12] chiama *vicecasi* o *segnacasi* le preposizioni e l'articolo indeterminativo *accompagnanome*. Inoltre «chiamo *tramezzo* quella che da Latini *Interiectio* e *legame* ciò che da medesimi è detta *Coniunctio*».

«Il Ligame [...] che i latini Gramatici chiamano congiunzione [...] è voce che [...] lega insieme i concetti particolari»; «il Tramezzo, che interiezzione vien nominato in gramatica, perocché tra le altre parti si tramette in guisa nel favellare che senza distrugger la tela gramaticale o, come dicono, la costruzione, rimuover se ne potrebbe». L'avverbio è «cosí nomato perocché del verbo è come servente e dirò cosí assistente, appoggiandosi sempre a lui, e dovendo di sua natura sedergli allato».

L'italiano si attrezza cosí per varie specializzazioni umanistiche, in attesa che Galileo lo introduca anche nelle scienze naturali. Ma il punto di riferimento, accettato o contrastato, resta la regola fissata per il suo impiego letterario.

---

[1] Cfr. E. Bonora, *Retorica e invenzione*, Rizzoli, Milano 1970. Il *Galateo* (citato qui dall'edizione a cura di S. Orlando, Milano, Garzanti 1992 [3]) si apre infatti con un solenne *conciossiacosaché* e prosegue con una sintassi molto boccacciana, con tanto di vistosi latinismi («costoro... difendono che ogni terzo passo è necessario ingaggiare battaglia»; «non dir quelle cose, le quali taciute, la novella sarebbe non meno piacevole»; «fu condannato nella persona»), nonostante la raccomandazione di evitare un linguaggio troppo «avviluppato» e le non poche concessioni ai toscanismi, tipo la morfologia del congiuntivo presente: *possi, caggino, astenghino*.

[2] Cfr. C. Marazzini, *Piemonte e Italia. Storia di un confronto linguistico*, Centro studi piemontesi, Torino 1984.

[3] Cfr. N. Maraschio, *Il parlato nella speculazione linguistica del Cinquecento*, in «Studi di filologia italiana», IV (1977), pp. 207-26.

⁴ Cfr. V. Coletti, *Parole dal pulpito*, Marietti, Casale Monferrato 1983.

⁵ P. Manni, *La terminologia della meccanica applicata nel Cinquecento e nei primi decenni del Seicento*, in «Studi di lessicografia», 2 (1980), pp. 139-219. Interessante questo brano (p. 144) dalla versione delle *Meccaniche* latine del Del Monte fatta da Filippo Pigafetta: «Ho ritenuto nel tradurre le parole Cilindro et Helice i vocaboli istessi, come l'Autore gli ha posti, percioché la nostra lingua povera ancora di queste voci, non ne ha fin hora approvata alcuna per buona, et communemente intesa in tutta Italia».

⁶ Cfr. P. Barocchi, *Storiografia artistica: lessico tecnico e lessico letterario*, in «Studi di lessicografia italiana», 1 (1981), pp. 5-27. Cfr. anche M. L. Altieri Biagi, *La Vita del Cellini. Temi, termini sintagmi*, in *Benvenuto Cellini artista e scrittore*, Roma 1972.

⁷ Tutte le citazioni dal *Principe* sono tolte da F. Chiappelli, *Studi sul linguaggio del Machiavelli*, Le Monnier, Firenze 1952; si veda anche dello stesso, *Nuovi studi sul linguaggio di Machiavelli*, Le Monnier, Firenze 1968.

⁸ G. Nencioni, *La lingua del Guicciardini*, in *La lingua dei Malavoglia e altri scritti*, Morano, Napoli 1988, pp. 175-236. Si veda anche M. Fubini, *Le quattro edizioni dei Ricordi del Guicciardini*, in *Studi sulla letteratura del Rinascimento*, Vallecchi, Firenze 1947.

⁹ Cfr. I. Paccagnella, *La terminologia nella trattatistica grammaticale del primo trentennio del Cinquecento*, in aa.vv., *Tra Rinascimento e strutture attuali*, Rosenberg & Sellier, Torino 1991, pp. 119-30.

¹⁰ M. Corti, *Un grammatico e il sistema classificatorio del Cinquecento*, in *Metodi e fantasmi*, Feltrinelli, Milano 1968, pp. 219-49.

¹¹ A. Antonini, *La lessicologia di Leonardo Salviati*, in «Studi di grammatica italiana», XI (1982), pp. 101-35.

¹² P. Brown, *Una grammatichetta inedita del cavalier Lionardo Salviati*, in «Giornale storico della letteratura italiana», 1957, pp. 544-72. Ora edita in L. Salviati, *Regole della toscana favella*, a cura di A. Antonini Renieri, Accademia della Crusca, Firenze 1991.

5.
L'Accademia della Crusca

Nel primo Cinquecento l'inclinazione della lingua verso la norma era stata parallela alla definizione di alcuni valori stilistici e letterari, esemplarmente rappresentati dal petrarchismo. Il Bembo non aveva affidato le sue regole esplicitamente a una grammatica, ma aveva indicato la grammatica nello stile dei suoi autori prediletti. Il principio estetico dell'imitazione, per sua natura legato al contesto e al sintagma, al concreto del testo d'autore, aveva cercato di diventare principio linguistico, di per sé astratto e paradigmatico. Restava cosí, nella lingua, là dove lo stile dei Grandi non soccorreva, una zona d'ombra, e non sarebbe, a lungo andare, valso a nulla l'esorcizzarne la realtà con anatemi su quanto non preventivamente autorizzato dalle tre Corone. Come ci si doveva comportare di fronte a tutto quello spazio linguistico che non trovava in Petrarca e Boccaccio un modello?

Il problema doveva acutizzarsi col crescere degli impieghi dell'italiano in territori non canonici; e già abbiamo visto come la storiografia, la scienza politica, la saggistica in genere avessero evaso le regole auree con molta tranquillità. Occorreva dunque definire una grammatica piú completa e articolata; la lingua doveva essere fissata nella sua dimensione piú ampiamente sistematica, e non già solo nella selezione di una o due varietà stilistiche. A questa esigenza per cosí dire interna alla vicenda linguistica, si sommavano ragioni culturali e ideologiche di altra natura. Il secondo Cinquecento cercava ovunque regole piú certe e chiare e ammetteva sempre meno franchigie incontrollate; l'ansia di ordine e di classificazione (estrema lezione dell'aristotelismo rinascimentale) pervadeva ogni settore;

il dopo Concilio stabiliva regole inviolabili là dove i decenni precedenti avevano lasciato aperti spiragli e, a volte, ampi varchi. In sede linguistica si riduceva sempre piú la vocazione libertaria, naturalistica, dei fiorentini, ultimi a piegarsi a regole che sentivano, come abbiamo visto, innaturali davanti al movimento della lingua che essi usavano comunemente. Per di piú, la politica culturale del Principato mediceo finí per realizzare che il prestigio linguistico regionale sarebbe stato meglio garantito dai grandi modelli storici che dalla lingua viva, cui si poteva eventualmente affidare il compito di integrare le lacune di quella antica.

L'intuizione bembiana si trasferisce cosí anche a Firenze, col corredo dei piú vasti bisogni linguistici maturati in mezzo secolo di storia. Benedetto Varchi fa vedere ai fiorentini il vantaggio dell'antica grandezza linguistica; il governo chiede di dettare le leggi della Grammatica e del Vocabolario; gli intellettuali capiscono di doversi riappropriare del proprio passato letterario, con criteri piú generosi e meno univoci di quelli del Bembo.

In questo contesto l'Accademia della Crusca (1583) comincia ad assumere come proprio compito istituzionale lo studio e la tutela della lingua. I dotti mettono a punto una grande e prepotente filologia che fissa i testi volgari antichi come nel caso celebre del *Decameron* del Borghini[1]. La grammatica dell'italiano passa sotto l'insegna fiorentina, celebrando piú i fasti dell'antica lingua popolare che le levità dello stile dei Sommi. Lionardo Salviati è il gran maestro di questa operazione.

«Le scritture che passar deono alla posterità, la favella del miglior secolo imitar deono quanto possono il piú», sentenzia riassumendo le novità del suo pensiero. Non piú infatti, come invece nel Bembo, i grandi scrittori fanno da riferimento unico per la grammatica, ma il popolo tutto del «buon secolo» quattordicesimo, età in cui il volgare raggiunse le vette della sua storia, prima di iniziare una decadenza che solo il ritorno all'aureo antico ha permesso ai migliori dei moderni (come il Casa, il Bembo) di evitare. Gli intellettuali del Quattrocento hanno in effetti intaccato la pura lingua della stagione piú bella, inquinandola coi latinismi dell'umanesimo, che si sono aggiunti alle contaminazioni degli «altri volgari d'Italia». Spetta ora ai nuovi scrittori restaurare lo «stato primiero», dimenticando, se occorre, «la moderna legatura delle parole, ed il moderno suono» e dettando «nello stesso e proprio e vero stile [...] di quel buon secolo». Se il «domestico uso del nostro presente populo» offre dunque delle proposte diverse (ad esempio distinguendo la prima dalla terza persona dell'imperfetto indicativo: *io amavo egli amava*), non per questo ci si deve discostare dall'uso del Trecento.

> «Tenevamo» e «leggevamo» e «sentivamo» [...] nel moderno scrivono la maggior parte. Ma perché gli autori di piú autorità hanno scritto [...] «tenavamo», «leggiavamo», «sentavamo», quello aver si dee per migliore»[2].

Il Trecento diventa cosí nella sua interezza e astrattezza il luogo della buona lingua; in quell'età il popolo parlava il miglior toscano e gli scrittori piú autorevoli sono quelli che piú da vicino lo riflettono; dunque non i migliori e «piú scienziati», ma i «piú volgari». Succede allora che «il fondamento [...] della purità de' vocaboli e de' modi del dire» dovrebbe, almeno in teoria, stare assai piú in Giovanni Villani che nel pur prediletto Boccaccio e piú nella *Divina Commedia* che nel *Canzoniere* del Petrarca, con evidente capovolgimento delle gerarchie bembiane. Sulla scorta del Salviati, e «con l'aiuto della divina grazia», l'Accademia prepara un vocabolario nel quale «si son raccolti e dichiarati tutti i vocaboli e' modi di favellare i quali abbiam trovati nelle buone scritture, che furon fatte innanzi all'anno del 1400»[3].

5.1. Il «Vocabolario» della Crusca.

Durante tutto il Cinquecento l'attività lessicografica aveva accompagnato quella grammaticale ed entrambe, come abbiamo visto, avevano fruttuosamente partecipato al ricco dibattito linguistico del secolo. L'Accademia della Crusca compie questa lunga e intensa ricerca con un'opera di grande ambizione scientifica e di ancor piú alto prestigio normativo. Intorno al 1590 i verbali dell'Accademia comin-

ciano a riferire decisioni intorno a un *Vocabolario* di cui,
con tutta evidenza, si doveva già aver a lungo discusso. È
già pronta, a quella data, un'istruzione per gli Accademici,
che fornisce loro lo schema e il metodo del lavoro di raccolta delle voci da inserire, in ordine alfabetico, nel *Vocabolario*. Non a caso queste istruzioni si aprono stabilendo
di «copiare una carta del Decamerone del Boccaccio, una
di Dante e una del Petrarca per settimana»[1]. Il punto di riferimento era dichiaratamente la lingua del '300 e prima di
tutto quella dei tre massimi autori, cui si affiancava subito
Giovanni Villani, secondo le indicazioni del primo e piú
autorevole accademico, il Salviati. Il precetto della buona
lingua del buon secolo induceva poi ad allargare, come Salviati stesso aveva fatto, il canone a molti fiorentini e toscani
del XIV secolo (Passavanti, Cavalca, Sacchetti) e anche a testi e autori duecenteschi (Novellino, Bono Giamboni), utilizzando tanto le opere originali quanto i volgarizzamenti.
Inevitabile che si ponesse però subito il problema dell'uso
successivo e moderno, in parte risolto con moderate perlu-
strazioni del lessico di scrittori quattrocenteschi (Poliziano, Pulci, Lorenzo) e cinquecenteschi, che avessero però
seguito il buon uso antico (Bembo, Ariosto, Casa, Berni,
Gelli, Salviati e pochi altri) e in parte con attestazioni (assai
poche invero) di voci d'uso non «autorizzate», allegate
senza esemplificazioni[2]. Ma quali fossero le intenzioni e il
progetto del *Vocabolario* lo dichiara esplicitamente l'avvertenza ai Lettori premessa alla prima sua edizione, di Venezia, nel 1612:

> Nel compilare il presente Vocabolario (col parere dell'Illu-
> strissimo Cardinal Bembo, de' Deputati alla correzion del Boc-
> caccio dell'anno 1573 e ultimamente del Cavalier Lionardo Sal-
> viati) abbiamo stimato necessario ricorrere all'autorità di que-
> gli scrittori, che vissero quando questo idioma principalmente
> fiorí, che fu da' tempi di Dante, o ver poco prima, fino ad alcu-
> ni anni, dopo la morte del Boccaccio. Il qual tempo, raccolto in
> una somma di tutto un secolo, potremo dir che sia dall'anno
> del Signore 1300 al 1400, o poco piú, o poco meno. [...] Laonde
> potendo noi tener sicuramente la lingua degli autori di quell'e-
> tà, per la piú regolata e migliore, abbiam raccolto le voci di tutti
> i lor libri, che abbiam potuto aver nelle mani, assicuratici prima

che, se non tutti, almeno la maggior parte di essi o fossero scrittor fiorentini, o avessero adoperato nelle scritture loro vocaboli e maniere di parlare di questa Patria [...]. Deesi parimente avvertire che oltre alle voci ritrovate negli autori di quel buon secolo, n'abbiamo nell'uso moltissime altre, delle quali forse non venne in taglio a quegli scrittor di servirsi, però parendoci bene darne notizia, per non impoverirne la nostra lingua, n'abbiam registrate alcune e, per loro confermazione, abbiam tal'ora usato l'esemplo d'alcuni autori moderni, tenuti da noi per migliori [...] Né abbiamo sfuggito citargli anche dove la parola d'autore antico sia stata scarsa d'esempli o quando l'esemplo moderno abbia piú assai vivamente espresso la forza di tal parola [...] Quelle parole, delle quali non abbiamo trovato esemplo d'Autori del buon secolo, l'abbiam, per lo piú, dichiarate nel fine del discorso di qualche voce d'autore di detto secolo, con la quale elle abbiano qualche convenenza o similitudine [...] [6].

Il *Vocabolario*, per la grafia, si rimetteva, sostanzialmente, al Salviati degli *Avvertimenti*: non registrava la differenza tra *u* e *v* (che comincia ad apparire con la terza edizione del 1691), riduceva l'*h* ai casi di confusione omografica (*ho* | *o*, *ha* | *a*, *hanno* | *anno*) e alle voci *huomo* e (ma facoltativo) *huopo*; rendeva con *z* *ti* latino (*vizio* e non *vitio*) e con *zz* l'affricata intervocalica sorda o sonora (*rozzo pazzo*), con *s* scempia l'esito di *ex-* latino (*esemplo*); regolava abbastanza sistematicamente la geminazione, che restava ondeggiante quasi solo nei composti prefissali (*innebriare* e *inebriare*). Oscillava in alcuni gruppi consonantici, ora assimilati (*irregolare illecito*) e ora no (*inlecito inreverenza*); introduceva *j* per alcuni plurali (*edificj cerchj repertorij salarij*); manteneva in alcuni casi l'alternanza sorda | sonora (*acuto* | *aguto*, *lacrima* | *lagrima*, *nudrire* | *nutrire*, *artificio* | *artifizio*, *uficio* | *ufizio*) [7].

Dal Salviati vengono pure precise indicazioni sulla realizzazione grafica dei fenomeni eufonici, cosí cari alla poesia, dall'inserzione di *d* nell'«incontro» di sequenze vocaliche, alla prostesi di *i* | *e* davanti a parola che inizi con *s* + consonante, se preceduta da un'altra che termina in consonante, all'elisione (obbligo, tra l'altro, di elidere per fonetica sintattica *lo la mi ti si vi di*, le preposizioni articolate), all'aferesi (nella sequenza di *lo* + parola che inizi con *in-*: «lo 'ngegno»), ai troncamenti (con esclusione di quelle parole che sono al plurale o finiscono per *a*) [8]. Al Salviati, al Bembo e ai Deputati al *Decameron,* cioè alle tre somme autorità linguistiche del secolo, concordate, a forza o a ragione, nella devozione al buon Trecento, la Crusca si rimetteva poi soprattutto per il piú delicato dei problemi: il canone degli autori antichi e moderni da considerare nello spoglio. Era infatti inevitabile che, senza fare piú di tanto credito ai propositi, pur dichiarati e concreti, dei lessicografi di Crusca circa l'uso vivo e moderno della lingua, si guardasse alle implicazioni letterarie delle scelte fatte e che, quindi, soprattutto la tavola degli autori moderni diventasse oggetto di polemiche anche molto aspre.

5.2. *Il caso Tasso e le polemiche sulla Crusca.*

In verità la polemica era cominciata ancora prima che il Salviati orientasse l'Accademia verso la lingua, quando venne pubblicata, nel 1580, la *Gerusalemme liberata.* La lingua del Tasso non era destinata a incontrare il consenso dell'accademico Infarinato, che anche per altre ragioni preferiva l'*Orlando furioso,* col quale fin da subito l'opera del Tasso fu in competizione. In effetti il linguaggio del poema tassiano doveva sorprendere soprattutto per le novità del suo stile, per quella misura « eroica » e quella densità armonica che il poeta aveva esplicitato nei *Discorsi dell'arte poetica* e specialmente in quelli del *poema eroico.* Tasso, come si sa, aveva cercato l'ornato solenne con concessioni agli arcaismi (passato remoto come *poteo raddolcio*), ai latinismi (*adusto carme commettere,* nel senso di affidare, *ingegno,* attitudine, *repugnare,* combattere, *sofferire,* sopportare, *stupido,* stupito, *absorto,* sommerso, *astretto,* costretto, *formidabile,* temibile), alle (molte) enclisi pronominali (*andonne cercollo sdegnossi stassi rimanti vanne vennevi menarolti narrerotti*), alle perifrasi dotte (*opra furtiva* per furto, *parte matutino* per parte presto) ed eleganti (*parte il capo* per spacca la testa, *diasi licenza al ver* per dire la verità)[9]; aveva scavato nel lessico fonosimbolico e nei traslati poi tanto celebri.

La libertà e la novità che il Tasso reclama per il poeta (nella sua *Apologia*), pur nel ribadito ossequio alla norma, sono in realtà i segni con cui si presenta la cultura barocca.

Il *Vocabolario* della Crusca esce proprio quando il barocco comincia a mettere in discussione l'assunto fondamentale della sua stessa impostazione: la superiorità degli antichi sui moderni, il percorso della lingua dagli splendori del buon secolo alla decadenza dei tempi moderni, l'involuzione e il blocco dell'avventura linguistica. È questo un dato che la sensibilità secentesca non può piú accettare, anche se non lo rifiuta integralmente. Alessandro Tassoni, pur essendo accademico della Crusca, ritiene che, come è possibile far meglio di Petrarca in poesia, cosí è impossibile adeguarsi interamente alla sua misura in fatto di lingua: come potrebbero del resto i moderni esprimere la novità dei loro pensieri restando chiusi nelle misure antiche? Il concetto di progresso si inserisce cosí nella valutazione delle vicende linguistiche, in cui il mondo moderno viene ad essere erede piú ricco e sapiente degli antichi [10].

Il Tasso diventa allora il campione della modernità, dell'arte di contemperare lo splendore della classicità con la sensibilità dei moderni. La critica alla Crusca è di fatto, spesso, difesa del Tasso dal Salviati e dai cruscanti. Paolo Beni assolve la *Gerusalemme* dalle critiche salviatesche, massime per il libero impiego dei latinismi, usati «per piú viva e pronta mente informar i concetti e render chiara l'orazione». La «cacofonia», che tanto dispiaceva all'Infarinato nel poema del Tasso (sequenze come *tomba e cuna*, *che canuto*, *in pasto ai cani*, che all'orecchio fiorentino producevano inaccettabili amalgami del tipo *tombeccuna checcanuto impastacani...*) trovava per i suoi difensori invece motivazione in una nuova meraviglia dei suoni.

La critica anticruscante è dunque innanzitutto la riserva dei moderni raffinati e colti verso gli antichi incolti e rozzi e trova in una diversa tavola dei valori letterari il proprio punto di riferimento: sono gli scrittori del Cinquecento da Sannazaro ad Ariosto a Tasso («in cui si riconoscono tutte le bellezze della lingua», scrive il Beni) a costituire il nuovo canone, là dove la Crusca o li aveva esclusi o li aveva impiegati in modo del tutto parziale e surrogatorio degli autori trecenteschi. I grandi del Trecento (Dante e Boccaccio in particolare) subiscono questa revisione di gusto e di linguaggio e si notano piú i loro «errori» che i pregi, di cui quasi solo Petrarca, tra gli antichi, resta titolare, per quanto anche lui non indiscusso[11].

Le due successive edizioni del *Vocabolario*, nel 1623 e poi nel 1691, sono occasione di ulteriori polemiche, sempre all'insegna della difesa o del rifiuto della norma puristica trecentesca. L'opposizione resta quella tra antichi e moderni: se la Crusca, grammatici celebri come il Buonmattei[12], ribadiscono sostanzialmente la superiorità ideologica dell'autorità degli antichi scrittori e i sospetti verso l'incolto uso moderno (scrive Gregorio Dati: «in quella guisa, che l'uso del ben vivere è il consenso de' buoni, cosí del ben parlare il consenso è degli eruditi»), intellettuali piú liberali come il Bartoli e il Magalotti consigliano di distinguere la grammatica antica da quella della lingua moderna, colle nuove necessità di un vocabolario anche tecnico e specialistico («i vocaboli proprj de' mestieri, delle arti, delle professioni, delle scienze, son dessi i veri quegli che corrono per le botteghe, per le scuole, per gli uffici, per i mestieri: e vanità sarebbe il cercarli appresso gli antichi, che delle mille non ne hanno le due», nota il Bartoli) e soprattutto adeguato ai bisogni del tempo («io non vorrei che ci trafelassimo a cavar fuori e a spiegar voci, che in questo secolo non accadrà che uomo le oda nominare una sola volta in vita sua, e trascurassimo d'insegnare a usar sicuramente e accertatamente quelle che occorrono in ogni discorso», osserva il Magalotti). Ma, non a caso, Daniello Bartoli e Lorenzo Magalotti sono intellettuali con interessi scientifici ed extraletterari, che si addentrano in situazioni comunicative in parte nuove e inesplorate per l'italiano. La lingua riceve dagli scienziati quella spinta alla libertà che i letterati cercavano di negarle[13].

[1] Sono celebri le Annotazioni dei Deputati al Decameron del 1573, opera soprattutto di V. Borghini, riprese dal Salviati per incarico di Sisto V negli *Avvertimenti della lingua sopra il Decameron*, Guerra, Venezia 1583 (riedito Milano 1809-10). Cfr. M. Pozzi, *Lingua e cultura del Cinquecento*, Liviana, Padova 1975.

[2] P. Brown, *Una grammatichetta inedita del cavalier Lionardo Salviati*, in «Giornale storico della letteratura italiana», 1957, p. 552. Ma cfr. anche C. Trabalza, *Storia della grammatica italiana*, ristampa anastatica, Forni, Bologna 1963.

[3] S. Battaglia, *La crisi rinascimentale nella ricerca linguistica di Lionardo Salviati*, in «Filologia e letteratura», 68 (1971), pp. 400-26 (cit. p. 424).

[4] La storia e le vicende della Crusca e specie del primo suo *Vocabolario* sono egregiamente ricostruite da S. Parodi, *Quattro secoli di Crusca*, Presso l'Accademia, Firenze 1983 e *Gli Atti del primo vocabolario*, Sansoni, Firenze 1974.

[5] Cfr. O. Olivieri, *I primi vocabolari italiani*, in «Studi di filologia italiana», VI (1942), pp. 64-192.

[6] Citazione dall'avvertimento *A' Lettori* al *Vocabolario degli Accademici della Crusca*, Alberti, Venezia 1612.

[7] A. Mura Porcu, *Note sulla grafia del Vocabolario della Crusca*, in «Studi di lessicografia italiana», IV (1982), pp. 335-61.

[8] L. Salviati, *Avvertimenti* cit., di cui si ricorderanno anche le importanti note sulla punteggiatura, coi vari *punto fermo, mezzo punto, punto coma, coma, interrogativo* ecc.

[9] Il Salviati polemizzò col Tasso nella *Stacciata prima* del 1585, cui il Tasso rispose con la sua *Apologia*, e con l'*Infarinato secondo* del 1588. Per la polemica si veda R. M. Ruggeri, *Aspetti linguistici della polemica tassesca*, in «Lingua nostra», VI (1944-45) e *Latinismi, forme etimologiche e forme «significanti» nella Gerusalemme*, in «Lingua nostra», VII (1946), pp. 76-84 (ora in *Saggi di linguistica italiana e italo romanza*, Olschki, Firenze 1972); inoltre, M. Vitale, *Latinismi e lombardismi nella polemica cinquecentesca intorno alla Gerusalemme liberata di T. Tasso*, in «Convivium» (1950), pp. 216-30. Cfr. anche in generale F. Chiappelli, *Studi sul linguaggio del Tasso epico*, Le Monnier, Firenze 1957.

[10] P. Puliatti, *Il pensiero linguistico del Tassoni e la Crusca*, in «Studi secenteschi», XXVI (1985), pp. 3-23.

[11] Cfr. P. Beni, *L'Anticrusca*, 2 voll., a cura di G. Casagrande, Presso l'Accademia della Crusca, Firenze 1982. Si veda anche M. Dell'Aquila, *La polemica anticruscante di Paolo Beni*, Adriatica, Bari 1970.

[12] Scrive il Buonmattei (*Della Lingua toscana libri due*, a cura di F. Casotti, Guiducci e Franchi, Firenze 1714) a proposito della prima persona singolare dell'imperfetto indicativo: «così [con l'uscita in *-a*] si diceva universalmente, ma è stato introdotto da alcun tempo... di terminarla in *-o*; il che... è stato abbracciato da molti, almeno nella viva voce e nelle scritture non così gravi; e s'io non m'inganno potrebbe introdursi in breve comunemente... Ma noi, ... non c'essendo ancora autori di momento sopra' quali possiamo fondarci, porremo l'antica voce colla terminazione usata».

[13] M. Vitale, *La questione della lingua*, Palumbo, Palermo 1978.

6.
L'età barocca

È Galileo che apre l'italiano alla scienza. Un tirocinio in volgare c'era per la verità già stato nel Cinquecento, coi numerosi volgarizzamenti dagli autori scientifici dell'antichità. Ma con Galilei il dicorso della scienza si rivolge anche ai non specialisti, cui vuole parlare una lingua chiara e non troppo settorializzata. È per questo che cerca una terminologia analogica in luogo di una troppo tecnica (*verme della vite, pendolo, scodella* ecc.) e rifiuta il latino e il latinismo ultraspecialistici in nome di un italiano comprensibile e preciso. Muovendo dal principio che il linguaggio formalizzato della scienza «non consiste in altro fuori che nell'accordarsi che sorta di roba noi intendiamo sotto quel nome», Galilei cerca di insegnare «i termini» della scienza, «cioè delle parole, ma non delle verità, che son cose»[1]. L'impegno lessicografico degli scienziati è un tratto costante del secolo; basti pensare al ruolo che nella terza stampa della Crusca ebbe il medico Francesco Redi, purista tollerante persino coi francesismi (*compots lacchè gabinetto perrucca tanè pot*) e spagnolismi (*brio floscio sangria*), se occorrevano, e invece assai cauto con gli arcaismi: «Certe voci antiche non istanno bene collocate per tutto [...] ancorché [...] elle possano rendere un nobile sentimento spirante maestosa riverenza»[2]. Al tempo stesso, il linguaggio scientifico si avvicina e si insinua in quello poetico, secondo un processo che è di fatto una modernizzazione del lessico letterario. Nel famoso ditirambo rediano del *Bacco in Toscana* si leggono tecnicismi medici come *arterie musculi polmone atomi corpuscoli fauci esofago capogiri*, oltre a lessico gastronomico nuovissimo come *cioccolatte tè caffè*.

Nelle sue *Scintille poetiche* e nelle *Prediche* l'ultrabarocco
napoletano Giacomo Lubrano saccheggia il dizionario
greco per accogliere tecnicismi come *alessifarmaco* (anti-
doto) *antiperistasi* (azione di forze contrarie) *chirografo*
(manoscritto) *ecometria, lipotimia* (svenimento) *postema,
triaca* (medicina animale) ecc'.

Ma qui siamo dentro le bizzarrie e la programmatica eccentricità del barocco poetico, che ebbe in G. B. Marino il
suo campione.

6.1. *La lingua barocca.*

La cifra piú caratteristica del barocco è certamente lo
stile, la mistura di segni semantici disparati nel gran calderone della metafora, di cui sono da sempre celebre esempio questi versi dell'Artale: «Che il crin s'è un Tago e son
due Soli i lumi, | Prodigio tal non rimirò natura: | Bagnar
coi Soli e rasciugar coi fiumi», dove, data la similitudine
capelli (della donna) - fiume (un Tago) e occhi-soli (i «lumi» come «due Soli»), scatta l'arguzia del fiume che
asciuga le lacrime di cui si bagnano i Soli. Il barocco accosta i contrari e avvicina i distanti; scrive il Marino nei famo-
si versi dell'*Adone*, che definiscono l'amore per antitesi:
«Lince privo di lume, Argo bendato, | Vecchio lattante e
pargoletto antico [...]»; e ancora: «Benché ghiaccio ella
sia fiamma saetta»; «cosí vita cercando a morte corsi».
Egli gioca coi nomi in paranomasie, equivoci, bisticci del
tipo: «Là v'è piú ardi, o Sol, sol per tuo scorno», «servo di
chi m'è serva». Come minutamente annotava nel *Cannocchiale aristotelico* Emanuele Tesauro, il linguaggio cerca la
novità dentro un accorto ma piú spesso scatenato dosaggio
dei suoi piú tipici ingredienti letterari. La parola d'ordine
della poesia diventa la «meraviglia» e l'effetto desiderato
nel lettore lo «stupore»; la metafora e l'accumulo sono il
mezzo per realizzare l'esaltata «novità» senza dover inven-
tare un linguaggio nuovo, ma rimpastando in ampio e bizzarro modo quello vecchio. D'altra parte il barocco scopre
ed esalta il mutamento linguistico; «la maniera del favellare [...] e le voci grammaticali nascono, crescono, matura-

no, invecchiano e moiono [...] per il commerzio de' forestieri, per l'idiotismo de' pleblei, per licenza de' poeti, per
la sazietà degli orecchi e per l'oblio delle menti», scrive il
Tesauro[4].

Occorreva dunque anche materiale piú o meno inedito,
di cui potevano fornire copia fonti anche non letterarie,
come i trattati scientifici, i libri d'arte o i giochi. L'*Adone*
del Marino è il grande, interminabile serbatoio delle novità
barocche, in ragione delle quali non esita a sottrarsi, tutte
le volte che occorre, ai troppo restrittivi richiami della norma. Chi ne ha studiato la lingua ha segnalato, tra gli elementi non toscani, dialettalismi, latinismi, arcaismi, voci
straniere e popolaresche[5]. Il Marino saccheggia opere specialistiche come i trattati di medicina e di anatomia, cui
chiede il lessico per descrivere, ad esempio, l'occhio:

> Di tuniche e d'umori in vari modi
> àvvi contesto un lucido volume,
> ed uva e corno e con piú reti e nodi
> vetro insieme congiunge, acque ed albume,
> che son tutti però servi e custodi
> del cristallo, onde sol procede il lume   (VI, 33).

Ecco qui dunque *tuniche umori corno* (cornea) *uva*
(uvea) *vetro* (vitreo) *albume cristallo* (cristallino), voci già
usate dal poeta concorrente del Marino, il Murtola, ma che
comunque dalla scienza entrano in poesia proprio in quegli anni. Nelle zone scientifiche dell'*Adone* si colgono:
muscoli obliqui, ventricolo, labirinto (dell'orecchio), *quin-
te essenze chimiche, anaretico, circolo, diametro, periodo, cubo, sferico, epiciclo.* Famosa la descrizione del «telescopio» galileiano: «del telescopio a questa etate ignoto», «un picciol cannone e duo cristalli». Marino pesca
nei linguaggi settoriali dell'equitazione: *groppiera pettorale
carriera crovetta alfana frisone giannetto ronzone*; della scherma: *imbroccata passata riverso stoccata*; della dan-
za: *canario gagliarda pavana nizzarda saravanda ciaccona
riddone.* Il canto dell'usignolo è descritto in celebri versi
conterminologia musicale: *canto figurato, trapunto, contrappunto, doppio, croma, fuga, intervallo, passata maggiore,*

sincope, registro, trillo. E l'elenco potrebbe continuare, per il Marino, col lessico della botanica, specializzatissimo specie nei nomi dei fiori (*amaranto acanto mammoletta clizia giglio fiordaliso ligustro giacinto papavero*), e con quello degli uccelli o dei pesci, anch'essi naturalmente desunti da molteplici fonti, non di rado già letterarie (ad esempio il *Morgante* del Pulci). La ricerca della novità e della stravaganza consente di ospitare, contro le buone regole, forestierismi, a volte anche recenti, come questi ispanismi: *squadriglia granadiglia mandiglia amariglio* (giallo) o come questi francesismi: *visaggio fumea aleanza* (parentela) *ombraggio rivaggio fogliaggio gabinetto voliera alea* (viale alberato) *lunette* (lenti del cannocchiale). Allo stesso modo sono ammessi dialettalismi, soprattutto, si capisce, napoletani: *brogna* (conchiglia) *fescina* (cesta) *letturino* (leggio) *la fico, alare* (soffiare), e non manca qualche elemento settentrionale: *seguso trutta galana* (tartaruga) *farinello* ecc. I latinismi, dopo l'autorizzazione del Tasso, erano di certo una novità meno clamorosa, ma non per questo non sfruttata dal Marino: *fornice orbicolare versatile tortura* (avvolgimento) *usura* (godimento) *vertigine* (moto circolare) *ferrugine succidere* (tagliare) *fasto* (calendario) *ubero volume* (volgimento) ecc. Carmela Colombo[6] ha indicato un nutrito gruppo di voci che, se proprio non entrano in italiano coll'*Adone*, qui ricevono la prima ospitalità illustre: *classe fiorame incarbonire ingegnera orgia tavolino vivandiera uccelliera* ecc. Marino attiva procedure vecchie e nuove per moltiplicare il suo vocabolario, lasciando cosí qualche contributo a volte non sfortunato alla storia dell'italiano; ad esempio i sostantivi femminili in *-trice* (*agitatrice agricoltrice competitrice fulminatrice volatrice*), i verbi in *-eggiare* (*arboreggiare colombeggiare isoleggiare porporeggiare rubineggiare trastulleggiare*), i sostantivi e gli aggettivi composti (*malguidato pescedestriero oltrabello sovradivino sovramortale*).

A tanta sregolatezza si replica con polemiche vivaci anche intorno alla lingua, inevitabilmente combattute a colpi di Crusca. Il grande nemico del Marino, Tommaso Stigliani, nel suo *Occhiale*, non risparmia del poema neppure la lingua e produce minute tavole con tutti gli abusi dell'*Adone*. Spagnolismi (come *idalgo*) o francesismi (come *governanti*) sono fortemente censurati, provocando interventi contrari, che esaltano l'apporto del Marino al progresso dell'italiano e ribadiscono il suo sostanziale rispetto della norma[7].

Ma, piú in generale, le novità linguistiche del barocco sono legate all'allargamento, spesso provocatorio, del repertorio tematico petrarchesco, secondo un gusto del rovesciamento (si pensi alle infinite poesie per donne brutte, bugiarde, vecchie, con occhiali, zoppe, nane, balbuzienti, pidocchiose) e dello scorporamento delle immagini (si scatena la ricerca del particolare), che era già della poesia comica bernesca. I poeti barocchi cantano il neo, il guanto, il salasso, il fazzoletto. Il Marino loda la lucciola, «fiaccola del contado, baleno volante, viva favilla alata» e il Casoni la definisce: «spiritosa facella, rubin volante, fuggitiva stella, cielo errante, piropo animato e vagabondo»; per il cane si sprecano i vezzeggiativi: *cagnoletto cagnolino candidetto animaletto pargoletto vezzosetto*[8]. La pulce è l'animale su cui giocano questi versi dell'Artale: «Pulce volatil neo d'almo candore | che indivisibil corpo hai per ischermo, | fatto etiopo un atomo d'amore; | tu [...]». Nelle *Rime* dello Stigliani si parla di pettine cuffia anello guanto asciugatoio ventaglio collana pianelle fazzoletto gonnella ecc. Il Muscettola dedica un sonetto all'«oriolo ad acqua di bella donna», ma ricorre a faticosissime perifrasi per evitarne il nome («queste in urne di vetro acque correnti») e il Lavagna non nomina «l'oriuolo a sole» girando intorno a «questo ferro, che a' rai del sol n' insegna | de viaggi del dí l'ora sleale». Tommaso Gaudiosi invece parla apertamente di *oriuol* e di «nuovi ordigni» a «suon di squille», ma nasconde il tabacco sotto l'«indica polve»; l'orologio ad acqua è per il Lubrano «meccanico cristal» «in piccole urne»; Ciro di Pers versifica «l'orologio da rote» chiamandolo «mobile ordigno di dentate rote», fatto di «metallo concavo» che suona con «voce di bronzo». Lo Stigliani ammette in versi il *bidel* (di Studio) a chiedere la mancia, mentre il Morando, per «vagheggiare» la sua bella, «arma» i «lumi» di «sferici cristalli»[9].

Coi barocchi entrano in poesia dalla botanica *garofalo*

tulipo iri alga fragole mele cedri visciole corgnoli muschio,
giuste le raccomandazioni del Tesauro che caldeggiava le
parole «peregrine» per l'effetto di sorpresa che provoca-
no. Gli stessi latinismi possono servire in questo senso: *ge-
minato doglio* (per botte) *prolisso ebeno*; ma anche gli arcaismi (nel Marino i perfetti tipo *uscío* o *fia* congiuntivo),
i neologismi (*impratarsi*) e i dialettalismi (*pecchia parpa-
glione*).

La lingua della poesia barocca procede ora censurando
le novità in ingegnose perifrasi, ora liberalizzando i nomi
nuovi che vengono a fornire l'italiano letterario di ulteriori
risorse. La pressione delle novità tematiche («Conviensi a
non vulgare | spirito pellegrino | dal seguíto sentier sviarsi
alquanto, | e per novo cammino | dietro a nuovi pensier
muovere il corso», scrive il Marino nella *Sampogna*), per
quanto queste siano assorbite nella molteplice disponibilità delle perifrasi dotte e delle audacie metaforiche, finisce
per approdare anche all'evidenza della lingua, immetten-
dovi un lessico di cui si ricorderà, nel secolo successivo, la
poesia didascalica. Va detto però che le parole nuove sono
spesso di quelle che il Tesauro chiamava «finte», brandelli di virtuosismo destinati a breve vita. Ecco un caso di *Parole nuove* dai *Leporeambi fantastici* di Ludovico Lepo-
reo:

> Vo a caccia, e in traccia di parole e pescole
> dal rio, dal cupo oblio, le purgo, e inciscole,
> poi con ingegni, degni, conferiscole,
> che a vederle, son perle, e non baltrescole.
> Da ferrugine, e ruggine, rinfrescole,
> e de la muffa e ruffa antica spriscole;
> poi con indici, ai Sindaci, asteriscole,
> e senza stento, a mille, a cento accrescole.
> Dalla muraglia, d'anticaglia sboscole,
> minime, semiminime e minuscole,
> e sappi il mondo, attondo, che io conoscole.
> Ciarlino pure, le Censure Cruscole,
> che a genti, intelligenti e a torme toscole
> le vo' mettere, a lettere minuscole.

Tra le parole «finte», Riccardo Massano [10] ha colto, nei
marinisti, anche manipolazioni formali come *forfici* (for-

bici) *escaparatti* (calco su un rarissimo spagnolismo per scarabattola) *parastico* (straordinario) *smodera dialogizza coloreggia pompeggia*; «ti sprucchi, collepoli e rincricchi» impreca il Marino contro il Murtola[11]. Il Tesauro loda il neologismo come libertà di fabbricar parole a proprio talento: «*empirearsi e imparadisarsi*, per eccesso di godimento; *indeare*, per onorar sopra modo; *angeleggiare*, per beltà rara; *indiamantire*, per ostinarsi; *gemmeggiare*, di fiori; *perleggiar*, di rugiade [...] *mongibellar* di sdegno, per avvampare [...] *tigrescamente*, cioè crudelmente [...]»[12].

D'altro lato, lo sforzo nobilitante e perifrastico, la complicata sintassi a iperbati, consentendo di ospitare in versi anche un materiale tematico prosastico o scabroso o tecnico, segnano la strada attraverso cui la poesia riuscirà, in qualche modo, specie nel secolo successivo, a tenere il passo (per quanto in modo paradossale e per cosí dire riottoso) dei tempi e delle loro esigenze. Se è vero infatti che è possibile incontrare una *bombarda* nella poesia eroica del Seicento, piú spesso il cannone è «l'empia bocca de' bronzi arcieri», «i fulmini di marte», «macchina infernale», «metalli tonanti», «mostro furibondo»[13].

6.1.1. Chiabrera.

La tendenza della lirica secentesca alla novità stilistica e, in parte, come abbiamo visto, anche linguistica si osserva pure in quei poeti che tuttavia rilanciano una poesia piú classicheggiante e composta; in vetta a essi sta Gabriello Chiabrera. È vero che il Chiabrera evita accuratamente di uscire dalla norma verso il basso comico, dialettale e tecnicistico, non ignoto al Marino. Ma quanto a latinismi è ancora piú generoso del poeta dell'*Adone* e da essi cava molti dei suoi neologismi: *disamabile disviscera disbranda*; ma soprattutto ne chiede al greco, della cui poesia, era conoscitore e imitatore; ecco, al proposito, i composti grecheggianti come *stuoladdensato curvaccigliato vitichiomato oricrinita chiomazzurro*. Per non dire poi dei risvolti linguistici della sua ricerca su metri e ritmo, dove egli si segnala come il primo, vero, grande innovatore della tradizione petrarchistica: ecco i molti diminutivi (*porporine auretta erbetta*

*praticello zefiretto gioiosetta rigidetto pupillette brunette
gotuzze vermigliuzze ricciutelli*), le tante sdrucciole in rima
(tra cui spesso i superlativi assoluti), le parole tronche («In
van lusinghimi, | in van minaccimi, | figlio di Venere: | quel
giogo impostomi | dolce o spiacevole, | io piú non vo'»,
scrive Chiabrera anticipando in *Non vuole piú amare la sua
donna* modi da arietta). Di se stesso ha annotato: «av-
venturossi alle rime e ne usò di quelle le quali finiscono in
lettera da' grammatici detta consonante [...] compose canzoni con strofe e con epodo all'usanza de' Greci [...] stese
anche versi affatto senza rima; provossi inoltre di far do-
mestiche alcune bellezze de' Greci poco usate in volgare
italiano, cioè di due parole farne una [...] *riccaddobbata
Aurora*; parimenti provò a scompigliar le parole [...]» al
modo dei latini: «Vera del figlio Genitrice eterno». In
questi passi dall'*Autobiografia* e dai *Dialoghi* [14] Chiabrera
riassume i dati linguistici del suo classicismo maturato in
pieno barocco (e non senza intime consonanze con esso).
È un aspetto, questo, di non piccolo rilievo nella storia del-
l'italiano letterario; il predominio degli interessi musicali
infatti contribuisce a selezionare il vocabolario e ad organizzare la sintassi secondo moduli che saranno sfruttati dai
testi dei melodrammi di grande successo, a partire da quelli di Ottavio Rinuccini.

Le caratteristiche poetiche e retoriche della lingua barocca invadono infine anche gli esercizi di prosa, narrativa
e oratoria, che si svolgono sempre all'insegna del meravi-
glioso stilistico; con non trascurabili conseguenze in negativo sul cammino dell'italiano letterario verso una prosa
narrativa e argomentativa moderna, il cui traguardo si allontana ulteriormente. Non a caso, i primi segnali di essa si
colgono quasi solo in ambito saggistico, nelle prose di viaggio, di divulgazione scientifica e di critica letteraria [15].

6.2. *Norma ed evasione.*

Il Seicento è il secolo della Crusca (che esce con tre edizioni) e della definitiva fissazione della grammatica, che

conta autori celebri come Benedetto Buonmattei, Sforza Pallavicino, Celso Cittadini, Benedetto Fioretti e Daniello Bartoli[16]. Per quanto su tutto prevalga la norma definita dal Bembo nel Trecento toscano, la pressione del nuovo (ad esempio, il caso Tasso per la Crusca) e del parlato, o, perlomeno, di un italiano grammaticalmente non univoco, emerge, sia pure a fatica (ad esempio l'imperfetto in -o alla prima persona singolare è o respinto o relegato tra gli usi popolari). Il Buonmattei, pur esemplando la sua grammatica sul Boccaccio, intende per lingua «l'atto specifico del parlare» e separa abbastanza nettamente (perlomeno in teoria) la grammatica dalla retorica. Il Bartoli, nel *Torto e diritto del non si può*, tempera i rigori del «non si può» col «buon gusto proveniente da un buon giudicio» e nel *Vocabolario* della Crusca apprezza le voci d'uso ma non la povertà di lessico tecnico e settoriale; nota inoltre come gli stessi accademici abbiano usato voci (ad esempio: *cognizione circolo consultare dissuadere diventare eseguire muschio pittura schiavitú spedizione* ecc.) che però non hanno, curiosamente, lemmatizzato, perché non attestate dal Trecento canonico. Del resto, rimangono livelli di larga oscillazione e di ancora aperta definizione, come, tra gli altri, l'ortografia[17], che continua, nei fatti, a non adeguarsi interamente alla norma salviatesca e cruscante. La terza edizione della Crusca (1691) esce ampliando la tavola degli «autori moderni citati in difetto o in confermazion degli antichi» a comprendere esplicitamente Sannazaro, Castiglione, Tasso, Chiabrera, Sforza Pallavicino, Segneri, il Cinonio, per citare solo i non toscani, assai piú significativi dei molti di Cinque e Seicento nativi di Toscana (tra gli altri, piú recenti, ricordiamo Galilei, Redi e Magalotti). Molte voci sono autorizzate dall'esempio di scrittori del XVI secolo, con incremento notevole del numero dei lemmi nuovi; importante inoltre lo spazio per il lessico tecnico-scientifico, spesso di attestazione solo secentesca (*anatomico bussola cilindro edizione elettrico energia etere lemma meteorologico magnetico meccanico microscopio occhiale* ecc.)[18].

Ma il desiderio di una certa libertà dalla norma si coniuga con il gusto barocco dell'evasione dalla tradizione e dalle regole nella letteratura dialettale, il cui successo, come aveva ben visto Benedetto Croce, non si può spiegare senza tenere in giusto conto la definitiva consacrazione della lingua letteraria nella sua grammatica e nel suo vocabolario[19]. Oltre i grandi testi della letteratura dialettale secentesca, quelli napoletani del Cortese e del Basile, o quelli milanesi del Maggi, saranno da ricordare anche le numerose competizioni poetiche dei dialetti coll'italiano, realizzate soprattutto da versioni dialettali dei classici della letteratura in lingua nell'intento semiserio di mostrare le capacità dei diversi volgari. Ricorre già dal Rinascimento l'impressione che il dialetto, evidenziato dal nuovo e piú rilevato ruolo assunto dalla lingua, sia mezzo di espressione che difende una purezza e una tradizione indigene cui si rinuncia mal volentieri. Paolo Foglietta lamenta come un segno della corruzione morale dei suoi tempi che a Genova il dialetto sia sempre piú soppiantato dal toscano. Si comincia a pensare che letterariamente, il dialetto sia lingua piú pura e schietta, capace di restituire una immediatezza morale di cui l'italiano non è piú in grado di rendere testimonianza. Emblematico quel che succede nel teatro milanese di Carlo Maria Maggi: in esso la «scoperta del dialetto [...] come espressione genuina di un mondo di incorrotti valori morali», «ona lengua corrente, averta, e ciera, | che apposta la paer fàe | par dí la veritàe», consente di rappresentare la scena milanese di tardo Seicento lungo un'opposizione tra milanese popolare («voce della moralità e del buon senso del poeta») e milanese italianizzato, «pretenzioso, fatuo, autoparodistico»; ne consegue una specializzazione dell'italiano a lingua inespressiva, degli sfondi, con un gesto che ribadisce e rilancia l'espulsione della lingua letteraria dal teatro comico non toscano[20]. Nello stesso ambito vanno ricordati i molteplici, giocosi e seri, richiami alle tradizioni dialettali, con lodi dei vari idiomi e tentativi di dimostrarne non solo la tenuta culturale e la bellezza ma persino la superiorità sul toscano. C'è chi esalta il milanese e chi il bolognese; si proclama l'«eccellenza» della lingua napoletana e il primato linguistico del siciliano[21]. L'affermazione della lingua nazionale (sia pure solo o quasi per gli usi letterari) provoca, come prevedibile, la rivolta, la concorrenza e il divertito contrasto degli idiomi particolari, che finiscono cosí per dotare il codice letterario di un registro in piú. Il rifiuto comico delle norme si coglie poi, emblematicamente, nella rottura del luogo che le canonizzava piú di tutti: il genere letterario; nascono cosí generi trasversali, come l'eroicomico, programmaticamente dediti all'utilizzazione di tratti linguistici dialettali. Nella *Secchia rapita* del Tassoni si affacciano modenese perugino bresciano ferrarese veneziano bolognese romano padovano e fiorentino. Spulciando solo le prime due lettere di un glossario tassoniano [22] troviamo: *andema* (andiamo) modenese, *apa* (abbia) e *bedano* (sciocco) bolognesi, dialettalismi padovani come *burto* (brutto) e *arlevò* (allevato), e neologismi poetici come *arridottore* (arcidottore) o *bacchettone*. Nel primo cantare del *Malmantile racquistato* di Lorenzo Lippi si trovano, forse per la prima volta in versi, *stocco batticul acculattar ammazzasette braciuole spavaldo* [23].

[1] M. L. Altieri Biagi, *Galileo e la terminologia tecnico-scientifica*, Olschki, Firenze 1965.

[2] Id., *Lingua e cultura di Francesco Redi, medico*, Olschki, Firenze 1968.

[3] C. Sensi, *L'arcimondo della parola*, Liviana, Padova 1983.

[4] Cfr. E. Raimondi, *Letteratura barocca*, Olschki, Firenze 1982, p. 38.

[5] I. Baldelli, *Elementi lontani dalla tradizione nel lessico dell'Adone*, in *Conti, glosse, riscritture*, Morano, Napoli 1988, pp. 225-35.

[6] C. Colombo, *Cultura e tradizione nell'Adone di G. B. Marino*, Antenore, Padova 1967 (specie pp. 85-134). Cfr. anche M. Guglielminetti, *Il codice botanico dell'Adone*, in «Sigma», 2 / 3 (1980), pp. 97-107.

[7] Cfr. L. Panciera, *I barbarismi nelle polemiche secentesche sulla lingua dell'Adone*, in «Studi linguistici italiani», XVI (1990), pp. 34-79.

[8] Si vedano i repertori tematici predisposti da O. Besomi, *Ricerche intorno alla «Lira» di G. B. Marino*, Antenore, Padova 1979.

[9] Per i testi qui citati cfr. G. Getto (a cura di), *I marinisti*, Utet, Torino 1962 [2].

[10] R. Massano, *Sulla tecnica e sul linguaggio dei lirici marinisti*, in *La critica stilistica e il barocco letterario*, Atti del Congresso dell'AISLI, Le Monnier, Firenze s.d., pp. 283-301.

[11] Linee e citazioni di quanto qui detto vanno riferite a T. Elwert, *La poesia lirica italiana del Seicento*, Olschki, Firenze 1967.

[12] E. Tesauro, *Il cannocchiale aristotelico*, Venezia 1688, p. 98.

[13] R. G. Faithfull, *Teorie filologiche nell'Italia del primo Seicento*, in «Studi di filologia italiana», XX (1962), pp. 147-313.

[14] Citato da G. Chiabrera, *Opere*, a cura di M. Turchi, Utet, Torino 1984, pp. 515 e 516.

[15] Cfr. per il romanzo A. Mancini, *Romanzi e romanzieri del Seicento*, SEN, Napoli 1981.

[16] Cfr. C. Trabalza, *Storia della grammatica italiana*, ristampa anastatica, Forni, Bologna 1963 e B. Migliorini, *Storia della lingua italiana*, a cura di G. Ghinassi, Sansoni, Firenze 1987.

[17] A. Mura Porcu, *Problemi di grafia in romanzi e raccolte di novelle del Seicento*, in «Studi secenteschi», XXI (1980), pp. 117-65.

[18] Cfr. M. Vitale, *La terza edizione del Vocabolario della Crusca. Tradizione e innovazione nella cultura linguistica fiorentina secentesca*, in *L'oro della lingua. Contributi per una storia del tradizionalismo e del purismo italiano*, Ricciardi, Milano-Napoli 1986, pp. 273-334.

[19] B. Croce, *La letteratura dialettale riflessa, la sua origine nel Seicento e il suo ufficio storico*, in *Uomini e cose della vecchia Italia*, serie I, Laterza, Bari 1956, pp. 222-35.

[20] D. Isella, Introduzione a C. M. Maggi, *Il teatro milanese*, a cura di D. Isella, Einaudi, Torino 1964.

[21] M. Vitale, *Di alcune rivendicazioni secentesche della «eccellenza» dei dialetti*, in *La veneranda favella*, Morano, Napoli 1989, pp. 307-26.

[22] A. Tassoni, *La secchia rapita e scritti poetici*, a cura di P. Puliatti, Panini, Modena 1989.

[23] L. Lippi, *Il malmantile racquistato*, a cura di L. Corio, Sonzogno, Milano 1889.

7.1. *Lingua e musica*.

Il Settecento letterario si apre all'insegna del rifiuto polemico degli eccessi barocchi, contestati in ragione del «buon gusto» e di un'esigenza di ordine e di misura di ispirazione classicheggiante. L'Arcadia sarà per tutto il secolo l'affollatissima palestra di una poesia che si vuole capace di ogni novità tematica senza incorrere negli estremismi marinistici. Fedele a un linguaggio tradizionale e misurato, essa vi introduce rigore formale e razionalità, proponendo nuove modalità di selezione. La musica è una di queste e condizionerà vistosamente, nelle canzonette, nelle cantate e soprattutto nel melodramma (e in modo speciale nelle «arie»), le scelte linguistiche. Il grande sperimentalismo metrico della poesia, poi, si spiega proprio con l'esigenza di piegare la lingua alla musica, anche là dove questa non sia di fatto prevista. Al tempo stesso, la lezione dei classici latini si fa nuovamente molto vicina e intensa, mentre si recupera la miglior tradizione italiana dal Trecento al Cinquecento, avvertita come un patrimonio unitario, comune e nazionale. Il gusto dell'ordine, che anticipa in leggiadre simmetrie, la vocazione razionalistica dell'età dei Lumi, suggerisce una certa semplificazione della sintassi, ora grazie a un costrutto piú lineare e diretto (specie in prosa), ora con una piú equilibrata disposizione delle parti.

Si tratta dunque di un italiano sostanzialmente tradizionale, educato su Petrarca, ma avviato a chiarire e semplificare i suoi antichi grovigli sintattici, misurato dalla musica e selezionato dal buon gusto classicistico. È per questo che, in verità, si trovano, in letteratura, relativamente pochi riscontri dell'intenso discettare del secolo intorno ai neologismi e ai forestierismi (escludendo i casi, che vedremo, in cui questi divengono, a scopo comico o polemico, tema esplicito dell'opera). Non sarà la poesia arcadica, non sarà il melodramma a tradurre in concreto linguaggio letterario quanto gli intellettuali, nel corso del Settecento, andranno proponendo alla lingua, sempre piú autorevolmente: di svecchiarsi, di farsi strumento non impacciato ed elastico di comunicazione colta e internazionale. O meglio: l'universo letterario realizza, delle piú larghe e numerose istanze culturali, soprattutto quella dell'ordine e della chiarezza; per il resto rivendicando o, perlomeno, conservando l'identità che nasceva dalla lunga storia linguistica nazionale, di cui, una volta fatte le dovute tare al barocco, difende il pregio e il prestigio. E tuttavia l'innegabile sensibilità arcadica per le novità scientifiche e per l'attualità cercherà di piegare la lingua della poesia ad accogliere, pur con misura, i segni dei tempi: saranno però, piú di tutti, il latinismo, gli ornamenti ritmici (il troncamento) e le perifrasi metaforiche a incaricarsi di fare spazio a ciò di cui mancava il nome, accogliendolo quindi in versi dietro collaudati ripari formali. Piú direttamente disposta verso la novità era, in Italia, la prosa, e certo piú lo sarebbe stata se si fosse sviluppata una prosa letteraria, al di là della preminente e diffusissima scrittura saggistica e critica, che conta nelle sue file alcuni tra i capolavori del secolo (la *Scienza nuova* del Vico, le *Lettere inglesi* del Baretti, il *Newtonianismo* dell'Algarotti, il *Saggio sulla filosofia delle lingue* del Cesarotti). Eustachio Manfredi aveva colto molto lucidamente come fosse in corso, in quell'epoca, un processo di specializzazione della lingua poetica, dalla quale quella della prosa cominciava ad allontanarsi. Se prosa e poesia debbono avere in comune molte cose («semplicità, naturalezza, verità, delicatezza...»), la scrittura in versi si differenzia poi per la maggiore preziosità e altezza del linguaggio: «in poesia [gli italiani] fanno professione di parlar [...] un distinto, e speciale linguaggio, per cui impiegano e pensieri, e figure, e artifizio di condotta, e forme di dire, e talvolta eziandio parole diverse da quelle che nella prosa sogliono adoperare»[1].

7.2. *Arcadia e Metastasio.*

Per mettere a punto il proprio linguaggio poetico, fatto di musica e di tradizione, l'Arcadia riprende la lezione del classicismo secentesco del Chiabrera e del Lemene e lo riadegua a un Petrarca rivisitato e ampiamente citato. Ecco, nel Rolli, a prima vista, il gran numero e rilievo dei diminutivi: *languidetti pastorelletta parolette erbetta collinetta ruscelletto sospiretti soletto auretta lunghette rubicondette morbidetta* e il gusto dei composti: *dolcecorrenti dolcepiccante* ecc. Il fondo tradizionale e petrarchesco («aure soavi, angeliche parole») spicca coi suoi *core loco foco* e si immette in una generalizzata inclinazione alle soluzioni dotte, esplicita ad esempio, nella costanza ed estensione delle enclisi pronominali (*donisi opprimela vibrami diffondesi avvicinomi insuperbiscene videsi invocasi uniscesi*) e nella scelta dei pronomi (*ei* per egli, *il* per lo). I latinismi, petrarcheschi o no, adducono valori di classicità coi vari *alma assiso pria ministra gire* ed equilibrano le concessioni alla lingua comune (*quaglia numerosa*, cioè canterina), che, per altro, si affacciano con una certa frequenza (*tufo, stoppie, maese*, il maggese, *aratro, vomero, gramigne, zampa, agricoltor, cestello, corba, uva, moscadella, schidon di frassino, ciotole, fiasco*), non di rado convertite alla poesia dal distintivo del troncamento (*bicchier*) o da quello della perifrasi dotta (*vaso cristallin, di capre condottier*).

Spulciando da un altro celebre poeta di primo Settecento, Carlo Innocenzo Frugoni, cogliamo sostituti metaforici del termine proprio come questo: «e il pino velocissimo | dal margine fuggí», per dire che la veloce nave (poco prima chiamata «forti antenne») partí dalla banchina del porto; latinismi come *serica, repente, ara sculta, ostie* per vittime, *gradi* per gradini, *perplesso* per intricato; e quindi novità d'epoca come la ninfa *dottoressa*, le *mascherette*, i *cicisbei*, i *dolci teneri biglietti*. L'Arcadia fissa definitivamente il successo poetico dell'onomastica e della toponomastica classica, mitologica e storica, già sperimentate variamente dalla poesia italiana e usate per similitudini e perifrasi ornamentali. Eustachio Manfredi comincia cosí un sonetto per Filippo V di Spagna: «Tal forse era in sembianza il garzon fero | di Pella, o tale il giovinetto Achille» e chiama la Lombardia «la superba Insubria», «Sarmati» i polacchi e «'l Savonese», in mancanza di meglio, il Chiabrera[2].

Ma il gran successo letterario dell'italiano (persino fuori dei confini nazionali, com'è noto)[3] sta nel melodramma, il genere piú sintonizzato con lo spirito e il gusto del secolo. E melodramma significa sopra tutti Pietro Metastasio. La lingua di Metastasio si basa su una adesione sostanziale a un petrarchismo diffuso, rinforzato da arcaismi e latinismi, a volte neppure riconosciuti dalla Crusca. Il gusto dello scarto vi si manifesta anche in tratti minuti, come la proclisi del pronome all'imperativo (poi ripresa con successo anche dall'Alfieri): *t'accheta t'arresta m'ascolta mel perdona gli asciuga m'attendi*; un tratto che quando appare in inizio di frase sembra diventare un distintivo proprio dello stile tragico[4]. In genere, poi, nella posizione del pronome, Metastasio cerca sempre la soluzione piú nettamente e programmaticamente letteraria[5]. Nell'*Olimpiade* leggiamo: *sgridonne* il figlio, *negommi* il padre mio, *vadasi, parmi, rimanti, trovisi, t'affretta, t'invola*. Frequentissima è però anche l'utilizzazione di procedimenti altrettanto collaudati ma meno vistosi, come il troncamento (per lo piú tronchi sono gli infiniti: *arrossir parlar fuggir abitar dissimular*), attivato specialmente dov'è piú temuto lo scadimento prosastico (*in ver, romor, ancor, ognun, esecutor, mentitor, apportator*) e persino nei composti pronominali proclitici tipo: *vel* (ve lo) *mel* (me lo) *tel* (te lo). Frequente è il troncamento anche nel ripetutissimo *cor*, monottongo come da tradizione (e cosí *foco* e *loco*); alla lezione del classicismo italiano si rifanno i molti latinismi (*agone, pugna, se lice, involasti, prole, pronubo, talamo, emuli* per concorrenti, *si commetta* per si affidi). Sempre c'è la scelta della variante morfologica piú rara (*doglia* o *duolo, veggo, deggio, primiero*, i condizionali in *-ia* che si affacciano accanto a quelli normali, i pronomi *ei* per egli, *il* per lo), del doppione dotto (*cimento, brando, prence, ravvisare* per riconoscere, *bramare* per desiderare, *recare* per portare, *risolvere* per decidere, *mirare* per vedere, *soffrire* per sopportare ecc.). Si aggiunga poi, in una sintassi semplificata e sorretta da simmetrie metrico-ritmiche vistosissime, il gusto dell'inversione minima (e magari subito corretta dalla rima): «Di tua bellezza | qual può l'età futura | prova aver piú sicura»; «gl'interrotti lavori | riprendi»; «brami altrove | meco venir». Sullo stesso modello è invertita a volte la posizione del soggetto («morir vogl'io»; «t'attende il re»; «tradisce | la fede il messo»), specie, come da consuetudine letteraria, nelle interrogative («e trovar non poss'io | né pietà né soccorso?»; «dunque mancar degg'io?»; «Van di tai fregi adorne | in Elide le ninfe?») e quella del possessivo («è forse | la libertà de' falli | permessa al sangue mio?»; «chi sei | tu, che audace interrompi | le smanie mie?») [6]. Nell'*Olimpiade* (da dove abbiamo tolto la maggior parte degli esempi sopra citati) si scoprono anche voci certamente non molto familiari alla poesia: *delinquente bipenni*, «*cesto, disco, palestra*»: la poesia di Metastasio non ricusa i tecnicismi e le parole nuove ma le nasconde e assimila in un insieme fatto di tradizione semplificata e di sicurezze antiche, che resterà a lungo il suo segno piú vistoso.

Non a caso il libretto comico spezzerà il monolinguismo aulico del melodramma serio, intridendolo di citazioni plurilingui; eccone un esempio dal goldoniano *Amor artigiano*: «Girò: "Comment, Madama? | Credo che badinate: | Frigatura alla Grecque, | Poudre alla marescialla, | Pomata a mille fleurs, e mi grondate? | Cosí puol coeffarsi una Duchessa"»; e dal *Servo padrone* di Mazzolà: «Lazarillo: "Sastu, cos'è Novizza | Cos'è d'amor la pizza?" | Ines: "Lo so quando te vedo". Lazarillo: "Eh guarda che te credo, | guarda che vegno là". | "Manazze mi no tremo..."» [7]. Quando nel *Don Giovanni* di Da Ponte entra donna Elvira è tutto un tripudio di tronche: «gli vo' cavar il cor» e un seguito di sinonimi «cruscanti» (come dice Leporello): «mostro, fellon, nido d'inganni...», di inversioni aulicheggianti: «cosí del mio dolor gioco ti prendi?» e chiastiche: «se non la tua perfidia, | la leggerezza tua»: tutti ingredienti del registro melodrammatico serio; ma ad essi replica subito, in parodico rovesciamento, Leporello col suo «conciossiacosaquandofosseché» e col celebre «catalogo» con tanto di donna «grassotta» e «magrotta».

Nelle arie del melodramma e nei recitativi dell'opera

buffa, l'italiano letterario varca, come si è accennato, i confini nazionali e si identifica col linguaggio musicale e operi-
stico. Ma, soprattutto, esce con essi dal consumo elitario
dei dotti e dei letterati per diventare, a teatro, lingua a suo
modo popolare, riconosciuta, cantata, col consenso di tutti
specializzata nell'effusione lirica dei sentimenti o, che è lo
stesso, nella sua parodia.

7.3. *L'Arcadia didascalica.*

L'Arcadia, già lo abbiamo osservato, non è solo palestra
di esercizi poetici chiusi nell'ozio delle accademie e delle
scuole. È anche il momento in cui la poesia si apre, secondo le istanze piú diffuse dell'epoca, al suo tempo, ne assume i problemi e consiglia soluzioni. L'attualità diventa uno
dei piú fecondi veicoli di poesia, non solo offrendo occasioni mondane o istituzionali di celebrazione, ma anche
proponendo ai versificatori quegli stessi temi che agitava-
no la cultura e la scienza piú avanzate. Da qui quella caratteristica impronta didattica, propria della poesia di tutto il
secolo e alfine emblematicamente realizzata nel Parini.

L'ambientazione arcadica, con le sue note agricole e pa-
storali, favorisce l'accesso ai versi dei modi e delle tecniche
della coltivazione e dell'allevamento. E subito si pone il
problema della convivenza di un linguaggio tecnico e settoriale, quotidiano e pratico, con quello della tradizione
poetica rivisitata dalle « colonie ». L'Arcadia lo risolve con
moderatissimi cedimenti ai lessici nuovi e al quotidiano,
abbondantemente controbilanciati da forme e costrutti
(grammaticali e retorici) di stampo classicheggiante.

Cosí, Giambattista Roberti celebra la raccolta delle « fra-
ghe » e consiglia di porle in un « cestello | a cui protegga la vimi-
nea sponda ». Nel poemetto sul *Baco da seta* di Zaccaria Betti
troviamo *vermicel* e *insetti* ma il gallo resta il « cristato augello »
e l'orbita ellittica delle stelle un « calle distorto ». Giambattista
Spolverini inneggia al riso e alle mondine (« destre fanciulle e
contadinette accorte »); le esorta perché « non vi grave | star co'
lombi elevati e 'l petto chino », e a non temere né « serpe », né
« mignatta », del resto l'« angue » delle risaie, assicura, è inno-
cuo. A sera le « aspetta il curator col prezzo al desco », per com-

pensarle della raccolta del «riso», il «germe pellegrin». Le tecniche per «brillar» il riso lo impegnano in vertiginose ingegnosità per sublimare i tecnicismi del pestello (l'«appuntato spillo») o della «dentàta ruota» che, mossa da «onda corrente in doccia o in fiume», va volgendo «con perpetuo turbo | l'agile perno», che muove un «quadro pestello», «grave, lungo otto piè, di pomo, o sorbo, | o corbezzolo, o quercia, o simil legno». L'Algarotti fa le lodi del «commercio» e del «lusso industre», «anima che si mesce al corpo immenso | de lo stato»; Giuseppe Colpani mette in versi le tesi degli intellettuali del «Caffè» e la bontà della bevanda dallo stesso nome («versata [...] | nereggiante bevanda»), che «apre ai succhi gastrici | piú agevole la via», tanto piú apprezzabile se addolcita dall'«eletto zucchero»: «il succo a lui dell'utile | canna s'infonde e mesce, | che nell'imberbe America | piú lieta alligna e cresce». Lo scienziato Lorenzo Mascheroni percorre tortuosi sentieri retorici per spiegare perché i fossili di pesci e di conchiglie si trovino persino sui monti («L'ostrica allor su le pendici alpine | la marmorea locò famiglia immensa»), e descrive poeticamente «il zucchero» «a canna arcade simile», «il legume d'Aleppo» (il caffè), l'«ananas», la «palma», «il barbarico cacto». Il Casti ricorda a «Dori» lo studio in cui «di corpi elettrici | l'attrazion cercavi» e poi insegue in una complicata perifrasi la lente del microscopio: «limpido | cristal convesso».

La lingua della poesia si attrezza cosí a catturare il proprio tempo, travestendolo coi panni un po' vetusti di cui il classicismo e addirittura l'arcaismo linguistico dei suoi autori si compiacevano. L'italiano in versi si allontana ulteriormente da quello delle prose scientifiche e saggistiche, che spesso gli stessi scrittori coltivavano a parte; ma riesce in questo modo, paradossale e faticoso, a non perdere il passo con l'epoca, di cui fu, anch'esso, non meno di altri, tanto diversi segni, immagine fedele.

È una formula stilistica e una consuetudine di linguaggio che si ritrovano anche in un altro «genere» dell'epoca, caratteristico e amabilissimo: la favola. Il Pignotti descrive la secrezione della tela da parte del ragno, raccontando la storia di Aracne, che ora «entro del seno fabbrica | meraviglioso umore, | e lentamente traggelo | poi del suo corpo fuore»; ironizza sui discorsi che un fisico, un metafisico e un teologo fanno sulla «crema battuta», paragonandola ora a «chimica esperienza», ora a un «nuovo filosofico sistema»; il suo «gallo» andava «razzolando entro la vile | spazzatura d'un cortile» e «ritrovosse» un «lucidissimo diamante»; la volpe cadde «sotto l'adunco dente | di tagliola tagliente». Il Fiacchi (il celebre Clasio) scrive una favola in cui il grillo e il coniglio sono l'uno «compar» dell'altro come Pilade e Oreste; altrove, le zampe del «somaro» sono nobilmente le «piante» e il «cavol» si duole con ironizzata supponenza, del «gusto» che «in voi» molto «cangiò» [8].

7.4. *Parini.*

Di quest'Arcadia, che sempre piú da vicino costeggia la scienza e in particolare la filosofia scientifica del sensismo, congiungendola con un classicismo che doveva fornire a livello formale l'equivalente del rigore metodologico delle scienze, il rappresentante piú insigne è, come è noto, Giuseppe Parini. La tradizione già cinquecentesca della poesia didascalica (l'amato Alamanni), rinnovata dal recupero classicistico dell'antichità volgare e latina, consente al poeta lombardo di immettere in un solido alveo di linguaggio colto e classicheggiante le grandi novità ideologiche, politiche e di costume dell'illuminismo, cui non rimase estraneo. Certo, come ha notato il Petronio [9], la lingua della nuova età della cultura e della politica va cercata, di fatto, nella prosa saggistica e polemistica degli intellettuali del «Caffè» e dintorni, teorizzata con grande lucidità da Melchiorre Cesarotti nel celebre *Saggio sulla filosofia delle lingue*. Ma se la prosa delle avanguardie era, per altro, forse in anticipo sui tempi storici della nostra lingua, quella dei poeti cercava di tenere il passo restando fedele alle fonti antiche dell'italiano. È per questo che, scrive Petronio, il Parini «tenta di rinnovare la lingua dal di dentro, mantenendo le strutture – disposizione delle parole, sintassi, – offertegli dalla tradizione, e solo arricchendo il vocabolario, sia con apporti scientifici nuovi e moderni (termini scientifici; termini tecnici della vita quotidiana; forestierismi), sia con apporti desunti dal latino, quasi a controbilanciare il peso di quegli altri». Mario Fubini ha dedicato un lungo saggio agli «elementi scientifici» del lessico poetico pariniano [10]. Molti di essi sono da collocare nella zona del minuto descrittivismo (autorizzato dal sensismo) della fisiologia umana, che alimenta in Parini composizioni «mediche» come *L'innesto del vaiuolo* o *La salubrità dell'aria*. Ecco in un sonetto l'analitica tavola che descrive il canto come emissione della voce dagli organi fonatori:

Allor che il cavo albergo in sé ristretto,
onde in un tempo ha l'uom vita e parola,
l'aere soavemente esce del petto,
e al doppio carcer suo ratto s'invola.
Per la tornita poi morbida gola
passa al liscio palato; e, vario aspetto
preso fra i denti e 'l labro, al fin sen vola
dolce a recare altrui gioia e diletto.

Nella *Salubrità dell'aria* c'è il «polmon capace» che ossigena il sangue «che intorpidito langue» e nell'ode al vaccino antivaiolo c'è un inno alla sconfitta del rischio *recidivo*. Nel *Giorno*, sono descritti i percorsi degli *atomi* del profumo fino alle *nari*, assunti a combattere i «sali malvagi» o, quello del suono *propagato* fino all'udito, o, ancora, il *midollo* e il *cerebro* che dànno *sensi* e *nervi* speciali ai signori, o le «mamme del [suo] palato» che gustano i cibi finissimi; e poi «lo stimol fier de gli oziosi sughi» nello stomaco del povero marito affamato, le *emicranie*, le *convulsioni*, l'*adipe* delle dame e la *pustula* del giovin signore. Non pochi nel poema sono i termini tecnico-pratici della vita quotidiana dal *cioccolatte* all'*ipocondria*, dalla *polizza* del sarto ai *calzonetti* del signore, dal *gabinetto* alle *manteche*, dai *calamistri* alla *seggioletta*, dal *giubbon* ai *manichetti*, dalle *pastiglie* al *ventaglio*. Ma Parini è attentissimo a non infrangere il tessuto di fondo del proprio classicismo linguistico e a dotare tutte le volte che può di blasoni latineggianti le sue incursioni nella scienza: i suoi tranquillanti sono i «papaveri tenaci», «rigore indomito» è lo spasmo che occupa le *cosce* dell'epilettica, «atro vapore» è quanto «piove» dagli occhi se la «bocca» è «sbadigliante». Del resto è ben nota la sua diffidenza verso quella moda del linguaggio scientifico, che gli pareva di dover accogliere in versi con tanta cautela e che ironizzava nel *Meriggio*:

«Commercio alto gridar, gridar commercio | all'altro lato de la mensa or odi | con fanatica voce: e tra il fragore | d'un peregrino d'eloquenza fiume | di belle novità stampate al conio | le forme apprendi, onde assai meglio poi | brillantati i tuoi pensier picchin lo spirto. | Tu pur grida commercio [...]». I forestierismi, i francesismi di moda, in particolare, ·sono al centro del sospetto pariniano, che si allea cosí coi difensori dell'identità nazionale del «genio» linguistico. Il «gallico sermone» è spesso corretto o mimetizzato e ironizzato nel lavoro correttorio (*toilette* → *tavoletta*; *Colbert* → *Colberto*; *Richelieu* → *Risceliú*) e comunque si presenta abbondatemente demistificato (come il «fumido rapè» o il «grave canapè»), con le sue «voci tronche» ironicamente lodate contro il «vernacolo accento», di fronte al quale le dame «aggrinzan fastide» «il sottil naso». A ragione osservava il Petronio che per «suggerire al lettore sensazioni nuove e vivaci, piú che di termini dedotti dalla lingua scientifica [Parini] si serví di aggettivi che piegò abilmente a nuove sfumature o che accostò ai sostantivi secondo il precetto, cosí classicistico, della *callida junctura*». Ecco i «queruli recinti», le «oziose lane», il «domabile midollo», lo «stupido papavero», le «volubili rote», le «ebeti fibre» ecc. Sullo stesso piano stanno le perifrasi nobilitanti per il caffè («la nettarea bevanda ove abbronzato | arde e fumica il grano a te d'Aleppo | giunto e da Moca») o per lo sperma («onda genitale» con dentro «a nuoto» «il picciol uomo») indagato col vetrino («vetro indagator»); il giornale è l'«erudita effemeride» e il parrucchiere, «di bel crin volubile architetto». Anche i nomi propri dei contemporanei sono accolti o celati dietro colte perifrasi (Voltaire si nasconde, nella seconda redazione, nel «de la Francia Proteo multiforme»; Parigi è la «gallica Atene», Boccaccio il «Certaldese»); e cosí i nomi delle professioni: l'astronomo è «di Zoroastro o d'Archimede | discepol» e il maestro di ballo il «mastro che il tuo bel piè come a lui piace | guida e corregge», l'avvocato è «il ministro di Temi» e le ricamatrici inglesi sono «angliche Aracni». Il corredo linguistico e l'arredo mitologico accolgono cosí temi nuovi, spesso in grande sintonia col tempo e la sua ideologia e li rendono accetti all'antica lingua della poesia, secondo una lezione che durerà sino a Carducci. Succede ad esempio che la lode di una donna eccezionale come Maria P. Amoretti, la giovane signora onegliese laureatasi in legge nel 1777, nomini Pavia «insubre Atene» e il Ticino «dotto Tesino»: inoltre, «lo» pronome è *il* ed «egli» *ei*, mentre i verbi arcaizzano con forme tipo *niego gisti si asside crederìa deggia* ecc. Molto istruttiva è anche la lettura comparata delle due redazioni del *Mattino*, che annotiamo qui solo dai primi 100 versi: intanto si osserverà il gusto di un ordine sintattico spesso invertito, a iperbati classicheggianti: «o a te scenda per lungo | di magnanimi lombi ordine il sangue»; «dritto è perciò, che a te gli stanchi sensi | non sciolga da' papaveri tenaci | Morfeo prima che [...]», variato poi in «[...] da i tenaci papaveri Morfeo | prima non solva che [...]»; il passato remoto è di tipo dotto in *-aro -iro* (*intiepidír udír osservaro*, *ritrovàr* poi corretto in *ritrovò*) e vi spiccano un *feo* e un *gisti*; tra i verbi cogliamo ancora *denno* (debbono) *sciorre*, *debbo* variato in *deggio*, *sciolga* corretto in *solva*; *scuote* varia in monottongo, come *nuove*, che si corregge in *nova*. Pullulano forme tronche (*sol fedel corsier magion*) e sincopate (*opre corcarti rai*) e i latinismi si pescano a piene mani: (opere) «non perfette» (non ultimate), «chiave ardua» (di complessa fattura), «ferrati ingegni» (di ferro), «producesti [protraesti] la notte», «precipitose [veloci] rote» ecc.

La tradizione petrarchesca e cruscante e l'abbondanza dei latinismi (per altro anch'essi per lo piú già ben collaudati dal Cinquecento in poi) fanno dunque sí che la lingua della poesia risponda alle esigenze di novità con esibite barriere formali (solo la metrica pare voler ridurre le pretese antiche con il successo dell'endecasillabo sciolto) e istituisce in un tessuto anticheggiante e solenne non solo il mondo nuovo ma, addirittura, anche la sua stessa, pungente, parodia.

[1] Citato da M. Vitale, *La questione della lingua*, Palumbo, Palermo 1978, p. 238. Sul dibattito linguistico settecentesco si veda anche S. Gensini, *L'identità dell'italiano*, Marietti, Casale Monferrato 1989.

[2] Citazioni da *Lirici del Settecento*, a cura di B. Maier, Ricciardi, Milano-Napoli 1959.

[3] Cfr. G. Folena, *L'italiano in Europa*, Einaudi, Torino 1983.

[4] F. Chiappelli, *Note sull'imperativo «tragico» italiano*, in «Lingua nostra», XIV (1953), pp. 1-8.

[5] G. Patota, *Ricerche sull'imperativo con pronome atono*, in «Studi linguistici italiani», X (1984), pp. 173-246.

[6] Cfr. Id., *Sintassi e storia della lingua italiana: tipologia delle frasi interrogative*, Bulzoni, Roma 1990; anche L. Serianni, «*Mio padre*», «*Padre mio*». *Sull'anteposizione dell'aggettivo possessivo nelle allocuzioni*, in «Studi linguistici italiani», VIII (1982), pp. 137-54.

[7] Cfr. D. Goldin, *La vera fenice. Librettisti e libretti tra Sette e Ottocento*, Einaudi, Torino 1985 (da p. 26 le citazioni). D'obbligo il rinvio alla sezione *Una lingua per la musica* in G. Folena, *L'italiano in Europa* cit.

[8] Citazione da *Lirici del Settecento* cit.

[9] G. Petronio, *Parini e l'illuminismo lombardo*, Laterza, Bari 1972 (cit. da p. 178).

[10] M. Fubini, *Pariniana*, in *Saggi e ricordi*, Ricciardi, Milano-Napoli 1971, pp. 46-120.

8.
Il rinnovamento della lingua

8.1. *La prosa saggistica.*

Le grandi novità della cultura settecentesca richiedono innovazioni consistenti alla lingua, esigono lo snellimento della sintassi, inducono l'internazionalizzazione del lessico (la dibattuta questione dei francesismi), moltiplicano gli effetti semantici dell'inedito dominio della ragione e delle scienze. Ma, ancorché, come abbiamo visto, di questi cambiamenti non manchino tracce nella lingua letteraria (soprattutto sotto forma di neologismi poetici), la loro sede è ormai decisamente extraletteraria, o meglio si colloca in quella zona della scrittura che oggi definiremmo piú saggistica e di riflessione che letteraria e di creazione, anche se, allora, la distinzione era assai meno operante e pertinente. La lingua propriamente letteraria, come vedremo, sembra, piú che altro, reagire a queste novità, ora ironizzandole ora rifiutandole, ora limitandone il raggio in nome di valori ad essa piú propri e specifici come quello di tradizione e di identità culturale.

Non è dunque un caso se la maggior parte dei segni del rinnovamento linguistico settecentesco, che i maggiori studiosi (Schiaffini, Migliorini, Puppo, Folena[1]) registrano da un capo all'altro del secolo, si trovi in testi (e in autori) di critica militante, di polemica politica, di saggistica storiografica ed erudita, di economia e di politica: insomma ovunque la scrittura si misuri direttamente col proprio tempo. Spesso sono addirittura chiamati a testimoniare gli epistolari, come le lettere del Muratori, in cui Folena osserva[2] un «saldo e sicuro impianto razionale del lessico, [...] sintassi diretta e analitica, col predominio delle locuzioni nominali, con l'abolizione dei nessi subordinativi, con la bipartizione della frase in membri coordinati [...] è un ritmo *coupé*, e *balancé*, costituito da brevi membri allineati». Oppure si tratta di prosa giornalistica (*giornalista* nasce proprio allora, come si sa), che richiede di per sé uno sveltimento delle procedure linguistiche, sino al punto che è lecito affermare che «la storia della lingua del Settecento è in larga parte e in maniera progressivamente crescente legata al giornalismo». È in questo tipo di prose che «l'aspetto tecnico della lingua viene ad assumere una funzione preponderante e assorbente rispetto a quello usuale e letterario», che si limita invece, sostanzialmente, a includere anche la sfera scientifica nella gamma delle proprie risorse espressive.

I piú vistosi segni del rinnovamento linguistico: la gran fortuna dei suffissi *-ista -ismo- istico -izzare*, dei prefissi grecizzanti *anti- para-* e latineggianti *super- extra- pre-*; la rottura dello «stile periodico tradizionale»; la scelta paratattica e nominale; la soluzione dei rapporti logici in «moduli coordinativi»; l'evidenziazione dei dati rilevanti con costrutti che li pongono e isolano all'inizio della frase (*è a lui che, la prima ragione è che*); i francesismi (*vengo di fare, il cuore il piú sensibile*), sono tutti tratti che Gianfranco Folena rileva nell'epistolario del Muratori, del Martello e dei fratelli Verri. I Verri, in particolare, largheggiano in francesismi (*boulevard désabillé brochure*) e anglicismi (*club frac humour spleen*) e in novità lessicali del rilievo di *automatico criminalità dispotismo enciclopedico dicastero entusiasta inoculazione malumore ottimismo papismo pubblicità purismo vignetta, colpo d'occhio, biglietto da visita, opinione pubblica*. È non per nulla il linguaggio dell'economia (con *commercio finanziario produzione interesse*) uno dei motori piú attivi e fecondi del cambiamento linguistico; esso conia neologismi o rimotiva semanticamente vecchie forme (si pensi a *speculazione*, tolta alla filosofia o a *industria* specializzata rispetto al senso piú generico di attività) e li immette in una piú vasta circolazione. Il lessico settoriale delle scienze e della matematica si introduce in altri campi del discorso ad animare metafore nuove come *termometro* (della situazione), il *corpo politico*, l'*elettrica fiamma* (dell'invenzione), l'*atmosfera politica*, la *forza magneti-*

ca (degli occhi). Per non dire poi del linguaggio della politica, esploso in Italia come in Europa al momento della rivoluzione francese, che ha immesso nella consuetudine degli italiani parole come *democrazia patriota despotismo cittadino mozione costituente*. La prosa saggistica e militante persegue dunque una libertà di linguaggio fino a poco prima impensata; non c'è autore che non si cimenti in coniazioni nuove, come l'illustre Baretti coi suoi *creanzuto frugoneria medagliesco pastorelleria subarcadico versiscioltaio*; tanto che non se ne esentano neppure scrittori molto rispettosi della tradizione linguistica come il Vico o Anton Maria Salvini (cruscante di prim'ordine) o addirittura l'Alfieri (celebri i suoi *spiemontizzarsi, misogallo, cardinalume, banchieresco*).

8.2. *Dibattiti e polemiche.*

La scrittura creativa, lo abbiamo visto, non resta del tutto immune dalle piú vistose novità e non manca di registrarne quelle piú clamorose, specie nel lessico. Il Parini invita, sarcastico, a far sí che «su la bocca amorosa» «sonino ancora» «il calcolo, la massa, | e l'inversa ragion»; il Mascheroni ironizza sui predicatori che si sentono «agguagliare» «l'eterna Grazia alla virtú magnetica [...] l'attrazion spiegando». Il Casti, a fine secolo, ironizza su «Filli» che «ragionar [...] non ama | che dei torbidi di Francia» e accumula le parole nuove della politica (*decreto proclama cittadino assemblea suffragi democratico aristocratico riforma mozione*) per un gioco parodico («Di por fine è tempo ormai, | o dispotica mia Fille, | all'abuso che tu fai | del poter di tue pupille. | Abbiano pur que' sguardi tuoi | il poter legislativo; | ma è dover che resti a noi | il poter esecutivo»), in cui le *classi* rimano colla manierata enclisi di *convocherassi* e *ciglia* con *Bastiglia* e dove non è difficile cogliere (nonostante le simpatie giacobine dell'autore) un certo rimpianto per «le tenere parole, | che spandean dolcezza e gioia» e che ora «proferire [...] piú non suole, | o di udirne infin si annoia». Anche i forestierismi cadono sotto i rimproveri o le ironie dei letterati, come i francesismi «in abito italiano» rimbrottati dal Bettinelli. Il francese di moda, in particolare, è oggetto di ripetuta parodia nelle commedie, che spesso lo usano in bocca a personaggi che, in altre circostanze, sarebbero stati ridicolizzati dall'affettazione libresca del loro parlare. Cosí Edmondo nel *Raguet* del Maffei proclama: «Non le darò cibi plebei: guazzetti, | manicaretti, intingoli, stufati [...] Io le darò ragú, farsí, gattò, | cotolette, crocande [...] | [...] canàr, sambòn, bignè [...]»; in una commedia di Gherardo de Rossi[3], una contessa esclama: «Luigi voi qui? Voi in rendevú col Marchese? E non vengo di avervi detto jeri sera ch'egli non è per voi?»

Le resistenze della lingua letteraria alle innovazioni si riflettono puntualmente nelle discussioni che animano in tutto il secolo una delle puntate piú vivaci della secolare questione della lingua[4]. Non che tutto ciò che in esse è da riferire a conservazione e tradizione debba essere ascritto alla pratica letteraria e al suo pur fruttuoso contrasto con quella saggistica: basterebbe pensare alla difesa della Crusca e del toscanismo da parte di un erudito come A. M. Salvini o all'opposto a quella del dialetto da parte di un poeta classicheggiante (ma anche dialettale) come il Parini. Ma è certo che il sostegno teorico alle novità verrà piú facilmente dagli intellettuali militanti (dal Baretti ai Verri al Cesarotti) che dai letterati puri (C. Gozzi o Alfieri). Spesso gli stessi autori si differenziano a seconda dei casi, come Scipione Maffei che inaugura il giornalismo del secolo e però rifiuta l'eccesso della moda in nome di una lingua letteraria di stampo classicistico. I «puristi», che piú degli altri difendono la tradizione (specie a fine secolo), discendendola fino all'aureo Trecento, e i classicisti, che rilanciano l'«italiano» sobrio e colto del Cinquecento, hanno in mente, quasi tutti, l'uso letterario della lingua o, perlomeno, il suo impiego solenne, oratorio, ufficiale[5]. Essi piú degli altri osteggiano i forestierismi, non solo quelli facilmente visibili del lessico, ma anche quelli piú silenti ma non meno importanti insinuatisi nella sintassi. Si discute se il costrutto debba essere diretto (alla francese) e nominale, o indiretto e subordinativo (al modo del latino e del Boccaccio). Nel dibattito si inseriscono anche elementi nuovi, come quello dell'identità nazionale del patrimonio linguistico, opposto (anche da innovatori come il Beccaria) al cosmopolitismo linguistico degli illuministi piú radicali. Concetto e valore di nazione si introducono cosí nella questione della lingua, dove esploderanno nel secolo successivo; fin da ora annunciano il progressivo fuoriuscire della problematica linguistica dall'ambito esclusivo della letteratura[6]. È un aspetto questo che darà nuovi argomenti alla causa un po' stanca dei tradizionalisti: l'idea di un italiano moderno ed efficiente sarà da questo momento piú difficilmente staccabile da quella dell'italiano colto e, in definitiva, letterario, anche se nulla potrà piú far risorgere, nonostante i tentativi del padre Cesari, l'italiano del puro Trecento. Non è dunque un caso se uno degli intellettuali piú precocemente attenti al nesso intimo di lingua e cultura, il Vico, maturi in un ambiente come quello napoletano di tardo Seicento convertito fortemente alla causa toscana e nazionale dell'italiano di Crusca[7]. La Scienza nuova, specie nella seconda redazione, scava nella «veneranda lingua d'Italia», persino accentuando ipercorrettivamente il fiorentinismo e utilizzando gli arcaismi per creare un'espressività particolare, una lingua che, mentre si uniforma alle proprie identità storiche (accanto al fiorentino di Crusca, il napoletano è non meno evidente e frequente)[8], riesce a evitare l'appiattimento neutro e incolore della prosa specialistica. Vico offre cosí un esempio di alta letterarietà della scrittura saggistica, che non sarà ignorato dai migliori trattatisti del secolo, come il Baretti (pur tanto diverso da Vico quanto a materiali linguistici e a predilezioni stilistiche) o il Cesarotti.

Il dibattito linguistico del Settecento, a ogni modo, piega la lingua sempre piú verso acquisizioni e moduli estranei alla tradizione letteraria e soprattutto, per il momento, incompatibili con quella poetica, che difende tenacemente le sue inclinazioni classicistiche (se non arcaicizzanti), adoperando anche, a difesa delle proprie scelte, la disponibilità che queste finivano per mostrare di fronte al nuovo realismo dei temi piú frequenti e discussi. Non per nulla l'Arcadia in lingua convive da vicino con quella dialettale, in una ricerca di ulteriori spazi da occupare in poesia, pur nel rispetto delle regole tradizionali.

Ma c'è, di fatto, una novità piú intima e diffusa nella

realtà del Settecento, non esauribile da macchie lessicali scientificizzanti né, tanto meno, da perifrasi a maschera dei tecnicismi; è una realtà quotidiana e viva, intima e popolare, che la letteratura non può piú fare a meno di vedere e di assumere e di fronte alla quale non l'italiano dei versi ma quello piú agile e colloquiale del teatro, e spesso, piú decisamente e piú direttamente, il dialetto, sembrano strumenti meglio adeguati.

[1] A. Schiaffini, *Aspetti della crisi linguistica italiana del Settecento*, ora in *Italiano antico e moderno*, Ricciardi, Milano-Napoli 1975, pp. 129-65; B. Migliorini, *Il Settecento*, in *Storia della lingua italiana*, a cura di G. Ghinassi, Sansoni, Firenze 1987; M. Puppo, *Critica e linguistica del Settecento*, Fiorini, Verona 1975; M. Vitale, *La questione della lingua*, Palumbo, Palermo 1978, e *L'oro della lingua. Contributi per una storia del tradizionalismo e del purismo italiano*, Ricciardi, Milano-Napoli 1986; G. Folena, *Il rinnovamento linguistico del Settecento italiano*, in *L'italiano in Europa*, Einaudi, Torino 1983, pp. 5-66.

[2] G. Folena, *Il rinnovamento linguistico* cit., p. 16 (le citazioni successive a pp. 17, 33, 34-37).

[3] B. Migliorini, *Il Settecento*, cit., p. 476.

[4] M. Vitale, *La questione della lingua* cit., pp. 213-344 e *Posizioni teoriche e indicazioni pratiche nelle discussioni linguistiche del Settecento*, in *La veneranda favella*, Morano, Napoli 1989, pp. 355-90.

[5] M. Vitale, *La quarta edizione del Vocabolario della Crusca*, in *L'oro della lingua* cit., pp. 349-82.

[6] S. Gensini, *L'identità dell'italiano*, Marietti, Casale Monferrato 1989.

[7] M. Vitale, *Leonardo di Capua e il capuismo napoletano*, in *L'oro della lingua* cit., pp. 173-272.

[8] G. Nencioni, *Corso e ricorso linguistico nella Scienza nuova*, in *La lingua dei Malavoglia*, Morano, Napoli 1988, pp. 283-314; M. Fubini, *Stile e umanità di G. B. Vico*, Laterza, Bari 1946.

9.
Una lingua a teatro

Era inevitabile che l'Arcadia trovasse non piccole difficoltà nel realizzare la lingua adatta per un teatro, che, specie il comico, richiedeva la voce colloquiante della concreta quotidianità. Non è perciò affatto un caso che all'inizio del secolo la commedia sia iniziativa, ancora una volta, soprattutto toscana (Nelli, Gigli, Fagiuoli). Il toscano poteva infatti coniugare la restaurazione arcadica con la vivacità della lingua popolare attingendo al filone burlesco e rusticale del Cinquecento. Ma si tratta, inevitabilmente, di un teatro che affida la propria comicità al gioco linguistico, come accadeva già nel Cinquecento. E il gioco delle lingue richiede, più che la verosimiglianza della rappresentazione idiomatica, la sua caricatura, i sovraccarichi espressivi, i contrasti di registro. Da qui le storpiature che caratterizzano la parlata dei personaggi popolari di queste commedie (abolizione di *v*: *poera taola*, *l* rotacizzato: *obbrigo simpricità*, epentesi di *i* davanti a *z*: *nigoizio disgraizia*, metatesi di *r*: *frebbe drento*, *gh* per *gl*: *pighiar migghia*), i riboboli, il lessico burlesco. Insomma una ricerca nel vocabolario e nella grammatica, fatta col gusto (esplicitamente documentato dal Gigli) dell'accademico, del cultore della lingua più che coll'intento di registrare la viva realtà. Allo stesso modo, questi autori non hanno problemi neppure a rappresentare in modo stilizzato la lingua dotta, coi proventi soliti della Crusca, del latinismo, dei vocaboli «poetici». Ma questa comicità, tutta (o quasi) risolta nella lingua, non riesce ad andare molto oltre lo scontro divertente dei due italiani (a Isabella, che, in una commedia del Fagiuoli, dice: «Ma che coopera a questo, che io comparisca davanti a vostro padre in abito virile?», replica Lisetta: «Giusto, anch'io lo vorrei sapere, perch'i abbia a portare i calzoni»; in un altro caso, a un personaggio che domanda: «Or di che paventi?» l'interlocutore risponde: «Io non pavento [...] ma i' ho paura»). È insomma una commedia ancora legata al «trucco» antico del pasticcio linguistico (invece degli spagnolismi ora recitano il ruolo della lingua straniera di moda i francesismi, come accade nel *Raguet* del Maffei); l'italiano non sfrutta la «dialettalità» toscana per animare una lingua della conversazione e non sa uscire da una dimensione di fittizia espressività, di caricatura comica, restando alla superficie della realtà linguistica [1]. Occorreva forse una dimensione piú decisamente dialettale, di un dialetto meno legato a una tradizione letteraria, perché il teatro comico cominciasse ad agganciare davvero la colloquialità del parlato.

9.1. *Goldoni e Gozzi.*

Fuori di Toscana la soluzione piú adeguata per una lingua della conversazione scenica non poteva che essere, come sempre, innanzitutto il dialetto; e non è certo un caso che si tratti, ancora una volta, dopo Ruzzante, del meno dialettale dei dialetti, il veneziano. Il dialetto di Carlo Goldoni è una lingua agile e piena, che percorre e unisce una intera società e ne distingue i censi e i tipi. È lingua unitaria e variata, capace di restituire la molteplicità sincronica degli usi senza tradire in stereotipi la loro vivezza e verosimiglianza. La grande rivoluzione goldoniana è consistita, come ha ben mostrato Folena [2], nella riduzione del tratto grottesco e caricaturale insito nell'opzione dialettale della commedia cinquecentesca e, via via, anche nell'eliminazione degli automatismi linguistici che legavano le maschere a un dato dialetto e a un suo impiego stilizzato e ripetitivo. Il veneziano di Goldoni è lingua dialogica, capace di trascorrere da un registro all'altro e persino dall'idiotismo alla lingua.

Ora, è l'uso che egli fa di quest'ultima che, in definitiva, importa di piú ai fini della nostra storia (non certo di quella

del teatro goldoniano né della sua interpretazione critica).
Per Goldoni un italiano di conversazione borghese e popolare non esisteva o era assai difficilmente accostabile attraverso le fonti scritte e letterarie. E lui se lo inventa, mettendo in scena un «fantasma» «che ha spesso la vivezza
del parlato ma si alimenta piuttosto all'uso scritto non letterario, accogliendo in copia larghissima venetismi, regionalismi "lombardi" e francesismi, accanto a modi colloquiali toscani e a stilizzazioni auliche di lingua romanzesca
e melodrammatica». Ed ecco le forme non anafonetiche
(*gionto ponto defonta*), il gerundio «veneziano» di terza in
-*indo* (*smarrindo*), *suo* con valore plurale, il largo spazio al
passato prossimo (in cui opera anche l'influsso francese).
Nell'italiano di Goldoni – seguiamo sempre Folena – possono convivere, senza contrasti vistosi, il dialettalismo toscano (*andiede stiede*), l'aulicismo (*deggio*), il veneziani-
smo (*puòle*) e il francesismo (*travaglio* per lavoro). Il suo è
un idioma «translinguistico», che scorre dal dialetto al toscano al francese in una soluzione che (come ben mostrano
anche le sue autotraduzioni) è davvero «itineraria». Non a
caso egli indicava come fonte del suo «italiano» quello che
(premanzonianamente) chiamava la lingua delle «balie» e
delle «fantesche», da apprendere soggiornando «per
qualche tempo in Firenze» piuttosto che «mendica[ndo-
la] dal Bembo, dal Boccaccio e dalla Crusca». Per questo il
francesismo (segno della moda ma anche della colloquialità non cruscante) è un marchio settecentesco ben rilevato
nel suo italiano, ad esempio nella *Locandiera*: «un motivo
il piú ridicolo», «io i denari non li stimo niente», «un faz-
zoletto di quella sorta» ecc.

Nella versione in lingua della *Bottega del caffè* ci sono,
ad apertura di pagina, il lombardismo «a far di balla», il
venetismo «bever», forme colloquiali come «andate a to-
stare il caffè, per farne una caffettiera di fresco», francesismi: «capi d'opera», «questo [orologio] non fallisce
mai», dialettalismi: «si serra un occhio». Nella *Locandiera*
il Cavaliere di Ripafratta se ne esce, a poca distanza di battute, in un manierato «vi è qualche dissensione fra di voi
altri?» e in un meno formale «Io certamente non vi è peri-

colo che per le donne abbia a dir con nessuno»; e poco oltre alterna: «la biancheria che mi avete dato non mi gusta» con «La manderò a prender pel servitore»; Fabrizio ora toscaneggia «pare che la mi voglia» e ora ricalca quel dialetto («dice che non è una frasca»), che Mirandolina aveva già provveduto a tradurre «che credi tu ch'io mi sia? Una frasca? Una civetta?». Questa lingua «tra il veneziano, il lombardo e il romagnolo», come recriminava il Baretti, metteva di fatto fine allo sfruttamento rinascimentale del pluralismo linguistico ai fini di una comicità che si era ormai rinsecchita nei suoi tipi ed eccessivamente automatizzata. Come Arlecchino trascorre dal bergamasco («me ralegher») al veneziano («me ne consolo») alla lingua («me ne congratulo»), cosí l'italiano di Goldoni si muove su una tastiera estesa che, se ha ancora bisogno dell'appoggio ravvicinato del dialetto, è però il primo vero grande esperimento di lingua per il teatro, disponibile alla conversazione e pronta a emanciparsi dalla servitú antica della scrittura letteraria.

L'italiano dialogico intuíto e cercato da Goldoni avrà un seguito però non tanto in commedia quanto nel genere prossimo e diverso del romanzo. È un successo quindi rinviato al secolo successivo. Per il momento la commedia oppone ancora fiere resistenze alla riforma goldoniana, anche sul piano linguistico. Lo dimostrano le scelte assai diverse dell'altro grande della commedia veneziana, Carlo Gozzi.

Vicinissimo alle posizioni linguisticamente piú tradizionaliste, Gozzi rifiuta l'italiano per le serve e stilizza la lingua delle sue splendide favole teatrali sul duplice registro del dialetto e della lingua. Il dialetto (tolti i «lazzi» delle maschere minori) è la lingua di Pantalone, parola concreta del buon senso borghese e popolare, che fronteggia (piú di quanto contrasti comicamente) l'italiano. L'italiano è, a sua volta, quello del melodramma metastasiano, intonato sulle note piú alte dai grandi personaggi (principi re), che parlano in versi, e su quelle medie dai personaggi di taglia comune, che parlano in prosa. Ci sono infine personaggi che si collocano linguisticamente ai limiti dei due registri dell'italiano, sino a sfiorare (senza toccarlo davvero però) il dialetto (ad esempio Tartaglia). Ecco dal *Re cervo* un dialogo tra Clarice e Tartaglia:

> TARTAGLIA [...] se ti porterai bene nell'esame, sono certo, che oggi tu sei Regina, e ch'io son l'uomo il piú risplendente di questo mondo [...] Dimmi, figlia: non avresti già qualche taccherella secreta [...] eh?
>
> CLARICE Ah, caro padre, dispensatemi, scioglietemi da questo cimento, vi supplico.
>
> TARTAGLIA [...] Non si tardi piú. Pensa alla tua vita, al mio comando, frasca, pettegola, moccina (I, III),

in cui la figlia parla un italiano metastasiano (che ormai funziona da codice della lingua aulica) e il padre scivola su qualche francesismo e dialettalismo di troppo. Angela, nella scena successiva, replica al padre Pantalone, che parla in veneziano: «Ti xe innamorada, frascona?», con «Sí, lo confesso a voi, che mi siete padre amoroso» e al vocativo inverte melodrammaticamente la posizione del possessivo «mio padre». Il re, Deramo, usa, nei suoi versi, *cor, luci* (per occhi), *libertade* e *necessitade*; e Angela gli replica (anch'essa in versi) con *umíle merto pietade carca doglia saria dee puote*. L'italiano solenne si impadronisce della scena e, forse per la prima volta, riesce a sostenere il dialogo teatrale senza eccessi caricaturali involontari (invece, sono voluti e dichiarati gli intermezzi di «quinci e quindi» di Smeraldina, «di Brighella la suora», che per imparare il linguaggio solito degli innamorati si è letta «per tre giorni» «il canto di Armida del Tasso, e la parte di Corisca nel Pastor fido» e declama: «Ah, mio Signore, | aveva qui nel gozzo un mar d'affetti»)[3].

Il fatto è che la commedia settecentesca sta ormai decisamente abbandonando il comico del riso che aveva segnato l'età della commedia dell'arte e si è introdotta in una perlustrazione di caratteri e situazioni in cui il gioco delle lingue diventa un fattore assai meno importante e decisivo. Le maschere di Gozzi mettono in scena, nella veste meravigliosa delle favole, non già, ormai, delle commedie, ma, sempre piú spesso, dei drammi.

9.2. *Alfieri*.

Il Settecento teatrale, del resto, è il secolo soprattutto del melodramma e della tragedia, i cui referenti sono, fin da subito, classici, anche nella lingua. Il piú grande dei «tragici», l'Alfieri, costruisce il suo linguaggio teatrale correggendo in direzione di un classicismo piú severo e selettivo, il tradizionalismo linguistico metastasiano. Impegnato a «spiemontesizzarsi» e a «sfrancesizzarsi» egli cerca nel toscano della tradizione piú alta l'italiano dei suoi eroi. E proprio l'autore che, nelle sue prose, nella *Vita*, (anche nelle *Satire*), meno si era contenuto nell'invenzione linguistica, nel gusto per la libertà neologistica (il celebre *misogallo* e poi *gallesco, tutto-crede, semi-naso, s'ingrecheggian, srepubblicato, sdegnuzzo* ecc.) [1], nelle tragedie cerca con avidità e perenne insoddisfazione la norma, la grammatica degli autori consacrati. «Il toscano», ha scritto Gian Luigi Beccaria [2], «per Alfieri non è la nuova lingua democratica e popolare dei romantici, ma la lingua delle lettere, quella che si parla là dove riposano le ceneri vere o ideali dei Dante, dei Petrarca, degli Ariosto e dei Tasso». Alfieri si volge al toscano come a una lingua «morta, capace di commemorare il passato [...] ancorata a segni eterni», vivente opposizione e contrasto alla gallomania, alla superficialità della moda linguistica corrente. «La pedagogia aristocratica fa approdare Alfieri [...] ad un ideale di lingua letteraria "piena di bello antico"», segno della sua unione spirituale con un mondo eroico della cultura, in cui i classici latini (Seneca, Virgilio) stanno accanto ai grandi autori della tradizione nazionale, rivendicata nella sua autonomia e superiorità. Per questo, in verità, al di là del toscano, egli cerca per la sua tragedia la lingua letteraria della tradizione, di cui, anzi, dà un'esecuzione se possibile anche piú arcaizzante e solenne che nei vetusti originali (ad esempio i condizionali toscani sono corretti in quelli poetici: *sarebbe* in *Antigone* IV, 3, diviene *saria* e poi *fora*; in I, 3 *vivrei* diventa *vivria*; nella *Merope* III, 3 *speranza* è corretta in *speme*). L'esame delle infinite varianti consente di seguire da vicino (per di piú spesso con chiose d'autore) questo processo che porterà verso la «sublime semplicità del dire» delle ultime, grandi tragedie. Alfieri rifiuta infatti la misura moderata che, della tradizione, aveva codificato il melodramma e il superfluo, il sovrabbondante del gusto perifrastico proprio del classicismo arcadico. Egli guarda invece ad una essenzialità solenne, basata sull'eccezionalità linguistica (lessico sintassi e ritmo) del discorso, la sola congrua alla dimensione tragica degli eventi e delle passioni rappresentate. La «trasposizione» delle parole è l'espediente da lui piú voluto e tormentato: «D'Egisto il nome | troppo ad Elettra spiace» nell'*Agamennone* è corretto in «Il nome | d'Egisto spiace ad Elettra troppo». Scrivendo al Calzabigi, Alfieri difende in *Antigone* III, 43 i versi «I' lo tengo io finora | quel, che non vuoi tu, trono»: «la trasposizione di quel trono, che pronunziato staccato con maestria dal tu, facea sí che tutta l'attenzione del pubblico, e del figlio minacciato, portasse su quella parola trono [...]». Nel *Filippo* IV, 2 «Fa di rispetto menzognero velo | all'infida alma, ambiziosa, atroce» diviene «Fa di rispetto menzognero all'alma | tua infida, atroce, ambiziosa, velo». Nella grande discussione settecentesca sull'ordine del costrutto (se diretto o inverso) non si può trovare sostegno piú autorevole a chi coglieva nell'inversione, tipica della tradizione italiana, il segno dell'innata poeticità e maggiore profondità analitica della nostra lingua rispetto al francese coi suoi costrutti lineari e diretti[6].

Spulciando le prime due scene del *Filippo*[7] (nelle tragedie piú antiche certi fenomeni sono piú vistosi) notiamo poi l'insistita enclisi del pronome nel verbo (di cui si osserverà la morfologia) con soluzioni del tipo (tra parentesi lezioni precedenti l'ultima): *puommi* (← *potria*) *potriami sfuggasi* (← *si sfugga*) *duolmene* (← *men duol*) *havvi avrommi* (← *l'otterrò*) *sallo* e la proclisi all'imperativo (*t'arresta*); spesso il pronome soggetto è dislocato dopo il verbo, sia in interrogative, come da copione («sí reo m'hai tu?» ← «tu m'hai?»; «diss'io?» ← «dissi»; «crederò che nemica anima alberghi tu di pietà?»), che in esclamative: «ah! nol sapess' io»[8]. Frequente la scelta di una variante arcaica e letteraria, sia delle forme verbali: *fia* (← *è*) *fero imprendo* (← *m'appresto*) *t'involi* (← *mi fuggi?*) *men giva*

(← *n'andava*) *cape* (← *albergar*) – per quanto non manchino ripensamenti in direzione opposta: *udrebbe* (← *udria*) *dorrei* (← *dorria*) – sia dei pronomi (*ei, il*) che di ogni altra voce: *pietade* (← *pietà*) *prence* (← *signor*) *novelli* (← *nuovi*) *core* (← *cuor*), «quanto piú il merta» (← «quant'è piú giusto»), anche qui non senza retromarce che anticipano le soluzioni piú equilibrate della maturità (*dolor* ← *duol*, anche ← *anco*). Se si aggiungono poi le inversioni di cui abbiamo già fatto cenno («nemica la paterna corte | mi è tutta, il so» → «paterna eppur nemica corte»; «e non per anche | corrotta il core» → «e il cuor per anco | non hai corrotto»; «ah! scusa involontario sfogo | di un cor ripieno troppo» → «involontario sfogo | d'alma ripiena scusa» → «d'un alma piena | scusa lo sfogo involontario» ecc.) e le numerose omissioni dell'articolo («deh! serba | mia fama intatta», «figlio | di assoluto signor», «gli avvolgimenti infami | d'empia corte non sai») si avrà evidente la misura dello scarto dal linguaggio medio che lo stile alfieriano persegue, la profondità del suo scavo dentro le pur dominanti direttrici classicistiche della poesia contemporanea, l'importante opera di rianimazione e riabilitazione del repertorio piú antico e letterario della tradizione, che resterà, anche per questo, ancora a lungo vivo e attivo.

Ma è un dato che non si può registrare senza sorprendersi della distanza che l'italiano poneva, a fine Settecento, tra le sue esibizioni piú alte e quelle meno liriche o solenni, tra la propria grammatica letteraria e quella media e giornalistica del mondo che cambiava.

È per questo che sarà bene, prima di chiudere col secolo dei Lumi, dare uno sguardo alle opere della letteratura che sono per vocazione meno distanti da una scrittura piú informale e moderna: penso, naturalmente, alle prose dei romanzi.

[1] M. L. Altieri Biagi, *La lingua in scena*, Zanichelli, Bologna 1980, pp. 1-57.

[2] G. Folena, *Una lingua per il teatro*, in *L'italiano in Europa*, Einaudi, Torino 1983 (le citazioni a pp. 91 e 135).

[3] Su Gozzi, cfr. A. Beniscelli, *La finzione del fiabesco*, Marietti, Casale Monferrato 1986.

⁴ S. Abbadessa, *Misogallismo ed espressionismo linguistico dell'Alfieri*, in «Studi e problemi di critica testuale», 3 (1976), pp. 77-116.

⁵ G. L. Beccaria, *I segni senza ruggine. Alfieri e la volontà del verso tragico*, in «Sigma», IX (1976), pp. 107-51.

⁶ V. Branca, *Alfieri e la ricerca dello stile*, Le Monnier, Firenze 1948 (n.e. Zanichelli, Bologna 1981²).

⁷ Indispensabile per questi appunti l'edizione delle *Tragedie*, a cura di C. Jannaco, Casa d'Alfieri, Asti 1952; qui si cita dal vol. I., *Filippo*. Importanti anche gli appunti linguistici dell'autore editi in G. L. Beccaria - M. Sterpos, *Appunti di lingua e letterari*, Casa d'Alfieri, Asti 1983 (cfr. anche G. L. Beccaria, *Gli «Appunti di lingua» dell'Alfieri*, in *Vittorio Alfieri e la cultura piemontese fra illuminismo e rivoluzione*, *Atti del Convegno internazionale di Studi di S. Salvatore M.*, Torino 1985, pp. 491-95).

⁸ Che l'enclisi insistita ed estesa (anche al pronome neutro) fosse avvertita come un tratto arcaizzante eccedente la media lo mostra anche una fortunata parodia dell'Alfieri che circolava nel tardo Settecento: «Sailo il re? – Sallo – Per tutta Grecia sassi»; cfr. V. Coletti, *Traduzioni e parodie*, Marietti, Casale Monferrato 1984. Giuseppe Patota (*L'Ortis e la prosa del Secondo Settecento*, Accademia della Crusca, Firenze 1987, pp. 72 e 78) tende a ridurre la valenza culta di queste opzioni, allegando la loro altissima frequenza nel Settecento («l'enclisi appare un fatto automatico, stilisticamente neutro»; la giacitura verbo-pronome «connota quasi istituzionalmente la frase interrogativa»); ma, per quanto si debba fare il massimo conto di questa documentatissima avvertenza, credo che la piega stilistica dotta di queste soluzioni (specie dell'enclisi) non possa essere del tutto negata, anche in relazione all'opposizione con collocazioni diverse, di cui è evidente la valenza medio-prosastica. Del resto, lo stesso Patota (*Sintassi e storia della lingua italiana: tipologia delle frasi interrogative*, Bulzoni, Roma 1990) scrive (p. 209): «[c'è] un legame tra orientamento alto e, per cosí dire, ufficiale della scrittura in prosa e accoglimento, in questa, della frase di domanda con pronome personale posposto al verbo»; è un fenomeno che si registra soprattutto negli scrittori con «piú stretti legami con la lingua della tradizione».

Peso e risorse della tradizione

10.1. *Il romanzo.*

Il Settecento si chiude col primo, vero, importante romanzo della nostra storia letteraria: *Le ultime lettere di Jacopo Ortis* di Ugo Foscolo. Del romanzo foscoliano ha fatto una minuta analisi Giuseppe Patota, preziosissima per la storia dell'italiano letterario; e di essa ci varremo qui ampiamente[1]. Patota ha messo in luce il tentativo di Foscolo di «accostarsi ad aspetti di lingua viva e corrente, di produrre uno stile medio epistolare», indispensabile al genere letterario prescelto. Rispetto agli usi della prosa «media» del suo tempo è raro infatti che Foscolo opti per le soluzioni già in declino in essa (ad esempio *sieguo | seguo, secreto / segreto*) e piú frequente la scelta di quelle che poi si affermeranno (*intero* rispetto a *intiero*, *domanda* rispetto a *dimanda*, *aggiunge* rispetto ad *aggiugne*), con alcuni singolari preannunci manzoniani (anche là dove Manzoni non fece scuola duratura, come per *giovine* invece di *giovane*). Per altro egli non scarta mai decisamente dalle consuetudini settecentesche, tanto negli aspetti piú innovatori che in quelli piú conservativi, pur accelerando, in qualche caso, ora in una direzione ora in quella opposta. Si veda ad esempio il comportamento dei pronomi personali soggetto: l'*Ortis* si inserisce (e anzi, in un certo modo, anticipa) nella prassi innovatrice quando elimina i pronomi ridondanti (processo evidenziato in diacronia nel passaggio dall'edizione 1802 a quella londinese del 1817) e cerca di agganciare la lingua parlata col fiorentinismo di *la* soggetto, inserito nelle due finali redazioni del romanzo, anche «in funzione enfatica»: «E questa *la* è pure una delle vostre bestemmie» (lo stesso si può dire per *e'*, avvertito come toscanismo). Sul versante opposto, però, abbonda la forma *ei* (in aumento diacronico da *egli* della prima edizione), con un'opzione che definirei senz'altro dotta. Foscolo non esce poi dagli usi ancora tradizionali e normativi della prosa settecentesca nella preferenza per le forme in *-a* della prima persona dell'imperfetto (in *-o* sono gli imperfetti nella *Moglie senza marito* del Chiari, ma in *-a* nella *Vita di Erostato* del Verri) e segue invece le scelte piú moderne limitando i casi con dileguo di *-v-* a occorrenze percentualmente minoritarie e soprattutto predeterminate (con verbi come *avere dovere fare parere vedere*). La differenza tra la prosa dell'*Ortis* e non solo quella della tradizione, ma quella stessa «media» del secolo è invece piú marcata nella sintassi, in cui Foscolo evita l'eccesso degli iperbati e delle inversioni immettendosi sulla strada del costrutto lineare esplorata dagli scrittori piú innovativi del Settecento e poi tanto autorevolmente battuta da Manzoni[2].

Ma, complessivamente, la prosa delle *Ultime lettere di Jacopo Ortis* non riesce ancora a trovare la via di un italiano adeguato al romanzo, nonostante i tentativi di fiorentinizzazione parlata e fortunate opzioni modernizzanti. La lingua resta su un registro e legata a una grammatica non funzionali alle esigenze della narrativa romanzesca. L'eccesso di decoro è evidente, ad esempio, quando Lorenzo racconta «a chi legge» i grandi turbamenti di Jacopo infelicissimo e se ne esce in forme del genere: «Mentr'ella [Teresa] incominciava [a suonare], entrò suo padre e le *s'assise* da canto»; oppure (con calco sul Farinata dantesco) «Ei [Jacopo] non fe' motto né cambiò viso». Il dialogo (il discorso diretto è per lo piú una spia efficace del realismo linguistico) tra Jacopo e il contadino che lo sorprende nei campi è di questo tenore:

[Contadino:] Che fate voi qui? – [Jacopo:] Sto, come vedete, riposando. – Avete voi possessioni?, percotendo la terra col calcio del suo schioppo. – Perché? – Perché? sdraiatevi su i vostri prati, se ne avete; e non venite a pestare l'erba degli altri [...] fate ch'io tornando vi trovi [...] Signore, vi stava aspettando; se mai vi foste adirato meco; vi domando perdono; – Riponete il cappello; io non me ne sono già offeso [...] – Vi ho fatto villania, ma io non vi conosceva; que' lavoratori che segavano il

> fieno ne' prati vicini mi hanno dopo ammonito [...] or pregovi,
> signor mio, perdonatemi [...]

Soluzioni linguisticamente medie, accettabili nel contesto (il raddoppio del *perché* interrogativo, *segavano* settentrionalismo per *falciavano*) convivono con altre visibilmente incongrue (*or pregovi*, *possessioni*, *meco*), specie in bocca a un contadino.

Del resto, è questa una difficoltà della lingua narrativa che non sarà risolta se non dal Manzoni. Non la superano infatti neppure i romanzieri «minori» e pur spesso singolari del tardo Settecento. La notevole disponibilità dei vari Chiari, Pindemonte ecc. per le novità (anche linguistiche: i francesismi innanzitutto) non è certo orientata verso un italiano utilizzabile nella misura «media» del racconto e nell'oralità dei suoi dialoghi. I discorsi di un personaggio dell'*Uomo d'un altro mondo* del Chiari procedono con una lingua di questo genere: «se regolarvi voleste a mio senno. Venite meco [...] Io terrei la navigazione più breve [...] benché sia più difficile, attesi i lunghi ghiacci [...] imbarcandoci seco lui [...]». Nei *Viaggi di Enrico Wanton* di Zaccaria Seriman (forse uno dei romanzi migliori) un «artigiano», cui il protagonista chiede cosa stia succedendo durante un tumulto, risponde così: «Dicesi [...] che il demonio si sia fatto vedere in quella strada, onde corre il popolo per discacciarlo». E nell'*Abaritte* di Pindemonte «la bella Ema» svela al protagonista i suoi inganni nelle mentite vesti di Indatira parlando in questo modo: «Fattomi accorta [...] che la mia personcina avea toccato così un poco l'animo vostro, e temendo non venisse assai più dall'infiammabilità di questo, che dal potere di quella, e però che qualche altra ugualmente e più ancora potesse toccarvelo, credetti non arrischiar nulla [...]»[3].

L'italiano concreto, necessario al romanzo, doveva aspettare i *Promessi Sposi*, e, più in generale, il romanticismo. L'illuminismo italiano, diversamente da quello francese, non sa foggiare una lingua per i suoi romanzi «a tesi». I sintomi della sensibilità nuova si colgono ancora poco nella lingua delle prose di Alessandro Verri o dello stesso Foscolo; e semmai si potrebbero di più osservare in poesia. Ma qui la grande tradizione nazionale è non solo sempre (e spesso felicemente) dominante; ma, anzi, è vigorosamente rilanciata dai piú illustri autori della fine secolo.

10.2. *La poesia: Alfieri.*

Una lingua sovraccarica di cultura e di passato è infatti la scelta programmatica della poesia tra Sette e Ottocento. Neppure il blando classicismo arcadico, col suo selezionato recupero di un ben solido Cinquecento, può bastare. Occorre scavare di piú dentro la storia e nelle fonti dell'italiano: la lingua antica e il latinismo diventano soluzioni prima ancora ideologiche che linguistiche. Ci sono, dietro di esse, il desiderio di scartare da una contemporaneità rifiutata (Alfieri) o sofferta (Foscolo); l'impegno per una lingua intensa, non consumata dal troppo uso, riattinta ai suoi massimi autori; la scelta di nominare il presente trascrivendolo orgogliosamente nell'epos classico (Monti) o rileggendolo mestamente attraverso i grandi miti letterari (Foscolo).

La ricerca dell'italiano colto e arcaico è esplicita in Alfieri, anche nel gioco delle varianti e negli appunti a margine dei versi o nelle note al *Canzoniere* di Petrarca: «il Petrarca e Dante nello spazio di quattr'anni lessi e postillai forse cinque volte [...] in quell'estate m'inondai il cervello di versi del Petrarca, di Dante, del Tasso e sino i primi tre canti interi dell'Ariosto», scrive nella *Vita*. Da essi, e massime da Petrarca e Dante, cerca «forme, frasi e parole».

Succede cosí che ci sono componimenti che prendono le mosse da una citazione petrarchesca («Rapido fiume, che d'alpestre vena», «Chiare, fresche, dolci acque»), a volte solo minimamente variata («O cameretta, che già in te chiudesti»; «È questo il nido [...]»). C'è l'*incipit* con determinazione temporale, tanto caro a Petrarca: «Quattrocent'anni e piú rivolto ha il cielo» (= *Canz.* «Diciassett'anni ha già rivolto il cielo»); «Il giorno, l'ora, ed il fatal momento» (= *Canz.* «O giorno, o hora, o ultimo momento»). E in generale sono innumerevoli gli inserti petrarcheschi nelle rime alfieriane, come ha ben mostrato Vittore Branca [4]: in *Io vo piangendo, e nel pianger mi assale*»

(= *Canz. I' vo' pensando e nel pensar m'assale*) il verso «sogno è ben mero, quanto al mondo piace» rifà *Canz.* I, 14: «che quanto piace al mondo è breve sogno»; i vv. 5-6 del sonetto *Malinconia, perché...* «L'atra pompa [...] ben tutta in me tu dispiegasti» rinviano a *Canz.* CCLXXIV, 10 «In te spiega fortuna ogni sua pompa»; il celebre «Tacito orror di solitaria selva» ricorda *Canz.* CLXXVI, 12-13: «un solitario orrore | D'ombrosa selva». Ma non solo Petrarca, anche Dante è ripetutamente recuperato: il verso finale di *Negra lucida chioma in trecce avvolta*: «Mostrato ha il Cielo in voi quant'ei potea» coniuga Petrarca, *Canz.* CLIX: «ella volse mostrar qua giú quanto là su potea» con Dante, *Purg.* VII, 17: «mostrò ciò che potea la lingua nostra»; l'emistichio nei primi due versi di *Tempo già fu, cor mio*: «ch'ambe le chiavi | tenea di te» hanno riscontro nel celebre dantesco «tenni ambo le chiavi | del cor» di *Inf.* XIII, 58; e persino Guinizzelli è esplicitamente ricalcato in *Chi vuol laudare la mia donna tace* (= I' vo' del ver la mia donna laudare»); dietro al v. 4: «parlar di cosa cui nulla somiglia» c'è il guinizzelliano «e ciò ch'è lassú bello a lei somiglio»; e dietro il v. 12: «Ella ogni orgoglio abbassa» c'è «abassa orgoglio a cui dona salute».

Se a questi macroscopici restauri degli antichi maestri si aggiungono le variazioni dotte e arcaizzanti inserite nel processo correttorio (*oro* → *auro*, *mai* → *unqua*, *remota* → *rimota*, *lontano* → *lungi*, *combattere* → *pugnare*, *anima* → *alma*, *consumi* → *consume*, *conforti* → *conforte* ecc.); la complicazione della sintassi con iperbati («ond'io d'angosce tante | scevro rimango»); il lessico e la morfologia di per sé arcaici e classicheggianti (*ermo pria manco aure prisco*, *il* pronome, *potria*, *men giva*) si avrà un quadro sufficiente della scelta antimoderna dell'Alfieri, pur tenendo in conto la diffusa familiarità della poesia del Settecento con la lingua tradizionale. Qui c'è uno scarto in piú, una vocazione a estraniare la lingua dal proprio tempo, che è frutto di una poetica e di una ideologia di cui l'astigiano fu l'interprete piú acceso. Ne è esplicito proclama il celebre sonetto *L'idioma gentil sonante e puro*, col quale Alfieri polemizzò con la chiusura dell'Accademia della Crusca, ribadendo il valore non solo letterario ma persino politico e morale di quel «purismo», che, tra le grandi novità di fine secolo, prendeva sempre piú largo corso presso i teorici della lingua, recuperando consensi legati alle vicende politiche e alla nascente sensibilità nazionale non meno che al gusto letterario.

10.3. *Foscolo.*

Anche Ugo Foscolo, dedicando un sonetto alla «sentenza capitale proposta nel Gran Consiglio cisalpino contro la lingua latina», rimpiange il «morto senno ed il valor di Roma», il suo «gran dir», le «reliquie estreme di cotanto impero» e depreca che persino «il toscano tuo parlar celeste | ognor piú stempra nel sermon straniero». La lingua della tradizione letteraria è quindi innanzi tutto un segno di identità che la modernità minaccia, negando proprio quei valori (nazione, libertà) in nome dei quali era cominciata. Per Foscolo, come per tutta la componente classicistica della cultura dell'età napoleonica, la tradizione è tanto l'eredità italiana della letteratura dal Tre al Cinquecento, quanto il patrimonio grecolatino, che quell'eredità è in grado di rinnovare continuamente e di rendere anche piú autorevole e nobile.

Nei sonetti sono non pochi i latinismi espliciti (*immago, meco, seco, diverso* per movimentato, *consiglio* per proposito, *fulvo, esatte* per perfette, *cure* per preoccupazioni, *partendo* per dividendo, *fero vate, inclito, illacrimata, cenere* al maschile, *copia, operose* per faticate) che si congiungono con i consueti proventi lirici[5]. Nei *Sepolcri* poi, i latinismi sono ben noti e caratterizzanti: «a sé il mortale *invidierà* l'illusion», *reliquie, arbore* al femminile, *polve, gleba, educò* per coltivò, *libar, ricetta, pugna, molcea, egregie* cose, *invadeano* nel senso di rapire, *tube, deprecando* ecc. Ma soprattutto il latinismo (e il grecismo) è nella perlustrazione di una sintassi ricca di subordinate (celebre *A Zacinto*, dove il periodo occupa 10 versi e i soggetti sono sistematicamente posposti e allontanati dal verbo); nella ricerca di perifrasi (a loro volta latineggianti nel costrutto: «trionfata nave» ad esempio) prevalentemente antonomastiche:

notissime quella del (Nelson) «prode | che tronca fe' la trionfata nave del maggior pino, e si scavò la bara» o (Elettra) de «la Ninfa a cui fu sposo | Giove, ed a Giove diè Dardano figlio | onde fur Troia e Assaraco, e i cinquanta | talami e il regno della Giulia gente» o (Machiavelli) «di quel grande, | che temprando lo scettro a' regnatori, gli allor ne sfronda, ed alle genti svela | di che lagrime grondi e di che sangue», o del Petrarca, nascosto e celebrato in ben 4 versi;

e nel gusto di un arredo classico (non solo nel linguaggio ma anche nei temi) di cui Foscolo stesso indicava il corrispondente nella letteratura latina: i «Penati di Troia», la «Parca», le «are», i «domestici Lari» il «limitar di Dite»[6]. Classicheggianti sono l'onomastica e la toponomastica del «carme», il cui titolo (*Deorum manium iura sancta sunto*) è latino: *antri abduani, Argo, Eliso, Ilo, Troade, Eubea, Febo, Pimplee, Itaco, Erittonio* ecc.

È un procedimento linguistico, stilistico e tematico che il poeta aveva già sperimentato, con differente misura, nelle sue *Odi*; lí si manifesta quella maniera che poi esploderà nelle *Grazie*, splendide quanto ardue prove di un classicismo letteratissimo e raffinato. Osserviamo brevemente l'«ode a Luigia Pallavicini»: vi incontriamo le Grazie, Citerea, «il sacro Ida», il «ciprio giovinetto» (Adone), gli Amori, le «Dive liguri», il «figlio di Latona» (Apollo), l'«inachio clivo», Palla (che, con ardita tmesi, «i dall'elmo liberi | crin su la man che gronda | contien»), Venere, le Aonie (Muse), Marte: e questo solo nei primi 40 versi, ché nei restanti, oltre ad altre, simili, decorazioni mitologiche, troveremo latinismi tipo «manti volubili» (svolazzanti), «inquieto alipede» (cavallo), «commettere» (affidare), «l'ardua [eretta] testa», il grecismo «tirreno talamo» (nell'ode *All'amica risanata* c'è l'«egro talamo») ecc. È il risultato di un programma poetico dichiarato nella seconda ode: «ond'io, pien del nativo | aer sacro, su l'itala | cetra derivo | per te le corde eolie»; il trasferimento, cioè, della «corda eolia», greca e latina, all'italiano. Un progetto che doveva ribadire la già sperimentata disponibilità classicistica (grecolatina) dell'italiano poetico, allora verificata anche nei celebri esperimenti di traduzione (Foscolo e Monti con l'*Iliade*, Pindemonte con l'*Odissea*).

Paradossalmente, proprio questo allargato e deliberato debito con le lingue classiche, rendeva l'italiano capace di misurarsi con temi di stretta contemporaneità storica e cronachistica (che l'apparato classicistico consentiva di rivestire sontuosamente), sí che, mentre, per un verso, lo rinchiudeva in una esasperata specializzazione letteraria, per l'altro lo apriva al suo tempo, che si affacciava alla poesia con mai vista invadenza. Per una lingua solo «scritta» e letteraria – cosí la vedeva Foscolo[7] – era già un grande successo; ma, al riguardo, la testimonianza (per noi oggi) piú sconcertante e singolare fu certamente quella di Vincenzo Monti.

10.4. *Monti.*

Nessuno come Monti – forse proprio per i suoi vistosi limiti – ha mostrato il grado di (paradossale) funzionalità dell'opzione classicistica di fronte a temi di stretta attualità storica e politica. Col fasto e la solennità, la raccolta del passato (coincidente con la letteratura grecolatina e nazionale) esibisce anche una sorprendente duttilità d'uso e si mostra capace di rinnovare in nuovo epos gli eventi contemporanei. L'*Ode al signor di Montgolfier* avvicina l'impresa del «volator naviglio» a quella degli Argonauti e fa del primo aviatore un «novello Tifi invitto», capace di vincere la natura con la «potenza chimica». Napoleone diventa un «Prometeo novo» e la repubblica cisalpina una «giovinetta virago cisalpina» (in *Per il congresso di Udine*). Dante fornisce metro, tema e linguaggio per il poema degli orrori della rivoluzione francese, la *Bassvilliana*;

> ecco dal canto I il v. 22: «Ma la giustizia di lassú che fruga» rinviare a *Inf.* XXX, 70: «la rigida giustizia che mi fruga»; i vv. 163-65: «Di Dio cantaro la bontà che solve | le rupi in fonte ed ha sí larghe braccia | che tutto prende ciò che a lei si volve» rimandano a *Purg.* III, 122-23: «ma la bontà infinita ha sí gran braccia | che prende ciò che si rivolge a lei»; il v. 242: «E brancolando per dolor già cieco» a *Inf.* XXXIII, 72: «ond'io mi diedi | già cieco, a brancolar […]»; il v. 252: «Par che piangano il dí che va mancando» a *Purg.* VIII, 6: «che paia il giorno pianger che si more».

Su schema dantesco è anche la *Mascheroniana*, dove si moltiplicano le classicheggianti perifrasi («di Valchiusa il

cigno», «di Bice il cantor») per far posto in versi alla geo-
metria («Colei che li misura, e del primiero | compasso ar-
mò di Dio la destra, quando | il grand'arco curvò dell'emi-
spero») o alla quadratura archimedica della parabola
(«primo quadrò la curva dal cadere | de' proietti creata»).
I sciolti della *Feroniade*, per celebrare la bonifica pontina,
mobilitano una sintassi a inversioni e subordinazioni di
questo genere: «Là dove imposto a biancheggianti sassi |
su la circèa marina Ansuro pende, | e nebulosa il piede
aspro gli bagna | la pomezia palude, a cui fan lunga | le
montagne lepine ombra e corona, | una ninfa già fu [...]»,
arcaismi vistosi come *poteo* e *ponno*, latinismi come *delubri
propinque* ecc. Non c'è da stupirsi, insomma, se Monti difende (*Sermone sulla mitologia*) l'arredo mitologico classico contro la moda nordica e notturna del romanticismo e
se lo fa soprattutto sostenendo la necessità, per la poesia,
di velare «di lusinghieri adombramenti il vero», perché il
«nudo arido vero» «de' vati è tomba»[8].

Per la verità, di rinunciare agli «adombramenti» in versi non ci pensava davvero nessuno (tolti i grandi dialettali
Porta e Belli); il «santo vero» manzoniano e romantico si
sforzerà però di cercarli altrove.

[1] G. Patota, *L'Ortis e la prosa del secondo Settecento*, Accademia della Crusca, Firenze 1987.

[2] Non mancano nell'*Ortis* esplicitazioni della problematica linguistica corrente; ad esempio nella satira della «giovinetta» e del marito, l'una intenta «ad anatomizzare l'oltramontano *travaglio* de' suoi orecchini», (l'altro) in fama di «savant», «gemmando il suo pretto *favellare* toscano di mille frasi francesi». Ma è consuetudine diffusa nella letteratura del tempo. Cfr. M. Vitale, *Il Foscolo e la questione linguistica del primo Ottocento*, in «Rassegna della letteratura italiana», 83 (1979), pp. 59-89 ora in *La veneranda favella*, Morano, Napoli 1989, pp. 391-444.

[3] Le citazioni sono tolte da *Romanzieri del Settecento*, a cura di F. Portinari, Utet, Torino 1988 alle pp., nell'ordine, 338, 465 e 710.

[4] V. Branca, *Alfieri e la ricerca dello stile*, Le Monnier, Firenze 1948.

[5] Il filo con la tradizione petrarchesca, ad esempio, non è certo soffocato dal contatto con la classicità. Il v. 13 di *Non son chi fui*: «conosco il meglio ed al peggior mi appiglio» rinvia a Petrarca, *Canz.* CCLXIV, 136: «Et veggio 'l meglio, et al peggior m'appiglio»; il v. 4 di *Perché taccia il ru-*

mor: «se con lei parlo, o di lei penso e scrivo» rimanda a *Canz.* CXXIX, 52: «in guisa d'uom che pensi et pianga et scriva»; per il v. 14 di *Alla sua donna*: «luce degli occhi miei chi mi t'asconde?» si riscontri *Canz.* CCLXXVI, 14: «lume de gli occhi miei non è piú meco?»; per il v. 5 di *In morte del fratello*: «La madre or sol, suo dí tardo traendo», *Canz.* XVI, 5: «indi trahendo poi l'antico fianco»; citazione celeberrima e quasi letterale quella: «passa la vita sua colma d'obblio» al v. 6 dell'«epistola a Vincenzo Monti».

[6] U. Foscolo, *Ultime lettere di Jacopo Ortis. Poesie*, a cura di M. Puppo, Mursia, Milano 1965.

[7] Si veda il saggio *Le epoche della lingua* in U. Foscolo, *Saggi di letteratura italiana*, parte I, a cura di C. Foligno, Le Monnier, Firenze 1958.

[8] Le citazioni da V. Monti, *Poesie*, a cura di A. Bertoldi, Sansoni, Firenze 1891.

II

Classicismo nel romanticismo.
La lingua poetica dell'Ottocento

Le fitte e spesso aspre discussioni tra classicisti e romantici, non di rado proprio intorno alla lingua; i contrasti tra i puristi che scavavano nel puro idioma «naturale» del lontano Trecento e quanti guardavano alle esigenze di una lingua moderna, invocando tolleranza e liberalità per l'italiano, farebbero attendere vistose differenze nella prassi scrittoria degli autori aderenti all'una o all'altra corrente. Se si pensa che i romantici chiedevano alla letteratura una percezione diretta del reale e della storia e invece i classicisti ne preferivano una mediata dalle sperimentate risorse della lingua dotta, non si prevedono di certo i fenomeni di continuità che, almeno per quanto riguarda il linguaggio poetico, caratterizzano la poesia ottocentesca delle varie scuole[1].

In verità, poiché il luogo discriminante comincia a non essere piú la lingua letteraria, ma quella della società, ed è ad essa che sempre piú si pensa quando si elaborano (dall'un fronte e dall'altro) proposte e si dibattono questioni, è inevitabile che la lingua della letteratura registri nette divergenze solo là dove il sociale, la storia assumono un rilievo inusitato e immediato: nella prosa narrativa, nei romanzi.

La lingua della poesia, invece, ha un approccio piú selettivo e mediato col proprio tempo e quindi affronta la realtà con mezzi che, in fin dei conti, sono meno differenziati tra di loro di quanto non lo siano le diverse prospettive da cui la si giudica. Il fatto è che il peso della tradizione è, qui, fortissimo e fa risultare molto difficile evaderne, pur se ammette al suo interno percorsi inconsueti. Per di piú l'accumulo diacronico, l'alone storico che circondano la parola poetica possono convenire tanto ai classicisti (per la loro fedeltà alla tradizione) quanto ai romantici (per il fascino che su di loro esercita la storia). È per questo che, dopo aver saggiato le movenze classicheggianti di un Monti, non troviamo in un poeta pur tanto diverso come Alessandro Manzoni un'altrettanto vistosa differenza di linguaggio.

ii.i. *Poesie e tragedie di Manzoni.*

La suggestione del linguaggio poetico tradizionale è evidente nelle poesie di Manzoni, anche dopo la celebre conversione poetica e religiosa. Le sue prime prove, come è ben noto, erano tutte iscritte nel registro classicistico e montiano, con abbondanza di latinismi (tra cui i poi celebri aggettivi con *in-* prefisso di negazione: *incolpato* – senza colpa –, *indomata inesaudite* ecc.) e di dantismi (*labbia appuzza bulicame*) [2]. Ma anche quando queste sono ripudiate e i motivi ispiratori della lirica manzoniana mutano radicalmente, le novità di linguaggio restano relativamente modeste e in gran parte tributarie di quelle metrico-ritmiche, che esprimono esigenze di metri piú religiosamente ispirati (gli inni) e piú popolari e cantabili (i decasillabi dei versi politici). Ad esempio, un tratto della nuova poesia, l'aggettivo sostantivato (*la pia, la mesta, gli oppressi*) è recuperato dagli esercizi precedenti (*quel forte, i buoni, il giusto*), e cosí dicasi, piú in generale, per il ruolo forte dell'aggettivo, evidenziato spesso dalla sua anticipazione, come nei celebri versi del coro dell'*Adelchi* o del *Cinque maggio*: «ebbra spirò le vivide | aure», «ma valida | venne una man dal cielo».

Certo mutano gli «adombramenti», i referenti letterari e culturali della lingua poetica. Basterebbe pensare al recupero, negli *Inni sacri*, delle fonti evangeliche e bibliche.

I versi del *Natale*: «Ecco ci è nato un Pargolo | ci fu largito un figlio» riprendono alla lettera *Isaia*: «Un pargolo ci è nato: ci è stato dato un figliolo», anche se poi il verso-rima: «al mover del suo ciglio» rinvia all'oraziano «cuncta supercilia moventis»; nella strofa successiva i versi: «Dalle magioni eteree | sgorga una fonte, e scende» sono rifatti su *Gioele* III, 18: «Una

fonte uscirà dalla casa del Signore» e «stillano mele i tronchi; |
dove copriano i bronchi | ivi germoglia il fior» segue l'inno di
Prudenzio: «Mele stillarono i massi, amomo gli aridi tronchi
delle quercie, e la terra fu cosparsa di copiosi fiori». Nel *Nome
di Maria*: «Tutte le genti | mi chiameranno beata» ricalca *Luca*
I, 48: «Tutte le generazioni mi chiameranno beata».

Ma lo sfondo cristiano, con gli apporti del linguaggio li-
turgico (si ricordino, nella *Pentecoste*, gli epiteti dello Spirito Santo), si concretizza, di fatto, in una piú vasta perlustrazione di un tradizionale strumento del classicismo poetico: il latinismo. Si potrebbe cominciare coll'«infaticato
altor» della *Pentecoste* (che discende per via correttoria da
un «gli nutre in seno la vita che gli diè») e procedere, sempre nello stesso inno, con *uni* nel senso di identici («uni
per te di cor»). Ma, spulciando qua e là, troviamo: *nuore*
per spose, *sublime* altar, *rorida* di morte, *angue*, spirto *ane-
lo*, *claustri* solitari, rapido *redir*, *oste* (nemico), *deserta col-
trice*, *pondo ascoso*, *antiqui vati*, *imo*, *triboli*, *fatidico* (profetico) *cor*, *s'irrita* (si esaspera), *ardue* vedette, *si commosse*
(tremò), *superna*, *pargoli*, *pronuba*, *vaghi* (erranti), *valli*
(trincee), *repente*, *imperio*, *algenti*, *plora*, *procellosa*, *pri-
schi*, *vittrice*, *imbelli* (pacifiche), *pugnar*, *discorrere* (correre
di qua e di là), *diverte* (distoglie), *vedovo* altar, *sonito*, *prandi* ecc. Dal latino discende anche lo sfruttamento del prefisso *in-* negativo (*irrevocati*, *incresciose*, *indomato*, *inope-
roso*, *inospite*, *inconsunta*, *incolpabili*, *indocile*) e l'uso del
participio passato in sintagmi come «varcate nuvole»,
«varcato Ticino», «percossi valli», «arse città», «pesto
cammino», «supplicati altari» e del participio presente:
tementi, *tacente*, *volente*, *folgorante*, *periglianti*, *fuggenti*.
Notissimi poi sono i costrutti col cosiddetto accusativo alla
greca: «Sparsa le trecce morbide» (in precedenza: «le
morbide trecce | del crin disciolto»), «Lenta le palme»,
«il biondo crin gemmata» (variante di «sedea gemmata»),
«irsuti per tema le fulve criniere» o le reggenze di *insultare*
con *a*. Ma in generale, si colgono i segni di una sintassi che
non evita le inversioni proprie della lingua classica («lui
folgorante in solio | vide il mio genio e tacque»); che ritar-
da a lungo la principale (si vedano le prime strofe della
Pentecoste o le celebri similitudini del *Cinque maggio*:

«Come sul capo al naufrago [...] | tal su quell'alma [...]»; in «Quando il tuo re, dai perfidi [...]» della *Pentecoste* oc- corrrono 15 versi per completare il periodo) e posticipa il verbo: «Gli oscuri perigli [...] le corse affannose, | il rigido imperio, le fami durar». «Qual masso che dal vertice [...]» comincia la prima strofa del *Natale* e il verbo giunge alla fi- ne, davvero «batte sul fondo e sta»; in fondo arrivano però anche i soggetti: «Te collocò la provida | sventura», «E sia divina ai vinti | mercede il vincitor». Si colgono cosí iper- bati complicati: «nova, ai terrori immobile, | e alle lusin- ghe infide | pace», «sia frugal del ricco il pasto». Il fatto è che Manzoni, nonostante recalcitrasse all'idea di una lin- gua «separata» per la poesia (al punto infine da abbando- nare del tutto i versi, come è ben noto), non poteva (né for- se davvero volle, fin che ne scrisse) evitarla. La scelta della tradizione era obbligata per una lirica, come quella manzo- niana e romantica, che pretendeva di essere colta e popola- re, radicata nella storia nazionale e attenta al proprio tem- po. Ecco allora verbi arcaizzanti come *fia*, *furo*, *fean*, *dee*, *avemo*; i perfetti apocopati (accanto ai molti normali): *mal- levaro*, *udiro*, *lasciâr*; i condizionali in *-ia* (che soprav- vivono vicino ai toscani): *verria saria*; i vari *oblianza peri- glio calle chioma*; le forme monottonghe di *scote*, *sona*, *riso- na*; *cui* per *che* oggetto; gli allotropi dotti: *anco*, *quai*, *rai*, *pria*, *polve*, *periglio*, *virtude*, *guardo*, *ugne*, *giuro*, *spiro*; i si- nonimi colti: *lai*, *brandi*, *speme*, *chioma*, *tema*, *imo*, *orba*, *gaudio*; i troncamenti: *dolor*, *sentier* (plurale) e quasi tutti gli infiniti e molte terze plurali in *-no*; i pronomi *ei*, *nui*, *il*, *desso*, *meco*, *teco*, *seco*; la sequenza «*la ti* pose»; le enclisi diffuse (*sortilla volgesi allontanossi gravollo stassi*). È per questo che a ragione Luca Serianni dubita del «gusto della lingua viva» che secondo l'Accame Bobbio si coglierebbe nelle poesie manzoniane[3]. Non valgono infatti a renderlo evidente le correzioni di *piaggia* con *terra*, di *ostia* con *vitti- ma*, di *aura* con *sospiro*, di *ancella* con *schiava*, in ogni caso bilanciate da quelle in direzione opposta: da *potesse* a *gio- vasse*, da «vi fece giungere» ad *addusse*, da *improvvisa* a *súbita*.

È la struttura stessa della lingua poetica manzoniana a cercare lo scarto forte, deviando sistematicamente verso l'alto, anche se le sue eccezioni va a cercarsele in territori non del tutto usuali alla poesia italiana (ma solo per il loro significato e provenienza letteraria, non per la loro forma o provenienza linguistica). Lo si vede bene osservandola nei dialoghi delle tragedie, in cui continua a operare il modello alfieriano della pronuncia solenne, con risultati anche per questo programmaticamente incuranti dell'oralità teatrale.

Ecco, dalle prime scene del *Conte di Carmagnola*, doppioni colti: *preghi pria opra amistà biasmo istrutto periglio deggio esitanza fidanza core*; i condizionali in -*ia* (*oseria dovria saria*) che convivono con i consueti *chiamerebbe consulterebbe*; relitti come *fia diei puote*; *ei* e *il* pronomi. Frequenti, a scopo di deviazione stilistica, le inversioni, da quella del solo soggetto «correr degg' io», «fallito è il colpo» a quelle piú ardite: «a questa adunanza indifferente | cosa che a cor vi stia giunger non puote»; diffuse sono le enclisi pronominali (*tiensi vuolsi*). Dall'*Adelchi* osserviamo: forme e morfologie verbali dotte e a volte arcaiche come *rimanti fia feo tronca* (troncata) *dettaro colmeria avria chieggo dorria deggio veggio havvi*; e con esse, *ei, desso, appo, regi*. Adelchi esclama «il mio cor m' ange» e Desiderio: «ogni scusa il tuo valor ti fura» e ancora Adelchi: «Meco verrai: nosco trarrem Gerberga»; i troncamenti abbondano (dal solo celebre monologo di V, II, oltre agli infiniti: *han voglion soffriran furor uom man fuor finor sen alfin usciam morrem antepongon pensier sospir infrangitor*); le inversioni ricordano da vicino quelle alfieriane: «il posto | che m'assegnasti, era difficil troppo», e cosí l'uso esteso del passato remoto: «Alcuno non incontrasti?» (ad Amri che è appena arrivato); «E come | giungesti a noi?» (Carlo al diacono Martino appena giunto).

Le risorse cui Manzoni attinge per la sua lingua poetica sono dunque, in gran parte, quelle già tradizionali (gli arcaismi, ad esempio, le forme dotte), sia pure con una selezione da fonti diverse, che esaltano (oltre le misure accettabili dai puristi) l'ingrediente classicistico del latinismo. Al tempo stesso si accentuano (anche sotto la spinta del metro «popolare» e cantabile) le procedure standardizzate dei troncamenti, avviate per lo piú proprio in prossimità dei luoghi piú prosastici e discorsivi, per consentire al linguaggio delle poesie di impadronirsi di temi nuovi e, infine, dei modi stessi della prosa. È una soluzione ampiamente attestata nella lirica romantica, a partire da quei testi di grande successo che sono i libretti verdiani.

II.2. *La poesia romantica.*

Cesare De Lollis, ai primi del Novecento, ha scritto pagine tuttora insuperate sulla lingua della poesia romantica minore. La convivenza in essa di forme e opzioni arcaizzanti o classicistiche e di concessioni all'uso moderno (magari appena ritoccato poeticamente dai numerosi troncamenti) faceva allo studioso l'impressione «d'un forte profumo di muschio in un salotto borghese dove arrivino gli odori della cucina»[4]. È per questo che la lingua della poesia patriottica, segno caratterizzante del verseggiare romantico, sembra al De Lollis uno «strano mostro», di cui quella del Berchet poteva essere un esemplare vistoso. La storia dei *Profughi di Parga* snocciola «vecchiume» (diceva De Lollis, ma in realtà era moneta corrente) come «sciabla azzurrina» per scimitarra, «cervici sommesse» per il collo piegato allo straniero, «algore» per pallore e la morfologia verbale è del tipo *fea seguio mancar fur,* mentre *il* è pronome per *lo.* Tutto questo accanto a *tapino* o *battere la voga;* nelle *Fantasie* si colgono *cappuccio lucco cervelliere valvassor,* vicino a *prandi spene brando fer.*

La ricerca romantica della poesia popolare, cantabile, trova terreno propizio nella gran riserva dei modi tradizionali, conosciutissimi, e si limita a incrementare fenomeni come il troncamento e il latinismo, adatti a far posto alle novità. Nel celebre *Trovatore* del Berchet troviamo *solingo, fidare a, lai, talamo inaccesso, obblio, atri* e, in piú, una lunga serie di tronchi in *-or (ognor valor* ecc.) che segnano la trama ritmica del componimento. Anche la poesia di Giovanni Prati conosce le escursioni di registro di quella del Berchet, specie nei testi patriottici, in cui *sgherri gabelliere esattore moschetti mitraglie barricate* stanno accanto a *cavi bronzi* (i cannoni), *teutono corsier* (il cavallo austriaco), *ausonie membra, prandi soavi, vindice croce*. Neppure nelle poesie di ispirazione borghese e realistica (celebri l'*Edmengarda* e l'*Armando*) il Prati rinuncia a sondaggi nel repertorio da cui pure sta per evadere. Nei versi «al mio piccolo oriuolo» *immago, alma, vacua man, romito, riedi, opra* convivono con *macchinetta abitacolo nicchietto ferraiuolo giubba*; nel *Monello, zuffa flottiglie fionda palle di neve* stanno con «vacua mente di ricordi lassa». In *Una serva* del Tommaseo, la progatonista, che a volte parla in lucchese pretto (*i' esco, logrò*), non ci risparmia un: «fuggíro, è fama, come al vento nebbia». Il Regaldi chiama con dotta perifrasi il telegrafo «i parlanti metalli», la calamita è «l'indico magnete»; il Carrer racconta la romanticissima *Vendetta* «là nel castello, sovr'esso il lago», con *dogliosa immago, face, vonno, daghe, suora, furo*. Il fatto è che la poesia romantica, pur aprendo le frontiere alla realtà (si pensi all'immissione di onomastica e toponomastica d'attualità), non rinuncia alla solennità della dizione alta, anche se dentro misure metriche popolareggianti e cantabili. L'Aleardi, che non trascura nessuna città italiana nei suoi componimenti, non evita poi di nominare Genova in perifrasi («l'ardimentosa | Mercadantessa che da Giano ha nome») e chiama Ferruccio l'«Ettore Toscano»; Alessandro Volta è «quello splendor recente d'anima comasca | che trattò il fulmin come cosa sua».

Si capisce allora che il materiale di base, il tessuto fonomorfologico di questa lingua sia ancora (e spesso vistosamente) quello tradizionale; ecco forme verbali che è normale incontrare in Aleardi, poeta tra i piú nuovi prima di Carducci: *passaro dilataro fero diero fean*; cosí è normalmente accettato un lessico tipo *palagi cittadi augello opra*. Semmai è la sintassi che va facendosi piú semplice e lineare, con forte conversione alla paratassi (Aleardi: «Ella moria [...] Era una notte. Sovra il suo letto d'ebano dormiva | sorridente. La lampa agonizzava. | Sovra il tappeto oriental caduto | era un volume da la man che ancora | si atteggiava a tenerlo. Avea scordato | quella sera di dir le sue preghiere»), segno di quella piega prosastica che a fine secolo segnerà la sorte del linguaggio poetico.

Quando la lingua è marchiata dallo scarto dell'altezza,

sempre, anche nell'Ottocento romantico, si mettono in moto i meccanismi già noti e avanzano le soluzioni sperimentate dal Cinquecento in poi e messe definitivamente a punto dal classicismo tardosettecentesco. Le fortunate tragedie del Niccolini, cosí legate alla sensibilità e agli orientamenti politici dell'epoca, ripetono le procedure alfieriane (ad esempio, omettono spesso l'articolo: «se a Nabucco il fato certa palma darà» o ridondano nei pronomi personali soggetti, specie *io*: «per me qual voto | non è delitto? infida sposa io sono | o figlia iniqua», dal *Nabucco*) e, in genere, seguono da vicino il codice poetico. Serianni enumera, al riguardo, il plurale in funzione non di numero ma di «innalzamento stilistico» (Niccolini nel *Lodovico Sforza*: «mitiga l'ire terribili del sir»), l'anteposizione del possessivo nel vocativo (Carrer, *Giulia Cappelletti*: «figlia, mia figlia!»), l'uso esteso del passato remoto (Niccolini, *Ino e Temisto*: «Che pensi | dei Numi? – Il dissi»), le esortazioni impersonali («si vada»), ricerca dei sinonimi culti[5] ecc.

II.2.1. I libretti d'opera.

Questi fenomeni si ritrovano in gran quantità nei libretti d'opera di Donizetti o di Verdi, a dispetto delle molte novità ideologiche e tematiche. Nella *Traviata* (libretto di F. M. Piave), Serianni osserva un «le mie grazie vi rendo» per «grazie» o «vi fia grato» per «lo gradite», «volaron già tre lune» per «sono passati già tre mesi». In un passo della *Lucia di Lammermoor* (libretto di S. Cammarano)[6] si colgono: imperativi come *appressati* per «avvicinati», *cessa* in forma assoluta per «smettila», «tu mi togli» con proclisia del pronome; e poi forme assimilate e tronche come *nol* per *non lo*; congiuntivo esortativo: «or basti»; passato remoto per il presente: «Ah, il core mi balzò»; perifrasi: «in questo dí che d'Imeneo le faci | si accendono per te», per «il giorno del tuo matrimonio»; doppioni come: *m'involi speme core fia pietade*; *il* per *lo*; iperbati: «quel che t'arse indegno affetto». L'utilizzazione dei sinonimi letterari è consueta nel libretto ottocentesco d'età romantica (spada: *brando ferro acciar*; occhi: *lumi luci rai*; tomba: *avello urna marmo sasso*), che predilige il generico

e il prezioso al preciso e al prosaico (il cannone è *bronzo
ignivomo* o *bellico metallo*). G. Bentivogli[7] ha analizzato il
linguaggio delle scene di matrimonio nei libretti, cogliendo in tutte una abbondanza di *imene tempio ara talamo*. La
chiesa è nome ammesso solo in bocca ai personaggi buffi o
nell'opera buffa, nella quale le *nozze* sono un *contratto* di
matrimonio da *stipulare* davanti a un *notaro* e sottoscrivere
con quella *firma*, che, invece, nella *Lucia di Lammermoor* è
genericamente e manieratamente *cifra*. Ma anche l'opera
comica non disdegna, specie nel linguaggio degli innamo-
rati (come al solito), di accogliere in gran misura le forme
della tradizione metastasiana e petrarchesca ormai consoli-
date in questi ruoli.

L'opera dissemina a piene mani gli effetti piú noti e usati
del linguaggio poetico (si pensi all'abbondanza dei troncamenti) e ne mostra la standardizzazione e l'automaticità
nel genere lirico, dove essi finiscono per assumere il ruolo
sussidiario del marchio di qualità letteraria, prima ancora
di quello, primario, di veicolo della comunicazione.

II.2.2. La poesia giocosa.

Per cogliere una decisa eccezione a queste regole occorrerà perciò ricorrere, ancora una volta, alla poesia giocosa,
luogo abituale, da secoli, delle evasioni dalle forme alte e
sontuose e dal monolinguismo della lirica «seria». Il primo, importante poeta della nutrita schiera dei «satirici»
ottocenteschi (non a caso, ancora una volta, soprattutto toscani), Filippo Pananti, nel suo *Poeta di teatro*, usa una lingua «fortemente caratterizzata in senso popolare, perfettamente aderente al toscano dell'uso»[8]. Vi si colgono voci
ed espressioni come *beccare buzzurro buttafuori ganzo gi-
rellone cuccare scagnozzo far fiasco far le fusa perdere la tra-
montana*, che non di rado l'autore introduce lungo il processo correttorio (1808, 1824, 1832) come: *impermalirsi bar-
camenare farsi una ragione*, a volte variando da una soluzione media a una idiomatica: *pigliò → chiappò, mettere →
ficcare* ecc. Numerosi (anche se attenuati in diacronia) i
soggetti pleonastici toscani («*gli* è un buzzone», «per me
le son tante stilettate»), le morfologie verbali toscane cor-

renti: *eramo sieno fossemo ebbemo caderò anderò si messe* ecc. Il Pananti poi spezza la regola aurea della lingua unica (che italianizzava persino i nomi stranieri) e ammette forestierismi come *gentleman faschionable petit-maitre*, fa rimare *s'incontri* con *country*, corregge *bigliettini* in *billets-doux* e la *merenda* in *pic-nic*; attinge a piene mani nel latino per effetto di contrappunto ironico («in estasi anderò, sarò beato» → «vado in gaudeamus, son beato»; «siamo a rotoli, non si sorge piú» → «requiem aeternam, non risorge piú»). Naturalmente non manca un lessico poetico di consueta nobiltà, ma è un tratto che appartiene soprattutto al Pananti serio, mentre il comico giunge a usare con maggior frequenza persino la forma toscana dell'imperfetto in -*o* in luogo di quella, normale in letteratura, in -*a*. Antonio Guadagnoli, a sua volta, usa voci della lingua comune come *cantonata progresso dazi gabelle doganiere agenti ingegnere papà* e toscanismi come *andando alla scapata, canaglia buscherona, sorbetto, briciolin, bubbole*. In versi entrano *scaracchio* e *siroppo, rapa* e *mignatte*, il *minchion* e il *professore* e persino latinismi popolareschi come *sicutera*. La poesia comica ammette quel realismo, quell'espressione diretta che alla lirica seria non erano consentiti anche perché la lingua poetica non aveva i mezzi per realizzarli. Non a caso, ancora una volta, i comici in versi sono soprattutto toscani, i soli a poter trattare in modo dialettale l'italiano. È vero che tra i poeti satirici del secolo spicca un veneto come Arnaldo Fusinato, che fa rimare *piú* con *cappel-gibus, glacés* e *pas-glissé, fe'* e *gilet* e usa «*waltz* (credo di Strauss)» e *beaftek*.. Ma l'autore piú celebre è Giuseppe Giusti che abbonda di toscanismi (*grullo, birba, il nesci, avere in tasca qualcuno, pigliare a frullo, la* pronome soggetto allocutivo, *e'* maschile plurale, *su'* apocopato per sua, *doventare* per *diventare*) e ammette voci come *liberale frammassone carbonaro giacobino giunte club finanza antitedesco*, in un impasto in cui la lingua viva risulta da un dialetto toscano idiomatizzato con misura e dalle voci dell'attualità politica e di costume [9].

II.2.3. Il realismo linguistico dei dialettali.

Il fatto è che un contatto piú immediato con la realtà, in poesia, era possibile solo in Toscana; mentre altrove era consentito soltanto per mezzo del dialetto. Non per nulla è questa l'età della grande poesia milanese di Carlo Porta e di quella romanesca del Belli, che hanno fotografato col dialetto realtà cittadine non altrimenti recuperabili. Il dialetto è in questi autori lingua viva, capace dei molteplici registri della quotidianità.

In Porta si passa, nota Barbarisi[10], «dalle espressioni strettamente popolane del Bongee [...] al gergo postribolare della Ninetta [...], al linguaggio artefatto, che è tutto una pittura di un ambiente e di una mentalità [...] della marchesa Cangiasa o di Donna Fabia, a certe note di poesia amorosa petrarcheggiante [...] ai termini del gergo furbesco dei quartieri bassi». In questa gamma il dialetto può persino ospitare e storpiare altre lingue, come accade col francese nel *Bongee* («ett vo el marí | de quella famm, che sta dessora lí? | Mi muso duro tant e quant e lu») e persino con l'italiano («Citto là voi, non voglio, o temerari, | che se parli en la mane al lampedari!», «"Chi siete? | Che mester fate? Indové andé? Dicete!" | "Chi sont?," respondi franco, in dove voo?», «Giovannin. La parentella? | Bongee»). L'utilizzazione comica dell'italiano è straripante nel biglietto portato da *Meneghin*, scritto in «Romma li sedici | aprilo, milla vottocento vinti. | Pur troppo... no hin lingui maledici | né cosse... menzonieri o finti | quelle che... si diceno da voi | circa al Governator nostro di noi» e si infila nel dialetto coltivato e italianizzante delle pinzochere di *Ona vision*: «Neanch'una! Come mai! In tanta gloria | ghe sarebber fors mai sfuggii de vista?... Dunque... chi è che c'è lassu | de nostra conoscenza e sua de lu?». Appare cosí un embrione di italiano regionale, usato come ingrediente linguistico per rappresentare l'acculturazione goffa e ipocrita, non a caso, come già in Maggi, di personaggi di alto bordo sociale e basso profilo morale. Ne è ulteriore, celebre testimonianza la lingua di Donna Fabia de *La preghiera*: «Ora mai anche mí don Sigismond | convengo appien nel la di lei paura | che sia prossima assai la fin del mond, | ché vedo cose di una tal natura, | d'una natura tal, che non ponn dars | che in un mondo assai prossim a disfars».

Anche il romanesco di Belli, come ha mostrato Luca Serianni[11], si distende su una gamma, nel registro, mobile e differenziata, in cui ha parte non piccola l'italiano, lingua di un «parlà ciovile» non molto lontana dal dialetto medio cittadino, abbondantemente toscanizzato a Roma dal Rinascimento in poi. Lo dichiara il servitore del sonetto 1171 che si meraviglia che il padroncino vada a scuola d'italiano: «Sarà una bella cosa, ecquer che vvoi; | ma a mmé me pare a mmé cche ste parole | sò cquell'istesse che ddiscémo noi | Si ffussino indiffiscile uguarmente | come che ll'antri studi de le scòle, | io nu ne capirebbe un accidente». Al tempo stesso il Belli registra i primi tentativi di un italiano popolare irridendone gli ipercorrettismi che inducono «chi ha callo» a dire *caldo* «di staggione» e quindi anche «*caldo* a un piede o *acqualche* occhiopullino» o a dire *manda* invece di *manna*, visto che l'esito *-nn-* è dialettale, e cosí *canda* per *canna*, dato che si deve pronunciare *locanda* e non *locanna* (sonetti 215 e 216)[12].

D'altra parte, questa composita tipologia dell'italiano parlato consente di misurare meglio la distanza dal reale di quello scritto nella letteratura in lingua e rivela come, ai primi dell'Ottocento, solo la poesia dialettale sia in grado di agganciare davvero e da vicino le prime percepibili manifestazioni parlate della lingua nazionale.

Non per nulla i romantici, impegnati a sostenere le ragioni del «vero» in letteratura, difesero l'opzione dialettale in nome della sua piú diretta efficacia rappresentativa; e anche quando l'abbandonarono in vista di una lingua unitaria, non rinunciarono ad apprezzarne gli autori (è nota l'ammirazione di Manzoni per Porta). Tuttavia, nelle loro opere in lingua, non riuscirono a superare o ad aggirare l'ostacolo di un secolare e nuovamente ribadito filtro poetico.

L'approdo dialettale dell'esigenza realistica mostra cosí, a chiare lettere, la persistente indisponibilità della lirica a farsi carico, in modo immediato, di quei problemi e di quella sensibilità che la cultura nuova avanzava. La poesia continuava a dover raggiungere il proprio tempo per le vie traverse e prestigiose della tradizione; come questo potesse, non di meno, risultare efficace e suggestivo lo dimostrò Giacomo Leopardi.

[1] Per il dibattito linguistico dell'Ottocento, M. Vitale, *La questione della lingua*, Palumbo, Palermo 1978; M. Corti, *Il problema della lingua nel romanticismo italiano*, in *Metodi e fantasmi*, Feltrinelli, Milano 1969, pp. 161-91; S. Timpanaro, *Classicismo e illuminismo nell'Ottocento italiano*, Nistri Lischi, Pisa 1977; id., *Aspetti e figure della cultura ottocentesca*, Nistri Lischi, Pisa 1980; L. Serianni, *Norma dei puristi e lingua d'uso nell'Ottocento*, Accademia della Crusca, Firenze 1981.

[2] G. Folena, *Le prime esperienze linguistiche del Manzoni*, in *Manzoni, «L'eterno lavoro»*, Atti del Congresso Internazionale sui problemi della lingua e del dialetto nell'opera e negli studi del Manzoni, Centro Nazionale studi Manzoniani, Milano 1987, pp. 141-55.

[3] L. Serianni, *Storia della lingua italiana. Il primo Ottocento*, Il Mulino, Bologna 1989: un lavoro fondamentale per la storia della lingua, che sarà costantemente presente in questo capitolo, anche quando non espressamente citato. M. L. Accame Bobbio, *La formazione del linguaggio lirico manzoniano*, Storia e letteratura, Roma 1963.

[4] C. De Lollis, *Scrittori d'Italia*, Ricciardi, Milano-Napoli 1968 (citazione p. 398).

[5] L. Serianni, *Storia della lingua italiana* cit., pp. 118-22. Importante anche T. Elwert, *La crisi del linguaggio poetico italiano nell'Ottocento*, in *Saggi di letteratura italiana*, Steiner, Wiesbaden 1970, pp. 100-46.

[6] L. Serianni, *Storia della lingua italiana* cit., pp. 122-25 e 236-40.

[7] G. Bentivogli, *Sul linguaggio dei libretti nel primo Ottocento*, in «Italianistica», I (1975), pp. 331-41.

[8] G. Magelli, *La lingua del «Poeta di teatro» di Filippo Pananti*, in «Lingua nostra», XXX (1969), pp. 71-77.

[9] L. Serianni, *Storia della lingua italiana* cit., pp. 115-18.

[10] C. Porta, *Le poesie*, a cura di C. Guarisco, Introduzione di G. Barbarisi, Feltrinelli, Milano 1965.

[11] L. Serianni, *Per un profilo fonologico del romanesco belliano*, in *Saggi di storia linguistica italiana*, Morano, Napoli 1989, pp. 297-346.

[12] G. G. Belli, *I sonetti*, a cura di M. T. Lanza, Feltrinelli, Milano 1965.

«Un linguaggio poetico distinto e proprio»

12.1. *Giacomo Leopardi: la specificità della lingua poetica.*

È Leopardi a teorizzare e a praticare una lingua poetica marchiata da un segno che sta, innanzitutto, nella sua stessa storia, nel suo lungo passato. La lingua della poesia, spiega Leopardi, deve essere «elegante»; l'eleganza di una lingua consiste nell'«indeterminato» (su cui torneremo piú avanti) o «in qualcosa di irregolare» rispetto agli usi medi «che principalmente si ricercano nello scrivere didascalico o dottrinale»[1]. La lingua poetica dunque è diversa da quella saggistica e prosastica; è di essa piú elegante e meno vicina all'«uso quotidiano». Essa si apparta da quella usuale della prosa in virtú soprattutto della sua tenace memoria del passato, delle tracce antiche che ne circondano le parole di una «rimembranza», cagione della «bellezza di moltissime immagini».

> Una parola o frase difficilmente è elegante se non si apparta in qualche modo dall'uso volgare [...] Le parole antiche (non anticate) sogliono riuscire eleganti, perché tanto rimote dall'uso quotidiano, quanto basta perché abbiano quello straordinario e peregrino che non pregiudica né alla chiarezza né alla disinvoltura e convenienza loro colle parole e frasi moderne [...] Quindi si argomenti quanto sia giovevole all'eleganza dello scrivere italiano [...] il non aver la nostra lingua rinunziato mai al suo antico fondo, in quanto le può ancora convenire[2].

Senza, per altro, aderire al primitivismo dei puristi (da cui anzi nettamente si differenzia), Leopardi vede nelle risonanze antiche un segno di quel *peregrino* che è indizio sicuro di eleganza linguistica[3]. È per questo che, paradossal-

mente, per lui, una lingua poetica antica e quindi elegante
è frutto solo relativamente recente e non già delle prime
età. I «primitivi scrittori» infatti «non sono mai eleganti,
bensí ordinariamente familiari», «perché mancavano di
uno de' principali fonti dell'eleganza, cioè le parole, frasi,
forme rimosse dall'uso del volgo per una tal quale, non dirò antichità, ma quasi maturità». Gli antichi autori erano
costretti, se volevano scartare dal tono familiare e dimesso
delle loro scritture (che, per altro, ai lettori moderni non
sembra piú tale in virtú dell'antichità), a cercare l'eleganza
dell'antico ricorrendo ad altre lingue, il latino o il provenzale: «e però il pellegrino che deriva dalle parole forestiere
è ordinariamente brutto, o per lo manco non elegante».
Succede allora che fino a quando la lingua italiana non ha
«bastante antichità» non può avere l'eleganza che occorre
alla poesia e, di conseguenza, neppure un linguaggio poetico distinto da quello prosastico.

> Dovunque non è sufficiente antichità di lingua colta, quivi
> non può ancora essere la detta eleganza di stile e di lingua, né
> linguaggio poetico distinto e proprio [4].

È per questo che «non prima del passato secolo e del
presente si è formato pienamente e perfezionato il linguaggio (e quindi anche lo stile) poetico italiano». La lingua
della poesia, che recupera l'antico, si è, dal Settecento, se-
parata da quella della prosa, che invece segue il moderno e
l'usuale, puntando all'efficacia comunicativa piú che all'e-
leganza e alla suggestione. Il francese, lingua in cui prosa e
poesia non si differenziano tra di loro, proprio per il prevalere in entrambe della modernità e dell'usualità, è una lingua incapace di eleganza, tanto quanto è, invece, capace di
precisione filosofica; essa è «tutta un gran termine», scrive
Leopardi, riprendendo la sua fortunata distinzione tra
«termini», le voci scientifiche o tecnicizzate, denotative, e
«parole», le voci poetiche, connotative e metaforiche. L'i-
taliano invece è lingua ad alta efficienza poetica, che è virtú
della sua continuità, merito precipuo dei poeti. In particolare, i piú recenti, Alfieri, Parini, Monti e Foscolo, hanno
contribuito a far sí che definitivamente si fissasse un linguaggio poetico specifico e distinto, che ha conservato

«pura e incorrotta» la lingua italiana proprio nel momento dei suoi piú vistosi cambiamenti.

> I piú licenziosi scrittori, che sono i poeti, son quelli che piú lungamente e fedelmente conservano la purità e l'antichità della lingua, e che piú la tengon ferma, mirando sempre e continuando il linguaggio de' primi istitutori della poesia ecc. Dalla quale antichità la prosa, obbligata ad accostarsi all'uso corrente, sempre piú s'allontana [5].

Il poeta deve recuperare la storia della lingua nazionale e scandagliarne le profondità, pur evitando accuratamente ciò che riuscirebbe oscuro e incomprensibile, non meno di ciò che sarebbe troppo triviale e comune. Se in poesia l'arcaismo è ingrediente primario, Leopardi «odia» però quegli arcaismi che riescono «affettati, ricercati, stentati...» e solo accetta quelle «parole e modi oggi disusati, che oltre all'essere di significato apertissimo a chicchessia, cadono cosí naturalmente, mollemente, facilmente nel discorso, sono cosí lontani da ogni senso di affettazione [...] e in somma cosí freschi [...]» [6]. Ecco allora la ricetta per una lingua poetica elegante e pur moderna:

> Per allontanar dall'uso volgare le voci e frasi comuni, [occorre] l'infletterle e condizionarle in maniere inusitate al presente, ma dagli antichi nazionali, parlatori, prosatori o poeti usitate, e dalla nazione ancor conosciute, e conservate di mano in mano negli scritti. [...] Per le quali cose tali inflessioni non producono né oscurità né ricercatezza, benché riescano peregrine e rimote dall'uso, e perciò producono eleganza [7].

La lingua della poesia deve dunque per Leopardi scartare dal presente e dall'uso consumato in direzione dell'antico, di una rarità non affettata né stentata. Sono perciò necessari gli «arcaismi», che paiono frutta «fresca» «fuor di stagione» e, in qualche misura, soccorrono anche i latinismi, veicoli pur essi del pellegrino:

> La novità tolta prudentemente dal latino, benché novità assolutissima in fatto, è per le nostre lingue piuttosto restituzione dell'antichità che novità, piuttosto pellegrino che nuovo; e veramente [...] ha piú dell'arcaismo che del neologismo [...] Per di piú i latinismi, nati «di una lingua da cui le nostre sono nate ed uscite [...] riescono in queste quasi come lor proprie voci antiche», a differenza delle «voci tolte dall'altre lingue, sieno

antiche sieno moderne», «di aspetto e di effetto straniero e diverso» che sono corpi estranei e quindi da evitare [8].

La poesia non può essere del tutto sintonizzata col proprio tempo, deve scartarne la volgarità, evocando le passioni morte, le illusioni antiche [9]:

> Perdòno dunque se il poeta moderno segue le cose antiche, se adopra il linguaggio e lo stile e la maniera antica, se usa eziandio le antiche favole [...] se imprime alla sua poesia un carattere d'altro secolo, se cerca insomma o di essere quanto allo spirito e all'indole, o di parere antico. Perdòno se il poeta, se la poesia moderna non si mostrano, non sono contemporanei a questo secolo, poiché esser contemporaneo a questo secolo, è, o inchiude essenzialmente, non esser poeta, non esser poesia [10].

12.1.1. La lingua dei «Canti».

La distonia linguistica col proprio tempo è in Leopardi piú vistosa e ricercata nelle dieci *Canzoni* pubblicate nel 1824 e nelle *Annotazioni* che le accompagnano. Qui si compiace di aver rievocato i significati antichi e latini di parole come *fatale trepido credere fingere giovare pervicace indurre inesperto polo aspira* o di aver cavato dagli antichi scrittori parole non registrate dalla Crusca (*dissueto suadere equo erompere instaurare*) [11], utilizzando a piene mani quella «memoria centonaria» sua e del classicismo italiano, di cui ha parlato Gianfranco Contini [12]. Nell'*Ultimo canto di Saffo* gli «ardiri» linguistici delle canzoni si concretano in latinismi come *rorida terra, aprico margo, mattutino albore, lubrico piè, flessuose linfe* ecc. Nel *Bruto minore* gli arcaismi abbondano sia con varianti dotte (latineggianti spesso): *algida brandi prole albergo nembo riede*, sia con allotropi poetici: *ruina reina aere augello* e con costrutti latini (ad esempio *insultare a*), lungo un percorso che ora accentua l'«irregolarità» dello scàrto (*certo* sostituito con *fermo*), ora la riduce (*sciagure* al posto di *sciaure*).

Passando dalle canzoni agli idilli cadono dalla lingua leopardiana gli *ardiri* piú datati e di repertorio (specie nelle rime: *piagna : lagna, numi : lumi*) o piú vistosi; le canzoni stesse sono sottoposte a correzione e mutano *trepide* in *inquiete*, *finge* in *forma*, *equa* in *dritta*, *pervicace* in *irrequieto*, *inesperti* (non sperimentati) in *ignorati*, *luci* in *giorni*, *nodrici* in *nutrici*[13]. Parallelamente si semplifica la sintassi, che si libera della segnaletica piú retorica e colorita, anche in relazione al piegare del metro verso lo sciolto; gli iperbati si riducono e cosí le anastrofi[14].

Ma anche negli *Idilli* resta attivo non poco materiale linguistico della tradizione. Nencioni ricorda l'uso di *arbore* (mai *albero*), *augello* e *augellino* (mai *uccello*), *cagione* (mai *causa*), *chioma* o *crine* (mai *capelli*), *reina* (mai *regina*), *spirto* (mai *spirito*), *ruina* (mai *rovina*), pur dentro una fitta *variatio* che introduce accanto alla forma piú dotta e poetica quella piú usuale: *duolo* e *dolore*, *alma* e *anima*, *aere* e *aria*, *imago* e *immagine*, *desio* e *desiderio*, *il guardo* e *lo sguardo*, *appo* e *presso*, *indarno* e *invano*. Noi aggiungiamo, tra le forme dotte e latineggianti: *cale calle lice ermo cura speme rimembra ostello piagge assiso verone morbo vaga prole verno procella brando imo*. Non solo nei «vocaboli» la lingua poetica di Leopardi è «conservatrice», ma «sí nelle frasi, sí nelle forme, sí eziandio nelle inflessioni o coniugazioni de' verbi, e in altre particolarità grammaticali»[15]. R. Macchioni Jodi segnala nella morfologia l'uso dell'articolo *lo li* dopo *per* (i celebri: «per lo libero ciel» e «per li campi esulta»); qualche caso di proclisi del pronome personale all'imperativo (*Sopra il monumento di Dante*: «Volgiti e ti vergogna e ti riscuoti»); la coniugazione del verbo essere: *fia foro fóra fien fur*, cui si può aggiungere quella di andare: *ivi, sei gita, giva*; vi si aggiunga la frequente enclisi del pronome nel verbo, specie se ossitono (*creommi volgerommi pentirommi sarammi farammi risovverrammi fassi sovviemmi tornami soleami parmi*); il passato remoto in -*aro*- *iro*, anche tronco (*negaro rimbombaro biondeggiar risonaro spariro*); un tratto «antico» è anche nell'uso frequente di *andare* + gerundio (*cantando vai, vo comparando, vai sognando*). Sempre secondo tradizione poetica è in Leopardi la forma di *core, loco / lochi*; monottonghi sono *voto* e *nova*; hanno forma culta: *omai lampa rai frale chieggo opra cangia negre periglio palagi sovra pria anco*; numerose le voci in -*ate* / -*ade* (*etate virtudi necessitade beltade cittade*); riemergono persino residui gloriosi in -*anza* (*ricordanza sembianza possanza*) e conoscono nuova fortuna i prefissati con *dis-*

(*disciogliere dischiudere disfiorare dispiacevole disparire*); celebri poi le perifrasi e sineddochi per evitare parole comuni: le *ferree canne* per il fucile, l'*abitator della campagna* per il contadino, *piume* per letto, *luci* per occhi, *squilla* per campana.

L'intenso processo correttorio[16] mostra da un lato l'attenzione di Leopardi per l'eleganza dell'antico e, dall'altro, la cautela nell'evitare le affettazioni di arcaismo. Da una parte quindi ci sono i casi in cui *bosco* cede a *selva*, *cambia* a *cangia*, *balconi* a *veroni*, *presto* a *tosto*; dall'altra parte, però, ci sono quelli di *immensitade* corretta in *immensità*, *vestigio* in *orma*, *favella* in *ragiona*, *soma* in *fascio*, *riede* in *torna*, *carco* in *pien*, *procella* in *tempesta*, *anco* in *anche*, *fia* in *sarà*; le preposizioni articolate infine sono assimilate sistematicamente (*a gli* → *agli*, *de le* → *delle*, *a i* → *ai*, *a la* → *alla*, *ne la* → *nella* ecc.); ma occorrerà sempre tenere conto – prima ancora di quelle linguistiche – delle «implicazioni» stilistiche dell'intensa variantistica dei *Canti*[17].

Questo spessore diacronico nella lingua leopardiana è in parte tributario di Petrarca. De Lollis[18] aveva a suo tempo segnalato chiari echi e citazioni petrarchesche nei *Canti*.

Ben note quelle del *Passero solitario*, da riferire al «passer [...] solitario» (*Canz.* CXC) e al «Vago augelletto, che cantando vai» (*Canz.* CCCVII); o i calchi di sintagmi come «cor profondo» (*Amore e morte* e *Canz.* LXXIII); «il fior degli anni tuoi» (*A Silvia*) è da avvicinare «al fior degli anni suoi» (*Canz.* XXII); e ancora si osservino: «verde etate» (*Sera del dì di festa* e *Canz.* CCLXXIV); «lingua mortal» (*A Silvia* e *Canz.* CCIX); «stanco mio cor» (*A se stesso* e *Canz.* CCIV); «giovanile errore» (*Alla sua donna* e *Canz.* I); «la miglior parte» (di me) (*A Silvia* e *Canz.* IV); il «vecchierel bianco» del *Canto notturno* ricorda il «vecchierel canuto e bianco» di *Canz.* XIV; il verso di *Canz.* CCLXVII: «questo m'avanza di cotanta speme» è ripreso ne *L'ultimo canto di Saffo*: «Ecco [...] di tanta speme il Tartaro m'avanza» e in *A Silvia*: «quando sovviemmi di cotanta speme»; il v. 1 di *Canz.* L: «Ne la stagion che 'l ciel rapido inchina» ritorna nelle *Nelle nozze della sorella Paolina*: «Ne la stagion ch' ai dolci sogni invita». Di recente[19] è stata riscontrata l'analogia della sequenza rimica *fianco* : *stanco* : *manco* (con ripresa del sintagma *venir manco*).

Ma Petrarca si introduce anche nei punti piú nuovi e originali del linguaggio leopardiano, tra aggettivi come *dolce chiaro soave fresco vago angelico fuggitivi acerbo ermo estremo felice queto tacito vano* e tra sostantivi come *affanno affetto angoscia conforto destino dolcezza errore fato festa inganno natura rimembranza sogno* ecc. Nencioni ha osservato che Leopardi segue Petrarca anche nella predilezione (di cui abbiamo già parlato) per le forme rare rispetto ai loro doppioni correnti (*augello* su *uccello, aere* su *aria, chioma* su *capelli*, ma anche *imagine* su *imago* e *dolore* su *duolo*) e che, come lui, usa esclusivamente *arbore cagione ruina*. Al *Canzoniere* possono essere fatti risalire pure il gusto per la dittologia (*intenti e fissi, intaminato e puro, fuggitivo e vago, ridenti e fuggitivi, lieta e pensosa, sollazzo e riso, rose e viole* ecc.) e per i composti con prefisso *ri-*, che Nencioni ha efficacemente chiamato «leopardismi morfosemantici»: *riconfortare ricorrere rimirare ripensare ripregare risovvenire ritornare riandare riguardare*[20]. Leopardi era, per la verità, particolarmente sensibile al fascino dei composti, potere antico dell'italiano che vi avrebbe manifestato la sua «onnipotente facoltà» di lingua in formazione:

> le nostre preposizioni, massimamente nella lingua italiana, sarebbero per la piú parte, appresso a poco non meno atte alla composizione di quello che fossero le greche e le latine e noi non manchiamo di particelle attissime allo stesso uso, anzi molte ritrovate espressamente per esso (come *ri* o *re, tra* o *stra, arci, dis* o *s, in*, negativo o privativo e affermativo, *mis, di, de* ecc.) [...] Non manchiamo neppure di avverbi atti a servire alla composizione. La nostra lingua benché non si pieghi e non ami in questo genere la novità, ha però non poco in questo genere, come i composti colla preposizione *in, tra, fra, oltra, sopra, su, sotto, contra, anzi* ecc. ecc. e Dante fra gli altri antichi aveva introdotto subito nel quasi creare la nostra lingua, la facoltà, il coraggio, ed anche l'ardire de' composti[21].

Superfluo osservare che cadono qui i composti a prefisso *in-* che Leopardi sentiva come parole «poeticissime»: *irrevocabile irremeabile immortale infinito*, per la suggestione dell'immagine «vaga, indistinta, incompleta», e perché il poetico «si trova sempre consistere [...] nell'indefinito»[22]. Siamo ai limiti del valore formale e alle soglie di quello semantico delle «voci e frasi piacevoli e poetiche assolutamente, per l'infinito o indefinito del loro significato», in un incontro di tratti fonici e significativi che hanno il loro germe e punto di propagazione nell'*Infinito*[23] coi suoi celebri *sovrumani interminati immensità infinito*. Ma l'indeterminato è poetico perché è il modo di percepire e comunicare il reale proprio degli antichi, che

> non parlavano mai delle cose umane e della natura, se non per esaltarle, ingrandirle [...] cosí che la grandezza costituiva il loro modo di veder le cose e lo spirito della loro poesia. Tutto al contrario accade ne' poeti e negli scrittori moderni, i quali non parlano né possono parlare delle cose umane e del mondo, che per deprimerne, impicciolirne, avvilirne l'idea[24].

Forse è per questo che, quando accondiscende alla nominazione piú precisa e domestica, Leopardi continua a calcare le orme di Petrarca, se è vero che sono già nel *Canzoniere* il *garzone* il *vecchierello* lo *zappatore* i *buoi* l'*incudine* il *martello* la *rosa* la *viola* il *passero*. Anche i celebri vezzeggiativi potevano trovare precedenti letterari (ad esempio nell'apprezzato Chiabrera): *garzoncello femminetta poverello gallinella tenerello timidetto nuvoletta* e rendere piú accetto alla poesia lo stile «familiare», cui concorrono anche i nomi di mestiere come *carrettier legnaiuol erbaiuol*, troncati per un po' di garbo lirico in piú (e, del resto, tanto l'*artigiano* che il *legnaiuol* si affaticano intorno alla generica ed elegante loro *opra*)[25].

Il contatto degli ultimi *Canti* con la realtà è, come noto, piú intenso e meno dolce, piú diretto e aspro; Nencioni segnala (in particolare dalla *Palinodia*) gli aggettivi *comune* (*negozio, felicitade, reggimento*), *sociale* (*catena*), *pubblico* (*letizia stato cose fati*), *politico, confederato, civile* (*ordini costume*), *cittadino, economico* e i vari *dottore emendatore civiltà filosofare* ecc. Nella satira della *Palinodia al marchese Gino Capponi* si riscontrano persino forestierismi come *cholera canapè walser pamphlet boa* e *ferrate vie* o *polizze di cambio*; e poi ancora *gazzette giornale vapor seggiole sgabelli sigari gelati cucchiai pasticcini*. E tuttavia anche l'amara ironia scaturisce dal contrasto tra questo registro basso e quotidiano e l'arcaismo poetico, tipo *saver* (segnalato da

Macchioni Jodi) *intolleranda dee coverta*, magari ravvicinato nelle scintille dei «branditi cucchiai» o delle «percosse tazze». La violenza verbale della dura critica al proprio tempo accoglie il nuovo (demistificando e irridendo la sua presunzione) e lo immette in una misura alta e sostenuta (da «ardiri» classicistici) di protesta, che sarà più tardi specialità fortunatissima di Giosuè Carducci.

Ma una grande e più suggestiva novità della lirica leopardiana sta certamente nella sintassi, che si rivela capace di una elasticità in passato sconosciuta. Si va dalla paratassi fitta dell'inizio della *Sera del dí di festa* o della *Quiete dopo la tempesta* ai costrutti divaricati dell'*incipit* della *Vita solitaria* (il verbo segue il soggetto di 7 versi). Soprattutto, è la sequenza lineare a innovare la tradizionale sintassi poetica con coordinamenti polisindetici di straordinaria intensità

(dalle *Ricordanze*: «E la lucciola errava appo le siepi | e in su le aiuole [...] e sotto al patrio tetto | sonavan voci alterne [...] E che pensieri immensi [...]»; ma si veda tutta la prima strofa del *Sabato del villaggio* dove asindeto e polisindeto si alternano sul filo di un delicatissimo equilibrio)

che esaltano il valore lirico dello scarto grammaticale di un attacco con *e / ed*; oppure con legamenti asindetici in funzione di sequenza logica

(dalle *Ricordanze*: «Fantasmi, intendo, | son la gloria e l'onor; diletti e beni | mero desio; non ha la vita un frutto, | inutile miseria»; dalla *Quiete dopo la tempesta*: «Uscir di pena | è diletto fra noi. | Pene tu spargi a larga mano; il duolo | spontaneo sorge: e di piacer, quel tanto | che per mostro e miracolo talvolta | nasce d'affanno, è gran guadagno»; ma si rilegga *Il Canto notturno*, specie la terza strofa).

Leopardi adatta la sintassi poetica a seguire il percorso del ragionamento, senza il timore di inciampare nelle contorsioni di subordinate troppo «logiche», come le causali e le consecutive

(dalle *Ricordanze*: «che m'odia e fugge, | per invidia non già, che non mi tiene | maggior di sé, ma perché tale estima | ch'io mi tenga in cor mio»; dal *Canto notturno*: «Quanta invidia ti porto! | Non sol perché d'affanno | quasi libera vai; | ch'ogni stento, ogni danno, | ogni estremo timor subito scordi; | ma più perché giammai tedio non provi»).

o le concessive

> (dalle *Ricordanze*: «E sebben voti | son gli anni miei, sebben deserto, oscuro | il mio stato mortal, poco mi toglie | la fortuna»).

Egli utilizza a piene mani anche le interrogative (dirette e indirette, come in *A Silvia* o nel *Canto notturno*) per scagliare le sue domande esistenziali al mondo e non evita di scandire il discorso con nessi argomentativi come *indi per questo dunque*.

Questa libertà sintattica sarà una delle eredità lasciate da Leopardi alla poesia moderna, insieme con un preannuncio di quella poetizzazione della grammatica, che sarà poi segno distintivo del decadentismo europeo: si veda ad esempio l'uso della preposizione *a* nei famosi versi «alla campagna | cantando vai»; «il canto» | della rana rimota alla campagna» o, più in generale, quello dei deittici, come in «Quella loggia colà [...] | queste dipinte mura» delle *Ricordanze* e nella celeberrima opposizione tra *questa* e *quella* dell'*Infinito*: «io quello | infinito silenzio a questa voce | vo comparando».

12.1.2. Le «Operette morali».

Discorso filosofico e lingua letteraria si incontrano anche nella prosa delle *Operette morali*, opera altissima di meditazione e di poesia. Neppure qui mancano gli arcaismi e in genere i tratti che Leopardi riteneva fecondi di eleganza e poeticità. Anche se in misura diversa da un'operetta all'altra, voci antiche e latinismi popolano la scrittura, pur evitando eccessi primitivistici e di antiquariato. Il Bigi[26] ha notato la frequenza di arcaismi «temperati» come *potestà arbori copia culte orare appo conceputo nutricare*; il gusto del recupero etimologico del significato: *studio* per zelo, *ferocia* per fierezza, *perplesse* per intricate, *divertire* per distogliere, *terra* per città. C'è, non meno che nei *Canti*, una chiara funzione stilistica dell'arcaismo, che disloca la narrazione fuori del tempo, in un'aura di serena lontananza, come si vede nel *Dialogo di Plotino e di Porfirio*, che si avvia con un «se ti piace che noi ponghiamo a ragionare

sopra questa materia». Il modello della prosa cinquecentesca, tanto caro a Leopardi, trova nelle *Operette* applicazio-
ni spesso dirette, ravvicinate.

> *La storia del genere umano*, forse il brano piú lavorato e stili-
> sticamente colto, comincia con un *narrasi* che ribadisce in pie-
> no Ottocento la legge di Tobler-Mussafia dell'enclisi obbliga-
> toria in inizio di frase, valida in genere per i testi sino al Cinque-
> cento. E prosegue con arcaismi come *nutricati scuopre ferma*
> (per matura) *stanza* (sede), *interviene* (avviene) *distinguere* (va-
> riare) *maggioranza* (superiorità); latinismi: *termini certi* (confi-
> ni precisi) *provetta* (adulta) *similitudine* (somiglianza) *instituí*
> (stabilí) *commettere* (incaricare); costrutti con l'infinitiva: «co-
> nosceva dovere avvenire», «non dubitarono [...] donare e sa-
> crificar il sangue e la vita propria»; l'attacco di periodo col re-
> lativo [27].

Ma accanto a questi «scarti» verso l'antico, le *Operette*
non esitano a introdurre il linguaggio familiare e consueto,
spesso in veste letteraria «comica», anch'essa di robusta
tradizione, come nel *Dialogo di Malambruno e Farfarello*,
dove si trovano casi come *ribaldo t'appicco qui per la coda*.
Il Bigi ha sottolineato questo elemento fatto di immagini
e modi di dire popolareschi («a uso delle pagnotte»,
«smoccolando le stelle», «ciondolone», «bazzecole»),
idiotismi morfologici come *vogli vadi sappi*, pleonasmi,
anacoluti e ha ricordato come esso porti con sé, sempre,
anche una componente letteraria, un debito col passato.

C'è poi tutto un settore di lessico tecnico, specialistico,
filosofico, come nel *Frammento apocrifo di Stratone da
Lampsaco*, con tanto di terminologia astronomica (*orbita
asse centro massa globo*) e filosofica (*congettura specie materia quantità origine*), mentre l'affine *Cantico del gallo sil-
vestre* opta per soluzioni piú letterate, con recupero abbondante di arcaismi (*vestigio imo vigilia verno* ecc.) [28]. In
verità, la patinatura letteraria è evidente ovunque, a cominciare dalla sintassi cinquecentescamente atteggiata con
tanto di *imperocché imperciocché* e una ricerca del ritmo
esplicitata con molta evidenza dall'accuratissima punteggiatura.

La scrittura di Leopardi guarda indietro, alla storia della
lingua, e affronta con temeraria lucidità il misero presente,

calandolo con scontrosa diffidenza in impietosi confronti con la grandezza antica:

> si ricordino i celebri passi del *Dialogo di Tristano e di un amico* con l'amara ironia sul «secolo di ragazzi», sulle *masse*, «per usare questa leggiadrissima parola moderna», sul tempo delle *nullità*, cui gridare «viva la statistica! vivano le scienze economiche, morali e politiche, le enciclopedie portatili, i manuali [...] viva sempre il secolo decimonono!»[29].

12.2. *Giosuè Carducci.*

La resistenza della tradizione nella lingua della poesia è, in età romantica, piú forte degli assalti del nuovo. Del resto il classicismo settecentesco e l'arcadia avevano già dimostrato che il repertorio antico, arricchito di nuovi latinismi, poteva ben adattarsi ad affrontare temi prima poco o per nulla toccati dalla poesia. Neppure i vistosi cambiamenti nel metro (la fortuna dei parisillabi presso i romantici, il recupero archeologico dei ritmi antichi, latini, presso il Carducci) valgono a spezzare le abitudini linguistiche di sempre, anzi, in un certo senso, sembrano rafforzarle. I troncamenti e le forme sdrucciole, indotti in massa dai nuovi metri, si inseriscono in una tradizione già nota (da Chiabrera in poi) e, soprattutto, accrescono, con soluzioni facili e di pronto utilizzo (specie i troncamenti), le procedure di nobilitazione e differenziazione del linguaggio poetico[30].

Giacomo Zanella resta nei ricordi scolastici degli italiani per i suoi elogi della scienza e una specie di darwinismo versificato e addomesticato. Celebrando le impronte delle ere *Sopra una conchiglia fossile*, lo Zanella rivolge il suo pensiero alla «ritorta conchiglia» «suora de' polipi»; parla di «ceruli piani» e di «pelaghi ignoti»; infila latinismi come *volubile* (spiraliforme), *ardui macigni, niveo, fulgidi auguri*; non esita a usare *polve aure imo speme brando erta diero* (diedero); non si ferma davanti a inversioni e iperbati del tipo: «arcana leggenda | d'immani tenzoni | impresse volubile | sul niveo tuo dorso | de' secoli il corso», rallentando la comparsa del soggetto, secondo una tecnica ripetutamente utilizzata; ricorre a libertà sintattiche come questa: «noi frante nell'ansia | d'eccelse riscosse | abbiamo le posse». Le perifrasi si sprecano: le «estranie delizie» sono i profumi esotici; i malati, l'«egro drappello»; il letto, i «tenui lini»; i vetri coperti di brina, «i brinati cristalli»; l'orologio a cuculo, la «sfera che sullo sporto del caminetto il vol dell'ore avvisa» e il poliglotta è colui che «avea preste piú lingue»[31].

Anche quando affronta risolutamente la storia contemporanea e si fa cronaca e commento polemico del proprio tempo, la poesia rimane fedele agli sperimentati moduli espressivi del classicismo, rafforzando la tradizione con robusti innesti latineggianti a compensazione delle inevitabili concessioni alle novità.

Campione ne è Giosuè Carducci, che non rinuncia al blasone del linguaggio poetico piú nobile e antico neppure quando la scelta giambica della polemica in versi lo avrebbe autorizzato, visto che era da secoli prevista l'infrazione del codice alto nella poesia satirica, come il caso del Giusti aveva da poco nuovamente mostrato. Anche in *Levia Gravia* e in *Giambi ed epodi* Carducci resta ancorato al fondo aulico della lingua poetica italiana.

In *Roma o morte* (da *Levia Gravia*) per un *cuor* che ignora il monottongo c'è il suo batter *procelloso* allo sfavillare del *desio*; il passato remoto si coniuga arcaicamente in *circondâr* e Garibaldi è «Di Caprera leon»; in *Dopo Aspromonte* egli è «il vindice | Trasibul di Caprera». I verbi abbondano di enclisi: *odomi armasi segnavalo gridingli còmpiansi* e c'è la proclisi all'imperativo: *m'arridi*; i pronomi sono *ei il*, i latinismi evidenti: *lorica vindice parvoli infule*. Eppure c'è posto qui anche per *Rattazzi Morosini* e *Mameli*, perché il nome proprio è uno dei luoghi di piú rapido ingresso in versi della contemporaneità. Ecco allora «il padre Curci», «il Locatelli», «il Menabrea», «il Volter», «il Bianchi» e «Stanislao Pasquale». Ma subito interviene il poeta a nobilitare questa intrusione di attualità e i nomi stranieri si italianizzano *Voltero, Cromüello, Washinghtono, Tuglierí, Brouno*, oppure si latinizzano come il *Vincenzïo* (Caldesi) o semplicemente si impreziosiscono con accorgimenti come le dieresi o i troncamenti: *Giovan Caïroli, Päol Ferrari, Alighier, Cerbaiol, Bulcian*, o gli *enjambements*: «il padre | Cristoforo» «al ponte | de l'asino». Del resto proprio a questi minimi ritocchi fonetici spesso ricorre il Carducci per allargare l'ospitalità al vocabolario; da qui *cor* (coro), «il buffon Mena», «al lavor la man», «mezzan», «vedemmiator», «la sinistra italïa-na», «secrezïon mucosa», «la questïon sociale»[32]; stessa funzione hanno gli spostamenti d'accento: *funébre tenébre umíle.*

Ma tutto è nel Carducci giambico e giacobino improntato a una classicità rumorosa e altisonante; ecco la morfologia dei verbi della celebre raccolta: gli imperfetti prevalentemente con caduta della labiodentale (*arrideano udia feria*); i passati remoti in *-iro -aro*, anche tronchi (*impallidir moriro gustaro sfolgorar*); il verbo essere coniugato in *fia furò*; l'enclisi in *torròmi dirògli.* Lo stesso si può osservare dei pronomi: *ei ne* (*accennarne*), delle varianti fonetiche di tradizione poetica: *cor priego*, degli allotropi dotti come *palagio augelli imago veglio falsitadi cittadi*, dei latinismi: *delubri ara nepente cimento clade angue cubiti edúca occiduo libo*, degli arcaismi: *aura ostello procelle avello solingo speme*, delle perifrasi: «il bronzo de' frati» (per campana), «chercuti re» (pontefici), «di Ferney signore» (Voltaire)[33]. Come scriveva De Lollis, Carducci «neppure aspirò [...] a una poesia [...] tutta cose [... che] si spogliasse dell'involucro della forma tradizionale, gentilizia, bisognosa della distinzione, e per tal via tendente alla generalità d'espressione e, subordinatamente, all'uso di un lessico raro o arcaico»[34]. E tuttavia c'è in questa poesia molto materiale d'attualità e molta lingua precisa: *sciampagna bordel anatomia cappuccio 'l ciceron masnadiera cannoni busto cervel operai*, aprendo a caso.

Questura tartufi arrosto divano borsa cimurro sono, ad ulteriore esempio, alcune delle voci concrete e usuali che si trovano in *Ai nostri censori*; ad equilibrarle provvede però il fondo fonomorfologico tradizionale (*avria ei lasciâr*), e la sintassi ad iperbati («le luci nòn ha di Maddalena | molli», che si oppone alle concessioni paratattiche («Ho de' valori pubblici, un'amante | paòlotta e un giornale | del centro»). Se nel *Canto dell'Italia* c'è un profluvio di nomi propri, nobilitati e no (*Machiavello, i Lami, Saturno, Bombrini, il Sella*), in *Giuseppe Mazzini* è solo nel titolo il nome dell'eroe «co 'l cuor di Gracco ed il pensier di Dante», che guarda «con le luci fise» la «terza Italia».

Carducci non abbandonerà mai il deciso classicismo del suo linguaggio. Non lo ha fatto quando poteva farlo con la benedizione della tradizione satirica; non lo farà neppure quando la sua vena piegherà verso modi piú intimi e riflessivi e quadri piú raccolti, a partire dalle *Rime nuove* e negli esperimenti delle *Odi barbare*. In *Traversando la maremma toscana* il tono elegiaco del sonetto convive perfettamente con arcaismi come *onde* (del quale) e *ove* e la lingua cerca varianti fonetiche di pregio come *giovenile* e *dimani*.

Nel celebre *Pianto antico* la «mano» è *pargoletta*, i «fior» *vermigli*, l'«orto» *solingo*, la «terra» *negra*; in *San Martino* resiste il *vespero* e la sintassi non si nega al sapiente ritardo dell'ultima strofa. Ne *Il bove* già latineggiante è il titolo poi replicato col famoso «pio bove» del v. 1 e la sintassi è di ampio e colto giro (molto discusso l'iperbato dell'ultimo verso); *grave* l'animale «seconda» «l'agil opra de l'uom»; i suoi occhi sono *pazïenti*; dalla *narice* esce uno *spirto*; il *mugghio* si perde nel «sereno aer». In *Davanti San Guido* resistono morfologie dotte come *guardâr* e *ire* (andare), *pietade*, *ei* (detto dell'«asin bigio») e *rimanti*; vi si trovano varianti poetiche del calibro di *erme solingo duol occaso*, accanto a una novità come *vaporiera* o le *fiasche* (di lacrime). Del resto Carducci, nel *Congedo* alle *Rime nuove*, aveva esplicitato la propria poetica, proclamando sua materia «il passato e l'avvenire» «per la libertade | ecco spade, | ecco scudi di fortezza: | ecco serti di vittoria | per la gloria, | e diademi a la bellezza | [...] | ecco rari | fregi e vasi [...]». È l'elezione, sul piano linguistico, del raro, del nobile, del primitivo e del passato, la difesa della specificità della lingua poetica e della sua cultura, con relativa e ben nota polemica antimanzoniana e contro la dialettalizzazione dell'italiano letterario ⁵⁵.

La realtà, dunque, nella sua immediatezza, si affaccia nella lirica del maturo Carducci, ma, pur incidendovi i suoi segni, non modifica una lingua che è, in sostanza, «distinta, schiva d'ogni valore realistico», rispondente «al tipo esatto di quella che si dice arte classica» (De Lollis).

Ne *L'ideale* incontriamo *algide cure, ellenica vita, agognanti di rinnovellare, gotici delubri* e iperbati come: «con doppia al cielo fila marmorea» e «le raggianti sopra l'alpe nevi»; *Nel-*

l'Annuale della fondazione di Roma: «questa del Foro tuo soli-
tudine», «ecco, a te questa, che tu di libere | genti facesti nome
tuo uno, Italia», «affisa ne' tuoi d'aquila occhi». In *Dinanzi alle terme di Caracalla* i «corvi» «continui, densi, neri, crocidan-
ti» sono «augure stormo» e mentre passa «un ciociaro» il
poeta invoca la «Febbre»: «Se ti fur cari [...] l'ara vetusta [...]
l'evandrio colle [...] il reduce quirite [...]». *Alle fonti del Cli-
tunno*, che si chiude col *vapore* che *fischia* «anelando nuove in-
dustrie», si apre con un iperbato come: «Ancor dal monte, che
di foschi ondeggia | frassini al vento [...]»; davanti al «casola-
re» siede una «madre adusta»; i dati della tradizione sono innumerevoli: *sovra imo proni*, i passati remoti *velaro fuggîr strap-
pâr deliraro*; le forme *opre ei cittadi* ecc. *In una chiesa gotica* gli
imperfetti in -*ía* della terza (*saliano impallidiano*) e in -*ea* della
seconda (*parea*) fanno il controcanto dotto al prosaico *manda-
va*. *Nella piazza di San Petronio*, come notava De Lollis [36],
«quello ch'è il "San Petronio" del titolo è nel corpo della poesia "divo Petronio" [...] e la *piazza* diventa *foro* mentre la chiesa
non è detta altro che *tempio*; e c'è poi *aer* adamàntino e «il
braccio clipeato», e fastigi e «aulenti sere». *Sull'Adda* Napoleone è il «pallido corso» che passa tra «i folgori» (le cannona-
te) che mandano «nitrico fumo». *Alla stazione una mattina
d'autunno* (De Lollis sottolineava la minuta precisione del tito-
lo) accosta il mobilio classicistico e tradizionale (*speme, ferrei |
freni, portasi, crin, ebro, aere* ecc.) alla terminologia ferroviaria:
sportelli, convoglio, tessera, mazze di ferro, guardia. Ma la perifrasi dotta vince e la *vaporiera* diventa «il mostro, conscio di
sua metallica | anima» e i *fanali* «i fiammei occhi», mentre la
sintassi piega con esposta tmesi persino le affettuose rievoca-
zioni del passato («o candida | fra' floridi ricci inchinata | pura
fronte con atto soave») e le descrizioni prosaiche del presente
(«Dove e a che move questa, che affrettasi | a' carri foschi, rav-
volta e tacita | gente?»).

Tra il bisogno di una precisione nuova, di parole tecniche e di linguaggio usuale e corrente, e il monito di una tradizione illustre e sempre rinnovabile, Carducci non esita [37]:
il realismo del concreto, del particolare deve cedere al-
l'idealismo (anche linguistico) del generico e universale.
Non per nulla, per vincere tanta resistenza (del mezzo e dei
fini) occorrerà addirittura una rivoluzione nell'ideologia
del letterato e negli scopi della poèsia.

Ma intanto la lingua poetica è arrivata sin quasi alle soglie del xx secolo conservando parte non piccola del suo patrimonio antico e soprattutto esaltando la continuità col proprio passato, scavalcando, nel contatto rinnovato e moltiplicato col latino, le sue stesse origini. Come aveva già visto Leopardi, la specializzazione della lingua poetica si era accentuata dal Settecento, col modernizzarsi di quella prosastica. Ma non per questo la poesia aveva perduto il contatto col proprio tempo; anzi, paradossalmente, lo aveva accentuato e cresciuto. La realtà non era stata esclusa, perché si era adattata ad entrare in versi attraverso il filtro generalizzante e antirealistico del linguaggio codificato, accettando una rappresentazione stilizzata e solenne, per la verità non priva di suggestione e di forza (nei grandi poeti, naturalmente).

Questa lingua aveva finito per diventare tutt'uno con la poesia che pareva cosí aver ripugnanza, come notava Benedetto Croce, «per le parole e pel tono realistico e familiare»[38]. Ma il reale urgeva da tempo anche dietro i versi e domandava una presenza piú netta e diretta. Per di piú, gli anni dell'unità d'Italia cominciavano a erodere le certezze dell'ideale e a reclamare una lirica senza perifrasi, capace di dialogare nella stessa lingua dei suoi contemporanei. La rivoluzione che la prosa aveva già avviato nell'italiano letterario alcuni decenni prima, coi *Promessi Sposi* e col romanzo, non doveva tardare a mostrare le prime avvisaglie anche in poesia.

---

[1] G. Leopardi, *Zibaldone di pensieri*, in *Tutte le opere*, a cura di W. Binni e E. Ghidetti, Sansoni, Firenze 1983, vol. II, p. 382.

[2] *Ibid.*, p. 497.

[3] Sulla teorie linguistiche di Leopardi cfr. S. Timpanaro, *Classicismo e illuminismo nell'Ottocento italiano*, Nistri Lischi, Pisa 1977; id., *Aspetti e figure della cultura ottocentesca*, Nistri Lischi, Pisa 1980; S. Gensini, *Linguistica leopardiana*, Il Mulino, Bologna 1984.

[4] G. Leopardi, *Zibaldone* cit., p. 498.

[5] *Ibid.*, p. 853.

[6] *Ibid.*, p. 319.

[7] *Ibid.*, p. 759.

[8] *Ibid.*, p. 976.

[9] Cfr. C. Galimberti, *Linguaggio del vero in Leopardi*, Olschki, Firenze 1986.

[10] G. Leopardi, *Zibaldone* cit., p. 743.

[11] G. Nencioni, *La lingua del Leopardi lirico*, in *La lingua dei Malavoglia e altri scritti*, Morano, Napoli 1988, pp. 369-98.

[12] G. Contini, *La letteratura italiana del Risorgimento*, Sansoni, Firenze 1986, p. 279.

[13] G. Nencioni, *La lingua dei Malavoglia* cit., p. 377.

[14] Ma si veda R. Macchioni Jodi, *Poetica e stile della lirica leopardiana*, Bulzoni, Roma 1981, pp. 131-61.

[15] G. Leopardi, *Zibaldone* cit., p. 672.

[16] Per le canzoni è ben indagato da L. Piccioni, *Lettura leopardiana e altri saggi*, Vallecchi, Firenze 1952.

[17] G. Contini, *Implicazioni leopardiane*, in *Varianti e altra linguistica*, Einaudi, Torino 1970, pp. 41-52.

[18] C. De Lollis, *Petrarchismo leopardiano*, in *Saggi sulla forma poetica dell'Ottocento*, 1929, ora in *Scrittori d'Italia*, Ricciardi, Milano-Napoli 1968, pp. 193-219.

[19] L. Dell'Albero, *Petrarchismo e memoria poetica in Leopardi*, in «La Rassegna della letteratura italiana», LXXXVII (1983), pp. 88-101.

[20] Macchioni Jodi e Nencioni allegano anche numerosi calchi e criptocitazioni dai grandi latini, Virgilio soprattutto. Occorrerebbe ricordare, naturalmente, anche la presenza di Dante, a volte direttamente citato, specie nei versi giovanili. Ma anche nelle poesie della maturità gli spunti danteschi sono evidenti, come nell'«intenerire il core» del *Passero solitario* che ricorda *Purg.* II: «l'ora» che «volge il desio» «e 'ntenerisce il core»; il verso «Libertà vai sognando» della *Ginestra* rimanda a *Purg.* I, 71: «libertà va cercando, ch'è sí cara» e «che per lo mar dell'essere si trova» di *Amore e morte* a *Par.* I, 113: «per lo gran mar de l'essere»; cfr. D. Consoli, *Leopardi e Dante*, in *Leopardi e la letteratura italiana dal Duecento al Seicento*, in *Atti del V convegno internazionale di studi leopardiani*, Olschki, Firenze 1978, pp. 31-90.

[21] G. Leopardi, *Zibaldone* cit., p. 228.

[22] *Ibid.*, p. 1199.

[23] G. Blasucci, *Leopardi e i segnali dell'infinito*, Il Mulino, Bologna 1985. Per l'impiego di questo prefisso nelle *Operette morali* cfr. L. Ricci Battaglia, *Sul lessico delle Operette morali*, in «Giornale storico della letteratura italiana», CXLIX (1972), pp. 269-323.

[24] G. Leopardi, *Zibaldone* cit., p. 542.

[25] Sulla lingua dei *Canti* si vedano anche E. Bigi, *Lingua e stile dei grandi Idilli*, in *Dal Petrarca al Leopardi*, Ricciardi, Milano-Napoli 1954, pp. 143-70 ed E. Peruzzi, *Studi leopardiani*, Olschki, Firenze 1979-87, I-II. Per l'edizione dei *Canti* e le loro varianti cfr. G. Leopardi, *Canti*, a cura di E. Peruzzi, Rizzoli, Milano 1981. Importanti anche le concordanze in appendice a G. Leopardi, *Canti*, a cura di C. Muscetta e G. Savoca, Einaudi, Torino 1968 e A. Bufano, *Concordanze dei Canti del Leopardi*, Le Monnier, Firenze 1969.

[26] E. Bigi, *Tono e tecnica delle Operette morali*, in *Dal Petrarca al Leopardi* cit., pp. III-42.

[27] Cfr. G. Leopardi, *Operette morali*, a cura di C. Galimberti, Guida, Napoli 1986 (per la lingua è sempre utile anche il commento di I. Della Giovanna, in *Le prose morali di Giacomo Leopardi*, Sansoni, Firenze 1895).

[28] Cfr. L. Ricci Battaglia, *Sul lessico delle Operette morali* cit.

[29] Come è noto anche le *Operette* furono sottoposte a una minuta e tormentata revisione, dai manoscritti alle stampe (cfr. l'edizione critica di O. Besomi, Fondazione Mondadori, Milano 1979). Per la storia della lingua letteraria le varianti delle prose, come quelle dei *Canti*, hanno un significato modesto, indicative come sono soprattutto dello stile leopardiano. Anche nelle *Operette*, infatti, sono numerose le correzioni a doppio senso, da una parte *alcuno/veruno, ancora/eziandio/anco, essi/eglino*; dall'altra *manco/meno, niuna/nessuna*. Tuttavia, val la pena di segnalare alcuni tratti ricorrenti: intanto la frequente reintegrazione delle forme piene dell'infinito rispetto alle tronche (c'è ovviamente anche il movimento contrario, ma meno sistematico); poi la sostituzione dei condizionali in *-ono* (*penserebbono potrebbono risponderebbono sarebbono* ecc.) coi normali in *-ero* e quella, toscaneggiante, di *questo* con *cotesto*. Cfr. O. Besomi - R. Dreweck - M. Erni - A. Lopez Bernasocchi, *Concordanze diacroniche delle Operette morali di Giacomo Leopardi*, Olms Weidmann, Zurigo - New York 1988.

[30] Cfr. L. Serianni, *Storia della lingua italiana. Il secondo Ottocento*, Il Mulino, Bologna 1990, pp. 135-38.

[31] C. De Lollis, *Un parnassiano d'Italia: G. Zanella*, ora in *Scrittori d'Italia* cit., pp. 517-38. Per le opere cfr. G. Zanella, *Le poesie*, a cura di G. Auzzas e M. Pastore Stocchi, Neri Pozza, Vicenza 1988.

[32] C. De Lollis, *Appunti sulla lingua poetica del Carducci*, in *Scrittori d'Italia* cit., pp. 539-70. Per le opere, cfr. l'edizione commentata a cura di C. Del Grande, Bietti, Basiano 1967.

[33] L. Serianni, *Storia della lingua italiana. Il secondo Ottocento* cit., p. 140 ricorda come la perifrasi tradizionale in luogo del nome proprio (luogo di nascita, professione ecc.) possa essere piegata a effetti satirici, come nel celebre caso del «vinattier di Stradella» per il Depretis e del «tessitor di Biella» per il Sella.

[34] C. De Lollis, *Appunti* cit., p. 552.

[35] Cfr. G. Capovilla, *Carducci e la lingua italiana: una panoramica*, in *Carducci poeta, Atti del Convegno Pietrasanta e Pisa 26-28 settembre 1985*, a cura di U. Carpi, Giardini, Pisa 1987, pp. 43-101.

[36] G. De Lollis, *Appunti* cit., p. 568.

[37] T. Elwert, *La crisi del linguaggio poetico nell'ottocento*, in *Saggi di letteratura italiana*, Steiner, Wiesbaden 1970, p. 125.

[38] B. Croce, Avvertenza a C. De Lollis, *Scrittori d'Italia* cit., p. VI.

Premessa

La svolta decisiva nella storia della lingua letteraria avviene, in prosa, nel segno di Alessandro Manzoni; in poesia la rivoluzione verrà più tardi e con maggiori oscillazioni e, pur essendo in gran parte attribuibile a Giovanni Pascoli, vanterà più padri.

In entrambi i casi si tratta di un cambiamento inteso a eliminare la specificità secolare della lingua letteraria, avvicinandola e, negli auspici di taluni, uniformandola a quella parlata, che, nel frattempo, aveva cominciato a circolare nell'Italia immediatamente pre e post-unitaria. Di fatto, questa radicale conversione, che segna davvero la fine di un'epoca (sia pure, significativamente, realizzata da prosa e poesia su ritmi diversi), fu possibile proprio per la nuova dimensione che il parlato stava per assumere nella vicenda dell'italiano e per la coscienza che i letterati ne ebbero. Dal momento in cui diventava concreto (in prospettiva, perlomeno) l'esercizio quotidiano della lingua, non c'era più ragione per una diversità linguistica della letteratura che si era conservata proprio per la mancanza di quello[1]. La stessa funzione nazionale che la lingua letteraria aveva sino ad allora svolto diveniva superflua e secondaria rispetto ad altri e più concreti veicoli di unificazione, e anche la coscienza di una lingua comune andava a situarsi in zone della comunicazione più dirette e percepibili. Se alla pressione della realtà si aggiunge poi la nuova sensibilità della cultura, assai meno disponibile a compiacersi dell'accumulo diacronico che la tradizione stratificava sulle opere d'arte e pronta invece a una concezione della modernità come discontinuità e libertà dal passato, si avranno gli ingredienti principali della miscela che in alcune decine di anni fece esplodere definitivamente un edifizio cementato dal consenso di secoli.

Il cambiamento, come si diceva, avvenne su ritmi diversi in prosa e in poesia: píú difficile, in questa, lo strappo dalla tradizione, già pronta invece quella, almeno in parte, al gran salto. Il fatto è che la prosa poté giovarsi, all'inizio dell'Ottocento, della spinta di una novità letteraria che catalizzò sul terreno della scrittura di invenzione tutte le potenzialità innovative circolanti nei dintorni: si tratta, naturalmente, del romanzo, genere quant'altri mai bisognoso di realismo linguistico. I suoi precedenti da noi erano stati pochi, modesti, incapaci proprio di quella verosimiglianza di lingua che un tal genere esigeva; neppure l'*Ortis* foscoliano aveva avuto la forza e l'opportunità di scavare a fondo nella strada che pure aveva intravisto, condizionato per di più dalla finzione epistolare e quindi legittimato a restare fedele a una dimensione scritta della lingua. Alessandro Manzoni perciò, di fatto, introdusse il romanzo moderno in Italia e, con esso, rivoluzionò la lingua della prosa letteraria.

[1] T. De Mauro, *Storia linguistica dell'Italia unita*, Laterza, Bari 1961 e successive edizioni.

Manzoni

Postosi di fronte al romanzo, che concepisce nella forma ben nota del romanzo storico, misto di storia e di invenzione, Manzoni ha fin da subito chiaro che non c'è, in Italia, una lingua per questo genere di scrittura. Nel primo tentativo dell'opera, il *Fermo e Lucia*, come egli stesso dichiara in introduzione, cerca di inventarsela con quel «composto indigesto di frasi un po' lombarde, un po' toscane, un po' francesi, un po' anche latine; di frasi che non appartengono a nessuna di queste categorie, ma sono cavate per analogia e per estensione o dall'una o dall'altra di esse»[2]. Poiché l'intento è quello di dotarsi di una lingua «viva e vera», il riferimento al dialetto sarà un dato preliminare e costante, ancorché dissimulato il piú possibile coll'adattamento delle sue forme alla fonomorfologia dell'italiano. Quando si mette a scrivere, infatti, Manzoni ha già fortemente ridotto l'impatto dei consueti riporti della tradizione dotta e il dialetto nativo «gli si affaccia da tutte le parti, s'attacca alle sue idee, se ne impadronisce, anzi talvolta gli somministra le idee, in una formola: gli cola dalla penna». Nel *Fermo e Lucia* è spesso metalinguisticamente esplicitata questa immediatezza del milanese e la sua conversione nel «parlar finito» («voleva dire adoprar tutti i vocaboli italiani che si sapevano, o quelli che si credevano italiani, e al resto supplire come si poteva, e per lo piú, s'intende, con vocaboli milanesi [...] e dare al tutto le desinenze della lingua italiana»[3]), nell'adattamento alla lingua.

«La povera Lucia, come nella notte non aveva mai fatto un sonno pieno, e per dirla con un calzante modo milanese non

aveva mai potuto dormire serrato»; « "Cinque e cinque, dieci",
rispose il conte. E questa, se mai per caso la nostra storia capi-
tasse alle mani di un lettore ignaro del linguaggio milanese, è
una formola comune [...]; «Era costei nata (come dice il volgo
di Lombardia) sotto le tegole del Conte»; «v'era già a quei
tempi un forno che sussiste tuttavia, con lo stesso nome, che in
toscano viene a dire: forno delle grucce, e nel suo originale milanese è espresso con parole di suono tanto eteroclito e bisbeti-
co che l'alfabeto della lingua italiana non ha il segno per indi-
carlo»; « "Che pensare? Mi si è coperta la vista", rispose Fermo; un toscano avrebbe detto: non vedo piú lume [...]» [4].

È in effetti proprio la quotidianità a disseminare di difficoltà il percorso del Manzoni. E la quotidianità linguistica
è un insieme composto, di livelli stratificati, che l'autore
cerca di realizzare ora caricando il versante lombardo del
suo linguaggio (specie nei discorsi diretti degli umili), ora
accentuando le convergenze col toscano (soprattutto nella
parlata dei personaggi piú altolocati). Piú in generale,
Manzoni si compiace di evidenziare i tratti che avvicinano
il suo dialetto e la lingua toscana letteraria, di cui esplora
però, attraverso la Crusca, non già il patrimonio illustre
della poesia, quanto quello comico e popolareggiante del
filone burlesco (dal *Malmantile* del Lippi ai comici del
Cinquecento, alla *Fiera* e la *Tancia* del Buonarroti al *Gran-
chio* del Salviati ecc.), con infiltrazione nel repertorio piú
arcaico dell'italiano quando questo coincide con l'espressione lombarda (ad esempio *sguaratando*, squadrare con
gli occhi, *musare*, stare in ozio, *sciarrato*, diviso, sbattuto) [5].
Il parlato è cosí ricostruito con robuste incursioni nell'e-
spressionismo linguistico di consuetudine accademica, dove la realtà della lingua è tanto prodotto di stile quanto di
prelievi linguistici dal contado.

Ecco qualche esempio [6]: «è un uomo che sa mostrare il viso»; «lasciava la briglia sul collo a quei tangheri»; «comprarsi
le brighe a contanti»; «le vostre pappolate» (favole); «la cer-
vellaggine di quella» (capriccio strano); «un impiccatello di
forse dodici anni» (malandrino); «in quel gagno» (intrigo).

Il fatto è che Manzoni cercava di conciliare la verità della lingua con l'italianità e, per il momento, poteva solo contare o sul dialetto (italianizzato) o su quei tratti toscani che

col dialetto lombardo coincidevano o erano essi stessi dialettali, anche a rischio di indulgere ad arcaismi e a idiomatismi di puro vocabolario. Il doppio obbligo della veridicità linguistica e dell'intelligibilità nazionale lo porta a mettere a fuoco, non a caso e sia pure ancora in modo disorganico, le convergenze tra due dialetti (lombardo e toscano), cogliendo nel comune fondo del parlato i segni piú vistosi della comune identità nazionale. Per il momento l'operazione interessa soprattutto il lessico e si incentra sulla ricerca di frasi idiomatiche (le «formole»), di cui è ricco il dialogato dei personaggi. Da qui il vistoso ibridismo del composto provvisorio del *Fermo e Lucia*, ma anche le premesse per la soluzione definitiva del *Promessi Sposi* del 1827 e, soprattutto, del 1840. Nei dintorni del *Fermo* cade la lettera al Fauriel dove Manzoni denuncia le condizioni in cui si trova a operare, in Italia, uno scrittore per via della lingua. La perfezione ottenuta attraverso lo stile, «dans le désespoir de trouver une règle constante et spéciale», non potrà che essere «aproximative». Nella seconda introduzione all'abbozzo del romanzo dichiara che «una lingua è un tutto, o non è». Tale ancora non è il composto assemblato per l'opera; ma in esso già v'è il marchio che una lingua qualifica e distingue: la socialità, l'universalità di comprensione, l'uso:

> A bene scrivere bisogna sapere scegliere quelle parole e quelle frasi, che per convenzione generale di tutti gli scrittori e di tutti i favellatori (moralmente parlando) hanno quel tale significato: parole e frasi che o nate nel popolo, o inventate dagli scrittori, o derivate da un'altra lingua, quando che sia, comunque, sono generalmente ricevute e usate. Parole e frasi che sono passate dal discorso negli scritti senza parervi basse, dagli scritti nel discorso senza parervi affettate; e sono generalmente e indifferentemente adoperate all'uno e all'altro uso[7].

È ormai sancito che la lingua della scrittura (narrativa) non potrà evitare (con ciò stesso assumendo un importante incarico di pedagogia linguistica nazionale) di essere anche lingua del discorso comune. Essa cercherà allora di farsi piú viva, di «ancorarsi piú fortemente all'occasione comunicativa, [di] porsi concretamente "in situazione"», come osserva T. Poggi Salani[8]. Ma questa, per la prima volta nella storia letteraria italiana, è una soluzione stilistica risolvibile, almeno in gran parte, per via di lingua. Sarà perciò il «codice» a decidere delle possibilità stilistiche del nuovo romanzo[9].

1.1. *I due «Promessi Sposi»*.

La scelta di una lingua concreta e vicina al parlato era dunque già intravista nel *Fermo e Lucia*, dove, ad esempio, non mancavano, come nota Sabatini, costrutti tipici dell'oralità, come le cosiddette tematizzazioni: messa in rilievo di un dato che viene spostato ai margini della frase e sua reduplicazione pronominale («I misteri non li posso soffrire»; «l'evidenza l'ha trovata»; «ma l'ipotesi l'ha fatta egli»). Queste soluzioni diventano piú numerose nella ventisettana («Lo conosco quel bravo signore»; «ella le sa queste cose»; «Sí, sí, li faremo arar dritto i fornai») e soprattutto nella quarantana.

In verità, nonostante le riserve con cui fu accolta, è la quarantana l'edizione decisiva dal punto di vista della storia linguistica, letteraria e no[10]. La celebrità della sciacquatura in Arno della prima edizione; le successive teorizzazioni negli scritti linguistici hanno enfatizzato l'adozione del fiorentino come esito finale del percorso correttorio manzoniano. E il fiorentino è certo un vettore potente e primario dell'immane sforzo variantistico di un autore che non poteva accontentarsi dei primi *Promessi Sposi* (1827) per la stessa ragione per cui non si era accontentato del *Fermo e Lucia*. Ma l'adozione ampia (se non integrale né cosí sistematica come si è ritenuto) del fiorentino vivo e medio nasceva innanzitutto da una motivazione legata alla concretezza, all'uso, alla pratica orale di una lingua viva e reale, cui fu successivamente possibile agganciare l'offerta di un modello unitario multilingue per l'Italia risorgimentale. È per questo che, a livello di lingua letteraria perlomeno, conta soprattutto il programmatico aggallamento di quei fenomeni del parlato che sottostanno, come hanno dimostrato di recente Sabatini e D'Achille[11], ai diversi dialetti e alle varie età della lingua, solo nascosti da una documentazione prevalentemente quanto rigorosamente «scritta». Ecco allora le correzioni che dall'edizione del '27 a quella del '40 moltiplicano quei processi di enfasi, di messa in rilievo tipici dell'oralità [12], di cui abbiamo già osservato alcuni casi nelle prime redazioni del romanzo:

> Avrete pane → Pane, ne avrete; Io mi figuro di sí → A me mi par di sí; di quella notte non si ricordava → di quella notte, non se ne rammentava; Ella lascerà ben entrar Tonio e suo fratello → Tonio e suo fratello, li lascerà entrare:

esempi che segnalano anche il ruolo prosodico che viene assumendo la punteggiatura, conformemente a una esplicitazione delle istruzioni di oralità, ribadite anche dalle molte elisioni e dai troncamenti introdotti nel passaggio dall'una all'altra edizione. Allo stesso livello, Sabatini, da cui si ricavano gli esempi qui utilizzati, pone la frequente correzione della posizione del soggetto rispetto al predicato, posposto, tutte le volte che (come, nell'esecuzione orale, sottolineerebbe l'intonazione) su di esso punta l'informazione frasale:

> Lui morto → morto lui; visto che nessuno vi mancava → visto che non ci mancava nessuno.

E cosí funzionano da agenti di oralità le celebri sostituzioni di *vi* con *ci*, di *è* con *c'è*, di *noi* e *voi* con *noi altri* e *voi altri*, del congiuntivo con l'indicativo. Dentro questa misura trovano poi ulteriore ragione le piú famose varianti del sistema pronominale non riducibili esclusivamente a toscanismo ancorché toscanamente congrue: l'ampia riduzione di *egli / ella* soggetti, sostituiti con *lui / lei* o eliminati con varie soluzioni (semplice cancellazione, ripetizione del nome); la sostituzione di *essi, esse, eglino, elleno, dessi* con *loro*; *loro* al dativo in luogo di *gli*: tutti fenomeni intesi a recuperare al pronome quella deitticità, quell'indicatività tipica della comunicazione orale (dove il pronome personale sostituisce e indica al tempo stesso) non contenuta nell'*egli* letterario, pronome puramente anaforico, cioè sostitutivo e non indicativo, non sfruttabile nella gestualità linguistica viva.

La dimensione sociale e concreta della lingua, e sia pure

poi di una sua data varietà, diventa dunque il fattore stilistico primario per la costituzione di un linguaggio per il romanzo, genere legato al realismo come nessun altro.

Dal punto di vista della lingua letteraria è questo il senso dell'adozione del fiorentino vivo nella quarantana e, con esso e dentro di esso, come ha mostrato Serianni[D], dell'intensa opera di normalizzazione, di riduzione delle oscillazioni e dei doppioni, con censura inesorabile di ogni esuberanza linguistica che pareva contraddire all'economia dell'uso. Manzoni, ad esempio, opta, tra le offerte correnti nella prosa del suo tempo e dentro lo stesso fiorentino (che proponeva soluzioni sociolinguisticamente diverse), per le forme in *-ng-* rispetto a quelle, piú popolaresche (e piú largamente accolte nel *Fermo e Lucia*) in *-gn-* dei tipi *giungere / giugnere, piangere / piagnere, stringere / strignere*; tra gli imperfetti con dileguo della *-v-* intervocalica e quelli con mantenimento (*-eva -iva*) sceglie i secondi, perché di uso medio piú solito, allo stesso modo che sancisce il successo, per altro non immediato, delle uscite in *-o* alla prima persona (io ero) rispetto a quelle tradizionali in *-a* (io era); a *che cosa* interrogativo preferisce spesso l'ellittico e colloquiale *cosa*. Allo stesso tipo di correzioni volte a cogliere una misura piú parlata e meno letteraria della lingua rinviano casi come questi scrutinati da Vitale e Serianni:

> enigma → enimma; romore → rumore; dimanda → domanda; sofferire, offerire → soffrire, offrire; cangiare → cambiare; per lo → per il; nol → non lo; appo → presso; tosto → subito; è mestieri → c'è bisogno; fiso → fisso; guata → guarda; coltrice → materasso; volto → viso; v'ha → c'è.

Anche i celebri e spesso assai meno fortunati interventi, che oggi avvertiamo di piú esposta marca fiorentineggiante, come la chiusura dei dittonghi in *uo*, o l'opzione per *uscio* rispetto a *porta*, per *legnaiolo* rispetto a *falegname* o i molti *punto* per rafforzare la negazione, sono tutti aspetti tanto dell'adesione a un codice univoco quanto della ricerca della medietà, di una lingua capace al tempo stesso dello scritto e dell'orale.

Va da sé che i fenomeni dell'oralità si concentrano di piú dentro e negli immediati dintorni del discorso diretto, là dove l'autore cede la parola ai suoi personaggi. Il romanzo cerca di rifare la viva voce dei suoi protagonisti, informando, spesso esplicitamente, il lettore anche sulla prosodia dei discorsi e sulla gestualità che li accompagna.

Nel celebre brano del capitolo II dei *Promessi Sposi*, quando Renzo carpisce a don Abbondio il terrificante nome di don Rodrigo, il Manzoni avverte che Renzo parla «con la voce d'un uomo ch'è risoluto d'ottenere una risposta precisa» e che quel «dunque» («Dunque parli») «fu proferito con una tale energia, l'aspetto di Renzo divenne cosí minaccioso [...]»; dal canto suo don Abbondio «balbettò», «esclamò con voce fioca» e infine: «"Don Rodrigo!" pronunziò in fretta [...] precipitando quelle poche sillabe, e strisciando le consonanti». La narrativa mette cosí a punto tutto un corredo di annotazioni (spesso in forma di similitudini) per cogliere, ben al di là dei precedenti offerti dalla tradizione novellistica, anche i tratti intonazionali e prosodici della parola parlata. L'autore trova anzi modo di reintrodursi con queste indicazioni

(spesso anche, come si diceva, di pura gestualità, come quando Manzoni ci dice che «"Don?" ripeté Renzo, come per aiutare il paziente a buttar fuori il resto; e stava curvo, con l'orecchio chino sulla bocca di lui, con le braccia tese, e i pugni stretti all'indietro» o ci descrive, al capitolo VI, fra Cristoforo indignatissimo davanti a don Rodrigo quando «"La vostra protezione!" esclamò, dando indietro due passi, postandosi fieramente sul piede destro, mettendo la destra sull'anca, alzando la sinistra con l'indice teso verso don Rodrigo, e piantandogli in faccia due occhi infiammati»).

proprio là dove pareva cedere di piú posto e parola ai suoi personaggi, per sopperire a quanto di per sé il discorso diretto non riusciva a riferire.

I *Promessi Sposi* offrono intero e variatissimo il repertorio tradizionale dell'oralità viva con le esclamazioni («Ah! Ah! [...] per bacco [...] Ah cane!» di Renzo), le sospensioni (ancora Renzo: «Cosa le ha detto per...?»), le ripetizioni (di don Abbondio: «Che? che? che? [...] Come eh? come?»), anche se la censura morale del buon secolo impediva di affidare ad altro che ai puntini di reticenza quello che doveva seguire al «Quindici...» esclamato da Renzo «con voce piú alta e stizzosa, sten-

dendo il braccio, e battendo il pugno nell'aria; e chi sa qual dia-
voleria avrebbe attaccata a quel numero, se don Abbondio non
l'avesse interrotto» [14].

1.2. *Tra toscanismo e tradizione.*

La lezione di Manzoni non divenne operante né subito
né integralmente. Gli stessi autori piú vicini a lui, come
Tommaso Grossi o Giuseppe Carcano, a parte qualche
spunto in direzione regionale, qualche anacoluto colloquiale, non escono dalla lingua «della tradizione letteraria
[...] con la sua abituale e talora stridente convivenza di vecchio e nuovo» [15]. Nell'*Angiola Maria*, il Carcano, ad esempio, fa convivere con una lingua (specie del narratore) tradizionale dialettalismi (nel discorso riportato) tipo: *di su,
levar su, pensar su, tosa, mo, brache, tirare innanzi*, alcuni
dei quali sono dei primi *Promessi Sposi* [16].
Piú della ricerca sistematica della medietà e uniformità
linguistica, che Manzoni aveva intrapreso, si impose nella
narrativa dei seguaci la sua ricostruzione espressiva, affidata spesso all'aspetto piú vistoso e caduco dei *Promessi Sposi* del '40, al toscanismo. Il fiorentino divenne cosí, per
molti autori, come un tratto stilistico indicativo di tono
medio, capace di quel registro colloquiale che continuava a
sfuggire al loro italiano ancora, in sostanza, solo letterario.
Il D'Azeglio dei racconti e dei *Ricordi*, ad esempio, infilza
toscanismi come *zi' Anna, punto isbaglio alidore tonare
istuona istrumento buscherío oriolo codesto*, che fanno da
colorante a un tentativo di prosa colloquiale riuscito solo a
tratti. La accennano gli usi liberi delle incidentali: «avevo a
armacollo un buono schioppo, ed il coltello nella tasca di-
ritta dei calzoni – sicuro, anche il coltello – paese che vai
usanza che trovi»; le tematizzazioni: «E il mio cavallo [...]
me lo custodivo da me» e l'enfasi pronominale: «ché sempre qualche servigio voleva rendermelo»; gli anacoluti e le
concordanze a senso: «bensí, essendo io sempre stato del
partito de' calpestati, e che quella povera gente, gli uomini
piú che la Provvidenza le mettono innanzi un pan duro e
che sa di muffa, mi sono sempre sentito un po' di tenerezza

per loro»; ma sono solo indizi. Il pronome di terza persona è ancora saldamente (anche se non esclusivamente, mi pare) *egli*; *lui* compare, ovviamente in corsivo, come resa del dialettale *lu* (= lei) allocutivo: «L'omo serio: – E cosí *lui* fa sempre delle belle cose? (*lui*, sotto i portici di Po, vuol dir *lei*). Io: – Cioè... fo quel che posso... lavoro. L'omo serio: – Eh! sí sí... già già... sappiamo. *Lui* sempre si diverte... beato *lui*»[17].

Per lo piú, insomma, i romanzi accolgono *uscio e ugne*, *cenci* e *punto* ma conservano *egli / ella* (e in genere restano fedeli a una fonomorfologia piú tradizionale e letteraria) e sono refrattari dinanzi ai costrutti piú «orali» tipo la segmentazione frasale, persino nei discorsi diretti.

Ad esempio, l'assetto pronominale di *Fede e bellezza* (1840) di Nicolò Tommaseo si compiace di soluzioni in cui il tratto dell'uso coincide con arcaismi letterari e quindi ammette, sia pure in interrogative, *eglino* ed *elleno*; e se accoglie *gli* per *loro* dativo e rafforza *voi* con *voi altri* e moltiplica il *la* pronome soggetto di terza persona (macchia questa che sarà frequentissima nella prosa fiorentineggiante), utilizza anche *meco teco* e *seco*, ripescati tanto dall'uso quanto dai vocabolari; allo stesso modo adopera *i'* (io) ed *e'* (egli / essi) e abbonda nella posposizione del pronome soggetto nelle interrogative. Troviamo poi fenomeni prosodici come le molte apocopi del possessivo (*mi' su'*), delle preposizioni articolate (*a' co' de'*), dei verbi (*sare' vo' vuo' se'*) che suonano (e suonavano) non meno d'uso vivo toscano che letterarie. La medietà dell'orale dovrebbe emergere certo dal *ci* rafforzativo di avere («se non pago dumila franchi, ci ho la cattura») ma anche dall'*oh* introduttivo dell'interrogativa («Oh che?»), da sincopi tipo *vensei aocchiare*, da aferesi come *spedale*, *state* e prostesi come *iscopo*, *ismania*, *isperanza*, tutti fenomeni regionalisticamente e, in alcuni casi, anche letterariamente molto connotati.

Il fatto è che l'avallo al toscano (specie poi presso autori-linguisti del calibro del Tommaseo) non aveva per il momento un limite (per quanto Manzoni lo avesse già in gran parte individuato) e consentiva escursioni a tutto campo nel vocabolario regionale e in quello storico, qualche volta rallegrate dal riscontro del ribobolo con l'arcaismo di Crusca. È un tratto questo visibile soprattutto nel lessico; in *Fede e bellezza* lo spoglio della Martinelli [18] offre, tra l'altro:

> *accipigliato* (accigliato), *anno* (nell'anno passato), *assecchito* (rinsecchito), *astratto* (distratto), *dàddolo* (modi da bambino), *rinsanicato*, *isfondare* (approfondire), *scossone* (pioggia torrenziale improvvisa), *a risico* (a rischio), *di lancio* (di corsa), *a gola* (a fondo), *a barche* (in quantità), *rimprosciuttito*, *codrione* (deretano), *abbacare* (almanaccare) ecc.

Ne risulta un italiano dislocato su tutto l'arco della propria storia toscana, con effetti ora di ribobolismo ora di affettazione dotta, ben distante da quell'idea di lingua univoca e il più possibile sincronica che stava ispirando le correzioni manzoniane. In *Fede e bellezza*, dove pure la sintassi si avvia, come ha notato Serianni [19], verso movenze agili e moderne, si possono leggere, aprendo a caso, espressioni come queste:

> «Gli è pur selvaggio nel verno alla povera gente Parigi»; «La mi guardò accorata, abbattuta. I' la baciai»; «Cosí nol sapessi!»; «Sí, ma se gli ha a essere un gianfrullone proprio».

Il toscanismo si evidenzia anche nella stucchevole prolificità degli alterati e in specie dei diminutivi: *attempatetto capettaccio erbolina gaietto lodoletta minuzzolino pezzolina donnuccola pazzerellone* ecc.

Questo degli alterati e dei diminutivi resterà a lungo un indizio inerte di medietà linguistica, anche in autori in cui la componente toscanista farà davvero a pugni con quella tradizionale e letteraria. Ad esempio nella prima redazione di *Giacinta* [20] di Luigi Capuana (esce nel 1879!), ad apertura di pagina, ecco *minutino ventaglino brunettina faccione chiassona scimmiotto effettone piccini pancino taschine creaturina rovescione muricciolo spallucce fronticina parolaccia figliuolina orsacchina personcina stanzaccia ideine servitorino anitrina disutilaccio prestino* ecc. Il toscano «vivo» è evidenziato inoltre dai vari *iscioglierlo ispregevole iscoprirvi iscusarli istava cotesto punto, le pugna, omo rastiar miccino grullo uscio imbroncita* e da espressioni come: «La comincia anche prestino!» «Via! Non è nulla!» «Si va meglio?» «Non vo' saperlo» «Vo' correr la sorte». Ma poi è ancora di largo uso il pronome enclitico del verbo:

L'Andrea guardò trasognato e alzossi; su questo ignoto fonda-
vansi sogni di felicità; la Giacinta erasi accostata all'Andrea;
l'Andrea stavale accanto; Avanzossi verso il gran specchio; si
fermò e buttossi per terra sur un mucchio di frondi e di erbe
messovi per caso il giorno innanzi; le convittrici sparpagliavan-
si rumorose; Buccinavasi fosse stato anch'egli ecc. [21].

in brani in cui i regionalismi (l'articolo prima del nome
proprio), i segni della medietà comunicativa (i nomi propri) cozzano con residuati di aulicità tradizionale e inerte,
ancora cosí forti da osteggiare l'ingresso di *lui* pronome
persino là dove era piú lecito attenderselo (come nell'ultimo esempio riportato).

Il toscanismo si affaccia anche nei romanzi «continentali» di Verga e non certo in funzione di color locale (nonostante l'ambientazione fiorentina, in *Eva* e *Tigre reale* i personaggi sono spesso immigrati siciliani) [22].

I *cotesto* abbondano e con essi i diminutivi; da *Eva* in una pagina: *stivalini dentini cameretta manine leggiadra figurina* ecc.;
si trovano i *punto* di negazione, *risicherebbe, ciarlare, origliare
dietro l'uscio*.

Ma lo si incontra soprattutto nei punti di coincidenza con
la lingua letteraria, che resta il codice dominante.

In *Una peccatrice* l'amico Raimondo dice a Pietro: «Vengo
per condurti meco al passeggio»; e questi invita l'amico ad andare vicino a una casa «della quale i veroni si vedono dal Labe-
rinto»; e poi: «Tua madre, spaventata dalla tua estraordinaria
tardanza»; «"È dessa!", disse Raimondo»; in *Eva*: «"Rientro
in iscena", disse vivamente»; «All'improvviso fu suonato vivamente all'uscio»; *mai* è spesso *giammai*; sopravvivono alcune
enclisi pronominali (*affrettavasi rivolgevasi volgevasi*) e com-
piaciute sono le forme sintetiche di preposizioni e negazioni
(*pel col nol*) [23].

Significativa nel romanzo epistolare *Storia di una capinera* l'incertezza nei pronomi soggetti di terza persona,
oscillanti tra l'anaforicità neutra dell'*egli* tradizionale e la
deitticità forte del *lui*, spesso però marcato e quindi, in tal
veste, non nuovo nella prosa colta. Da una parte ci sono i
vari: «è lui! è lui!», «*Lui!*, intendi?... *Lui!*» (sottolineatu-
re dell'autore), «Lui! lui! sempre lui!», «tutti la baciano...

lui solo no! lui solo!», «non ha sofferto anche lui?», «è
lui! mi ha veduta!» e dall'altra: «mi diceva egli», «allora
egli si mise a sospirare», «Mi dice addio! Egli! egli!»,
«com'*egli* l'avrà vista» (sottolineatura dell'autore). I passaggi da un sistema all'altro si presentano nella stessa pagina: da «*egli*!... *egli*... l'avrà» a «*Lui* le stava accanto» a
«*egli* s'inchinò»[24]. Segno di una indecisione tra il registro
colloquiale e diretto e quello scritto e mediato che doveva
ancora essere risolta non solo da uno scrittore ma da tutta
una generazione di narratori. E tuttavia il giovane Verga,
pur affidandosi al corsivo di distanziamento, fa spazio alla
lingua nuova della moda, dei costumi, del giornalismo,
ospitando forestierismi, locuzioni ed espressioni d'uso nel
discorso quotidiano della borghesia:

> spulciando da *Una peccatrice* (i corsivi sono dell'autore); *dan-
> dys, luna di miele, tarlatane, cerise, granadine, bournous, sopra-
> bito, polka, valtzer, cachemire, albums*; da *Eva: réclame, ha fatto
> furore, ponce, saper vivere, godevo la vita, buffet, con urgenza.*

La lezione manzoniana, in realtà, stenta a imporsi e di
fatto la narrativa la ritroverà solo dopo altre, decisive esperienze di realismo. Per il momento essa però opera con
moderazione e intelligenza in uno scrittore di grande successo come Edmondo De Amicis. La fortuna popolare di
Cuore non è infatti certo legata al fiorentinismo (per altro
moderato) del suo autore (per cui si trovano *in iscuola queto focolino rote appuntino panni*)[25], ma alla messa a punto
di una sintassi semplice, paratattica, persino elementare,
che non sdegna la ripetizione per chiarezza, la ridondanza
della lingua media:

> «Ma si vedeva che era contento. Anche il calabrese era con-
> tento»; «Quando ci avevo il banco giú nel portone, almeno
> [Luigino] poteva scrivere sul banco»; «Povera maestra, è an-
> cora dimagrita. Ma è sempre viva, s'accalora sempre quando
> parla della scuola. Ha voluto rivedere il letto dove mi vide mol-
> to malato...»

Non mancano segni di ancor piú diretta colloquialità
come il *che* polivalente che comincia ad affacciarsi:
«Quest'oggi [la maestra] tornava tutta affannata dalla Pi-

nacoteca, dove aveva condotto i suoi ragazzi, come gli anni passati, che ogni giovedí li conduceva tutti a un museo»; «ed io per giunta malata, che non posso piú andare in giro»; «abbia pietà, che non so piú come fare!», o il *ci* rafforzativo o in luogo di *vi*: «Non ci è rimasto nemmeno un tavolino [...] da farci il lavoro. Quando ci avevo il banco [...]»; o il futuro in dipendenza da sperare: «io spero che cambierà»; o la ridondanza pronominale: «Derossi che è un signore e il primo della scuola, le pare un re, un santo a lei»; o costrutti perifrastici con *quello*: «Precossi [...] quello della giacchetta lunga, che pare un malatino»; «Crossi, quello coi capelli rossi»: tutti fenomeni che immettono valenze piú marcatamente deittiche, concrete, tipiche della comunicazione a viva voce: «A quelli lí dovrebbero dare i premi!»

Un ruolo diverso ha infine il toscanismo negli scrittori toscani, nei quali funziona da color locale; ne *Le veglie di Neri* di Renato Fucini c'è una novella, *Tornan di Maremma*, in cui l'autore dialoga con una ostessa; questa dice *vole ova bono omini*, chiudendo dialettalmente il dittongo, e il protagonista-narratore risponde in italiano con *uova uomini*[26]. Tra regionalismo e lingua scolastica sta invece il toscanismo del libro piú fortunato uscito di Toscana, *Pinocchio* (1883) di Collodi: in un breve brano antologizzato da Serianni[27], *lui* e *lei* sono regolarmente soggetti; si notano forme come *stiacceremo spenge imbasciata* e, nel lessico, *tornagusto* (stuzzichino) e *cibreino* (intingolo). Nel romanzo del burattino il toscanismo, poi, coincide col diminutivo, come nei celebri: *grullerello uggiolina ladracciolo pizzicorino zinzino ciuchino babbino* e con tratti fonomorfologici come *mi' su' se' azzoppito incoraggito assorditi*[28].

Ma in quanto funzioni da rivelatore linguistico locale, anche il toscanismo entra a far parte di una piú articolata questione: quella che vede l'uso dei dialetti a scopo di caratterizzazione realistica della narrazione.

[2] Citato da A. Manzoni, *Tutte le opere*, a cura di A. Chiari e G. Ghisalberti, Mondadori, Milano 1954, vol. II, tomo II.

[3] Da un appunto alla «Seconda minuta» dei suoi *Scritti linguistici*, a cura

di A. Poma e A. Stella, Mondadori, Milano 1974; cfr. anche T. Matarrese (a cura di), A. Manzoni, *Scritti sulla lingua*, Liviana, Padova 1987.

[4] Citazioni con n. di pagina da A. Manzoni, *Tutte le opere* cit., pp. 593, 257, 350, 437-38.

[5] Cfr. D. Isella (a cura di), A. Manzoni, *Postille al Vocabolario della Crusca*, Ricciardi, Milano-Napoli 1954.

[6] Esempi da T. Matarrese, *Lombardismi e toscanismi nel «Fermo e Lucia»*, in GSLI, CLIV (1977), pp. 380-427.

[7] A. Manzoni, *Tutte le opere* cit., p. 175.

[8] T. Poggi Salani, *Dal Fermo e Lucia ai Promessi Sposi: riconsiderando il primo capitolo (Persona, tempo-spazio e altro)*, in *Manzoni. «L'eterno lavoro»*, Atti del Congresso internazionale sui problemi della lingua e del dialetto nell'opera e negli studi del Manzoni, Centro studi manzoniani, Milano 1987, pp. 285-304.

[9] G. Nencioni, *Conversioni dei «Promessi Sposi»*, in *Tra grammàtica e retorica*, Einaudi, Torino 1983, pp. 3-27; F. Sabatini, *Questioni di lingua e non di stile. Considerazioni a distanza sulla morfosintassi nei «Promessi Sposi»*, in *Manzoni. «L'eterno lavoro»* cit., pp. 157-76.

[10] M. Vitale, *La lingua di Alessandro Manzoni*, Cisalpino-Goliardica, Milano 1986.

[11] F. Sabatini, *L'«italiano dell'uso medio»: una realtà tra le varietà linguistiche italiane*, in *Gesprochenes Italienisch in Geschichte und Gegenwart*, a cura di G. Holtus ed E. Radtke, Narr, Tübingen 1985, pp. 154-184; P. D'Achille, *Sintassi del parlato e tradizione scritta della lingua italiana*, Bonacci, Roma 1990.

[12] Si veda l'edizione interlineare delle due redazioni a cura di L. Caretti: A. Manzoni, *I Promessi Sposi*, Einaudi, Torino 1971.

[13] L. Serianni, *Le varianti fonomorfologiche dei Promessi Sposi 1840 nel quadro dell'italiano ottocentesco*, in *Saggi di storia linguistica italiana*, Morano, Napoli 1989, pp. 141-214 e id., *Il primo Ottocento*, in F. Bruni (a cura di), *Storia della lingua italiana*, Il Mulino, Bologna 1989.

[14] V. Coletti, *Italiano d'autore*, Marietti, Genova 1989.

[15] L. Serianni, *Saggi di storia linguistica* cit., p. 210.

[16] Cfr. T. Matarrese, *Le correzioni del Carcano ai «Ricordi a mia figlia Teresa» di Pietro Verri*, in «Studi linguistici italiani», XIII (1987), pp. 185-203.

[17] Citazione da M. D'Azeglio, *Racconti, leggende, ricordi*, Utet, Torino 1925, pp. 7, 8, 81.

[18] D. Martinelli, *Voci del toscano vivo in «Fede e bellezza»*, in aa.vv. *Studi di letteratura italiana offerti a Dante Isella*, Bibliopolis, Napoli 1983, pp. 319-41; cfr. anche Ead., *La lingua di Fede e bellezza*, in «Studi di filologia italiana», 48 (1990), pp. 107-210.

[19] L. Serianni, *Il primo Ottocento* cit., p. 95. Le citazioni da N. Tommaseo, *Fede e bellezza*, Rizzoli, Milano 1963, pp. 43-45 e 96.

[20] Citazioni da L. Capuana, *Giacinta*, a cura di M. Paglieri e G. Davico Bonino, Mondadori, Milano 1980. Su questo romanzo e le sue successive

redazioni è importante quanto osserva F. Bruni, *Lingua e tecnica narrativa del verismo meridionale*, in «Filologia e critica», VII (1982), pp. 212-220.

[21] L. Capuana, *Giacinta* cit., dalle prime 30 pagine.

[22] Citazioni da G. Verga, *Una peccatrice, Storia di una capinera, Eva, Tigre reale*, a cura di G. Croci, Mondadori, Milano 1970, citazione da p. 283.

[23] *Ibid.*, pp. 53, 57, 72, 271, 282.

[24] *Ibid.*, p. 217.

[25] Si cita da E. De Amicis, *Cuore*, a cura di G. Finzi, Mondadori, Milano 1984; citazioni dalle pp. 31-36. A riprova delle perduranti oscillazioni della lingua deamicisiana, nonostante il manzonismo dichiarato dall'autore, si veda, per l'aspetto fonomorfologico, quanto riportato in premessa dell'edizione citata a proposito del mantenimento dei seguenti allofoni propri dell'edizione originaria (1886): «figliuolo, figliolo; barcaiuolo, barcaiolo; foco, fuoco; sonare, suonare; uffiziale, ufficiale; sacrifizio, sacrificio; avean, avevano; parean, parevano [...]; tuono, tono». Ma su tutto questo cfr. L. Serianni, *Saggi di storia linguistica* cit., pp. 210-12.

[26] Cfr. C. Grassi, *Corso di storia della lingua italiana*, Giappichelli, Torino 1966, pp. 117-23.

[27] L. Serianni, *Il primo Ottocento* cit., pp. 112 e 201-6. Su *Pinocchio* cfr. anche O. Castellani Polidori (a cura di), C. Collodi, *Le avventure di Pinocchio*, Fondazione C. Collodi, Brescia 1983.

[28] C. Grassi, *Corso di storia* cit., pp. 105-17.

2.

Le molte lingue del romanzo

2.1. *Il color dialettale.*

Nei racconti del D'Azeglio abbiamo incontrato un aneddoto che ha richiesto all'autore una ben corsivata macchia dialettale (piemontese). In un altro racconto, il discorso di un personaggio, di Marino laziale, è riferito in dialetto (ricostruito): «Sor canonico mio, abbiate pacienza, proprio non ve lo pozzo dine [...] el cortello gli sta bene in mano [...] m'ha menato troppo bene [...] Se mi avesse sfragellato come fanno tanti [...] me lo voglio ammazzar da mene»[1]. Il dialetto interrompe, imprevisto, la lingua dell'autore nel punto in cui questi si fa sostituire dai suoi personaggi, per un sovrappiú di realismo.

Il fatto è che la lezione manzoniana, intesa a restituire un'oralità (dei personaggi) vicina alla misura media della scrittura (del narratore) e quindi affidata a un rigoroso (e persino rigido, col fiorentino) monolinguismo, non è di facile applicazione e soprattutto si scontra con una tradizione di lunga durata. La narrativa continua infatti a distribuire in modo diverso il tasso del realismo linguistico, a seconda della voce dominante sulla pagina, caricandolo di piú nel dialogato e nel discorso diretto di determinati personaggi. Solo Verga, come vedremo, riuscirà a reinventare un monolinguismo, una lingua unica per narratore (nascosto) e personaggi. Prima e anche dopo di lui, i romanzieri sdoppiano e persino triplicano la loro lingua per divaricarne gli esiti di oralità da quelli puramente narrativi, sia a scopo di immediato color locale (come si è visto nell'esempio di D'Azeglio sovracitato), sia per concentrare almeno nel discorso riferito quella misura colloquiale impraticabile nelle zone in lingua d'autore.

Un caso molto emblematico è quello di *Angelo di bontà* di Ippolito Nievo, studiato da Mengaldo². Ci troviamo di fronte a un romanzo (del 1855) in cui l'autore, sia nel testo dapprima predisposto, sia con successive varianti, cerca di attenuare il piú possibile le emergenze dialettali e regionali. Corregge gli scempiamenti e gli ipercorrettivi raddoppiamenti; introduce passati remoti dove aveva usato il passato prossimo. Ma soprattutto attenua ogni scivolamento nella lingua parlata: cade *il* davanti a nome proprio; il *ci* ridondante (*ci ho → ho*); corregge *lui* e *lei* soggetti in *egli* e *ella*; trascrive l'imperfetto in *-eva* in quello in *-ea* (*pareva → parea, voleva → volea*); pospone costantemente i pronomi in enclisi: *si trovò → trovossi; l'onorava → onoravala*; stravolge l'ordine normale delle parole: *se non mi ami piú → se piú non mi ami; egli s'era ritratto → s'era egli ritratto; egli rispondeva → rispondeva egli*; varia tutto ciò che può suonargli dialettale, anche se non lo è: *faccia → viso; voglia → volontà; veduto → mirato; finisce → termina*. Fa anzi di piú: sostituisce forme comuni con altre rare e culte: *vicino → dappresso; alcun → verun; cosí → in tal guisa; poi → indi; cavalli → corridori*; aggancia aulicismi desueti: *poiché → imperocché; cavallo → palafreno; bocca → fauci; sforzo → pressura*; preferisce doppioni morfofoneticamente piú arcaici e illustri: *dedica → dedicazione; riguardato → risguardato; svelare → disvelare; seccatura → seccaggine*. Insomma, fa esattamente (a volte davvero alla lettera) il contrario del Manzoni che corregge la ventisettana. Eppure, nel dialogato, Nievo lascia ampio (e soprattutto non corretto) corso ai dialettalismi, di cui Mengaldo ha fornito abbondante documentazione; qui «la dialettalità assume le coloriture piú affettive (*vecchio mio, viscere* ecc.) e può spingersi fino al gergo (*la dannosa*)», anche se è poi diversamente distribuita tra i personaggi (con punte alte, come prevedibile, tra le serve), e qualche suo esponente penetra sin dentro la lingua del narratore³. Pochi esempi:

> «Veniamo di botto, Morettina; – disse il padrone. E rivolgendosi alla Morosina: – Dimmi schietto, le chiese, – l'avevi anche in convento quella mezza vesticciuola? [...] E chi te l'ha indossata mo?», con utilizzo anche del toscanismo in aggiunta ai regionali *mo* e *di botto*. Il dialettalismo si identifica e si mescola

colla forma culta nel linguaggio della Morosina: «Oh sí, ne la ringrazio, signor santolo» ... «È proprio un destino, care le mie viscere! – ripigliò il Formiani»; «Ci ho gusto, – soggiunse la Morosina»; «Dio mi danni se non mi stimo da meno di ogni piú ludro e spergiurante Bernabotto» [4].

Il colorito veneto che il dialetto dà si oppone cosí ai registri formali della lingua prevalente nei personaggi «superiori»:

> «Appressati, Celio!, – disse il Formiani. – Oggimai m'è concesso trattarti alla famigliare [...] So che hai contezza d'ogni cosa [...] non istarmi cosí in soggezione» [5].

con risultati di caratterizzazione linguistica in parte ancora tributari della commedia settecentesca e goldoniana.

Nella lingua del Nievo, per la verità, il dialettismo consapevole, «realistico-cromatico, espressivo» è in parte attenuato dall'«emergenza inconscia di elementi dialettali o regionali» [6], tipica di quell'italiano colto settentrionale che aveva formato l'impasto linguistico della ventisettana dei *Promessi Sposi*. Succede cosí che nel suo capolavoro, le *Confessioni* (pubblicato nel 1867), si riscontrino, anche nella lingua del narratore (che lí è, per altro, un personaggio) regionalismi come il passato remoto di prima plurale forte (*finisimo risimo*), *su* ridondante con verbo (*prender su*), espressioni come *filar dietro a* (pensarci molto), *tenere in susta* (mettere in allegria); lessemi del tipo: *fieniera, sparagnare* (risparmiare), *spampanata* (vanto), *incartocciare, imbroccare* (indovinare), *fantolino, consolarsi* (congratularsi), *cantone* (angolo), *banda* (parte), *impiantare* (abbandonare) ecc.

I dialettalismi però convivono con un italiano colto e spesso ipercorretto (ad esempio nell'uso toscaneggiante dei passati remoti); la desinenza dell'imperfetto è ancora rigorosamente in -*a* alla prima persona, nonostante Manzoni («Se era solo, saltava, cantava, parlava con me stesso»); *lui* e *lei* soggetti severamente proscritti e ammessi invece *ei eglino dessa*, usatissimi *meco seco teco* (quanto a *ne* per *ci* è al tempo stesso tratto letterario e regionale, come molti altri); non manca il costrutto dell'accusativo + infinito.

Spulciando il solo, celebre, capitolo terzo del romanzo troviamo: *deggio veggo* (Nievo, tra le forme oscillanti, opta sempre per le piú tradizionali), *formidabili* (latinismo: che mettono paura), *augelletti auretta sito pelago belletta poscia verno tema ito uopo contezza aombrando fa mestieri divertire* (cambiare) *anco raumiliato* ecc. Oltre un gran numero di toscanismi, che però, vi fanno, come il dialettale *fiumiera*, la parte del linguaggio corrente, medio e colloquiale. È il caso del frequente *la* pronominale ridondante («la doveva accontentarsi di me») e del *gli* nello stesso ruolo («Gli è il confessore [...] dissi io»); dei molti diminutivi (*pensierucci tristarelli, attucci*), delle *i* prostetiche («Non ispaventatelo troppo») e delle aferesi («sclamò il capitano»), di *punto* negativo, di lessemi come *struggibuco golaggine* ecc.

Il fatto che questi impasti si ritrovino anche nell'epistolario nieviano conferma la natura, per cosí dire, in gran parte oggettiva, abitudinaria di un tale italiano. Anche i tratti piú riferibili alla determinazione di una misura colloquiale di base, come le anticipazioni e le repliche del pronome segnalate da Mengaldo («tu gli hai parlato a Giulio?», «sono cose spiacevoli ma che bisogna sopportarle», «me ne dirà qualcosa del suo Raimondo») o la ridondanza del pronome personale («Dio mi venne in mente anche a me», «gli pareva a lui»), o il *che* polivalente («e stetti lunga pezza con quel braccio gelato tra mano che non avrei saputo dire se fosse vivo o morto»), o il periodo ipotetico con l'imperfetto indicativo («Ma in tutto ciò nulla sarebbe di strano [...] se la mia vita non correva [...]»), appaiono «non tanto *tesi* a perseguire un tono medio, quanto a surrogarne per eccesso l'assenza»[7]. La difficoltà (in parte anche il disinteresse) a realizzare questa dimensione (pure cosí importante per la narrativa) si osserva vistosa nei dialogati delle *Confessioni*. Leggiamo un brano da uno degli ultimi dialoghi tra Carlino e la Pisana (cap. xx):

– Oh Pisana, io non ho mai violato alcun giuramento!

– E per questo appunto te ne scongiuro; vedi? la felicità de' miei ultimi momenti pende ora dalla tua volontà, dalle tue labbra!

– Dunque è proprio necessario?... È un tuo decreto irrevocabile?

– Sí, Carlo, irrevocabile!...

– Oh ma tu mi stimi piú assai che non valga...

– Tu tutto potrai [...] se mi ami ancora! [...] Giurami che vivrai pel bene della famiglia ch'io ti imposi, per l'onore della patria che insieme abbiamo amato, e ameremo sempre!...

– Pisana, lo vuoi? [...] Or bene, lo giuro! [...] Lo giuro per quel desiderio che avrei di seguirti, lo giuro per la speranza invincibile che la natura penserà presto a sciogliermi dal mio giuramento!... Ma una cosa anch'io ti domando, Pisana, di non pascerti piú a lungo dei lugubri pensieri che ti fanno morire prima del tempo... a serbarti in somma per noi che ti amiamo tanto!

– Oh tu sí, vedi, tu mi chiedi piú di quanto possa concederti!... Carlo, guardami in volto!...

È un dialogo questo che si concepisce meglio sulla scena del dramma e soprattutto in un libretto verdiano che in un romanzo: il suo eccesso di nobiltà linguistica lo rende piú adeguato al canto e alla musica che alla lettura prosastica.

La difficoltà della misura media continuerà dunque a lungo, colla resistenza di un modello linguistico di tipo, tutto sommato, premanzoniano (assumendo come punto di riferimento l'edizione del '40 dei *Promessi Sposi*). Nel romanzo *Le memorie del presbiterio* (1881) [8], cui ha posto mano, oltre l'autore Emilio Praga, anche un altro scapigliato, Roberto Sacchetti, la narrazione, che è ambientata in un villaggio alpino con tanto di *alpe* e *baite* diligentemente definite, parla di «silenti dimore», di «andarvi in traccia», di «mutato avviso» (del campanaro), accumula enclisi pronominali («erasi alquanto rannuvolata»; «il tizzone ardente da cui spiccavansi le faville»; «Fu in quella posizione che trovommi in casa sua il curato di Sulzena» dai capp. III e IV), usa *egli ei* ed *ella* come soggetti. Il curato, dopo aver accolto, in corsivo, nel suo discorso, un «far *tappa* nel tugurio della mia Gina», se ne esce in «è un'amica del di lei babbo», con buona pace della quarantana; e poi aggiunge «un gemito [...] mi arrestò di repente» (cap. XV). Cosí che per dare un'idea della parlata di personaggi che si esprimono in un «dialetto spiacciativo che faceva un monosillabo di almeno una dozzina di lettere», non c'è di meglio che toscaneggiare con i vari *pertugio desco cacio ova vo'* e i molti *la* ridondanti («la voleva esser bella»; «la mi dica»). Allo stesso modo il ribelle Iginio Ugo Tarchetti vede «lucere una lacrima sui di lei [*Fosca*] occhi», pospone accuratamente il pronome nelle interrogative («Mi ami tu realmente?», «Ti ama ella?») e perfino nelle affermative («diss'ella, esclamò ella»), scrive ancora *sí* per *cosí* e preferisce *sieno* a *siano*[9].

È proprio di fronte a un italiano ancora cosí tradizionale e letterario che si affollano i tratti dialettali a segnare zone di oralità piú marcata e informale; perfino il toscanismo, lo abbiamo visto, risponde per questa via a esigenze di dialettalità. L'impossibilità di raggiungere il tono medio con la lingua legittima, paradossalmente, il «tono basso» del dialetto.

È per questo che l'infrazione dialettale si fissa nel discorso diretto, specie dei personaggi piú popolari, come, in *Demetrio Pianelli*[10] del De Marchi, nella scena che racconta di come si sparge la voce del suicidio di Cesarino Pianelli (cap. IV):

> La voce era corsa in Carrobio e già cominciava a radunarsi un po' di gente.
> Che cosa c'è?
> Si è impiccato!
> Chi?
> *El Poncin del Carrobi*! disse un parrucchiere a una bella sartina che andava a scuola.
> *Ehi reverissi!*
> [...]
> *Cara madonna! Signor, che scénna! Ehi, sora Rachélla!*

È un tratto questo che si ripresenta anche in presenza di soluzioni complessive assai mature. Ad esempio il Fogazzaro di *Piccolo mondo antico* (1895!)[11], pur già ben attestato su una lingua media (ma non ancora esente da formalità tradizionali e toscaneggianti: largo uso di *egli* e *ella* o casi come «A poppa [...] v'era seduto don Franco Maironi», «quando si bussò all'uscio»), marca il parlato di alcuni personaggi con forti caratterizzazioni dialettali, dall'esito eccessivamente colorato, non a caso, per altro, spesso risolto in direzione volutamente caricaturale:

> La mi perdoni, – diss'egli nel suo linguaggio misto di tutti gl'ingredienti. La mi perdoni, ingegnere pregiatissimo, Gavaría propramente necessità...

Di cosa? fece l'ingegnere seccato. La porta si aperse e com-
parve la [...] serva.

Oh scior parent! diss'ella rispettosamente [...] A sti or chi?
L'è staa forsi a trovà la sciora parenta?

La sciora parenta era la sorella dell'ingegnere (cap. III).

Il dialetto, commentato e distanziato dall'autore, si differenzia dunque a seconda dei parlanti (il veneto del sior
Zacomo o il lombardo dei locali) e finisce per essere il
linguaggio dei servi e comprimari bassi, o di chi a essi si rivolge:

«Peso mica tanto» disse il curato [*che si rivolge alla signora
Pasotti*], ridendo. «Tas giò, ti» soggiunse rivolto a Pin [*il barcaiuolo*], che aveva sussurrato irreverentemente «Ona bella
tenca» (cap. I). Nel capitolo XI della seconda parte, la Leu racconta in dialetto i funerali di Maria («Bisognoeuva vedella in
giesa, cont i so manitt in cros cont el so bel faccin seri. La some-
java on angiol tal e qual! Propi») e riferisce anche che la piccola «che la parlava inscí polito, propi come on avocàt» aveva
detto poco prima di morire: «Sai, Leu, presto il mio papà viene
a Lugano e io vado a trovarlo».

Lo stesso personaggio, dunque, alterna italiano e dialetto a seconda dell'interlocutore o se parla in proprio o riporta parole altrui (come la Leu). E l'italiano mima vistosamente la parlata regionale in una sua precoce attestazione
letteraria, come anche in questo discorso del Commissario
(all'inizio della seconda parte):

Dunque capisce. Hanno la donna di servissio. C'è una bambina di due anni o ché; ci vuole la ragassa, per curare la bambina. Si fanno venire fiori, libri, musica, el diavol a bina. Alla sera
si giuoca a tarocchi, c'è la sua bottéglia. Ce ne vogliono cosí
delle svanisiche, mi capisce!

2.2. *Espressionismo.*

Il dialetto è ingrediente fisso dei pasticci linguistici che
la cucina letteraria italiana ripropone, come da lunga tradizione, anche nell'Ottocento. L'impraticabilità del monolinguismo manzoniano (col fiorentino ridotto a stilema),

dovuta alla situazione linguistica e culturale nazionale, non si fissa solo nell'emersione vistosa e colorita della dialettalità nei dialogati. Si coglie anche nell'infrazione ludica e polemica dell'espressionismo, che gioca colla molteplicità storica e geografica delle lingue d'Italia e vorrebbe denunciare al tempo stesso, perlomeno implicitamente, proprio la violenza storica della decisione monolinguistica manzoniana.

In effetti fu fin da subito molto diffusa la reazione al rigore monolingue del Manzoni, persino tra i fiorentini, che, col Capponi, raccomandavano di rispettare i molteplici «usi di questa lingua»; il Tommaseo, da parte sua, ammoniva di «rendere la varietà ministra di unità» mettendo a frutto la lingua dei libri e quella del parlato [12]. Il grande spessore diacronico dell'italiano era invocato come luogo e misura di una libertà linguistica, cui gli scapigliati e gli espressionisti in genere aggiunsero quello sincronico dei dialetti oltre, si capisce, quello della libera e personale invenzione.

In realtà erano, con diversa sfumatura e dosaggio polemico, reazioni di letterati che reclamavano spazi di manipolazione piú o meno maccheronica dell'italiano e sopperivano alla cronica sua debolezza, ben messa a fuoco da Manzoni, colla rigogliosità dello stile. Ne è nata, come è noto, un'intensa pratica espressionistica, terreno fecondo per i linguisti (un po' meno, forse, per i critici letterari). I vari e oggi molti amati [13] Faldella, Dossi, Imbriani ecc. hanno cercato di riversare il vecchio e sempre un po' accademico e intellettualistico espressionismo nel romanzo, che, invece, ammette i giochi verbali e il protagonismo delle forme solo con mille riserve e comunque mai (neppure fuori d'Italia) a scapito della logica sintagmatica del discorso e di quella soglia di comunicatività che gli sono proprie. Non a caso per i migliori, come Dossi, qualcuno ha parlato di poemi in prosa piú che di racconti [14]. Basterà antologizzare velocemente qui le piú notevoli testimonianze dell'autocoscienza linguistica di questi autori.

Scriveva Faldella di aver cercato:

> Vocaboli del trecento, del cinquecento, della parlata toscana e piemontesismi [...] tormentato il dizionario come un cadavere.

E l'Imbriani:

> Ecco l'italiano, che io parlo e vagheggio: a te, per avventura,
> sembrerà uno strano miscuglio, un mosaico di vocaboli e locu-
> zioni, racimolati in tutti i dialetti della penisola e delle isole, di
> latinismi e di grecismi, incastonati in un'ossatura grammaticale
> rigidamente classica.

E il Dossi confessa·

> la preoccupazione affannosa di stipare quanto piú senso si pos-
> sa in ogni frase [...] si aggiunga lo studio, non meno morboso,
> di cacciar dappertutto malizia, affinché, se la stoffa ed il taglio
> del pensiero non vale, valga almeno la fodera [15].

È l'antica tentazione del letterato di cercare nel vocabolario (o nelle inchieste etnografiche) la lingua che nella
realtà non esisteva e che egli non sapeva foggiare. Da qui la
molteplicità di ingredienti linguistici (che stanno insieme
solo nell'amalgama comico o accademico dello stile) degli
espressionisti, a cominciare, come si diceva, da quelli dialettali. Dante Isella ha accuratamente censito i lombardismi del Dossi (do qualche esempio dal solo *Altrieri* 1881:

> *adaquatoi biscio croi gnocco mostosi scalcagnarsi sguercio stre-*
> *gazzo tirare giú tosa scapezzone tondo*; e alcuni sono stati corret-
> ti o eliminati nel passaggio a questa edizione da quella del 1868
> dove ce n'erano molti altri: *barbellare cassina ciufolare fiocca*
> *inorbito rastrello truono* ecc.)

che stanno accanto a venetismi (*refoli sbrisciare còcoma*), a
toscanismi esibiti (*bazzucare cioè cittello battisoffia*) e a forme rare, che possono essere (soprattutto però in altre opere) perfino latinismi (*vigilie concrepare ficulnei follicare*
concoquere coscribendi) e forestierismi (*disabbiglio cariglio-*
ne pralina branda) [16]. Per altro, nell'*Altrieri*, si vede un tentativo di volgere l'eccesso stilistico in densità di significato;
come scrive Isella: «l'operazione dossiana consisterà soprattutto nella franca adibizione, sulla base del dialetto milanese, di un ricco materiale lessicale, liberamente trascel-
to in virtú del suo potenziale espressionistico, non importa
da dove (cultismi, arcaismi, regionalismi vari, forme straniere o d'autore), e impiegato a fermare sulla pagina, senza
scarti eccessivi, le immagini e le sensazioni di un privato

vato recupero del "tempo perduto"»[17]. Ma l'effetto dominante è di lingua ricercata, in cui il toscanismo e le forme
letterarie (enfatizzate dalla ridondanza degli accenti) prevalgono, come in questo esempio dal capitolo di Lisa:

> Se' stracco? domandò Nencia sostando.
> Io non lo era affatto. Né vi avéa perché. Pure la volli imitare:
> siedetti.
> E lí un fastidioso silenzio. Nencia si appisolava o ne faceva le
> mostre.
> Neh – dissi allora tiràndola per un gherone – e Gía?
> Che ghiribizzo died' ella! Guatommi come l'avesse con mé,
> le imbambolò la pupilla, e, gonfiàndosele il viso... Ma no – si
> rattenne.

Non meno linguisticamente ammiccante è lo sperimentalismo del piemontese Faldella nel cui vocabolario convivono un repertorio «spiccatamente puristico, vocabolaristico, ma volto in direzione stravagante ed espressiva» (*in-
cignare chiovare insafardare snidare*) e dialettalismi (*barba
madama chiappare gnaulare serrare stranguglione*), con funzione non dissimile dalle eccentricità cruscanti, o dai latinismi (*volitante flavo*) o dai tecnicismi e dalle neoconiazioni
(*cervellaticheria annotiziare innamorativo sfilucchire*)[18].
Personaggio piú complesso è poi il napoletano Vittorio
Imbriani, il cui repertorio linguistico è stato da ultimo ripetutamente indagato. Luca Serianni, cui si deve il contributo piú equilibrato anche sul piano letterario, ha segnalato come nel «continuo oscillare [della scrittura dell'Im-
briani] tra aulicità e popolarismo, tra arcaismo e neologia,
la presenza piú spiccata è data dai primi membri di ciascu-
na coppia: il tessuto connettivo dell'espressione imbriane-
sca consiste in una lingua studiatamente arcaizzante, non
tanto nel lessico quanto nella nervatura fonomorfologica»[19]. Imbriani usa *ned* per *né* davanti a vocale («ned una
novità»), *il* pronome atono per *lo* («il veggo»), apocopa i
gruppi pronominali assimilati (*nol mel sel*: «sel sapeva»,
«nol ritenessero», «mel prometti», «vel determinò»), riduce i gruppi vocalici in *su'* (suo), *du'* (due), *ta'* (tai, tali).
Su questo fondo arcaizzante e tradizionale innesta le sue
invenzioni a base pre e suffissale (gran copia di alterati e

plurialterati) e i dialettalismi (specie napoletani), come *assai mogliera, peggio* aggettivo, dei quali scriveva [20]:

> La *mozzarella, gli struffoli, i mostaccioli,* e tant'altre squisite
> vivande e confetture napolitane, non possono avere un nome
> italiano. Amoreggiandosi diversamente in quasi ogni città d'I-
> talia, gli è proprio evidente, che in ognuna v'hanno da essere
> un visibilio di frasi e vocaboli, intraducibili appunto perché in-
> dicano gradazioni di affetto, peculiarità di costumi, ignorate
> fuori di ciascuna cinta daziaria.

La coscienza del plurilinguismo nazionale (fine nell'Imbriani come in nessun altro espressionista del secondo Ottocento) non coglieva, di fatto, la dimensione diastratica, la
varietà sociale della lingua; e, del resto, questa non emer-
geva neppure in scrittori programmaticamente votati a dare forma letteraria al mondo subalterno, del proletariato
urbano. Non è un caso se la molteplicità linguistica nella
Folla di Paolo Valera, uno dei romanzi «socialisti» (1901),
risulti alla fine piú dall'invenzione neologistica dell'autore
che da un attento riporto della realtà linguistica dei protagonisti. Qui infatti a parte certi modi di dire popolari che
colorano la prosa (*gli avrebbe messo le budella al collo, dormire della quarta, aveva il pelo sullo stomaco*), si notano soprattutto invenzioni linguistiche piú o meno cerebrali e li-
bresche, al modo di Dossi; esibizione di reperti di svaria-
ta provenienza (letteraria, dialettale); insomma espressionismo intellettualistico, assai piú che realismo presociali-
sta: *acquavitaio, cavagnone, sleppa, garzoneria, marmocche-
ria, elegantizzare, sginocchiare, sgomitare, evoluzionario,
malefiziare,* sono solo alcuni campioni del repertorio di
Valera [21].

[1] M. D'Azeglio, *Racconti, leggende, ricordi*, Utet, Torino 1925, p. 142.
[2] P. V. Mengaldo, *Due paragrafi sulla lingua di Angelo di bontà del Nievo*,
in «Rivista di Letteratura italiana», IV (1986), pp. 95-139: da questo saggio gli esempi del romanzo nieviano fino a diversa indicazione.
[3] *Ibid.*, p. 135.
[4] Gli esempi in corpo minore sono da I. Nievo, *Racconti, Angelo di bontà*,
Le confessioni di un italiano, a cura di A. Pinchera, Casini, Roma 1968,
vol. I, citazioni da pp. 350, 297, 448.
[5] *Ibid.*, pp. 509 e 347.

[6] P. V. Mengaldo, *L'epistolario di Nievo: un'analisi linguistica*, Il Mulino, Bologna 1987, p. 338.

[7] Citazioni da P. V. Mengaldo, *L'epistolario* cit., pp. 85, 93, 100 e 351.

[8] Citato dall'ed. Casini, Roma 1967.

[9] Da I. U. Tarchetti, *Fosca*, Einaudi, Torino 1971.

[10] Rizzoli, Milano 1963.

[11] Mondadori, Milano 1969. Sul regionalismo linguistico affiorante anche nella lingua dell'autore, spesso involontariamente, cfr. quanto F. Bruni, *Lingua e tecnica narrativa del verismo meridionale*, in «Filologia e critica», VII (1982), dice di Matilde Serao.

[12] Cfr. G. Alfieri, *La lingua «sconciata». Espressionismo e espressivismo in Vittorio Imbriani*, Liguori, Napoli 1990, pp. 34-36.

[13] Basti nominare Gianfranco Contini, che della rivalutazione della scapigliatura è stato il grande patrocinatore.

[14] D. Isella, *La lingua e lo stile di Carlo Dossi*, Ricciardi, Milano-Napoli 1968, p. 78.

[15] Citati da G. Alfieri, *La lingua «sconciata»* cit., pp. 38 e 12 (per Imbriani).

[16] D. Isella, *La lingua e lo stile* cit.

[17] Id., *Nota introduttiva* a C. Dossi, *L'Altrieri*, Einaudi, Torino 1972.

[18] La citazione da C. Segre, *Polemica linguistica ed espressionismo dialettale nella letteratura italiana*, in *Lingua, stile e società*, Feltrinelli, Milano 1974², pp. 424. Su Faldella cfr. C. Marazzini, *La componente puristica e la componente dialettale nell'espressionismo linguistico di Giovanni Faldella*, in «Lettere italiane», 2 (1975), pp. 140-69 e S. Scotti Morgana, *La lingua di Giovanni Faldella*, La Nuova Italia, Firenze 1974.

[19] L. Serianni, *La lingua di Vittorio Imbriani*, in *Saggi di storia linguistica italiana*, Morano, Napoli 1989, pp. 215-54 (citazione da p. 229): da questo saggio anche gli esempi, che sono tolti dal romanzo *Dio ne scampi dagli Orsenigo* (ora riedito a cura di L. Sasso, Mursia, Milano 1991).

[20] G. Alfieri, *La lingua «sconciata»* cit., p. 82.

[21] M. Dillon Wanke, *La «bocca del popolo»: note sulla lingua de «La Folla» di Paolo Valera*, in «Otto / Novecento», IV (1980), pp. 5-31.

3.
Il verismo linguistico

Il tentativo manzoniano di dotare il romanzo di una lingua capace al tempo stesso del discorso vivo e diretto dei personaggi piú popolari e della scrittura riflessa del narratore non ebbe dunque il successo sperato. La lingua concreta e viva degli uni e quella colta e letteraria dell'altro continuarono a cercarsi invano, se è vero che persino narratori di fine secolo, come il De Marchi e, ancor piú, il Fogazzaro, non riescono a evitare la polarizzazione degli estremi, divaricando il loro linguaggio tra i riporti della scrittura tradizionale e le macchie vernacolari. Il toscanismo, usato da molti come soluzione intermedia di colloquialità e di tradizione, diventa per lo piú coloritura stilizzata, fissata su luoghi prestabiliti e incapace di lievitare a piú organiche misure. Gli espressionisti avevano esasperato le distanze tra i diversi ingredienti della lingua letteraria antica e nuova, denunciando l'impraticabilità del manzonismo ma anche dell'antimanzonismo. Le riserve di Graziadio Isaia Ascoli sulle teorie linguistiche manzoniane, argomentatissime in sede sociolinguistica, perdevano suggestione se applicate al letterario[1].

Manzoni aveva realizzato, per la prima volta in Italia, un progetto linguistico idoneo alle misure del romanzo cercando la verità e la medietà della lingua. Aveva trovato il modello che gli occorreva nel reale, nel fiorentino vivo della classe media ottocentesca: lingua concreta, dialetto si potrebbe dire, da una parte, e, dall'altra, lingua in stretto contatto con lo strumento antico e mai smesso delle nostre lettere. Per questo, ciò che gli era servito per i *Promessi Sposi* poté immediatamente proporsi (ed egli stesso lo propose) anche per il sociale, farsi modello pedagogicamente riutilizzabile per l'unificazione linguistica nazionale. Ma, proprio per questo, l'impraticabilità della sua adozione nella società ne firmò la condanna all'insuccesso anche in letteratura; la realtà, non confermando l'ipotesi dell'ideale, lo ridimensionò rapidamente anche nella finzione.

3.1. *Verga. I «Malavoglia».*

Il fatto è che non era ancora maturato nel sociale (né poteva, per le ragioni ben viste dall'Ascoli) quanto occorreva al letterario e questo, di conseguenza, poteva solo inventarselo. Per farlo gli necessitavano però, come di norma, un grande scrittore e un capolavoro: questi vennero con Giovanni Verga e i *Malavoglia* (1881).

Verga riuscí a fabbricare un italiano colloquiale, capace di reggere tanto la parte del narratore quanto quella dei personaggi «umili», creando una lingua, che, nell'insieme, è prodotto solo della sua straordinaria invenzione artistica e, per questo, non suscettibile di imitazione, men che mai di riuso nella società. Il modello linguistico da lui elaborato nasce da ragioni letterarie e in quelle letterarie esaurisce la propria vitalità; e, anche rispetto a queste, è talmente avanzato da risultare, sulle prime, sterile.

La critica, anche quella linguistica, interessatissima, come ovvio, al «caso Verga», si è spesso sforzata di trovare nel reale un equivalente dell'italiano dei *Malavoglia*[2]. Si è parlato del dialetto siciliano che vi starebbe dentro, sia pure travestito; dell'italiano regionale di Sicilia, dell'italiano parlato dai siciliani colti. In verità si tratta, credo, di una lingua immaginaria, costituita di materiali diversi, in gran parte prelevati dal dominio dell'oralità (dialettale siciliana e pan dialettale) e immessi in una sintassi originale (di cui il discorso indiretto libero è la spia piú vistosa), inconcepibile fuori della dimensione della scrittura letteraria.

Solo infatti un'invenzione dettata da potenti ragioni letterarie poteva consentire quella «unità linguistico-stilistica tra le parti narrate e le dialogate» che si cerca invano nella narrativa coeva, dove non si trova quella «semplicità di linee, quell'uniformità di toni, quella certa fusione dell'insieme» che Verga stesso metteva nel suo programma in una lettera al Capuana. A ragione, dunque, osserva Francesco Bruni che «Verga [...] cercò e raggiunse, attraverso un registro linguistico diversissimo dalla scelta fiorentina dei *Promessi Sposi*, lo stesso traguardo dell'unità anche formale del romanzo, che il Manzoni si era prefisso» [3].

Molti interpreti si sono invece lasciati suggestionare dalle componenti piú vistose della lingua verghiana, dimenticando che, all'altezza degli anni Ottanta, quell'«italiano intelligibile a tutta Italia» e intriso di «color locale», che Verga dichiarava suo ideale, non poteva corrispondere a un lingua data ed etichettabile e che, se non aveva funzionato il prelievo dal reale fiorentino, men che mai avrebbe potuto funzionare la grammaticalizzazione del siciliano. Verga ha ripetutamente quanto brevemente definito i margini della sua invenzione linguistica. Innanzitutto la distanza dal dialetto: «con qual costrutto» usarlo? si domanda. «Per impicciolirci e dividerci da noi stessi? Per diminuirci in conclusione [...] Il colore e il sapore locale sí [...] ma pel resto i polmoni larghi». Al tempo stesso però non vuole che sfugga la componente di verità che è nel dialetto e nella lingua del popolo: «il mio è un tentativo nuovo sin qui da noi [...] di rendere nettamente la fisionomia caratteristica di quei racconti siciliani nell'italiano; lasciando piú che potevo l'impronta loro propria, e il loro accento di verità». C'è tuttavia chi ha sottolineato altre sue dichiarazioni per cogliere in esse un proposito di verità linguistica diretta: «io te lo ripeterò il racconto cosí come l'ho raccolto pei viottoli, press'a poco colle medesime parole semplici e pittoresche della narrazione popolare»: «ho cercato di mettermi nella pelle dei miei personaggi, vedere le cose coi loro occhi ed esprimerle colle loro parole, ecco tutto» [4].

In realtà, Verga richiama contemporaneamente i due poli che è riuscito eccezionalmente a riavvicinare in quella lingua «che è il prodotto letterario *sui generis* di una creazione originale e laboriosa» [5]: quello reale, vivo, del dialetto e del parlato e quello letterario, astratto, dell'italiano e della scrittura.

I componenti di questo impasto sono stati poi precisamente individuati dagli studiosi. A cominciare dai tratti della dialettalità.

Per il vero, come nota Riccardo Ambrosini, «gli elementi dialettali nelle opere maggiori di Verga sono complessivamente pochi: rarissimi i termini e i brani in siciliano»[6]. Poche anche le segnalazioni esplicite della sicilianità dei personaggi, come nel discorso del marinaio scampato alla battaglia di Lissa: «Sí c'erano anche dei siciliani; ce n'erano di tutti i paesi. Del resto, sapete, quando suona la generale nelle batterie, non si sente piú né *scia* né *vossia*, e le carabine le fanno parlar tutti allo stesso modo». Certo, pur restando solo ai *Malavoglia*, non mancano sicilianismi italianizzati e mimetizzati, come *massaro sciara tarí onze salme stallatico campare buscare paranza calefato* ecc. Per lo piú però questi si trovano in locuzioni, modi di dire e proverbi: «non vederli neanche nel battesimo» (in faccia); «rompere la devozione» (le scatole); «pigliarsela in criminale» (adirarsi per poco). Nei *Malavoglia* i proverbi sono addirittura un centinaio e, come è noto, spesso legati a Padron 'Ntoni; essi fungono da veicolo della cultura popolare e locale e sono, pur in veste italianizzata, il costituente dialettalmente piú forte e vistoso del romanzo:

> donna di telaio, gallina di pollaio e triglia di gennaio; la figliola com'è allevata, e la stoppa com'è filata; chi va con zoppi, all'anno zoppica; a buon cavallo non gli manca la sella; ogni buco ha il suo chiodo, chi l'ha vecchio e chi l'ha nuovo; il mondo è tondo, chi nuota e chi va fondo; buon tempo e mal tempo non dura tutto il tempo; 'ntroi 'ntroi, ciascuno coi pari suoi ecc.: tutti proverbi di cui sono stati dichiarati i corrispettivi in siciliano.

Anche piú ampio e articolato potrebbe essere l'elenco dei modi di dire. Ma è sufficiente qui notare la pregnanza regionale e popolare dei wellerismi, che costituiscono una spia linguistica primaria della cultura popolare e dei costumi regionali, e riflettere su una scrittura che lascia intravedere il massimo della dialettalità dietro locuzioni e proverbi, nel luogo cioè in cui il regionalismo è al tempo stesso piú schietto e piú dissimulabile nel sapere diffuso di ogni popolo. Non a caso interviene a volte il toscano stesso a

«sopperire un'eventuale oscurità dell'espressione dialettale [...] aggregandovi una frase sinonimica toscana»⁷. Ben
piú ridotte sono infatti le zone di meno riciclabile dialettalità sintattica, come, nel dialogato, i «sentite a me», *avere*
per *essere* («Non ce li abbiamo mangiati, i suoi lupini»;
«sembrava come se la morte se li avesse succiati»), la posposizione del verbo («Che hai? – Nulla ho») e dell'avverbio *assai* («qui è meglio assai»), il passato remoto in luogo
del passato prossimo («Oggi il sole si coricò insaccato») e
il *che* in apertura di frase interrogativa («Che ci andate poi
per i Morti? domandò Mena»).

Insomma, i tratti della dialettalità isolana non funzionano diversamente da quelli di altri dialetti, prima di tutto il
toscano, coi suoi *babbo mamma uccellare girelloni caspitina
l'è dura coloro*⁸ ecc.

Tutti, in effetti, convergono dentro il piú marcato segno
distintivo dell'oralità panitaliana, dove si è grammaticalizzato il parlato⁹, con soluzioni già offerte alla narrativa da
Manzoni e nei *Malavoglia* riprese con nuovo vigore e minore selettività, grazie al programmatico occultamento
della lingua d'autore cui Verga era autorizzato dalla poetica verista dell'impersonalità.

A cominciare dal *che* polivalente, che non è tanto una riduzione italiana del *ca* siciliano, quanto una struttura universale del cosiddetto italiano medio e popolare¹⁰: «Nun-
ziata era come la cugina Anna, quando l'era morto il marito, e le aveva lasciato quella nidiata di figliuoli, che Rocco,
il piú grandicello, non le arrivava alle ginocchia». Per poi
procedere con il *ci* e il *vi* ridondanti («ella ci aveva la bocca
amara», «i vostri affari ve li sapete fare») e il verbo pro-
nominalizzato («perciò si presero 'Ntoni senza dire "per-
mettete"»). Costanti sono i processi, già osservati in Manzoni, di dislocazione a destra o a sinistra del tema con
segmentazione della frase e anticipazione o ripresa pronominale:

> «Alla Longa, l'era parso rubato a lei quel saluto»; «La Lon-
> ga aveva saputo educarla la figliola»; «Alla Maruzza gliene ave-
> vano fatto del danno, quelle bestie scomunicate»; «Tuo zio
> Crocifisso cerca di rubarle la chiusa, a tua cugina la Vespa» ecc.

Il pronome neutro anticipa una frase («Però compare Tino lo sapeva perché don Michele andasse a guardare [...] dalla parte dell'osteria») e il soggetto la chiude spesso in fondo, sempre per una migliore messa in rilievo, tipica del parlato: «diceva che l'olio della candela non lo perdeva, comare Maruzza». *Gli* per *le* o per *loro* è frequente: «La cugina Anna ne aveva la casa piena, da che gli era morto il gatto»; «Le belle ragazze di qui non sono degne di portargli le scarpe, a quelli di Napoli» [11] e non rara la concordanza a senso («Lí presso, sull'argine della via, c'era la Sara di comare Tudda, a mietere l'erba pel vitello; ma comare Venera la Zuppidda andava soffiando che c'era venuta per salutare 'Ntoni di padron 'Ntoni, col quale si parlavano dal muro dell'orto, li aveva visti lei»; «al mio paese ce n'è delle ragazze come dico io!»); spesso il pronome è usato anche dove lo scritto lo ometterebbe («Egli dice che non gliene importa a lui») e rafforzato (*noialtri voialtri*).

L'oralità viva è simulata anche dal raddoppiamento («Va a finire brutta, va a finire, con questi italiani», «Io dico quel che hai detto tu, che ci levano la camicia di dosso, ci levano») e in genere dai molti casi di ripetizione piú o meno ravvicinata [12].

Questi tratti di una lingua colloquiale, vivace, convivono perfettamente, nei *Malavoglia*, come ha notato Lo Piparo, con indizi di un italiano libresco; ecco un discorso di padron 'Ntoni nel primo capitolo: «Del resto volete che *vel* dica? Un po' di soldato gli farà bene *a quel* ragazzo». I pronomi deittici *lui lei* non hanno affatto soppiantato i tradizionali e anaforici *egli ei e'* che restano abbondanti:

> «per padron 'Ntoni ei si sarebbe buttato dall'alto del fariglione, com'è vero Iddio! e a lui lo zio Crocifisso gli dava retta, perché egli era il mestolo della pentola [...] Lui è ricco come un maiale»; «ella ci aveva la bocca amara davvero per quella sua Barbara»; «Egli [compare Alfio, che chi parla – la Nunziata – sta vedendo e indicando a Mena] è come te, poveraccio!»; «Ei dicono che sono le anime del Purgatorio».

Il fatto è che tutti questi diversi ingredienti sono immessi in una struttura narrativa e sintattica che mima essa stessa l'oralità, il narrato continuato e fuso del racconto popolare; innanzitutto con l'elezione dell'imperfetto indicativo a tempo dominante del piano narrativo; poi col largo impiego di *quello* in funzione ostensiva [13]:

> «Adesso a Trezza non rimanevano che i Malavoglia di padron 'Ntoni, quelli della casa del nespolo»; «E adesso che non si vedeva piú né mare né campagna, sembrava che non ci fosse al mondo altro che Trezza, e ognuno pensava dove potevano andare quei carri a quell'ora».

L'imperfetto suggerisce una ripetitività, una continuità del passato narrato nel presente del testo («Sulla strada si udivano passare lentamente dei carri»), che la deissi insistita depura dell'eccesso di generalizzazione, di atipicità; non a caso solo qua e là il passato remoto colloca nel distaccato resoconto un evento concluso (si veda, in opposizione: «La *Provvidenza* partí il sabato verso sera» / «Intanto l'annata era scarsa e il pesce bisognava darlo per l'anima dei morti») e meglio funziona il trapassato prossimo, in un impiego non dissimile da quello dell'imperfetto, («La Longa, com'era tornata a casa, aveva acceso il lume, e s'era messa coll'arcolaio sul ballatoio»). Sono procedure (rafforzate dai vari avverbi *ora adesso già* ecc.) di avvicinamento della narrazione al narrato, di cui la piú notevole e suggestiva è il discorso indiretto libero.

Nella ricerca di una soluzione in grado di ridurre le distanze tra la lingua del narratore e quella dei personaggi, Verga ha messo a punto la sintassi del discorso indiretto liberandola per di piú, spesso, dal sintassema del verbo *dicendi* o *putandi*. Ne risulta un discorso in comproprietà che deve attenuare ulteriormente le differenze di linguaggio tra i diversi soggetti dell'enunciazione narrativa. È il discorso indiretto libero, in particolare, a moltiplicare i tempi dell'imperfetto (e del trapassato) e a dare spazio al racconto in terza persona (singolare o plurale), immettendo la soggettività nell'apparente oggettività del racconto. Molto importanti sono quelli che Anna Danesi Bendoni ha chiamato i rivelatori secondari del discorso indiretto libero, e cioè «tutti quegli elementi del parlato, principalmente di carattere enfatico e idiomatico, che collaborano al riempimento lessicale o sintattico del costrutto» [14]:

> imprecazioni: «Santo diavolone! stavolta andava a finir male, per la madonna!»; deissi: «Una manica di carogne, quei Malavoglia, e non voleva vederli piú nel battesimo porco che quell'altro porco di don Giammaria gli aveva messo in fronte»; avverbi attualizzanti come *già*: «La gente diceva che la Lia era andata a stare con don Michele; già i Malavoglia non avevano piú niente da perdere, e don Michele almeno le avrebbe dato del pane»; proverbi, fenomeni di dislocazione già notati.

Il fatto è che la grande novità verghiana sta nella sintassi e che questa è un fatto linguistico di dimensioni esclusivamente letterarie (sia pure colte e popolaresche insieme) [15]. Essa infatti non ha altro spazio plausibile che quello della narrazione, fuori dal quale non è concepibile.

L'eredità dei *Malavoglia* alla narrativa italiana è stata questa nuova chiave sintattica, che produrrà anche il monologo interiore, il «discorso rivissuto» dal di dentro del soggetto; lo useranno Svevo e Pirandello, a tacere di altri. Ma è anche un lascito di arduo riuso, legato com'era alla intuizione letteraria e umana del romanzo di Aci Trezza [16]. Verga stesso, nel suo secondo capolavoro, già muta direzione e il *Mastro don Gesualdo* offrirà al romanzo italiano di fine secolo soluzioni piú immediatamente riciclabili.

3.2. «Mastro don Gesualdo».

L'uniformità di voce che *I Malavoglia* avevano ottenuto principalmente con l'indiretto libero, il *Mastro* [17] la ottiene dando piú largo e diretto spazio alla parola dei personaggi. Questi usano, naturalmente, quell'italiano radicato nell'oralità che già il precedente romanzo aveva sperimentato: *avere* si rafforza spesso col *ci* («Ci ho la tosse»), il verbo si dispone alla siciliana in fondo («Legnate da orbi ci sono state») e il possessivo segue il nome («Quest'amicone mio»), le interrogative si aprono col *che* («Che non ne vuoi mangiare pane, tu?»), il tema si disloca ai margini e i pronomi lo ribadiscono («Gli farò fare quel che dico io, al si-

gnor baronello»), sospensioni, esclamazioni, imprecazioni
sono numerosissime. Si prenda, nel celebre capitolo III
della prima parte (da cui gli esempi sopracitati) la festa in
casa Sganci il giorno della processione: è una pluralità di
voci che si inseguono, si accavallano, si interrompono a vicenda. Ma si tratta sempre di una lingua in cui l'oralità non
scende mai (o quasi) sotto la soglia della medietà (pochi i
casi di dialetto marcato tipo «Benedicite a vossignoria!»),
sí che il discorso dei personaggi non si discosta molto da
quello del narratore, che, inoltre, si appropria a sua volta di
tutte le movenze del parlato: «in quella entrava don Niní
Rubiera, un giovanotto alto e massiccio che quasi non pas-
sava dall'uscio [...] Donna Giovannina Margarone, un bel
pezzo di grazia di Dio anch'essa». Quando se ne stacca, lo
fa limitandosi ad aggiungere un'immagine piú ironica e
sottile, come nel ritratto di donna Fifí, «disseccata e gialla
dal lungo celibato, tutta pelosa, con certi denti che sembrava volessero acchiappare un marito a volo, sopraccarica
di nastri, di fronzoli e di gale, come un uccello raro».

Verga ha messo a punto, come ha notato Giulio Herczeg[18], un sistema sintattico capace di porsi anch'esso, come
il discorso indiretto libero, tra la voce del narratore e quella dei personaggi. Si tratta di una sintassi a «scomposizione
analitica del tema» dichiarato, in cui ha parte rilevante lo
stile nominale. È una sintassi che giustappone i propri
componenti secondo una disposizione aperta (ad accumu-
lazione), conclusa da una clausola spesso ritmicamente e
grammaticalmente diversificata. Eccone un esempio, rappresentato graficamente da Maurizio Dardano[19].

I ben pensanti sul tardi cominciarono a farsi vedere di nuovo
per le strade;
   a) l'arciprete dinanzi al caffè;
   b) Peperito su e giú pel Rosario;
   c) Canali a braccetto con don Filippo verso la casa della ce-
      raiuola;
   d) don Giuseppe Barabba portando a spasso un'altra volta il
      cagnolino di donna Marianna Sganci;
   e) la signora Capitana poi in gala, quasi fosse la sua festa,
      adesso che ci erano tanti militari, colla borsa ricamata al
      braccio, il cappellino carico di piume, scutrettolando, ri-

> dendo, cinguettando, rimorchiandosi dietro don Bastiano Stangafame, il tenente, tutti i colleghi di suo marito [...]

Il tema espresso dalla principale all'inizio si scompone nei segmenti successivi, i primi tre nominali, gli ultimi due con delle gerundive; queste, insieme col *con* in funzione modale, costituiscono un fenomeno molto frequente nella sintassi verghiana. Altro caso:

> Pareva di soffocare in quella gola del Petrajo.
> *a*) Le rupi brulle sembravano arroventate.
> *b*) Non un filo di ombra, non un filo di verde,
> *c*) colline su colline, accavallate, nude, arsicce, sassose, sparse di olivi rari e magri, di fichidindia polverosi,
> *d*) la pianura sotto Budarturo come una landa bruciata dal sole, i monti foschi nella caligine, in fondo.
> *e*) Dei corvi si levarono gracchiando da una carogna che appestava il fossato;
> *f*) delle ventate di scirocco bruciavano il viso e mozzavano il respiro;
> *g*) una sete da impazzire,
> *h*) il sole che gli picchiava sulla testa come fosse il martellare dei suoi uomini che lavoravano alla strada del Camemi.

Qui i pensieri di Gesualdo fanno tutt'uno con la descrizione del paesaggio; questo costrutto è infatti strumento «idoneo» per realizzare «l'eclissi del narratore», non meno del discorso indiretto libero. Lo compongono piú frequentemente: «il sintagma nominale puro, il complemento introdotto dalla preposizione *con*, la proposizione relativa, la proposizione gerundiva»[20]. Se si pensa poi che questa struttura sintattica regge gli stessi casi di discorso indiretto libero, come questo di Gesualdo:

> dall'uscio entrava un venticello fresco ch'era un piacere, insieme al trillare dei grilli, e all'odore dei covoni nell'aia:
> – il suo raccolto lí, sotto gli occhi
> la mula che abboccava anch'essa avidamente nella bica dell'orzo, povera bestia –
> un manipolo ogni strappata!,

si vedrà come essa mimi ulteriormente e da molto vicino pensieri, discorsi, sensazioni dei personaggi.

È il segno di una scrittura che insegue il particolare, suoni, odori, gesti, e costringe la lingua a moltiplicare le proprie risorse, proprio mentre le impedisce di attingerle fuori dall'universo culturale del mondo narrato.

Non a caso sono frequenti nel *Mastro* gli astratti frequentativi in *-ío* (solo dai primi tre capitoli, da cui qui si esemplifica: *rovinío scampanío calpestío tramestío vocío mormorío brusío acciottolío tintinnío*), stilemi tipici dell'impressionismo minuzioso, realistico [21]. Ecco la scena, nel primo capitolo, dell'ingresso della gente allarmata dall'incendio nel cortile di casa Trao:

> Gli altri intanto, spingendo, facendo leva al portone, riuscirono a penetrare nel cortile, ad uno ad uno, coll'erba sino a mezza gamba, vociando, schiamazzando, armati di secchie, di brocche piene d'acqua; compare Cosimo colla scure da far legna; don Luca il sagrestano che voleva dar di mano alle campane un'altra volta, per chiamare all'armi; Pelagatti cosí com'era corso, al primo allarme, col pistolone arrugginito ch'era andato a scavar di sotto allo strame.

Si osserverà come questa precisione descrittiva implichi uno sfruttamento della sinonimia (o parasinonimia), che certo non sarebbe del tutto piaciuto a Manzoni:

> Una vera bicocca quella casa: i muri rotti, scalcinati, corrosi; delle fenditure che scendevano dal cortile sino a terra, le finestre sgangherate e senza vetri; lo stemma logoro, scantonato [...]

Succede cosí che l'esigenza di realismo, non ancora stilizzata in pochi tocchi (come succederà col neorealismo), ritrovi una ricchezza di lingua, uno scrupolo lessicale che ammetterà persino il tecnicismo, purché non troppo raro o colto:

> [nel magazzino] Una volta, al tempo dello splendore dei Rubiera, c'era stato anche il teatro. Si vedeva tuttora l'arco dipinto a donne nude e a colonnati come una cappella; il gran palco della famiglia di contro, con dei brandelli di stoffa che spenzolavano dal parapetto; un lettone di legno scolpito e sgangherato in un angolo; dei seggioloni di cuoio, sventrati per farne scarpe; una sella di velluto polverosa, a cavalcioni sul subbio di un telaio; vagli di tutte le grandezze appesi in giro; mucchi di pale e scope; una portantina ficcata sotto la scala che saliva al

palco, con lo stemma dei Rubiera allo sportello, e una lanterna antica posata sul copricielo, come una corona (cap. II).

La lingua del romanzo si attrezza a catturare la realtà, senza eccedere (per quanto in parte inevitabilmente accada) le «competenze» dei personaggi; la sua ricchezza torna in questo modo a essere utile, anche all'arte che vuole fissare, «veristicamente», la realtà piú povera. Senza allontanarsi eccessivamente dal dominio linguistico del mondo rappresentato, Verga comincia a far vedere il vantaggio di non aderirvi (col dialetto o con una semplificazione drastica) passivamente e chiude dentro la sintassi interiore dell'universo evocato (discorso indiretto libero e stile nominale) le calcolate eccezioni alla sua lingua [22].

3.3. *Capuana e De Roberto.*

I residui libreschi nella lingua del *Mastro* sono ormai molto ridotti, anche se non mancano. Nel primo incontro di Gesualdo con Diodata (cap. IV) ci sono, toscanamente, *ova uscio* (costante ovunque) e i pronomi personali sono *egli ella*, soprattutto *essa* (letterario e dialettale). *Egli* ed *ella / essa* sono i pronomi ricorrenti anche nel *Marchese di Roccaverdina*, il capolavoro di Luigi Capuana (1901); *vi* prevale ancora su *ci* («dev'esser*vi*») e *per* + articolo è sempre sinteticamente e letterariamente *pel / pei*. Non mancano toscanismi esibiti come l'uso sistematico di *cotesto* «per indicare nel discorso diretto la vicinanza a chi ascolta» [23]; vi si leggono *imbasciate imbalorditi fumigante omo vo' punto*. Allo stesso modo affiorano dialettalismi, specie tra i tecnicismi dell'agricoltura: *fattoio strettoio zaffi palmento bottacci cannicci pagliera tempera*; e il dialetto preme dietro la lingua in costrutti come l'aggettivo costantemente anteposto, forse per ipercorrettismo: *la robusta voce, con quelle stecchite braccia, una roca voce, la calva testa, nelle pallide gote*; nell'impiego di *assai*, specie posposto («in un impeto di gelosia diversa *assai*») e di *pure* («*pure* la riluttanza di lui»), forse anche nella preferenza per forme verbali con prefisso asemantico (*sturbato spasseggiava smungere abbruciate aggelava*). L'equilibrio tra le varie componenti non è, insomma, lontano, ma ancora traballa e a volte si rompe vistosamente in una direzione.

È anche il caso del capolavoro di Federico De Roberto, *I Viceré* (1894). Qui, come ha osservato Francesco Bruni[24], i regionalismi sono ridotti al minimo nella parlata dei personaggi di ceto inferiore. Ma gli sbilanciamenti verso una prosa libresca sono ancora numerosi. Nel solo primo capitolo (dove i pronomi sono, come ovunque, *egli ella*), osserviamo frequenti enclisi pronominali: «Salvatore Cerra *precipitavasi*»; «Baldassarre *affacciossi*»; *udivasi*, «*soffermavasi* dinanzi agli usci», *offrivasi*, *degnavasi*, «ella *erasi* confessata», *fermavasi*, «non *reggevansi* piú in piedi»; forme colte come *subitamente*, *di repente*, «la cugina *s'era diportata* benissimo», «sperava gli *committessero*»; *ragunati*, *quistione*, *principiata la messa*; «tanta gente *traeva* a visitarvi il Sepolcro»; toscanismi come *panni*, *dare una capatina*, *moveva sonato*, *uscio serrato*. Un italiano, di conseguenza, qua e là incerto, come, caso limite, ma non infrequente allora, in: «tutti volevan sapere che *direbbe* il testamento»[25] oppure: «Bisognò *girare* la situazione, aprire un varco fra la *turma*»[26] e a volte persino impacciato tra i residui del passato, con attacchi del tipo: «Ella levossi, s'acconciò con mano tremante i capelli scomposti, e discese». Eppure, ne *I Viceré*, c'è la percezione (se non dunque la padronanza) della lingua media, nel contrasto con gli estremi che le si oppongono; il linguaggio aulico di don Cono e del barocco Mugnòs (eco del manoscritto di Manzoni nei *Promessi Sposi*), ripreso dalla retorica politica di Consalvo, impegnato nei suoi «meeting elettorali»:

> non si potrà piú cancellare il ricordo di questo momento indescrivibile, di questa immensa corrente di simpatia che mi circonda, che m'incoraggia, che mi riscalda, che infiamma il mio cuore, che ritorna a voi altrettanto viva e gagliarda e sincera quale viene da vostri cuori a me[27]

e l'italiano popolare delle lettere di Baldassarre:

> «So Eccellenza sta bene e s'addiverte [...] Oggi abbiamo stato al Buà di Bologna, che ci era grande passeggio di carrozze e cavalli e signori e signore accavallo [...]; «So Maistà abbia fatto una grande festa a So Eccellenza, e quando ci abbia

stretto la mano ci ha addomandato chi sa quando ci arrivedre-
mo [...]»[28].

Dopo aver cominciato a documentare, dentro l'italiano, il
dialetto, il romanzo si affaccia cosí anche all'italiano popolare nascente. Le lingue della realtà, prima e piú ancora di
quelle della letteratura, stanno dirigendosi verso quella
medietà di cui il romanzo, tolti i grandi Manzoni e Verga,
era ancora in cerca.

---

[1] Cfr. L. Serianni, *Il secondo Ottocento*, Il Mulino, Bologna 1990, pp. 121-
125. Sulle ben note teorie ascoliane e manzoniane cfr. anche per la bibliografia M. Vitale, *La questione della lingua*, Palumbo, Palermo 1978.

[2] L'ampia bibliografia degli studi linguistici e stilistici sui *Malavoglia* è
presentata e magistralmente discussa da G. Nencioni, *La lingua dei Malavoglia e altri scritti di prosa, poesia e memoria*, Morano, Napoli 1988,
pp. 7-90.

[3] F. Bruni, *Lingua e tecnica narrativa del verismo meridionale*, in «Filologia e critica», VII (1982), p. 238 (da qui anche le citazioni verghiane).

[4] Citazione da F. Lo Piparo, *La lingua* in G. Verga, *I Malavoglia*, letti da
G. Giarrizzo e F. Lo Piparo, Edikronos, Palermo 1981, pp. XXVI-XXIX.

[5] G. Nencioni, *La lingua dei Malavoglia* cit., p. 77.

[6] R. Ambrosini, *Proposte di critica linguistica. La dialettalità nel Verga*, in
«Linguistica e letteratura», II (1977), pp. 7-48 (citazione a p. 16). Da qui
anche le citazioni di Verga che seguono.

[7] G. Alfieri, *Innesti fraseologici siciliani nei «Malavoglia»*, in «Bollettino
del Centro di studi filologici e linguistici siciliani», XIV (1980), pp. 221-
295; ma si veda anche G. Alfieri, *Lettera e figura nella scrittura dei Malavoglia*, Accademia della Crusca, Firenze 1983.

[8] Per i toscanismi, su cui molto ha insistito Nencioni, cfr. F. Lo Piparo, *La
lingua* cit.

[9] Occorre richiamare nuovamente qui i lavori di P. D'Achille, *Sintassi del
parlato e tradizione scritta della lingua italiana*, Bonacci, Roma 1990, e F.
Sabatini. *L'«italiano dell'uso medio»: una realtà tra le varietà linguistiche italiane*, in *Gesprochenes Italienisch in Geschichte und Gegenwart* a
cura di G. Holtus ed E. Radtke, Narr, Tübingen 1985.

[10] Gli esempi, tolti dai primi capitoli del romanzo, sono riferiti da F. Bruni, *Lingua e tecnica* cit., pp. 231-34 e 236.

[11] Il fenomeno e gli esempi da F. Lo Piparo, *La lingua* cit., p. XXV.

[12] Gli esempi da Verga, nell'edizione citata, sono ora miei (e tolti dai primi
tre capitoli).

[13] Pagine fondamentali al riguardo in G. Nencioni, *La lingua dei Malavoglia* cit., pp. 42-50.

[14] A. Danesi, *Grammaticalizzazione del discorso indiretto libero nei «Malavoglia»*, in «Studi di grammatica italiana», IX (1980), pp. 253-71, da cui anche gli esempi verghiani.

[15] G. Herczeg, *Lo stile indiretto libero in italiano*, Le Monnier, Firenze 1963.

[16] B. Garavelli Mortara, *Stile indiretto libero in dissoluzione*, in aa.vv., *Linguistica e filologia. Omaggio a Benvenuto Terracini*, Feltrinelli, Milano 1968. Sul discorso indiretto libero in Verga cfr. anche T. Poggi Salani, *La «forma» dei «Malavoglia»*, in «Annali della Fondazione Verga», 3 (1986), pp. 121-62.

[17] Citato nell'ed. critica a cura di C. Riccardi, Fondazione Mondadori, Milano 1978 (e Oscar, 1990). Cfr. l'Introduzione della Riccardi al volume degli Oscar con quanto osserva, anche attraverso l'esame delle successive fasi dell'elaborazione del *Mastro*, circa la vistosa crescita nel romanzo del discorso diretto e la parallela riduzione degli spazi dell'indiretto libero.

[18] G. Herczeg, *Lo stile nominale in italiano*, Le Monnier, Firenze 1967.

[19] M. Dardano, *Aspetti della tecnica narrativa del Mastro-don Gesualdo*, in «Nuovi Annali della facoltà di Magistero dell'Università di Messina», 7 (1989), pp. 13-39 (da cui le citazioni virgolettate e gli esempi verghiani).

[20] M. Dardano, *Aspetti* cit., p. 24 (da p. 33 l'esempio verghiano seguente).

[21] Su questi sostantivi in Manzoni cfr. M. Puppo, *Un uso linguistico manzoniano, i sostantivi frequentativi in -ío*, in «Lingua nostra», XXII (1961), pp. 110-14.

[22] Sulla fortuna dello stile nominale nel Novecento cfr. B. Garavelli Mortara, *Fra norma e invenzione: lo stile nominale*, in «Studi di grammatica italiana», I (1971), pp. 271-315.

[23] A. Stussi, *Lingua e problemi della lingua in Luigi Capuana*, in *L'illusione della realtà. Studi su Luigi Capuana, Atti del Convegno di Montreal 16-18 marzo 1989*, Salerno, Roma 1990, pp. 11-41 (da qui tutte le citazioni dal *Marchese di Roccaverdina*).

[24] F. Bruni, *Lingua e tecnica* cit., p. 265. Le citazioni da F. De Roberto, *I Viceré*, Garzanti, Milano 1970.

[25] Per l'interferenza del dialetto cfr. C. Rossitto, *Di alcuni tratti morfosintattici e delle loro interferenze sull'italiano di Sicilia*, in *Problemi di morfosintassi dialettale. Atti dell'XI Convegno C.S.D.I.*, Pacini, Pisa 1976, pp. 153-76.

[26] «Girare la situazione», aggirare l'ostacolo; «turma», folla.

[27] *I Viceré* cit., p. 635.

[28] *Ibid.*, p. 478.

4.
D'Annunzio e la funzionalità della lingua letteraria

Il fondo libresco e dotto della nostra lingua, che è per molti autori di fine Ottocento, impaccio e residuo inerte, trova, a cavallo dei due secoli, un autore che lo rivitalizza e, soprattutto, lo rende funzionale alla propria narrativa. Gabriele D'Annunzio prefando il suo *Trionfo della morte* (1894) prende subito le distanze dal realismo linguistico dei predecessori, lingua povera e infeconda come la realtà che descrive[1].

La massima parte dei nostri narratori e descrittori non adopera ai suoi bisogni se non poche centinaia di parole comuni, ignorando la piú viva e schietta ricchezza del nostro idioma [...] Il vocabolario adoperato dai piú si compone di vocaboli incerti, inesatti, d'origine impura, trascoloriti, difformati dall'uso volgare che ha loro tolta o mutata la significazion primitiva costringendoli ad esprimere cose diverse e opposte.

Dunque, occorre un italiano ricco, preciso e soprattutto sottratto all'«uso volgare»; una prosa orchestrata sul ritmo, capace di dar voce alla scienza esatta ormai richiesta alla «prosa narrativa e descrittiva moderna»: quella dell'analisi psicologica:

gli psicologi in ispecie hanno per esporre le loro introversioni un vocabolario d'una ricchezza incomparabile, atto a fermare in una pagina con precisione grafica le piú tenui fuggevoli onde del sentimento, del pensiero e fin dell'incoercibile sogno. E, nel tempo medesimo, insieme con questi esattissimi segni, hanno elementi musicali cosí vari e cosí efficaci da poter gareggiare con la grande orchestra wagneriana nel suggerire ciò che soltanto la Musica può suggerire all'anima moderna.

Ma per ottenere questi risultati occorre scartare decisamente dalla «tradizione novellistica paesana» e riallacciarsi «ai padri, [...] ricercare gli asceti, i casuisti, i volgarizzatori di sermoni, omelie e di soliloqui [...] né per trovar esempi di bella prosa musicale [...] escire dai buoni secoli».

Insomma, un programma di narrativa moderna (psicologica) ma con i mezzi piú ubertosi del repertorio della lingua letteraria tradizionale (si consigliano anche Boccaccio e Annibal Caro). La lingua «diversa» della letteratura può tornare a parlare di cose nuove e spregiudicate, come l'analisi del «sentimento», persino dei «sogni». Intanto, perché il fondo aulico e arcaico non sia troppo fuori posto, D'Annunzio seleziona per i suoi romanzi piú celebri una realtà idonea a farsene rappresentare, quella della nobiltà, dell'alta borghesia raffinata e ricca, collocate non già ai margini regionali ma al centro linguistico e culturale della vita nazionale.

Nel primo capitolo del *Piacere*[2] troviamo abbondanti i segni di questa scelta controcorrente. Ad esempio troncamenti eufonici in copia ed elisioni a rinforzo:

> tepor velato, si levavan sottili, accumular gran pezzi, pallor d'ombra, pe' vetri, sfogliar sul tappeto, una special cura, palpitazion luminosa, ch'esalavan ne' vasi, ch'egli, molt'arte;

varianti colte o arcaiche di forme correnti:

> romorio veggo offerivano beverne aspettazione periglioso spengersi sentiere sommessione lucidezza empire simiglianza

a volte ottenute col solo scarto grafico, spesso ammiccante al latino:

> conspargevano conspetto transformazioni, su la, feminile imagine comedia publicità conscienza matutini realità;

anche il toscanismo è ammesso solo in quanto portatore di una traccia colta: *istoriette isciogliere*. Rinascono forme ormai in abbandono come:

> guisa a similitudine verdura (piante verdi) occaso femmina (donna del popolo) cattivavano s'appressava si obliava precordii rimembranza commessura periglioso gaudio.

C'è il gusto della parola tecnica e desueta (*eliotropio zàffara bussi*), della morfologia inconsueta (*lusinghevole*), della funzione non comune (i participi presenti nel ruolo di verbo: *l'aspettante, crepuscolo entrante pe' vetri, eliotropio esalante dalla pelliccia, cavalieri* [...] *tornanti, bronzo conservante appena una traccia di doratura, neve odorante*), della scomposizione grafica dei nessi assimilati (*di su la* faccia), della risemantizzazione per via etimologica della voce in uso: *opprimendoti* (coprendoti), *risorgevi* (risollevavi), *sviluppò* (liberò), *soffriresti* (sopporteresti).

In questa lingua sono allora, ovviamente, al loro posto le enclisi del pronome nel verbo (*erale guardavasi risolvevasi, erasi inchinato, andavasi accendendo, andavansi empiendo*), gli imperfetti alla prima persona in -*a* e quelli in -*ea* (*io voleva dirti, io non conosceva, gli avean lasciato, dovea*), *egli* ed *ella* pronomi soggetto («Ella non veniva! Ed ella non veniva!», «vide egli quel velo»).

La differenza dall'uso comune è perseguita con tenacia e immessa indifferentemente nel narrato come nel dialogato: «Non piú! Non piú!» esclama Elena per dire «basta» o «Segui, segui!» per «continua», per cui poi si ha che «egli seguiva» nel senso che continuava a raccontare. Succede allora che i discorsi diretti hanno un andamento enfatico, esclamativo, da tragedia alfieriana o melodramma, con i pronomi ribattuti a oltranza ben oltre il necessario:

«Qual atto io farò accogliendola? Quali parole io dirò?»; «Soffriresti tu di spartire con altri il mio corpo?»

Nel primo capitolo del *Trionfo della morte* l'ingorgo pronominale nei discorsi diretti è, anche in una sola pagina', vistosissimo:

Chiese ella: «Che farai?» – Egli rispose, desolato: «Io non so che farò» [...] «Se tu vuoi vengo da te, questa notte» disse Ippolita. «Mi ama ella ancora? [...] Sente ella forse che io dico la verità [...] Quando ella si colorisce, mi pare un'altra. Quando ella ride non posso difendermi [...] Che cosa mi raccontava ella, ieri?»

Questo linguaggio alto, ricercato e manierato, è immesso in una struttura sintattica di grande sapienza e, soprattutto, molto moderna, fittamente paratattica:

Ecco, dal *Piacere*, la preparazione del tè, raccontata in due fasi poco distanti fra di loro, con l'autore tutto impegnato, tra l'altro, a evitare parole troppo «volgari», come pentola (*vaso, porcellana*) e gas (*lampada, fiamma azzurra*): «[Elena] Incominciò la sua opera delicata. Accese la lampada sotto il vaso dell'acqua; aprí la scatola di lacca, dov'era conservato il tè, e mise nella porcellana una quantità misurata d'aroma; poi preparò due tazze [...] Elena s'era chinata al tavolo, poiché il vapore fuggiva per la commessura del coperchio, dal vaso bollente. Versò appena un poco d'acqua sul tè; poi mise due pezzi di zucchero in una sola tazza; poi versò sul tè altra acqua; poi spense la fiamma azzurra».

È una sintassi ad accumulo ed enumerativa, fittamente analitica:

> I presentimenti oscuri, i turbamenti occulti, i segreti rimpianti, i timori superstiziosi, le aspirazioni combattute, i dolori soffocati, i sogni travagliati, i desiderii non appagati, tutti quei torbidi elementi che componevano l'interior vita di lei ora si rimescolavano e tempestavano;

e il numero è anche ritmo, clausola musicale, come in queste serie ternarie e quaternarie[4]:

«l'assidua implacabile divorante sofferenza interiore»; «espressione passionata, intensa, ambigua, sopraumana»; «una smania di sapere, di scoprire, d'interrogare»; «disegno cosí puro, cosí fermo, cosí antico».

L'«espressione verbale e plastica de' sentimenti in lui era sempre cosí artificiosa, cosí lontana dalla semplicità e dalla sincerità, che egli ricorreva per abitudine alla preparazione anche ne' piú gravi commovimenti dell'animo»[5]. Quello che D'Annunzio dice di Andrea Sperelli si può ben dire della sua prosa; ed essa è certamente ben appropriata a tali personaggi, raffinati e splenetici.

Ma il suo effetto è, spesso, la sensazione fastidiosa di una lingua troppo «artificiosa» per un romanzo. Specie in quelle prove come il *Giovanni Episcopo* in cui D'Annunzio ha cercato il racconto-confessione, provandosi nel monologo commosso e spezzato del protagonista di fronte ad ascoltatori casuali. Anche il misero Episcopo, il cui figlio, pure, dice «mammà» e che sbarca il lunario in un «retrobottega», anche lui dice *egli*, pur con tanti corsivi enfatici e parla di un abisso «inescrutabile» e di offesa da «aspergere» di lacrime e racconta che «egli volle condurmi seco».

Tra le forme in corsivo dell'*Episcopo* troviamo anche *pensione* (camere d'affitto) e *tramway*⁶. In effetti, D'Annunzio non è un purista della lingua, ma un collezionista di tutto ciò che in essa è non comune, distinto: vuoi per solennità culturale, vuoi per rarità d'uso, vuoi, infine, per novità. Da qui la generosa ospitalità che, pur dietro la cautela del corsivo, la sua narrativa offre ai forestierismi. Nel *Piacere* ci sono *coupé gibus boudoir corsage tulle restaurant fondant* e *bookmaker dandy derby comfort* e sono ammessi anche gli usi non tradizionali di *interessante* e *fatale* (come qualità positive di una donna). Nel suo ultimo romanzo, *Forse che sí forse che no* (1911), la materia dà occasione a molti neologismi della moderna tecnologia: *telefono accensione macchina cofano radiatore volante sottomarini siluri* ecc⁷. L'antico e il moderno, uniti sotto l'insegna dell'eccezionalità, si fondono nella prosa dannunziana, ultimo (e, in un certo senso, unico) grande tentativo di una narrativa appropriata a una lingua prevalentemente scritta e letteraria.

Lo sperimentalismo dannunziano offre a ogni modo alla prosa un modello sintattico di grande successo nel Novecento. Si tratta della sintassi frammentata e spesso nominale delle prose poetiche del *Notturno* (1916) che sarà riutilizzata nelle zone descrittive di moltissimi romanzi. È una sequenza di microfrasi, coordinate paratatticamente e in modo prevalentemente asindetico, spesso con ellissi del verbo. La scrittura riesce cosí a cogliere, parcellizzandolo nei suoi particolari, un atto, un gesto e a catturare le piú minute impressioni, dettagliandole una a una:

> Siamo alla riva, siamo sotto un muro di mattoni corrosi, sovrastato dai cipressi.
> Si approda.
> È come un sogno d'oltremare, d'oltremondo.
> Mi ritrovo su lastre di pietra.
> Cammino di nuovo dietro la cassa, di nuovo la tocco, la riprendo. Entriamo nel chiostro, sotto il portico.
>
> Ho bevuto. M'è concesso di bere.
> L'acqua mi penetra per tutte le fibre, m'invade tutto il corpo come la nuova linfa invade l'albero intristito.

Sono irrigato.
La freschezza discende alle radici.
Ogni cosa di me rivive nel profondo [...] [8].

Sono sequenze fitte, che trasformano ogni verbo in modo di essere (e in quanto tale può essere addirittura sottinteso o assente) e permettono di analizzare il reale nei suoi diversi componenti e le sensazioni nelle loro piú riposte sfumature: un modello di scrittura di valenza poetica che avrà molta fortuna nella prosa novecentesca.

---

[1] Dalla dedica a Francesco Paolo Michetti a G. D'Annunzio, *Trionfo della morte*, a cura di G. Ferrata, Mondadori, Milano 1977.

[2] G. D'Annunzio, *Il piacere*, a cura di G. Ferrata, Mondadori, Milano 1972.

[3] *Trionfo della morte* cit., p. 62.

[4] Cfr. G. L. Beccaria, *Ritmo e melodia nella prosa italiana*, Olschki, Firenze 1964 e A. Schiaffini, *Gabriele D'Annunzio: arte e linguaggio*, in *Mercanti. Poeti. Un maestro*, Ricciardi, Milano-Napoli 1969, pp. 78-131.

[5] G. D'Annunzio, *Il Piacere* cit., p. 85.

[6] Id., *Giovanni Episcopo*, a cura di C. Martignoni, Mondadori, Milano 1979.

[7] Id., *Forse che sí forse che no*, Mondadori, Milano 1982. Cfr. B. Migliorini, *Gabriele D'Annunzio e la lingua italiana*, in *Saggi sulla lingua del Novecento*, Sansoni, Firenze 1969, pp. 293-323 e V. Coletti, *D'Annunzio e la lingua italiana*, in *Italiano d'autore*, Marietti, Genova 1989, pp. 56-68.

[8] Id., *Notturno*, Mondadori, Milano 1973, pp. 45 e 167.

5.

Verso la lingua di grado zero

5.1. *Pirandello.*

L'opzione di D'Annunzio per la lingua colta era legata sia al mondo artificiato e sontuoso rappresentato (non solo nei libri, per la verità, ma anche nella vita dell'autore, come è noto), sia alle esigenze della «rappresentazione» degli «stati d'animo piú complicati e piú rari». Nell'italiano, secondo lui, come abbiamo visto, «gli psicologi» trovano «un vocabolario d'una ricchezza incomparabile», adattissimo a «esporre le loro introversioni»; certo, essi debbono rifiutare la lingua di «poche centinaia di parole comuni» su cui sembrava essersi orientata (anche in virtú delle proprie scelte tematiche e di poetica) la narrativa verista [1].

Pur caricandola di una valenza troppo letteraria ed estetizzante, D'Annunzio aveva inteso una esigenza degli «psicologi», i «nuovi romanzieri d'Italia»: quella di una lingua piú articolata e piú colta dell'italiano del realismo. La realtà che essi cominciavano a rappresentare, infatti, non esigeva tanto la semplificazione quanto la complicazione della lingua. D'Annunzio però complicava in direzione estetico-letteraria quello che, piú appropriatamente, andava complicato in direzione critica e saggistica.

La narrativa (e il teatro) di Pirandello segnano un poderoso tentativo di creare una lingua capace di raccontare e di spiegare, di essere letteraria e saggistica insieme. Prendiamo il suo romanzo forse piú importante, perlomeno per la narrativa «psicologica»: *Il fu Mattia Pascal* (1904) [2]. Innanzitutto, si dovrà notare la rinuncia vistosa al regionalismo: a parte certa toponomastica e onomastica, non è linguisticamente significativo lo sfondo siciliano da cui muove il racconto. Anzi, quando nella parlata di un personaggio appare il dialetto (il piemontese di Terenzio Papiano), la sua funzione è assai piú caricaturale che realistica, come in una «commedia delle lingue», in cui, non a caso, c'è posto anche per lo spagnolo comico di Pepita Pantogada durante le movimentate sedute spiritiche:

> Parlando tal quale come il padre, ella [Pepita] si ribellò subito: «Gracie tanto, así no puede ser! Iò voglio estar entre el segnor Paleari e la mia gobernante, caro segnor Terencio!» [...] «Ah no-no-no-no-nò!» esclamò quella a precipizio, balzando in piedi. «Io non me amo tocamenti. De chi?»

Il sicilianismo, che pure qua e là non manca, è allora nient'altro che una delle risorse linguistiche dell'autore, invero a lungo incerto sul suo italiano. Si tratta infatti di una lingua in cui si mescolano residui libreschi e letterari, toscanismi, dialettalismi, invenzioni (o quasi) d'autore.

Ecco alcuni appunti dalle prime 50 pagine del romanzo. Tracce di lingua letteraria: la preposizione dissimilata (*su la*), troncamenti ed elisioni, forme come *ove procacciata seco cangiar sorta dipoi ceruli salvazione prorompimento ragna cagionare cimentare* (mettere alla prova) *mi sovvenne menomo capiva* (stare dentro); costrutti come «stimò dovesse sentir l'obbligo», «fra coloro che piú spesso venivano a visitar la mamma era una sorella di mio padre», «di cui il Malagna volle farmi ammirare qualcuna», «che non mancava per lui aver figliuoli», «data l'imminenza di esso [pancione] su le gambette tozze», che denotano una rigidità e qualche incertezza grammaticale (si notano anche: «vassoio su cui era un bicchiere e una bottiglia», «alla prossima chiesa» nel senso di vicina). Si notano poi dialettalismi come *muriello le gomita impostatura le pugna abburattare addogliato sgraffiato appresso* e toscanismi come *codesto cacio ciriege ispecie istrada bussata aio il chiocciolino bietolona*, accanto a forme che potremmo definire d'autore come *appiastrare appiastricciare impastocchiata scontraffatto golerie*[3].

La lingua dei personaggi è, significativamente, meglio posizionata e piú sciolta di quella dell'autore e mima l'oralità con le tipiche dislocazioni del tema: «la signora Guendalina se lo beveva di nascosto, lei, il vino», «pensò che a lui non li avrebbe fatti, quegli sgraffi» e le ridondanze pronominali «ma già, a lui, che glien'importa?». Il fatto è che l'autore è impegnato non già a rappresentare (avrebbe detto D'Annunzio) il «mondo esteriore» ma quello intimo dei personaggi e gli occorre perciò il soccorso di tutto il materiale linguistico disponibile.

Invero, l'adattamento della prosa al discorso saggistico pur dentro la narrazione è, in Pirandello, soprattutto, un fatto di stile e, come tale, estraneo al nostro interesse; basterebbe pensare all'attivazione di tutta una serie di immagini che sostanziano di concretezza parlata l'astrazione filosofica di molte pagine.

Anselmo Paleari, per fare un caso, svolge tutta una lunga riflessione costruendo l'equazione «sentimento della vita» = «un lanternino che ciascuno di noi porta in sé acceso»; ne seguono «le lucciole sperdute [...] nel bujo della sorte umana [...] la fiamma dell'idea [che] vi crepita dentro e vi guizza e vi singhiozza [...]»; alla domanda: «se alla lampa nostra manca l'olio sacro», segue la risposta che molti «vanno nelle chiese per provvedere dell'alimento necessario le loro lanternucce [...] e [...] vanno innanzi, nel bujo dell'esistenza, con quel loro sentimento acceso come una lampadina votiva», mentre «altri [...] che si credono armati [...] del fulmine domato dalla scienza [...] in luogo di quelle lanternucce, recano in trionfo le lampadine elettriche».

A poco a poco, superati gli scogli delle prime domande imbarazzanti, scansandone alcuni coi remi della menzogna, che mi servivan da leva e da puntello, aggrappandomi, quasi con tutte e due le mani, a quelli che mi stringevano più da presso, per girarli pian piano, prudentemente, la barchetta della mia finzione poté alla fine filar al largo e issar la vela della fantasia.

Sul piano più strettamente linguistico, basterà osservare che la decisione analitica e filosofica comporta un movimento sintattico più ampio e meno secco di quello della sintassi del realismo:

E se tutto questo bujo, quest'enorme mistero, nel quale indarno i filosofi dapprima specularono, e che ora, pur rinunziando all'indagine di esso, la scienza non esclude, non fosse in fondo che un inganno come un altro, un inganno della nostra mente, una fantasia che non si colora?

Inutile dire che in questo impianto le figure sintattiche dell'ipotesi e delle domande hanno un largo spazio e, con esse, quelle della spiegazione, della causalità:

Io nascosi questa lettera alla mamma. Forse se l'animo esasperato in quel momento non mi avesse offuscato il giudizio, non me ne sarei tanto indignato; avrei considerato, per esempio, secondo la naturale disposizione del mio spirito, che se un rosignolo dà via le penne della coda, può dire: mi resta il dono del canto; ma se le fate dar via a un pavone, le penne della coda, che gli resta? Rompere anche per poco l'equilibrio che forse gli costava tanto studio, l'equilibrio per cui poteva vivere pulitamente e fors'anche con una cert'aria di dignità alle spalle della moglie, sarebbe stato per Berto sacrifizio enorme, una perdita irreparabile.

Ne risulta una sintassi, anche nei luoghi piú esplicitamente narrativi, piú disponibile alla subordinazione, che è, spesso, prolettica rispetto alla principale:

«Una di esse, non avendo potuto metter nulla da parte, perché aveva dovuto mantenere una figlia rimasta vedova con tre bambini, s'era subito allogata altrove a servire»; «Finito di abburattare, intrisa la farina e coagulata in pasta, ora essa la brandiva alta e la sbatteva forte apposta, sulla madia [...]»

La percezione analitica del reale, in Pirandello, non si svolge, come invece in D'Annunzio, per cumulo impressionistico di sensazioni, ma attraverso la ricerca graduale e intellettualistica delle cause. Anche le infinitive sono utilizzate per dettagliare razionalmente una situazione psicologica:

già cominciavo a penetrare e a misurare i confini di questa mia libertà. Ecco: essa, per esempio, voleva dire starmene lí, di sera, affacciato a una finestra, a guardare il fiume [...] seguire con la fantasia il corso di quelle acque [...] fingermi col pensiero il mare tenebroso e palpitante [...] e aprire di tratto in tratto la bocca a uno sbadiglio.

Sul piano lessicale questo atteggiamento autorizza un piú largo impiego degli astratti:

le anime hanno un loro particolar modo d'intendersi, d'entrare in intimità, fino a darci del tu, mentre le nostre persone sono tuttavia impacciate nel commercio delle parole comuni, nella schiavitú delle esigenze sociali. Han bisogni lor proprii e loro proprie aspirazioni le anime, di cui il corpo non si dà per inteso, quando veda l'impossibilità di soddisfarli e di tradurle in atto [...] provano un turbamento angoscioso e quasi una repulsione violenta d'ogni minimo contatto materiale, una sofferenza che li allontana [...] [4].

Sono, del resto, questi, caratteri propri e ben familiari anche del teatro pirandelliano, dove ovviamente intervengono correttivi per la perspicuità «orale», come i parallelismi («Crediamo d'intenderci: non c'intendiamo mai»), le finte domande («Vile? Erano là, in una busta cilestrina sul tavolino di mogano», «Il rimorso? Non è vero; non l'ho acquietato in me soltanto con le parole»), mentre la sintassi si fa piú frantumata e paratattica:

> «Vergogna? È la mia vendetta! Sto fremendo, signore, fremendo di viverla, quella scena! La camera [...] qua la vetrina dei mantelli; là, il divano-letto; la specchiera; un paravento; e davanti la finestra, quel tavolino di mogano con la busta cilestrina delle cento lire. La vedo! Potrei prenderla!»[5].

Pirandello, per altro, pur dentro un'opzione prevalente per un italiano neutro, non ha del tutto rinunciato alla suggestione geografica e culturale del colore dialettale. Ma essa è operante, in modo esplicito, nelle sue opere (soprattutto le novelle e le commedie del primo periodo) solo quando la materia la richiede, là dove il racconto non è vistosamente subordinato alla motivazione intellettuale che lo ha originato e l'impegno alla rappresentazione del sociale è piú intenso. In *Ciaula scopre la luna*, ad esempio, troviamo dialettalismi ora esplicitati dal corsivo: *calcara cace caruso*, ora piú o meno fusi e calcati: *s'affierò alluciava rapé*, *levar mano* (smettere il lavoro), *rammontarlo* (sistemare bene un carico), *chiaría calcherone*. Nell'atto unico de *La giara* (dall'omonima e celebre novella) cogliamo: *abburattare* (scuotere con forza), *alluciare* (far brillare a tratti), *calcara gna massaio menchero 'mpari* (compare), *onza palmento Pe'* (Giuseppe), *capezza scaparsi* (rompersi la testa), «*l'avessi a conoscere!*» (non lo conoscessi!) Ma questi tratti locali convivono con toscanismi come *bercio costà codesta costí*, *o che* (in principio di interrogativa) *conciabrocche*, «s'è provato in tutti i modi» (l'impersonale per la prima plurale), allo stesso modo che, del resto, in *Ciaula*, si trovano forme raffinate come «la lubrica scala sotterranea» o «la buca che vaneggiava in alto» o anche i vari *egli/ella* che sarebbe stato ormai possibile volgere (e non di rado Pirandello lo fa) in *lui/lei*:

Ora, ora soltanto, cosí sbucato, di notte, dal ventre della terra, egli la scopriva [...] la Luna! la Luna! [...] E Ciaula si mise a
piangere, senza saperlo, senza volerlo, dal gran conforto, dalla
gran dolcezza che sentiva, nell'averla scoperta, là, mentr'ella
saliva pel cielo, la Luna, col suo ampio velo di luce [...] [6].

Pirandello però è sempre stato programmaticamente
diffidente verso il dialetto come strumento letterario, anche se ha individuato nella «dialettalità» un dato necessario alla lingua che voglia essere, anche in letteratura, concreta e viva. Per questo è limitata, nel suo teatro, la presenza diretta del dialetto, tolto l'esperimento del primo *Liolà*
in girgentino pretto; per altro, anche questa prova esce subito corredata dalla traduzione e successivamente è volta
nell'italiano a grado zero di connotazione cui di fatto ten-
deva [7].

5.2. *Svevo.*

La difficoltà del romanzo nella ricerca della lingua media, richiesta dal «genere», è stata in Italia a lungo parallela a quella della società nell'adozione di un italiano parlato
senza eccessivo peso dei dialetti e scritto senza sovraccari-
co letterario. Una situazione, questa della società, particolarmente vistosa nelle regioni periferiche e quindi soprattutto in una terra come quella triestina, che solo con la prima guerra mondiale è diventata politicamente italiana e
dove la lingua nazionale se la doveva vedere tanto col dialetto quanto col tedesco. I problemi con l'italiano di Italo
Svevo nascono innanzitutto da questo. È a questa competenza approssimativa che *La coscienza di Zeno* [8] (1923) deve
alcuni caratteri linguistici che hanno tanto spesso meritato
la perplessità dei critici. Per esempio l'uso degli ausiliari,
specie in presenza di verbo servile:

avrei potuto essere obbligato, avrei potuto stare a sentire con
diletto; respirazioni che avrebbero potuto sembrare di uomo
sano, se la sua coscienza avesse aumentato;

la scelta delle preposizioni, in cui il *di* dilaga:

in mezzo della stanza, esitò di lasciarmi; rassegnato di coricarsi,
costrinsi di andare; aveva fatto bene di lasciare la casa di salute;

l'invitai di prendere la bottiglia; sarebbe stato necessario di prendere; con l'indice teso accompagnò quelle parole da un atto di minaccia attenuato da un sorriso;

la determinazione dei modi, dove ipercorrettivamente eccede il congiuntivo:

poi li fumavo finché la mia fronte non si fosse coperta di sudori freddi; non fu poi la mancanza di denaro che mi rendesse difficile [...];

con qualche incertezza anche nei tempi:

vorrei che questa donna sia avvisata di non seccarmi; la mia fronte è spianata perché dalla mia mente eliminai ogni sforzo.

È un italiano con costrutti impacciati, una grammatica ora formalizzata, ora disinvolta[9]:

«Quando arriverai a sapere che sarebbe bene tu sapessi mandare a mente la tua vita [...]». «Corsi allora in cerca di una data che stesse in bella relazione con la data della scommessa per fumare un'ultima sigaretta che cosí in un certo modo avrei potuto figurarmi fosse registrata anche dall'Olivi stesso». «Anzi per qualche ora l'infermiere aveva sperato che [sogg. sottinteso: il medico] fosse ritornato perché un malato avrebbe avuto bisogno di esser visto da lui».

La formalità grammaticale di certe soluzioni è vistosa quanto faticosa:

certo fu da lui inteso il mio affetto; io saprò comportarmi in modo che tu ti troverai indotto a cambiare le tue ultime volontà;

e spesso non governato è il regime degli avverbi e delle locuzioni:

«Intravvidi la possibilità che intanto ch'io mi crucciavo al pensiero che mia moglie approfittasse della mia reclusione per tradirmi, forse il dottore si trovasse tuttavia nella casa di salute, nel qual caso io avrei potuto riavere la mia tranquillità»; «e allontanò anche da sé il piatto»; «Ma non voglio far piú quei due piani. Già lassú c'è sempre della gente e lei farebbe una bella figura [...]»

Al tempo stesso, per qualche, minimo, dialettalismo (*fantolino matraccio*), quanti residuati di grammatiche scolastiche d'epoca! L'*i* prostetica (*istrada Isvizzera*), il *vi* in luogo di *ci* («io mi vi accingo», «l'acqua buona e ghiacciata che v'è in quella città», «v'era una somiglianza fra di noi», «non v'era fretta»), doppioni colti (*uopo dimane*, *recavo* per portavo, *levarsi* per alzarsi); e, soprattutto, lo scrupolo di fedeltà a *egli / ella*: solo *essa* interrompe la sequela grammaticale dei pronomi di terza persona singolare, che, nel discorso diretto, sono, alternativamente *lei* ed *ella* [10].

Ma non mi sentirei di attribuire questa dimensione dell'italiano solo alle incertezze di un triestino di primo Novecento. La lingua della *Coscienza* è anche il risultato di un progetto stilistico, di cui l'approssimazione grammaticale (per eccesso o per difetto, non importa) è elemento costitutivo. La minuta analisi dei sentimenti e dei pensieri piú nascosti nell'io richiede infatti, per un verso, una disposizione alle forme grammaticali del dubbio e della domanda (da qui i molti *chissà*, *forse*, interrogazioni, congiuntivi ecc.), con le relative complicazioni sintattiche (spesso, come abbiamo visto, non ben controllate da Svevo), e, per l'altro, vuole una lingua che non faccia ostacoli, che corra a qualunque prezzo verso la perspicuità argomentativa.

Il romanzo psicologico spinge in realtà la lingua del racconto verso la dimensione del saggio, in cui la referenzialità dei significati deve travolgere le resistenze della forma. Da qui una certa indifferenza per la lingua, da assumere dunque anche come indicatore stilistico programmatico. Del resto, con la *Coscienza di Zeno*, siamo all'inizio di un lungo (e concluso solo di recente) processo di trasparenza linguistica, di assottigliamento del connotato sociologico e culturale, che sarà l'ultima (in termini di tempo) grande risorsa del romanzo italiano. «La quotidianità media e mediocre che Zeno rompe [...] trova [...] il suo veicolo nel fastidiosamente banale e nel presuntuoso insieme della letterarietà percepita ai livelli del consumo scritto giornaliero, mescolato di sciatto colloquiale» [11]: sono questi i materiali linguistici necessari a non bloccare sulla forma l'attenzione del lettore, a rendere (apparentemente) indifferente la «questione della lingua».

5.3. *Moravia*.

I primi quattro capitoli di un altro romanzo capitale del nostro Novecento, *Gli indifferenti* (1929) [12] di Alberto Moravia sono occupati dal racconto di ciò che accade ai protagonisti una sera, tra prima e dopo cena. Anche fisicamente è cosí subito chiara l'analiticità descrittiva del libro che inaugura ad alto livello la lunga serie dei romanzi dedicati alla psicologia dei tipi sociali (il borghese è quello prediletto da Moravia, ma ci saranno anche le popolane, le contadine ecc.). Questo movimento lento e minuzioso impegna la lingua in accurate descrizioni di luoghi e figure, che debbono dar conto anche, nella loro visibilità, della invisibile condizione psicologica dei personaggi che li abitano e animano. Da qui una lingua d'autore piú ampia e ricca di quella del naturalismo, incurante dei residuali *egli* ed *ella*, ma accurata nell'evitare fughe clamorose dalla medietà, in modo da non differire, perlomeno per qualità, dalla lingua dei personaggi. Si prenda la descrizione del *boudoir* di Lisa [13]:

> era, questa stanza, tutta bianca e rosa; bianchi i mobili e il soffitto, rosei i tappeti, la tappezzeria, il divano; tre grandi finestre leggiadramente velate diffondevano una luce tranquilla; a prima vista tutto appariva puro e innocente, si osservavano mille gentilezze, qui un cestino da ricamo, là una piccola biblioteca di libri multicolori, e poi dei fiori smilzi sulle mensole laccate, degli acquerelli sotto vetro alle pareti, insomma una quantità di cose che, dapprima, facevano pensare: «Eh, che bel posticino chiaro e sereno, qui non può abitare che qualche giovinetta»; ma se si guardava meglio si cambiava idea [...]

Il passaggio da un modo formale e impeccabile di descrivere a uno informale e colloquiale è quasi inavvertito, per quanto non nascosto. La minuzia descrittiva si traduce in una sorprendente ricchezza di aggettivazione:

> «freddo oscuro salone rettangolare»; «gente ricca, stimata ed elegante»; «la madre eccitata e interessata»; «Lisa entrò; un soprabitino turchino avvolgeva il suo corpo grasso, e le arrivava fin quasi ai piedi minuscoli; la testa dal cappellino cilindrico, azzurro e argento, pareva ancor piú piccola su quelle spalle pie-

ne»; «labbra carnose»; «un riso falso, alto e sprezzante»; «con volto duro e con voce imperiosa»; «un disgusto meschino e fastidioso»; «facce stupide e irritate»; «la madre offesa e teatrale»; «con un curioso e appassionato sguardo»; «gruppo solenne e ridicolo»; «un riso amaro e cattivo»; «con un sorriso goffo, stupido, ed eccitato»; «forza confidenziale e intima» ecc. dal solo capitolo III.

Accanto a questo fenomeno (segnalato a volte anche dalla collocazione degli attributi rispetto al nome) si possono notarne altri, anch'essi di moltiplicazione del lessico, come le serie sostantivali spesso in sintassi nominale:

> «mura alte, bianche, stanzetta cubica dal pavimento a losanghe»; «silenzio, disapprovazione»; «senso di ripugnanza, di umiliazione, di paura»; «senza divertimenti, balli, lumi, feste, conversazioni: oscurità completa, ignuda oscurità» (sempre dal cap. III).

La lingua del romanzo ritrova cosí un'abbondanza di vocabolario (dopo le ristrettezze del verismo), ma questa è ormai dentro una misura media, che tollera senza traumi, specie nel dialogato, forme dell'oralità («lunga come la quaresima»; «ma gli bacio anche i piedi a Leo») e si realizza in una gamma ridotta di soluzioni sintattiche che evitano sempre gli eccessi ipotattici. Ecco l'inizio:

> Entrò Carla; aveva indossato un vestitino di lanetta marrone con la gonna cosí corta, che bastò quel movimento di chiudere l'uscio per fargliela salire di un buon palmo sopra le pieghe lente che le facevano le calze intorno alle gambe; ma ella non se ne accorse e si avanzò con precauzione guardando misteriosamente davanti a sé, dinoccolata e malsicura; una sola lampada era accesa e illuminava le ginocchia di Leo seduto sul divano; un'oscurità grigia avvolgeva il resto del salotto.

La tendenza è semmai verso la semplificazione, il raggrumo delle parole olofrastiche, la sospensione del verbo:

> Osservò la fanciulla, impercettibilmente, senza voltar la testa; sensuale; piú di sua madre; labbra rosse, carnose; certo disposta a cedere; dopo cena bisognava tentare; battere il ferro finché è caldo; il giorno dopo no [14].

La scrittura degli *Indifferenti* tende allo zero di connotatività linguistica; non segnala (o dissimula) diffrazioni visibili dal sistema corrente; esibisce la propria normalità evitando materiali abnormi e calibrando al massimo i costrutti non perfettamente grammaticalizzati (la sintassi nominale è sempre incastonata in sequenze sintatticamente medie). Resta lo stile ad animare, soprattutto con la fitta aggettivazione e le similitudini, il tessuto medio e neutro del mezzo, in cui insinua il colore dell'animo, lo squallore dell'ideologia dei protagonisti e il giudizio duro dell'autore, compensando cosí con l'abbondanza di questi tratti, le riduzioni, le uniformazioni cui, preliminarmente, la lingua era stata sottoposta.

5.4. *Bontempelli e Buzzati.*

L'approdo alla medietà linguistica è difficile per la narrativa di impianto realistico, perché la realtà nazionale presenta un quadro plurilingue, colorato di idiomi diversi, un italiano segnato da esecuzioni fortemente regionali. Solo percependo il reale dall'angolazione delle classi medio alte (come nel caso degli *Indifferenti*), il realismo poteva felicemente coniugarsi col monolinguismo e l'italiano medio; altrimenti, come vedremo, doveva ricorrere ad altre soluzioni.

Per questo, è fin da subito piú stabile l'italiano medio nella narrativa non realistica, ma fantastica o psicologica e argomentativa. Si prenda il caso di Massimo Bontempelli, attivo fin dagli anni Venti. I suoi racconti, ispirati a un «realismo magico», da lui stesso teorizzato sulla rivista «900», consentono una lingua media, ma su base colta e letteraria, adatta a seguire le minime variazioni di stati psichici sollecitati da eventi straordinari. Spigoliamo dalle prime pagine del *Figlio di due madri*[15] del 1929. La storia ha principio «al secondo piano d'una delle moderne case, dall'aspetto di villa, che formano quell'elegantissimo tra i quartieri dell'Urbe». Nel «vano luminosissimo» di una «gioconda sala da pranzo» «erano la poltrona profonda di Mariano Parigi, la poltroncina morbida di donna Arianna, e per terra [...] i cuscini di Mario e del gatto». Nell'ambiente altoborghese non occorre il *ci* che ribadisce l'esserci; del resto, quando serve, è da posporre al piú paludato *vi*:

«vi sedette», «salirvi», «il vetturino vi si spinse», «vi si appoggiò». *Ivi, ove* ed *entro* fanno concorrenza a *lí, dove* e *dentro* e sono ammesse forme letterarie come «plaga del sole», «un lembo di prato», «incantamento», «cinto», «una larva di voce» e costrutti come la principale coordinata col relativo: «il qual giorno era lunedí», «Il quale precedeva ora la famiglia [...]» o l'infinitiva senza preposizione: «Anna cercò stornarlo [...]»; «credé impazzire»; «tentava ripetersi le parole»; «le pareva sentirseli ingrossare» ecc.

Sintonizzata su quella dell'autore, con rare concessioni, nei dialoghi, al livello piú basso di un'oralità comunque sempre piuttosto sostenuta («Ho bisogno un favore da voi»; «sarei stato molto inquieto se lasciavo il bambino malato»), la lingua non necessita di incursioni sotto o sopra la grammatica e nel repertorio delle sue varietà; le sue libertà sono solo quelle previste dalla tecnica del racconto nell'uso connotativo dei tempi verbali:

> Arianna si rivolta, ulula come una cagna nella cuccia, crede essere sveglia e dorme e sogna, crede sognare ed è sveglia [...] Aveva dormito quattro minuti. Ora fu bene sveglia, restò immobile [...] saltò giú [...]

Allo stesso modo, nel *Deserto dei Tartari* (1940) [16], il capolavoro di Dino Buzzati, è sempre evidente che chi «parla» è l'autore e a volte è esplicitamente ricordato:

> Guardateli, Giovanni Drogo e il suo cavallo, come piccoli sul fianco delle montagne che si fanno sempre piú grandi e selvagge. Egli continuava a salire [...] il profilo della Fortezza. Oh quanto lontana ancora. Chissà quante ore di strada, e il suo cavallo era già sfinito. Drogo la fissava affascinato [...]

Alla lingua dell'autore è data omogeneità e medietà scritta, grammaticalizzata, pur senza eccessi di letterarietà e dentro eccezioni limitate per la parlata dei personaggi:

> Sono piante che in questa stagione ci vengono dei ciuffi neri [...] Ma non può essere [...] E che cosa può essere allora? – Non capisco – fece Tronk. Uomini sarebbe strano. Verrebbero su da un'altra parte. Ma c'è sempre quel coso nero lí... Non vedi che si muove ancora? Sei orbo?

Caratteristico di questa lingua è, pur nei confini della medietà, la scelta dei sinonimi per evitare ripetizioni fastidiose nello scritto. Il «vedere» è l'atto centrale dei primi due capitoli del romanzo ed è affidato alle seguenti variazioni:

I capitolo: «Drogo si voltò indietro a guardare la città [...] Vide di lontano la propria casa. Identificò la finestra della sua stanza [...] A destra, in cima a un monte, si vedeva la ridotta [...] Egli scrutava i bordi altissimi della Valle per scoprire la Fortezza [...] non si distingueva bene [...] Drogo lo guardò con riconoscenza [...]» II capitolo: «Girando lentamente gli occhi, fissava [...] Giovanni staccò finalmente gli occhi dalla Fortezza e guardò di fianco a sé il capitano [...] Sí lui [...] le contemplava, quasi ammaliato, come se rivedesse un prodigio. Pareva che non si stancasse di rimirarle».

E, similmente, in due brevi capoversi contigui [17] troviamo la sequenza *muraglioni muri le mura* per indicare lo stesso oggetto.

La medietà linguistica è insomma piú facilmente conseguibile dentro un programma narrativo che accetta di dare voce ai narratori-autori e che, per decisione tematica, non deve fare i conti con la variegata realtà linguistica nazionale e può accontentarsi di un registro scritto e scolastico, depurato delle soluzioni troppo ardue ed elette.

[1] G. D'Annunzio, Dedica del *Trionfo della morte*, a cura di G. Ferrata, Mondadori, Milano 1977.

[2] Citato dall'edizione Mondadori, Milano 1971 (il brano successivo è alle pp. 171-72).

[3] Ma vedi anche S. C. Sgroi, *Per la lingua di Pirandello e Sciascia*, Salvatore Sciascia, Roma-Caltanissetta 1990.

[4] Le citazioni in corpo minore dall'edizione del *Fu Mattia Pascal* cit. alle pagine, nell'ordine: 160-62, 132, 163, 39, 40-41, 124, 136-37.

[5] Da *Sei personaggi in cerca d'autore*, in aa.vv. (a cura di), *Luigi Pirandello*, Mondadori, Milano 1967, atto I, p. 294.

[6] Da *Ciaula scopre la luna*, ibid., p. 114.

[7] Per la dialettalità secondo Pirandello cfr. G. L. Beccaria (a cura di), *Letteratura e dialetto*, Zanichelli, Bologna 1975, pp. 104-20.

[8] I. Svevo, *La coscienza di Zeno*, dall'Oglio, Milano 1966 (esempi dai primi quattro capitoli).

[9] Cfr. G. Devoto, *Nuovi studi di stilistica*, Le Monnier, Firenze 1969.

[10] D. Cernecca, *Nota sulla lingua di Italo Svevo*, in «Studia romanica et Anglica Zagbabriensia», 9-10 (1960), pp. 53-74.

[11] I. Baldelli, *La lingua della prosa italiana del Novecento*, in *Conti, glosse e riscritture*, Morano, Napoli 1988, pp. 297-331 (citazione p. 314).

[12] Citazioni da A. Moravia, *Gli indifferenti*, Bompiani, Milano 1991.

[13] *Ibid.*, p. 50.

[14] *Ibid.*, p. 22.

[15] M. Bontempelli, *Due storie di madri e figli*, a cura di L. Baldacci, Mondadori, Milano 1972 (gli esempi dai primi due capitoli).

[16] D. Buzzati, *Il deserto dei Tartari*, Mondadori, Milano 1970 (gli esempi in corpo minore alle pp. rispettivamente, 28, 108-9).

[17] *Ibid.*, p. 37.

6.
Tra prosa e poesia

Nei primi decenni del Novecento la prosa letteraria si muove anche su territori che solo in parte appartengono alla narrativa e si insinuano invece nei domini della prosa saggistica e della stessa poesia. Si tratta di una prosa che riflette le esperienze delle avanguardie e della cultura militante, accentrate nelle maggiori riviste del tempo, dalla «Voce» alla «Ronda», da «900» a «Frontespizio», da «Solaria» a «Letteratura». Accade cosí di sorprendere in prosa forme di scrittura che sono in genere piú tipiche della poesia, tormenti di lingua e oltranze stilistiche che solo tangenzialmente toccano la narrativa e riguardano piú da vicino la lirica: si pensi alle prose futuriste, programmaticamente sprovviste di quel minimo di ordine sintattico e di omogeneità lessicale che rende accettabile il discorso prosastico.

In questo quadro, l'aspirazione a una lingua non connotata, di grado zero, propria della grande narrativa ottonovecentesca, lascia il posto a un italiano grammaticalmente piú complicato e piú specialistico e colto.

Il *Gino Bianchi* di Piero Jahier (1915) [1] è costruito coi materiali del linguaggio settoriale della burocrazia. L'istanza originaria del romanzo come racconto di una vita, si fa ironicamente resoconto burocratico di essa, in prosa «ufficiale», con largo impiego di lessico e sintassi specifici, come è chiaro fin dall'inizio:

Bianchi Gino del fu Bianco e di Nerina Bianchedi nei Rossini, nato a Firenze il 24 Giugno 1871, al numero civico 24 di Via dei Conti. Battezzato negli otto giorni successivi, superò felice-

mente il lattime, la rosolia e gli esami di proscioglimento dal-
l'obbligo dell'istruzione elementare.

La lingua della «corrispondenza ufficiale», in cui *ri-
spondendo a* diventa *riscontrando la*, e *carteggio incarto*,
con ipercorrettismi comici per cui *retroscritta* diviene *at-
tergata* e *citata cointesa*, racconta persino le prestazioni ses-
suali del protagonista:

> [Gino] non aveva nessuno che gli riguardasse la biancheria;
> le minestre sciacquine del ristorante minacciavano di rovinar-
> gli lo stomaco; frequentava il Caffè non sapendo cosa fare; for-
> nicava due volte la settimana, per il che, dopo il rincaro di tutti i
> generi di prima necessità, non vi era capienza nel suo stipendio.

All'ambiente vociano si debbono anche le prose auto-
biografiche e romanzesche di Scipio Slataper e di Giovanni Boine. Nell'autobiografia di Slataper, *Il mio Carso*
(1912), si coglie ad apertura di pagina lo slittamento della
lingua verso modi piú propri, nella loro essenzialità e libertà, della poesia.

Ad esempio le ripetizioni che ritmano l'inizio come attraverso tante strofe segnate dall'anafora di: «Vorrei dirvi». O le frequenti prolessi, ora dell'aggettivo predicativo: «Barbara è la
tua anima»; «Fermo nel bosco»; «Lontana è la nostra pianu-
ra», ora del soggetto: «Calcare che si sfà e si scrosta e frana, tu
sei», ora del verbo: «Scricchia turbina la città»; «Gorgoglia e
fiotta la nostalgia irrequieta». Allo stesso modo funzionano le
apposizioni analogiche: «Cosí stagnai, acqua marcia», e i costrutti nominali: «Lichene sotto ai piedi, scricchiolante, rigido;
erba ingiallita come foglie morte; un querciolo torto, e eccoli i
piccoli verdi pini che ondeggiano la testa come bimbi dubito-
si»; la paratassi fittissima e di frasi minime: «All'alba rinacqui.
Non so come fu. Il cielo era puro e io scorsi la bella bianca città
laggiú, e la terra arata». Persino le frequenti macchie dialettali
hanno funzione rievocativa, simbolica, piú che realistica. [2]

Nel *Peccato* (1913) di Giovanni Boine ci sono tutte le peripezie lessicali e sintattiche delle prose liriche dello stesso
autore;

ad esempio le parole composte: «i vari ragionieri guadagna-
denaro», «malingambe di prete»; l'aggettivazione caricata,
espressionistica, non di rado con impiego dei participi: «vecchia sbadigliante città», «affaccendata materiale quietudine»,

«rabbuffato, occhialuto, grassoccio», «disputante frotta». E poi le numerose incidentali che aprono un piano alternativo alla narrazione: «Aveva scritto sul giornale del sito in pro, che so io, della "scuola serale" (dunque è con noi socialisti) e poi detto male del discorso del tale e del talaltro al comizio del primo maggio passato (dunque non è socialista)»; «lui (alto, barbuto, pallido, con qualcosa sempre di corrucciato negli occhi e questo suo parlare a scatti) [...]». La dislocazione dei membri della frase subordinata a regole ritmiche piú che grammaticali: «e dentro si capisce la gente se ne sentiva offesa un poco»; «tutto il giorno in un canto al sole a legger pallido, torvo i suoi libri in disparte»; «idealità [...] presa fatta e come artificialmente aggiunta sulla iniziale coscienza morale loro»; forme dotte: *sito cilestri imagini pinte libazioni* e dialettalismi: *canto* (angolo) *fare alle occhiate* ecc.[3].

Piú tardi la prosa raccoglie la tendenza al riequilibrio classico, al recupero della norma, alla sovrabbondanza di letteratura, propria della «Ronda».

Le poche e povere esperienze narrative di Emilio Cecchi tentano di accreditare al racconto l'esuberanza stilistica e la pulizia linguistica del programma rondesco, meglio per altro realizzato nella saggistica dello stesso autore o nei poemi in prosa di Vincenzo Cardarelli. Come ha mostrato Baldelli sono l'aggettivo e gli astratti a spadroneggiare in questa scrittura, eccedendo largamente la medietà. Ecco un ritratto di *Miss Violet*:

Malgrado la sua alta statura, miss Violet portava ancora vestiti corti da bambina. Aveva i capelli biondi lunghissimi e gli occhi turchini. Era una creatura deliziosa, un bizzarro accozzo di finezza ingenita e di selvatichezza acquisita, di riserbo e di espansività, di volontà e di tenerissima sommissione [...]

È una prosa che cerca continuamente similitudini, analogie alle cose e figure descritte (innumerevoli i *pareva, come, simile a*), in un tripudio della lingua d'autore sopra quella dei personaggi[4].

La «Ronda», del resto, esige, come scriveva Antonio Baldini, una «differenza tra la lingua parlata e quella scritta» che spinge in direzione diversa da quella cui punta il romanzo moderno e valorizza gli scarti, «a destra e a sinistra, tra una spinta all'espressione piú usuale e un invito all'espressione piú sostenuta». Nel suo *Michelaccio* (1920), cosí, Baldini usa forme come *negghienza sozi face guardatura unquanco isgombrare lontanando vicinare adusato* e invenzioni come *largo-sorridente annoiosi disaccidentato normante quattrinosa*, tutte di vistosa letterarietà[5]. Di fatto, solo Riccardo Bacchelli è riuscito a conciliare la fedeltà sostanziale al classicismo rondesco con la scrittura narrativa, non a caso, però, soprattutto di genere « storico», dove piú largo e ammesso è lo spazio linguistico del narratore. Quanto la sua prosa sia classicamente impostata, con esuberanza di mezzi, senza timori di incastonarvi persino qualche preziosità letteraria si può vedere, ad apertura del *Mulino del Po*, in questa descrizione del Vop[6]:

> Correva ampio, di grigio e sinistro aspetto, con una sorta di anelito rabbioso; e lastre e blocchi gelati, nell'urtarsi e frangersi accavallati dentro i gorghi rapidi, mettevan un sordo fragore di sgretolii e di risucchi, ostile, ma meno spietato della neve insidiosa, che invitava alla morte sonnolenta gli uomini spossati. Stendevasi a perdita d'occhio sul breve orizzonte, sotto il cielo fosco, in cui incrudeliva il presagio della notte già imminente a metà giorno, e d'altra neve, mentre una lama d'aria gelata penetrava le carni.

Aggettivi a piene mani, ricerca degli astratti e di immagini rare («con una sorta di anelito rabbioso», «una lama d'aria») fanno trovare perfettamente al loro posto forme dotte come *anelito* o *gorghi* o *incrudeliva*, il troncamento (*mettevan*) e l'enclisi del pronome nel verbo (*stendevasi*). La lingua dei personaggi è anch'essa, spesso, piú sostenuta e colta della media. Un soldato dice a Lazzaro Scacerni, toscaneggiando: «Pigia la neve, pigia! Neanche tu sperassi di cavarne del mosto!» e lo Scacerni, ferrarese, precisa: «La va male», mentre un generale raccomanda: «Bisogna piantar dei pali a monte [...] che faccian da sprone e da rinforzo»[7]; e uno scioperante: «Se la continua cosí, la carne di bue vuol calar di prezzo»[8]. Si parte dalle forme consuete e manzonianamente già codificate dell'oralità («loro, per adesso, del male non ne han fatto mica»)[9] per arrivare dunque sempre piú in alto, in una lingua toscaneggiante per manzonismo e letterariamente levigata, dove i rari abbassamenti verso il dialetto sono ben isolati e non di rado spiegati:

> «Lavora "pistapauta"! Guadagnati la cinquina! Era lo scher-
> nevole epiteto delle altezzose armi a cavallo verso i fanti»;
> «Addio, tabalorio sgambirlone! Sgambirlone, significa spilun-
> gone [...]» [10].

Piú tardi, muovendo dalle esperienze liriche e narrative di «Solaria», Elio Vittorini cercherà lo scarto dalla medie-tà con l'esperimento di una lingua al tempo stessa poetica e romanzesca in *Conversazioni in Sicilia* (1938-40). La scarni-ficazione della lingua, processo caratteristico della scrittu-ra che simula l'oralità di personaggi quotidiani, diviene pretesto e processo per una lingua «profetica», ripetitiva, a suo modo solenne nella propria fissità ossessiva:

> [La madre:] Dove volevi che si andasse?
> E io: Non so... Ma certo è cosí lontano dalla ferrovia qua! Come puoi vivere senza nemmeno vedere la linea?
> E mia madre: Che importa vedere la linea?
> E io: Dicevo... Senza mai sentir passare un treno!
> E mia madre: Che importa sentir passare un treno?
> E io: Credevo che ti importasse [...] [11].

Il parlato continua l'intenzione lirica della lingua del-l'autore, dove si evidenziano metafore poetiche, costrutti di rilievo puramente ritmico:

> Poi viaggiai nel treno per le Calabrie, ricominciò a piovere, a esser notte e riconobbi il viaggio, me bambino nelle mie dieci fughe da casa e dalla Sicilia, in viaggio avanti e indietro per quel paese di fumo e di gallerie, e fischi inenarrabili di treno fermo, nella notte, in bocca a un monte, dinanzi al mare, a nomi da so-gni, antichi [12],

in una soluzione faticosamente compromissoria, ma signi-ficativa dell'istanza di trasferire anche al vincente dominio del romanzo i risultati piú nuovi ottenuti dalla poesia.

Piú tardi, la grande suggestione dell'ermetismo non mancherà di incidere anche sulla prosa narrativa, specie quando i temi (ad esempio quelli marini) saranno piú pros-simi a quelli della lirica e nei punti (le descrizioni di paesag-gi) piú propizi all'eleganza e al ritmo della poesia. Ad esempio spulciando dal racconto *Il raggio verde* (1967) di

Raffaello Brignetti troviamo soluzioni tipiche dell'ermetismo, come i plurali assoluti («e sopra incontrava acque», «limitata da opache rive»), gli astratti («in incertezza ripeteva moti forse vivaci altrove»; «si formavano apparenze cupe dell'acqua»), i preziosimi («intermessi respiri», «inabitate»); se ne veda comunque l'inizio:

> Trapassava torpide onde; il sonno della notte sembrava rimasto nel mare, lui filava, con nuoto uniforme, correndo distanze calcolate sotto la superficie, nel giorno incominciato. Spuntava, respirava e subito il dorso appariva e spariva dietro il muso, brillava un guizzo di coda: il delfino andava, la lunghezza sott'acqua era uguale. Curvo emergente riappariva. Continuava, tagliava l'onda [13].

Nel suo inseguimento della prosa, la poesia trova, come sempre, dei limiti, tematici e formali; ma dove può convivere col racconto, mostra tutto il fascino delle sue soluzioni.

[1] P. Jahier, *Resultanze in merito alla vita e al carattere di Gino Bianchi. Con un allegato*, Libreria della Voce, Firenze 1915.

[2] Si cita dalle pp. 43-45 di S. Slataper, *Il mio Carso*, Il Saggiatore, Milano 1968.

[3] G. Boine, *Il peccato*, a cura di G. Ungarelli, Einaudi, Torino 1975 (esempi dalle prime sette pagine del testo).

[4] Cfr. anche per le citazioni, M. Brusadin, *Emilio Cecchi e la crisi della lingua letteraria italiana del primo Novecento*, in aa.vv., *Profili linguistici di prosatori contemporanei*, Liviana, Padova 1973, pp. 1-112 e I. Baldelli, *Dello stile di «Corse al trotto»*, in *Varianti di prosatori contemporanei*, Le Monnier, Firenze 1965, pp. 24-45.

[5] Cfr. C. Di Biase, *Lessico di A. Baldini*, Sansoni, Firenze 1973, citazioni dalle pp. 48 e 115-19.

[6] R. Bacchelli, *Il mulino del Po*, Mondadori, Milano 1963, vol. I, p. 15.

[7] *Ibid.*, pp. 18 e 21.

[8] R. Bacchelli, *Il mulino del Po* cit., vol. III, p. 625.

[9] *Ibid.*, p. 602.

[10] *Ibid.*, pp. 654 e 612.

[11] E. Vittorini, *Conversazioni in Sicilia*, Einaudi, Torino 1968, p. 60.

[12] *Ibid.*, p. 11.

[13] R. Brignetti, *Il gabbiano azzurro*, Einaudi, Torino 1967, pp. 9-11.

7.
Le risorse del repertorio linguistico nazionale

L'impegno del realismo, come abbiamo già accennato, obbliga il romanzo, nella difficoltà ad agganciare una lingua media nazionale, a misurarsi con le varietà del repertorio linguistico italiano, dialetti e italiani regionali in primo luogo. Allo stesso modo, il teatro novecentesco continua a dare molto spazio al dialetto (da Di Giacomo a De Filippo a Fo) e il cinema pesca abbondantemente nelle varietà regionali di italiano e, a volte (Visconti, Olmi), direttamente nei dialetti. La moltiplicazione delle lingue diventa tanto segno di stretta adesione alla realtà quanto distanziamento ironico da essa, o addirittura ribellione alle forme che piú moderatamente e mediamente la rappresentano. Come per cinema e teatro, la componente linguistica locale può cosí funzionare, nel romanzo, per operazioni stilistiche diverse, ora di riproduzione realistica della lingua dei personaggi e del loro ambiente, ora di frizione comica tra lingue differenti o di movimentazione espressionistica della scrittura.

7.1. *Espressionismo toscano.*

Gli scrittori toscani sono naturalmente i piú attrezzati a recuperare le lingue della loro realtà, che possono usare senza strappare troppo vistosamente il tessuto dell'italiano. Al tempo stesso, sembrano i meno interessati a un impiego realistico del vernacolo, cui affidano valenze di ingrediente espressionistico o ironico. Federigo Tozzi ne *Il podere* (scritto nel 1915) usa toscanismi fonetici e lessicali come *gasse* (gas) *bubbolava* (tuonava) *sciatti* (sperperi) *buzzo* (ventre) *ciuchino zozza* (miscuglio) *concio* (mucchio di letame) *dianzi guazza granata birignoccolo*. In *Tre croci* (1920): *cognacche imbroncito compicciare imbiecato scuricci* (un po' scuri) *giuccarelle* (asinelle) *menno* (sciocco) *trenfiando* (ansimando); pone l'articolo prima del possessivo con nomi di parentela («con la mia moglie») e usa la terza persona singolare per prima plurale («si piglia tutti la sbornia»). Enrico Pea, nel *Romanzo di Moscardino* (1922), non si nega neppure a toscanismi popolareschi con sapore arcaizzante: *mutola spera* (specchio) *capegli scialbatura* (intonaco) *botro* (fossato) ma soprattutto li adopera come tecnicismi per rendere piú precise le sue descrizioni. Ecco allora: *pozzaiola* (secchia del pozzo) *concino* (conciabrocche) *metato* (seccatoio) *cingelle* (cinghie) *bardiglio* (tipo di marmo) *bastré* (ballo), cagna *pòmera* (volpino), con accumuli del genere: «Un cavallo sauro e uno morello, coi *ginocchielli* a *torsello*, la coda *accercinata* a matasse». Lorenzo Viani accumula in *Angiò uomo d'acqua* tanti materiali dialettali e gergali da doverne compilare un glossario; il fatto è che piú che la mimesi linguistica del reale interessa a questi scrittori l'espressività del vernacolo, a qualsiasi scopo sia poi utilizzata[1]. In Aldo Palazzeschi il color locale concorre tanto alla caratterizzazione realistica quanto a quella comica e ironica. Nelle *Sorelle Materassi* (1934) il toscanismo si infila soprattutto nei dialoghi (meno nel narrato) per stilizzare la parlata dei personaggi: «Quella cespúgliola come se l'è saputo scegliere [...] Hai visto che scucchia? [...] Hai visto che manacce?»; «Eh [...] non è tanto micca quella lí»; «a noi quella stroscia non piace»; «Sono state fresche. Sono state lustre»; «Che po' po' di buggerío»; e ancora: *grulle brigidini* (cialde), «ci si buca qui» (vengono tutte qui le disgrazie)[2]. Nel *Codice di Perelà* invece (specie nelle prime due edizioni, 1911 e 1920) concorre alla leggerezza ironica del discorso dell'«uomo di fumo»: *perderono* (corretto poi in *perdettero*), *dasti* e *dassi* (→ *deste dessi*), *punto* negativo, *dimanda* (→ *domanda*) *i* prostetico (*per isporgere, non isdegna*); «la sua vita era ormai *spicciolata*» → «era già un cadavere», accanto a forme colte come «Elleno?... Elleno, chi?»[3]; il tutto, per altro, in linea di massima poi corretto come abbiamo notato negli esempi riportati, nelle edizioni del dopoguerra, in direzione di una lingua media assai meno connotata[4].

7.2. *Gadda*.

Il dialetto appare, negli anni Trenta, anche come ingrediente primario di una miscela linguistica esplosiva, volta piú a rifiutare e parodiare la realtà che a rappresentarla fedelmente. È, come ben noto, il caso di Carlo Emilio Gadda. Si tratta di uno scrittore in cui il suo maggiore interprete, Gianfranco Contini, ha evidenziato la «qualità lirica del temperamento» e la cui «narrativa tiene meno del romanzo tradizionale, inclusa l'appendice neorealistica, che del poème en prose». Non a caso, dunque, nel suo libro piú importante (ma forse sopravvalutato), *La cognizione del dolore* (1938-41, in volume nel 1963 e 1970), saccheggia tanto il dialetto (milanese) quanto il fiorentinismo piú arcaico, per una contorsione espressiva fortemente intellettualistica. «Quale che ne sia l'origine, e si dica pure l'etimologia, gli ingredienti linguistici differenziali cospirano tutti a un identico fine di espressività, dove l'etimologia, subito remota, è irrilevante rispetto all'unicità della funzione che l'assorbe». Insomma, erede dell'espressionismo scapigliato e anche di quello maccheronico, Gadda gioca con l'allusività culturale e la corposità fonica del lombardo («La cadenza di quel discorso era ossítona, dacché distaccato e appeso, nel dialetto del Serruchòn, suonano destacagiò e takasú. E anche pestarlo si dice pestalgiò»), gli piace lambiccare «dalla memoria una qualcheduna di quelle [...] parole difficili, che nessuno capisce» e assemblare in poche righe lombardismi (*andare dietro*), toscanismi (*mantrugiare*) e tecnicismi (*peptonizzare ameboide*):

> mentre che lo stomaco era tutto messo in giulebbe, e andava dietro come un disperato ameboide a mantrugiare e a peptonizzare l'ossobuco[5].

Ma tutta la *Cognizione* è un'esplosione di materiali linguistici disparati e accozzati comicamente.

Solo dalle prime pagine spulciamo: spagnolismi di fantasia: «Nistituos provinciales de vigilancia para la noche»; «Mocoso de guerra»; «croconsuelo [...] (grasso piccante, fetente al punto giusto)»; lombardismi: *granone cicchettava*; toscanismi: *du soldi di cacio, ova, una bazza, ispalla istupiditi*; napoletanismi: *guaglione*; venetismi: *ciaccolose*, «barcarizzo della murata»; anglismi: *hall*; latinismi: *manu armata*; francesismi: *quand meme*; tecnicismi: *endosmosi anchilosi*; neologismi: *grandinifero dispareri coriandolio lucubrativi scaricabarilistico*; forme del linguaggio burocratico: *prelazione novero omesso*; giuridico: «adire la legge», «interposto appello»; oppure della lingua degli annunci economici: «villette otto locali doppi servissi [...] ampio terrazzo sui laghi veduta panoramica», e della tradizione letteraria: *uopo musivo inopinata smemorarsi* ecc.

Persino gli arcaismi sono chiamati a partecipare al funambolismo delle lingue (nel finale della prima parte della *Cognizione* Contini segnalava un «attender si possino» e un «arebbe scogitato» che, insieme col finitimo *denaio*, fanno un quadro che riproduce uno «stato di lingua immaginario»). I dialetti v'hanno, come si è visto, gran parte; come il napoletano del colonnello Di Pascuale:

> Guagliò, fernímmola 'na bbona vota!... cu sta pazziella d' 'o sordo!... Dalle, dàlle ...e' cuccuzielli devéntane talli... Cca stanno 'e testimonia... due testimoniuni belli... comme vo' 'a leggia... Ne', furie', v' avite priso 'o Jogúrte? ca v' avivo ditto... co' sta primmavera int'a 'a faccia? [6]

Del resto i giochi con il variopinto mondo dei nostri dialetti sono una costante dell'opera gaddiana, tanto prima che dopo la *Cognizione*. In un racconto degli *Accoppiamenti giudiziosi*, *La sposa di campagna*, c'è la registrazione filologica del toscano [7]:

> Il cognome un lo so... l'avea di tutto: l'ova, e' polli, anche pe' il latte andàan sempre da lei... e di gioedí le brasciole... il cacio... e i raveggioli, che per du soldi se n'aveva un monte. Le ho scritto, la un dubiti... le letere le viaggian poco. E poi l'ha da badare alle galline: e alle su nipoti. E la sa lavorare anche di cucito [...]

Nell'*Adalgisa* domina il milanese ora prettamente dialettale ora italianizzato [8]:

[...] dirupò nell'autobiografia, «mí, mí, mí», come le capitava sovente, ormai. «Oh!... Ero anch'io come te... fo minga per dí... ma si voltavano tutti... come quel stupid kí, vàrdel... che l'è pasàa domà adès:... ma perché non li guardi?... Non potevo venir fuori del portone che subito ci avevo due o tre scemi dietro... Ero proprio come te,... come te oggi,... con piú mosconi addosso che un fico... di quei maturi, quei bei brogiotti di metà settembre [...].

E nel *Pasticciaccio brutto de via Merulana* sarà il romanesco con inserti napoletani e veneti[9]:

Quando i due agenti gli dissero: «Se so' sparati a via Merulana: ar duecentidicinnove: su le scale: ner palazzo de li pescicani [...]»; [...] gli entrò nella stanza il capo della investigativa [...] «il primo della stagione. Mo ce pàveno pure ll' ammennole». «Ci andate voi, Ingravallo, a via Merulana? Vedete nu poco. Na fesseria, m'hanno detto [...] Fin a 'ncoppa a 'a capa, ve dico. Sicché facíteme 'o favore, jàcete vuje».

Un bel giovane, sí, un toso franco. Ma un tipo che incuteva subito una impressione di paura. «Com'era il berretto?» chiese don Ciccio seguitando a scrivere. «Gera... Veramente, gnornò, gnornò, no me ricordo ben come che gera, no savaria dirghe» [...] «E voi?» fece alla portinaia: «[...] non l'avete visto, voi? [...]» «Ma sor commissario mio... un'emozzione cosí! Chi ce pensa, ar beretto, in quei momenti? Che ve pare?... Ditemme voi, quanno che sparano tutti sti corpi, si ve pare che una signora po pensà ar beretto [...]»

E nel giallo maccheronico e inconcludente di Gadda non mancano toscanismi e forme dotte, lingua burocratica e rimasugli letterari, in una miscela che restituisce, ancor piú deformata e spietatamente parodiata, la babele della strada. La lingua affettata e colta della tradizione e il toscanismo sono gli ingredienti principali dell'ironia dissacrante di *Eros e Priapo*[10] al cui inizio colpiscono la «tonitruante logorrea d'uno o d'altro poffarbacco» e un «codesta coscienza l'abbi trovato ricetto» o, proprio alle prime righe:

Li associati cui per piú d'un ventennio è venuto fatto di poter taglieggiare a lor posta e coprir d'onta l'Italia, e precipitarla finalmente a quella ruina e in quell'abisso ove Dio medesimo ha paura guatare [...]

7.3. *Da Fenoglio a Fo.*

Una manipolazione del linguaggio di alta e suggestiva valenza intellettuale è quella che sorprende il lettore del *Partigiano Johnny* (edito postumo nel 1968) di Beppe Fenoglio. Un inglese non di rado di fantasia (è la lingua della primissima stesura del romanzo) convive con invenzioni d'autore, fitte soprattutto tra gli aggettivi (*incuboso fremitoso rincrescioso annegoso*), i verbi (*microspizzare imperigliato infenomenizzato stupefacentato*) e nei sostantivi astratti (*squallorosità desertità vaghità futurità rossità intattità*); a titolo di esempio, apriamo la prima pagina del romanzo:

> Aleggiava da sempre intorno a Johnny una vaga, gratuita, ma pleased and pleasing reputazione d'impraticità, di testa fra le nubi, di letteratura in vita [...] Johnny invece era irrotto in casa di primissima mattina, passando come una lurida ventata fra lo svenimento di sua madre e la scultorea stupefazione del padre.

e sempre nella stessa pagina spilucchiamo le «*settemplici maglie tedesche*», «familiari ed *hangers-on*», *attilatezza*, *proditoriate*. Un montaggio che punta anch'esso, per quanto diversamente, a effetti di iperrealismo, come ben documentano i dialettalismi dei discorsi diretti, tipo «Ma, Tito, che ne sapessi di lui? – protestò il siciliano» [11]. L'espressionismo gaddiano, consacrato dalla critica soprattutto negli anni Sessanta, farà qualche seguito, non si sa se piú per merito proprio o del suo gran mentore, Contini. Antonio Pizzuto manipolò con molto impegno e poco successo la lingua dei suoi libri, puntando soprattutto sul versante colto, letterario, come in questo esempio da *Paginette*:

> Dopo la scuola, pretesto l'esercizio, qualche problema, egli [Lumpi] si recava da Enrico, un'angusta scalina buia, erta, lunghessa in vista giú di scorcio minuscola l'affollata bottega, il signor Martines misurare spiegandone sulla canna le ruote nastri lucidi passamani gale e, sforbicinatovi, con sibilo sinistro lo strappo del tolto, mani imbellite a gara protese, od instabile contro staggi esili trarre seco fettucce insolite. [12]

Stefano D'Arrigo (anch'egli siciliano) ha tentato, prima coi *Giorni della fera* e poi col ponderoso *Horcynus Horca* (che rielabora il testo precedente), una sua ricetta linguistica, in cui gran parte ha il dialettalismo come risorsa tecnicistica del linguaggio della pesca:

> *traffinera* (arpione) *lontru* (barca dei fiocinatori) *scagnozzo* (pescatore giovane) *lanzare* (colpire con la fiocina) *palella* (remo lungo) *filari* (timoniere) *palamitara* (ciò che si usa nella pesca del palamito) *rema* (corrente) *fera* (delfino) *bestino* (squalo) *incroccare* (uncinare) ecc.

Ma i segni del dialetto servono soprattutto a evocare un passato mitico, ad alludere l'arcaicità di gesti e situazioni. Per questo si tratta di un dialetto colto nelle sue pieghe piú vetuste e a volte sovraccariche di antico come in

> *magarico* (stregonesco) *armuaro* (armadio) *gistra* (canestro) *sconzava* (molestava) *sciollero* (bellezza) *sanguosa* (sanguigna) *s'ombria* (si adombra) *tremolizio* (tremolio) *goliva* (faceva gola) *insalaní* (allibí) *travagliatori* (lavoratori) *scianza* (comparaggio) *cafisu* (misura per l'olio) *trucchigno* (astuto) *alliffava* (lisciava) *spubblicata* (massacrata) *svacantavano* (vuotavano) *babbigno* (sciocco) *affrevo* (preoccupazione) *maganzese* (traditore) *incantesimati* (incantati) *mutangolo* (muto) «tangelosa e trova di morire» (ha il suo punto debole e può essere ferita a morte) ecc.

Ha scritto Corrado Grassi: «in generale, il termine dialettale non è scelto per la sua attitudine a rappresentare realisticamente, tranne, naturalmente, i tecnicismi che fanno parte a sé, e nemmeno soltanto per riversare nella prosa del racconto almeno una parte della carica espressiva che [possiede] nell'uso parlato; si sente piuttosto il tentativo di recuperare [...] l'essenza arcaica, la reminiscenza classicheggiante [...] al limite tra dialetto e preziosità arcaica di natura squisitamente letteraria»[13]. Ignazio Baldelli ha mostrato come nel passaggio dalla *Fera* all'*Orca* si accentui il carattere di pretesto espressionistico del dialettalismo da cui nascono neoformazioni come *sgridiare occhiare saliando tastiare nuvoliare incafolla arronzò*. D'Arrigo accentua ancora di piú, nella seconda e piú ampia redazione, i suoi molti suffissati e risuffissati come *scagnozzame ribellionamento soldataro oceanoso stravaganteria*, gli interminabili parasintetici: *s'appanciava indiamantasti sfessavano aggioccarsi incullare*, gli innumerevoli e stucchevoli raddoppiamenti: *alquandoalquando, summo summo, orloorlo, posteposte, cullaculla,* e i composti debordanti come *biancocelestepallidotenerosato* o *boriapomposa* ecc. [14]. È un'operazione di pesante letterarietà che viene da uno scrittore di una regione che, in passato, aveva fornito indicazioni ben diverse, insegnando un uso concreto e realistico della dialettalità dentro la lingua. Qui invece il dialetto è esplicito e, allo stesso tempo, irreale, scritto, inventato, una lingua accademica e barocca. Non è quindi certamente un caso se un italiano ipercolto, arcaizzante, densamente scritto sarà riproposto in tempi recenti, come vedremo, proprio da scrittori siciliani.

L'esperimento piú radicale di una lingua inventata col montaggio di materiali dai dialetti e dai vocabolari della letteratura è forse quello teatrale del Dario Fo del *Mistero buffo,* una serie di atti la cui forza comica è in gran parte dovuta proprio all'oltranza linguistica. Si tratta di un miscuglio di dialetti settentrionali, forme dotte e invenzioni d'autore:

> No, ti ne me g' hai ofesa... ti m'hai molcido ol cor soiamente... eo plango par malenconia de quel fiolo Jesus si dolze... che elo quel ne tocherà de tollerme a morir.
>
> Oh sí, non l'è un bambin, a l'è un berin... mi ne g' ho gimai audi de bambin... no so capaz, mi. Ohi te pregi soldat, no masarme sto berin... [15].

Nel momento in cui il realismo novecentesco rifiuta piú clamorosamente la medietà linguistica corrente, rispuntano, in diverse dosi e con differenti esiti (si veda anche il teatro di Testori), le componenti classiche dell'espressionismo tradizionale, perlomeno di quello padano, dal maccheronico folenghiano ai pasticci scapigliati.

7.4. *Il neorealismo.*

Per altro l'apertura al dialetto o all'italiano regionale come spazio di realismo è fenomeno caratteristico soprattutto dell'immediato dopoguerra, col neorealismo.

Il comportamento degli scrittori oscilla al riguardo tra la

registrazione filologica del reperto dialettale e la sua assimilazione e, addirittura, la sua dissimulazione nell'italiano.

Lo scrupolo della trascrizione fedele è spinto all'abbandono di ogni lingua d'autore e al dominio della voce narrante dei dialettofoni siciliani ne *I banditi a Partinico* (1955) di Danilo Dolci. L'italiano vi si insinua non come invenzione d'autore ma come lingua popolare tentata «da chi ha per madre lingua il dialetto», negli sforzi di nobilitazione del narrato, di cui ha raccolto testimonianze anche Montaldi con le sue *Autobiografie della leggera* (1961). Ma qui siamo nell'etnografia linguistica, ai margini della letteratura, in un territorio intermedio in cui si collocano, sia pure con la libertà inventiva tipica del narratore, autori meridionali come Rocco Scotellaro e lo stesso primissimo Sciascia delle *Parrocchie di Regalpetra* (1956), con sicilianismi esposti tipo: *corrotto* (pianto) *affocato* (soffocato) «di buona gama» (volentieri) *tabuti* (casse da morto) *intosta* (indurisce) *giummo* (fiocco) *vurdunari* (mulattieri), oltre ai tratti sintattici caratteristici dell'italiano meridionale come il verbo in fine di frase («dunque innocente era», «soltanto con la tessera un buon italiano mangiava») e l'avverbio anticipato («niente mi ha detto», «i poveri queste cose subito vedono»), o *tenere* per *avere* («si credeva tenesse molto denaro»)[16].

Ma Sciascia ridurrà presto, nelle opere successive, la visibilità del dialetto, orientandosi inizialmente verso un italiano regionale, solo accennato quando «parla» il narratore e un po' più evidente dove questi parla attraverso i personaggi; si veda, ad esempio, la collocazione del verbo in questo brano da *La morte di Stalin*[17]:

> Calogero si gettò a leggere il rapporto. Ad un certo punto cominciò a dire – vedi dove arrivano questi figli di puttana di americani, di sana pianta l'hanno fabbricato – e intanto avidamente leggeva, imprecava e leggeva; fosse stato vero c'era da sudar freddo, ma tutto inventato era,

dove sarà da notare anche la disinvoltura che abolisce le antiche censure dei puntini davanti alle più grossolane imprecazioni. In un racconto, poi, *La zia d'America*, l'italiano regionale

(E che è aeroplano un treno? dissi io. – Mai l'ho sentito dire che i treni volano).

si coglie anche, per quanto tutto o quasi di laboratorio, nella scrittura popolare delle lettere (della zia):

> Cara sorella, tengo sempre la volontà di venire, tu dici che non ci credi piú, ti assicuro che ad ogni momento ci penso; c'è stata prima la malattia di mio marito, che ora ringraziando Dio sta meglio di prima, poi abbiamo fatto piú grande lo storo [...]

Lo *storo* è l'italianizzazione dell'inglese *store*, negozio, secondo un uso, quello degli emigrati in America, che Sciascia (un po' come il Pascoli di *Italy*) registra con esiti tra filologici e caricaturali:

> se qualcosa ti succede mentre guidi il carro, vengo a tirarti fuori anche se ci vogliono migliaia di dollari; ma se il polise dice che il tuo fiato sapeva di uischi, ti faccio andare alle Tombe, come niente [18].

Ci sono opere, specie di autori meridionali, in cui permane una certa vistosità dell'elemento dialettale, a metà tra reperto realistico e bozzetto impressionistico. Ad esempio nei racconti di Domenico Rea (dove si colgono *capilli pittata Maronna*) oppure nell'*Alfiere* di Carlo Alianello: qui si evidenziano (a volte col corsivo) forme napoletane come *guagliona munaciello* «fuje fuje» «purpetielli e mazzancuolli» (polipi e aragoste piccole) «duoie 'rana nu rotolo» (due grani al rotolo), in qualche caso appena mimetizzate («cose propriamente da pazzi»); ma pur sempre piú estesa è la connotazione regionale dell'italiano, come nel largo uso di *stare* per *essere* o di *tenere* per *avere*, nell'impiego abnorme dell'imperfetto congiuntivo («lo spingevano [...] a ripetere la medesima domanda: conoscessero per caso la famiglia Rodriguez?», «Be'! insisteva Franco – ti fossi fatto un'altra innamorata qui a Gaeta?») o del costrutto di *a* col complemento oggetto («sentite a me», «se tu mi vuoi fare fesso a me») o nella posposizione del verbo o dell'avverbio («quelli della Guardia erano», «una casa grande assai») [19].

Anche nei *Racconti romani* (1954) e nella *Ciociara* (1957) di Alberto Moravia si può osservare l'esibizione, soprattutto nel discorso diretto, del dialetto in funzione realistica. Ecco qualche esempio citato da Grassi[20]: «Che tu possa morí ammazzato», «Li mortacci tua», «Ahò», «E mo'», con escursioni dal dialetto all'italiano popolare: «a me mi tardava di risalire a Sant'Eufemia», «ci avevo il sonno leggero», «sono venuti qui a scocciarci a noi», «a lui gli hanno ammazzato una figlia», «troppe ce ne sono», «tempi pericolosi assai». A volte questi tratti si ritrovano anche (sia pure con minore vistosità) nella lingua della narrazione (ma occorrerà far caso alla persona narrante; ad esempio, *La ciociara* è in prima persona).

Dialetto e italiano regionale gremiscono la pagina del fortunato *Maestro di Vigevano* (1962) di Lucio Mastronardi, dove, nei soli due brevissimi capitoli iniziali, cogliamo: *smorbio*, *muda*, «una bella manata di bianco e la vegne fantastica», *giuntora*, *operaro*, «a Parigi c'è la tur Eifel; num ioma la tur Bramant», «avere su», *bolli* (banconote di grosso taglio). E anche piú fitta è la trama di un italiano popolare, povero sintatticamente, ripetitivo, concordato a senso («un gruppetto di industrialotti se ne stavano», «scesero un industrialotto con la moglie»), sospeso tra lingua e dialetto («ma io ce l'ho detto al sindaco, ce l'ho detto»), vistoso nei suoi segni piú elementari come il *ci* ridondante («E tutti e due ci avevano l'aria contenta»)[21].

7.4.1. Pasolini.

La discesa della lingua narrativa nel vortice delle parlate quotidiane è un'istanza che nel primo dopoguerra si nutre di solenni motivazioni ideali. È il modo proprio del romanzo di rispondere a un bisogno di verità e di testimonianza alimentato dalla cultura della Resistenza. Pier Paolo Pasolini vi risponde con l'immersione nel composito vocío di dialetto, gergo, italiano popolare, in cui parla il mondo borgataro e sottoproletario dei suoi romanzi. Trivialità e dialettalità, italiano e romanesco sono perciò gli ingredienti del linguaggio di *Ragazzi di vita* (1955), anche se dentro una divaricazione tra la voce del narratore e quella dei personaggi che sarà invece superata nel capolavoro, *Una vita violenta* (1959)[22]. Qui il narratore assume (quasi) la stessa parola dei protagonisti, sicché il linguaggio plebeo e gergale circoscrive tutta la narrazione, avvalorandone il realismo e al tempo stesso disegnandone il perimetro sociologico e culturale. Basterà leggere dalla prima pagina del romanzo:

> Tommaso, Lello, il Zucabbo e gli altri ragazzini che abitavano nel villaggetto di baracche sulla Via dei Monti di Pietralata, come sempre dopo mangiato, arrivarono davanti alla scuola almeno una mezzoretta prima.
>
> Lí intorno c'erano già però pure altri pipelleti della borgata, che giocavano sulla fanga col coltellino. Tommaso, Lello e gli altri si misero a guardarli [...] poi vennero due o tre con una palla, e gli altri buttarono le cartelle sopra un montarozzetto, e corsero dietro la scuola [...] Lello e uno che abitava al Lotto secondo, lí accanto, buttarono le dita per dividersi. A Tommasino invece non gli andava di giocare, e si mise a zezza con altri due tre per terra, a guardarsi la partitella.
>
> «Che, è arivato er maestro, a Carlé?» chiese a un mignoletto che gli stava appresso.
>
> «Che nna so!» rispose quello alzando le spalle.
>
> «Chi ce sta oggi, a ffa 'e pulizzie?» chiese dopo un po' Tommasino [...]
>
> «Lello, me sa» fece Carletto.
>
> «Aòh, me fai fumà?» chiese poi [...]
>
> «A Lello!» fece Tommasino.
>
> «E vattene, che vòi?» fece senza filarlo per niente Lello.
>
> «Che, ce stai te oggi a 'ffa pulizzie, a scola?»
>
> «Síne», rispose secco Lello [...]
>
> [...] In quel momento arrivarono sotto porta i ragazzini, in mucchio, e uno di quelli che giocavano contro, tutto allaccato, riuscí ad ammollare un calcio al pallone, che rotolò non tanto forte vicino al mucchietto di breccole: Lello fece un tuffo, pure se non ce n'era bisogno, perché lo poteva prendere pure se si chinava un tantinello, e rilanciò la palla al centro dello spiazzo. Riprese il mozzone che aveva buttato, e tirò qualche boccata, tutto soddisfatto.
>
> «Sei forte, a Lè» gli fece filone Tommaso [...]

i discorsi diretti ricostruiscono filologicamente il romanesco di borgata e la narrazione introduce, da parte sua, altri dialettalismi e gergalismi, sia lessicali (*allaccato ammollare breccole si mise a zezza*) che sintattici («pure se non ce n'era bisogno», «pure se si chinava un tantinello»), col risultato di un racconto che muove da un italiano popolare e gergale al dialetto vero e proprio, con un fitto interscambio tra i due livelli. Tant'è che il libro deve corredarsi di un glossario, soprattutto per i molti gergalismi della malavita che necessitano di traduzione (spulciando solo dalla lettera *p*: *paccare*: tastare, *paludare*: fare l'amore, *pancotta*: malloppo, *panfia*: sorveglianza speciale, *parata*: retata, *pedivella*: passo, *pizzo*: angolo, *puzzare*: sospettare).

Non è questo il luogo per valutare l'esito letterario e il risvolto ideologico di tale operazione; non c'è dubbio però che questo sia uno dei casi in cui il livello della lingua di un romanzo si è piú abbassato; non piú la lingua media ma l'italiano popolare, il dialetto e il gergo assunti anche nella parola del narratore.

Sia pure con esiti meno importanti, altri autori riprenderanno questa lezione, esibendo un italiano dai tratti popolari molto vistosi. Per esempio Carlo Castellaneta in *Villa di delizia* (1965) ostenta circa 360 «unità lessicali e fraseologiche» dialettali o regionali, ora filologicamente rispettate ora adattate all'italiano; ma ciò che conta è che la commistione delle lingue si immette in una commistione dei piani del discorso (discorso diretto, indiretto e narrazione vera e propria) che scompagina (sia pure, a volte, con meri artifici interpuntori) anche la sintassi:

> raccontagli Luigi, ma lui chissà cosa pensava, accenna qualcosa, soffoca uno sbadiglio, la beatitudine degli antipasti minestrone freddo arrosto con piselli, so io cosa c'è dietro la sua aria annoiata, credete che ci sarà davvero il duello?, Stefania non sa neppure di che parliamo, il conte di Torino, carissima, con quell'Orléans naturalmente, il quale s'è permesso di offendere il nostro onor militare, vedrete che finirà in fumo, afferma l'Ernesto, son tutti dei ganassa questi sangueblú, poi, quando si tratta di incrociare i ferri, ma che caldo! continua Stefania, al massimo un graffio e poi un brindisi al ristorante, e lei scrollava con due dita il bordo della scollatura [...]

L'abolizione di punti fermi e virgolette allinea e compenetra insieme «dialogo, come discorso diretto o indiretto libero, e [...] discorso interiore e [...] narrazione in prima persona» di due personaggi diversi ", con un esito di scoperto (e artificioso, per la verità) agrammaticalismo.

7.4.2. Pavese e Fenoglio.

Il dialetto non è però solo marchio linguistico della realtà popolare; è anche passato, memoria, nostalgia e mito. Questa è la funzione che esso ha, nella sua evidenza, in scrittori veneti come Meneghello o Camon; ed è quella che ha, ma dissimulato e assimilato, in scrittori piemontesi come Pavese e Fenoglio. In *Libera nos a Malo*, il capolavoro di Luigi Meneghello, l'uso del dialetto «non è un uso imitativo, né espressionistico. Il dialetto appartiene al mondo evocato», è la lingua dell'infanzia, del primitivo e ormai perduto rapporto con le cose. Il dialetto inoltre diviene protagonista del racconto, tema della narrazione che lo esplicita e vi riflette:

> Le cose andavano cosí: c'era il mondo della lingua, delle convenzioni [...] e c'era il mondo del dialetto, quello della realtà pratica, dei bisogni fisiologici, delle cose grossolane [...] bastava contrapporli perché scoppiasse il riso [...] La parola del dialetto è sempre incavicchiata alla realtà, per la ragione che è la cosa stessa, appercepita prima che imparassimo a ragionare, e non piú sfumata in seguito dato che ci hanno insegnato a ragionare in un'altra lingua [24].

In Pavese la visibilità del dialettalismo decresce con la maturazione del narratore e lascia il posto a un italiano popolare e gergale (con i vari *tampa gorba piola*), mentre il dialetto (con i lessemi campestri che piú lo caratterizzano: *coppi cavagni casotto bricchi piana* ecc.) diviene allusione e ricordo, linfa riassorbita nella lingua. Aveva scritto nel diario: «Il dialetto è sottostoria. Bisogna invece correre il rischio e scrivere in lingua, cioè entrare nella storia, cioè elaborare e scegliere un gusto, uno stile, una retorica, un pericolo» [25].

Pavese è forse il primo a comprendere i limiti e a realizzare il superamento del dialettalismo filologico pur dentro un'opzione fortemente realistica. Il dialetto trasfuso nella lingua è, in un primo tempo, un italiano popolare, elementare, secco, come una lingua posseduta da poco e usata con diffidenza. Lo caratterizza una vistosa essenzialità, fatta da radicale scarsità dei sostituti del nome di un personaggio, per cui, ad esempio, all'inizio del *Carcere* (che è del 1938-1939), il nome di Stefano compare 17 volte in due pagine e spesso in periodi ravvicinatissimi; poi da un periodare paratattico e brevissimo, da discorsi diretti minimi, senza commento d'autore, da battute, domande monofrasi, dialogo spezzato [26]. Via via questa lingua assume sempre piú i tratti dell'oralità anche quando il narratore (che è spesso, in Pavese, anche personaggio!) avanza la propria voce.

Da *Paesi tuoi* (1941) [27]: ridondanza pronominale e tematizzazione: «l'avessero preso lui», «Michela te la trovo in latteria»; anacoluti: «pazienza quei soldi, ma non l'avrei veduto piú»; anticipazioni: «Traversare la piazza davanti alla stazione c'era da restar secchi»; *che* polivalente: «Monticello è un paese di scarto che di notte non passano i treni», «l'unico posto che sapevo non potevo piú tornarci»; *dovere*, all'imperfetto, nella protasi come segno dell'ipotetica: «dovevi venire con me, ti divertivi»; *noialtri* e *voialtri* per noi e voi; regionalismi piú o meno accusati come *goffo* (stolto), *in faccia* (di fronte), *intero* (fesso), «facesse un po' di magro» (astinenza), «dei momenti» (a volte), «cominciò a lavorarmi sulla porta» (nel senso di cercare di convincermi) ecc.

Pavese mette a punto anche la sua sintassi microfrastica, iperparatattica, con esibizione della coordinazione polisindentica o / e con avverbio temporale (poi):

Talino non si sedeva e tira fuori il suo foglio. Poi viene un milite e si conoscevano e si mettono a discorrere, e quello mi guarda. Io fumavo e prendevo dell'aria.

Ma la mimesi diviene, sempre piú, reinvenzione e l'italiano popolare di Pavese si fa lingua poetica, con significativi travasi di modi e forme dal verso alle prose. Scorriamo i primi due capitoli de *Il compagno* (1947) [28]. Qui ritroviamo i fenomeni noti dell'italiano popolare: *che* multiplo: «Cosa serviva l'ospedale adesso, che ci tenevano la gente tanto tempo e non guariva?», «la notte che Amelio si ruppe la schiena», tematizzazione: «Lui le capiva queste cose», «la chitarra non l'ho piú portata», «Le sue ragazze non le aveva mai fatte vedere», *lui* soggetto, periodo ipotetico con doppio imperfetto: «se venivo un po' prima, li trovavo insieme», *cosa* per *che cosa*: «Cosa dicono i medici?», anacoluti: «Io in quei giorni bastava dicessi», «Io Chelino già

a quel tempo non potevo soffrirlo»; ellissi: «stetti mezza-
mattina se vedevo Linda uscire»; concordanza a senso:
«Cosa gli han dato quella gente?»; persino con sovraccari-
co di tratti come in «Lui era di quelli che gli piace come
canta una chitarra» e poi i regionalismi come *mica cine cic-
chetto sbattuta* (sciupata), «presi a parole» (litigato), «vie-
ni aiutarmi», «l'hai con me», la preferenza per «neanche» (neppure), «tante volte» (molte volte) ecc.

Pavese accentua le prolessi colloquiali: «Di sentirci il
profumo di Linda non ero piú cosí sicuro», «A ballare ci
vai?», «Fargli coraggio non sapevo» e infittisce la paratassi di un periodare a frasi semplici:

> «Non parlava di quando sarebbe guarito. Non parlava di
> niente. Era Amelio. Io dicevo qualcosa; certe volte mi anima-
> vo, lui mi ascoltava, rispondeva a voce bassa»; «Stavo poco in
> negozio quei giorni. Uscivo senza compagnia e andavo a Po.
> Mi sedevo su un asse e guardavo la gente e le barche. Era un
> piacere stare al sole la mattina».

Esaspera la coordinazione alternando polisindeto e
asindeto in maniera vistosa:

> «Salii col fiasco e la chitarra all'ora solita, e suonai con piú
> gusto e bevemmo e parlammo. Di sentirci il profumo di Linda
> non ero piú cosí sicuro. Altre mattine mi appostai dentro il caf-
> fè. Non la vidi passare». Persino l'ipotassi residua è risollevata
> alla coordinazione polisidentica: «Me la sentivo contro il brac-
> cio e toccare il ginocchio ballando e che rideva e camminava».

C'è insomma un'informalità apparente ottenuta col cal-
colo sintattico e sostenuta da ritmi precisi, che si ritrovano
nelle poesie di *Lavorare stanca*. Persino la coerenza testuale pare attenuarsi, alludere a una testualità debole, colloquiale, come si vede fin dall'inizio di *Paesi tuoi* che attacca
senza specificare il soggetto dato per noto: «Cominciò a
lavorarmi sulla porta». Nel neorealismo questa illusione di
«presa diretta» giunge a livelli vistosi, come nell'attacco
del racconto *Il Brianza* di Giovanni Testori che esordisce
con un *invece* irricevibile, in realtà, all'inizio di un discorso: «I fatti invece erano andati cosí»[29].

Questa immediatezza fittizia produce anche pseudoin-
timità come nel deittico che si trova nell'attacco della *Malora* (edito nel 1954) di Beppe Fenoglio[30] («Pioveva su tutte
le langhe, lassú, a San Benedetto mio padre si pigliava la
sua prima acqua sottoterra»); qui la secchezza espositiva si
riflette anche sulla narrazione che riduce al massimo gli interventi dell'autore, specie nei dintorni del discorso diretto. Fenoglio introduce le battute dei personaggi, spesso,
senza commenti e addirittura senza *verbum dicendi* o con
un verbo di grado zero come *disse fece parlò continuò* ecc. I
modi dell'informalità colloquiale si moltiplicano vistosamente, a partire dalla tematizzazione («La pietra gliel'a-
vremmo messa piú avanti»), per proseguire coi processi
già messi a punto da Pavese, come la coordinazione poli-
sindetica insistita, la frase scissa («era lui che [...]»), le
prolessi («Andare ai mercati mi piaceva»), le incertezze
negli ausiliari («Non me ne sarebbe fatto niente»), i tipi
noialtri voialtri ecc.; per finire coi numerosi regionalismi e
dialettalismi: *schivarmeli* (evitarmeli), *a scuro* (a buio), *cen-
sa* (privativa), *macello* (macelleria), *conca* (bacinella), *ar-
barella* (barattolo), «la presi che» (la sorpresi che), «ci fece pro», *stroppo* (gruppo numeroso), *miria* (unità di misura), «dare al cavallo» (avviarlo), *bordello* (chiasso), *rittano*
(ruscello), *corbe*, «sei buono» (sei capace), «tante di quelle volte» (molte volte), «non c'era pericolo di» (poteva ac-
cadere che), «piú poca» (meno) ecc. Il dialogo di Fenoglio
si articola in battute secche, in lingua povera, silenziosa, ripetitiva; una stilizzazione del parlato piú che una sua simulazione:

«Ah,» fece. «Ma Hombre non c'è».
«Non c'è!? Me l'ha intonata di quel Walter e del suo misera-
bile moschetto per dirmi ora che Hombre non c'è? E dov'è?»
«Fuori».
«Fuori dove? Fuori tanto?»
«Di là del fiume».
«Io divento pazzo. Ma che è andato a fare di là del fiume?»
«Voglio dirtelo. Per benzina. Per solvente da usare come
benzina».
«Di stasera non torna?»

«Sarà già tanto che di stanotte ripassi di qua» [...]
«Quando l'avete beccato?»
«Stamattina».
«Dove?»
«Sull'altro versante, verso Alba».
«Come?»
«La nebbia. Da noi era un mare di latte».
«È tuo fratello?»
«No» [31].

I dialettalismi (*me l'hai intonata, di stasera, di stanotte*),
le forme colloquiali (*sarà già tanto, beccato*) sono esaltati
dalla secchezza delle battute, dalla nudità un po' america-
na delle domande e delle risposte.

7.5.   *Calvino: la fine del dialetto.*

I casi di Pavese e Fenoglio hanno mostrato come il realismo linguistico non sia perseguito piú tanto attraverso il
restauro dialettale quanto attraverso la ricostruzione (non
di rado letteraria) dell'italiano popolare. Lo stesso accade
in Vasco Pratolini, che si volge ai tratti regionali del suo italiano a partire da *Metello* (1955) e li accentua nelle opere
successive (specie *Lo scialo*). La ridotta distanza tra narratore e narrato consente una piú larga accoglienza dei fenomeni locali. Ingemar Böstrom analizzando una serie di
doppie opportunità del tipo (noi siamo malati / noi si è malati, non faccio in tempo / non fo in tempo, l'hai detto tu /
l'hai detto te ecc.) ha dimostrato come il lato regionale si
vada accentuando nella seconda stagione pratoliniana [32].
Per la verità, però, piú che il vernacolo, sempre moderato
(come ha mostrato Grassi[33]) anche nelle piú esibite appari-
zioni lessicali (*procaccine babbo assordito bischeraccio trom-
baio cacio labbrate sportimanne stioppa péggiora*), Pratolini
cerca l'italiano parlato, calcando su quei tratti regionali
che piú si ritrovano nella lingua media e popolare. Da qui
la riduzione, notata da Böstrom, dei dati piú colti e letterari (*ove* → *dove, vi* → *ci*) e il largo impiego di forme colloquiali come «non gli piace» per «non piace loro», «a me
mi piace», oltre a opzioni piú nettamente vernacolari co-

me i (non molti) «l'hai detto te» o «noi si è malati» o «è digià partito».

Che la ricetta del dialetto fosse angusta e datata, lo dimostra anche il caso di Giovanni Testori, che non tarda, nella seconda redazione del *Dio di Rosario* (1958) a trasferire all'italiano regionale i ruoli nella prima (1954) sostenuti dal dialetto, mentre ciò che già suonava nell'italiano di Lombardia tende all'italiano medio nazionale, come ben mostra questo esempio studiato da Ignazio Baldelli [34]:

> [Prima ed.] I vist che roba? Ma avete visto che roba? De mat, eccu, de mat! Quel lí al gh'à un mutur in di ciap! Un motore! Ve lo dico io! – E continuando a tirarsi dietro la coperta che, di tanto in tanto, restava pressata tra la folla, arrivò presto cosí vicino al Pessina da poterlo brancare, come fece, per la maglia.

> [Seconda ed.] Avete visto che roba? Al posto delle gambe, quello lí ha un motore! Un motore! e continuando a trascinar la coperta che di tanto in tanto restava impigliata nella folla, arrivò cosí vicino al Pessina da poterlo prendere, come fece, per la maglia.

Il dialetto è tradotto o eliminato; avanza al suo posto il regionalismo (*quello lí*), ma a sua volta i regionalismi regrediscono verso lo standard (*tirarsi dietro* → *trascinar*; *pressata* → *impigliata*; *brancare* → *prendere*); e cosí, altrove, *contar su* → *sostenere*, *andare da per me* → *arrivar solo*, *molla* → *rallenta*, *balla* → *menzogna*, *gelosie* → *persiane* ecc.

Italo Calvino, come nessun altro, aveva precocemente capito i limiti dell'immersione nel reale piú povero dei costumi e della lingua e lo aveva giudicato negativamente: «sappiamo che questo non è che l'estremo travestimento del protagonista lirico-intellettuale, cui non resta ormai altra carta su cui puntare se non la cancellazione di se medesimo». Affermava: «la lingua letteraria deve sí continuamente tenersi attenta ai volgari parlati, e nutrirsene e rinnovarsene, ma non deve annullarsi in essi, né scimmiottarli per gioco». Lo scrittore non deve «fotografare con compiacenza i dialetti» ma «costruirsi una lingua la piú complessa e funzionale possibile per il proprio tempo» [35]. Da qui un giudizio critico sulla sua stessa opera giovanile, *Il*

sentiero dei nidi di ragno (1947), *Ultimo viene il corvo*
(1949), capolavori, con i romanzi e racconti di Pavese, del
neorealismo:

> Scrivendo, il mio bisogno stilistico era tenermi piú in basso
> dei fatti, l'italiano che mi piaceva era quello di chi «non parla
> italiano in casa» [...] il tema lingua-dialetto, è presente qui nel-
> la sua fase ingenua: dialetto aggrumato in macchie di colore
> [...] scrittura ineguale che ora s'impreziosisce ora corre giú co-
> me vien viene badando solo alla resa immediata; un repertorio
> documentaristico [...] che arriva quasi al folklore [...]

Sono osservazioni che Calvino fa prefando una riedizione (1964) del suo primo romanzo [36], dove si trovano dialettalismi liguri come «di qui un po'», «darci una botta»,
«averne basta», *beudi carrugio camalo angosciare* ecc., oltre i sicilianismi del personaggio che dice «Me ne bbatti i
bballi». Ma Calvino è ingeneroso con se stesso: fin da subito infatti egli si era avviato verso un assorbimento del dialetto nella lingua, «come plasma vitale ma nascosto» e un
superamento definitivo dello sfruttamento esterno e pigro
delle risorse del repertorio linguistico nazionale. La sua è
già dall'inizio una «utilizzazione controllata e tutt'altro
che spinta del dialetto», perché «ciò che esibiscono i registri "bassi" della scrittura calviniana non è tanto una presa
in carico della secca diglossia lingua-dialetto (o "dialetti")
quanto la capacità di diagnosticare prontamente – e rappresentare in modo adeguato – le formazioni intermedie
che nascono da quella diglossia e che sotto gli occhi stessi
di Calvino hanno acquistato via via maggiore importanza
socio-linguistica» [37]. Piú che il dialetto dunque, è l'italiano
regionale e colloquiale a sostenere in Calvino il ruolo di lingua della realtà, mentre il reperto filologico idiomatico si
rifugia sempre piú nella lingua citata, nostalgicamente
pensata e rievocata dall'infanzia [38].

---

[1] Gli esempi sono tolti dallo spoglio di C. Grassi, *Corso di storia della lingua italiana*, Giappichelli, Torino 1966, pp. 128-75. Per Pea cfr. anche G.
Contini, *Il lessico di Enrico Pea*, in *Varianti e altra linguistica*, Einaudi,
Torino 1970, pp. 258-80.
[2] A. Palazzeschi, *Le sorelle Materassi*, Mondadori, Milano 1968, citazioni

tra parentesi alle pp. 71, 231, 310, 299, 202; le altre da C. Grassi, *Corso di storia* cit., p. 174.

³ Esempi di I. Baldelli, *Varianti di prosatori contemporanei*, Liviana, Padova 1973, pp. 1-23.

⁴ Un analogo processo correttorio Maria Corti (*Metodi e fantasmi*, Feltrinelli, Milano 1969, pp. 41-52) ha osservato in Romano Bilenchi: nelle successive edizioni dei racconti di *Mio cugino Andrea* ('43, '46, '58) cade in genere proprio la connotatività regionale all'inizio abbastanza marcata: «vuoi rimettere il tempo perduto, eh?» → *riacquistare*; «non voglio essere corbellata» → *canzonata*; «ti è caduta dallo scollo» → *seno*; «a me stufa il maiale fresco» → *piace poco*; «figliolo» → *figlio*, «pure» → *anche*; e in genere sono ridotti i fenomeni di oralità sentiti come sub standard: «tira un cassetto» → *apre*; «non sono più buona a [...]» → *capace*; «gli volevo bene a mio cugino» → *Volevo bene*; «ce l'ebbi con Andrea» → *fui di malumore*.

⁵ Le citazioni sono da G. Contini, *Introduzione alla Cognizione del dolore*, in *Varianti e altra linguistica* cit., pp. 601-20.

⁶ C. E. Gadda, *La cognizione del dolore*, Einaudi, Torino 1970, p. 161.

⁷ C. Grassi, *Corso di storia* cit., p. 180.

⁸ C. E. Gadda, *L'Adalgisa*, Einaudi, Torino 1963, p. 222.

⁹ Id., *Quer pasticciaccio brutto de via Merulana*, Garzanti, Milano 1970, pp. 20 e 25.

¹⁰ Id., *Eros e Priapo*, Garzanti, Milano 1967, citazioni da p. 9.

¹¹ B. Fenoglio, *Il partigiano Johnny*, Einaudi, Torino 1968; gli esempi dalla «nota introduttiva», dalle pp. 2 e 43.

¹² A. Pizzuto, *Paginette*, Lerici, Milano 1964, pp. 9-10.

¹³ S. D'Arrigo, *Horcynus Orca*, Mondadori, Milano 1975; la prima, parziale redazione era uscita sul «Menabò», (3) 1960, pp. 7-112 col titolo *I giorni della fera*; da questa sono tolte le citazioni riprese da C. Grassi, *Corso di storia della lingua italiana*, Giappichelli, Torino 1970, parte II, pp. 125-33, che sottolinea anche il ruolo della sintassi, dove largheggiano i passati remoti e lo smembramento del nesso verbo + predicato nominale («Allegri, giovanottelli e mansi mi sembrano»; «Noi gente senza istruzione siamo»).

¹⁴ I. Baldelli, *Dalla «Fera» all'«Orca»*, in *Conti, glosse e riscritture*, Morano, Napoli 1988, pp. 267-96.

¹⁵ D. Fo, *Mistero buffo*, Bertani, Verona 1973, pp. 148 e 34.

¹⁶ D. Dolci, *Banditi a Partinico*, Laterza, Bari 1955; D. Montaldi, *Autobiografie della leggera*, Einaudi, Torino 1961; R. Scotellaro, *L'uva puttanella*, Laterza, Bari 1964; L. Sciascia, *Le parrocchie di Regalpetra*, Laterza, Bari 1956 e cfr. C. Grassi, *Corso di storia della lingua italiana* cit., parte II, pp. 141-47.

¹⁷ L. Sciascia, *Gli zii di Sicilia*, Einaudi, Torino 1972 (prima ed. 1958), p. 91.

¹⁸ *Ibid.*, alle pp., nell'ordine, 30, 43 e 54. Nell'ultimo esempio non è difficile riconoscere gli inglesi *car*, *police*, *wischy*, *the Tombs* (il carcere di New York).

[19] Cfr. C. Grassi, *Corso di storia* cit., parte II, pp. 7-14.

[20] *Ibid.*, pp. 167-74.

[21] L. Mastronardi, *Il maestro di Vigevano*, Mondadori, Milano 1971.

[22] Garzanti, Milano 1975.

[23] Esempi e citazioni da E. De Felice, *Il «parlato» di Castellaneta*, in «Nuova Antologia», (2IIII) novembre 1976, pp. 415-26; cfr. anche L. Surdich, *Invito alla lettura di Castellaneta*, Mursia, Milano 1975.

[24] Citazioni da C. Segre, *Gli strati linguistici in Libera nos a Malo di Meneghello*, in *Intrecci di voci*, Einaudi, Torino 1991, pp. 60-69 e da L. Meneghello, *Libera nos a malo*, Feltrinelli, Milano, pp. 40 e 48; cfr. anche N. Pesetti, *Dialetto borghese e dialetto «vilano» nella narrativa veneta contemporanea*, in *I dialetti e le lingue delle minoranze di fronte all'italiano*, Atti dell'XI Congresso della S.L.I., Bulzoni, Roma 1979, pp. 667-76. Di F. Camon si veda *Il quinto stato*, Garzanti, Milano 1977 (poi riedito con importanti variazioni).

[25] Citato da G. L. Beccaria (a cura di), *Letteratura e dialetto*, Zanichelli, Bologna 1975, p. 121-24.

[26] Sulla lingua di Pavese si veda la bibliografia citata da G. L. Beccaria, *Letteratura e dialetto* cit.; *Il carcere* è citato dall'edizione di Einaudi, Torino 1973.

[27] Citazioni dalle prime 21 pagine dell'ed. Einaudi, Torino 1990.

[28] Einaudi, Torino 1989.

[29] Feltrinelli, Milano 1962.

[30] B. Fenoglio, *I ventitré giorni della città di Alba. La malora*, a cura di M. A. Grignani, Mondadori, Milano 1974.

[31] Id., *Una questione privata*, Garzanti, Milano 1970, pp. 77-78.

[32] I. Böstrom, *Osservazioni sulla lingua di Vasco Pratolini*, in «Studi di grammatica italiana», IV (1984-85), pp. 115-56.

[33] C. Grassi, *Corso di storia* cit., pp. 187-91.

[34] I. Baldelli, *La traduzione di Testori*, in *Varianti di prosatori contemporanei* cit., pp. 76-91.

[35] Da *Una pietra sopra*, Einaudi, Torino 1980, p. 8.

[36] *Il sentiero dei nidi di ragno*, Einaudi, Torino 1964.

[37] P. V. Mengaldo, *Aspetti della lingua di Calvino*, in aa.vv., *Tre narratori. Calvino, Primo Levi, Parise*, a cura di G. Folena, Liviana, Padova 1989, pp. 14 e 17 ora in *La tradizione del Novecento III*, Einaudi, Torino 1991, pp. 227-92.

[38] Mengaldo rinvia giustamente alle speculazioni calviniane sull'«ubagu / umido», ora nel racconto *Dall'opaco*, in *La strada di S. Giovanni*, Mondadori, Milano 1990, pp. 117-32.

8.
La lingua comune: consenso e rifiuto

8.1. *Il trionfo dell'italiano medio.*

Analizzando le varianti di due edizioni (1952 e 1958) di *Fausto e Anna* di Carlo Cassola, Ignazio Baldelli segnalava la netta volontà dell'autore di orientare la propria scrittura su una lingua comune, esente il piú possibile da connotazioni regionali o scarti grammaticali. Il processo è realizzato secondo due linee opposte e convergenti; attenuando il residuo di letterarietà o formalità scritta (*formula* un desiderio → *esprimi*; *sostarono* → *si misero*; a piú *riprese* → piú *volte*; come poteva sostenere che si *stesse* meglio da ragazze → [...] *si stava* [...]; *si vociferava* → *correva voce*) e riducendo le macchie dialettal-regionali (*acciabattare* → *un rumore di ciabatte*; *mise via* → *ripose*; *bimba* → *bambina*; *le ruzze* → *le lune*; *smagliato* → *scappato*; *cantonale* → *credenza* ecc.). Del resto, come Calvino, anche Cassola ha rifiutato la soluzione del dialetto, giudicandola un «feticismo della parola», un dannunzianesimo rovesciato ma non diverso. Da qui la sua tendenza a un italiano medio, con tutti i fenomeni di segmentazione e consuetudine pronominale tipici dell'oralità accettata e consueta («i capelli li portava corti», «Anna e la zia quell'ultimo tratto lo fecero a piedi», «lei del resto se la godeva poco la stagione» ecc.), ma anche con tutte le formule stereotipate dello scritto medio, dell'uso ufficiale, giornalistico come qui:

> I villeggianti venivano dai paesi dell'immediato retroterra, ma qualcuno anche da lontano, da Firenze, da Roma. La famiglia che prendeva in affitto una camera da loro, era di Firenze. Erano gente alla buona, e le avevano ripetutamente invitate, sia lei che la sorella Bice. Bice una volta c'era andata, per tre o quattro giorni; ma lei no. Che gliene importava di veder Firenze?

dove, con soluzioni colloquiali come «una camera da loro», «gliene [...] di [...]», convivono formulari scritti tipo
immediato retroterra e *ripetutamente invitate*[1].

Il luogo romanzesco in cui era piú evidente la rottura
dello standard non poteva che essere il discorso diretto,
dove era possibile persino il dialetto, ovvio il regionalismo,
d'obbligo una lingua secca, povera, elementare, in sintonia
con i personaggi. Ecco un brano dal *Garofano rosso* (1933-
1936) di Elio Vittorini[2]:

> «Giusto» diceva il vecchio.
> «C'è il pane degli uomini e il pane delle case» dicevo io.
> Un giorno gli chiesi:
> «Vero che gli operai non stanno bene?»
> Mi rispose: «Potrebbero star meglio, non è questo...»
> «Cosa non è questo?» gli chiesi.
> «So mica io» mi rispose.

È in un italiano minimale; i discorsi sono secchi, mono-
frase; c'è una cadenza di oralità (piú che di dialettalità: *mica*) diffusa (*cosa, vero* ecc.). In Pavese questa lingua esce
dai dialoghi e invade anche il narrato[3]:

> Suonavo di gusto perché adesso era giorno, e nel momento
> che avrei smesso la chitarra qualcosa finiva. Non sarei piú tor-
> nato indietro.
> Dovevo aspettarmelo che Linda, appena soli, avrebbe detto:
> – Che cos'hai?
> Tante bugie c'eravamo raccontate, tante cose avevamo ta-
> ciute, che anche stavolta dissi: – Niente.
> Lei mi disse: – Sei pazzo. Si sedette sul letto e si tolse il cap-
> pello. – Dammi un bacio, – mi disse.
> Le diedi un bacio sulla faccia, e ci prendemmo le mani. Era
> come baciare una pianta. Lei riaprí gli occhi e mi guardò.
> Ero sicuro anche stavolta che ci stava volentieri.

Il discorso diretto è ridotto a un'essenzialità evidenziata persino dai *verba dicendi* lasciati senza alcuna connotazione, ma non meno informale è l'italiano del narratore
(*ci stava, faccia*, il periodo ipotetico con condizionale e imperfetto).

Ma non è questa la strada su cui proseguirà la narrativa.
Abbastanza presto il romanzo recupera una lingua me-

~~dia, che non finge di non essere scritta e non teme di sem~~-
brare parlata. Si vedano questi brani da *Il giardino dei Finzi
Contini* (1962) di Giorgio Bassani:

> «E allora: quand'è che torni a invitarmi a mangiare la mine-
> stra di fagioli?», chiedeva intanto [Micol] alla Vittorina, in dia-
> letto.
> «Quando vuole lei, *sgnurina*. Basta solo che si contenti...»
> «Uno di questi giorni dobbiamo proprio combinare. Devi
> sapere», aggiunse, rivolta a me, «che la Vittorina fa delle mine-
> stre di fagioli *monstre*. Con la cotica di maiale, naturalmente
> [...]»[4].

Il dialetto resiste solo nel corsivato *sgnurina* e residua
nell'italiano informale (il costrutto *quando è che*[...]), ma
immediatamente è corretto dalla citazione del francesismo, che cambia, con l'interlocutore, anche misura dialogica, elevandola verso un livello piú alto, meglio consono
allo stile bassaniano. L'autore evidenzia le rotture al suo
monolinguismo e le distanzia, riflettendole esplicitamente,
come in questo brano che sottolinea dialetto e italiano regionale:

> «Di che marca è [l'ascensore]?» [...]
> «*El gà* piú di quaranta anni, ma tirerebbe ancora su un reg-
> gimento».
> «Sarà un Westinghouse», azzardai, a caso.
> «Mah, *sogio mí*...», borbottò, «... uno di quei nomi là».
> Di qui partí per raccontarmi come e quando l'impianto fosse
> stato «messo su»[5].

La decisione per la lingua media e comune, dopo gli abbassamenti del neorealismo e le infrazioni espressionistiche e d'avanguardia, è, dunque, innanzitutto, scelta di una
lingua piú ricca e, in parte, anche piú complessa di quella
ammessa dal romanzo dell'immediato dopoguerra. Prendiamo il capitolo IV dei *Finzi-Contini*: vi troviamo forme di
consumata, quasi burocratica formalità come: *per ciò che
mi concerne, fornire precisi ragguagli*, voci dotte: *angusto
occorso accolta* (sostantivo femminile) *novero irremeabili*,
sinonimi che ribattono e ampliano il concetto del primo
termine: *complicità e connivenza, ambigui e sfuggenti, aperti e ottimisti, semplici e rozzi, significativo e importante*,

«*lontanissimi, inattingibili*», «*una avidità, una golosità*», «*curvo, quasi prostrato*», i *buchi e gli strappi*, e che variano, evitando ripetizioni fastidiose nella scrittura: *tutta gente/ tipi*, «sapere, comprendere davvero», «i compagni di scuola, gli amici d'infanzia» ecc.

Anche la sintassi ritrova una pluralità di soluzioni, e spazia dalle sequenze paratattiche e microfrastiche (a volte nominali):

> «Qualcosa di piú intimo. Ma che cosa, propriamente? Si capisce: in primo luogo eravamo ebrei, e questo in ogni caso sarebbe stato piú che sufficiente. Mi spiego»; «Smentii, in tono reciso: non era vero, non avevo ricevuto nessuna lettera del genere; almeno io»[6].

a periodi ampi, architettonicamente ben organizzati, come, ancora nel capitolo IV della prima parte, quello di ben 18 righe, strutturato su una triplice correlazione: *sia che*, in cui ogni subordinata correlata è a sua volta veicolo di altre subordinate e infine l'intero complesso è chiuso da una ricapitolazione dopo i due punti: «per un verso o per l'altro stavo quasi sempre con la testa voltata».

Non è certo un caso se romanzi di pronto e grande successo come *Il Gattopardo* (uscito nel 1958) sono scritti in questo italiano medio, che non rifiuta un minimo di complessità sintattica, pur dentro la misura prevalente della paratassi. *Lessico famigliare* di Natalia Ginzburg espande il nucleo nominale della frase, con serie di dettagli che ne articolano l'organizzazione e ne variano i modelli:

> La loro insofferenza si traduceva in grandi musi e lune, sguardi spenti e facce impenetrabili, risposte monosillabiche, rabbiosi sbatter di porte che facevano tremare la casa, e recisi rifiuti ad andare, il sabato e la domenica, in montagna [...] La Paola avrebbe voluto tagliarsi i capelli, portare i tacchi alti e non le scarpe mascoline e robuste [...] La Paola trovava Gino noioso, Rasetti noioso, gli amici di Gino in genere tutti noiosissimi, e la montagna insopportabile [...] diceva di avere in odio le scarpe chiodate, i calzettoni di lana e le minute lentiggini [...][7].

La paratassi non prosciuga qui il fraseggio, ma allunga orizzontalmente la sintassi frasale e invece di elementarità e secchezza induce il dettaglio, la dovizia dei particolari. In Cassola di *La ragazza di Bube* troviamo molte sequenze come queste:

> Svelto scese dal letto, aprí gli scuri; si mise le scarpe, tirò fuori un pettine, e si diede una ravviata davanti allo specchio. Sopra il cantonale c'era anche quella fotografia formato cartolina che Mara s'era fatta l'anno prima a Colle: [...] Bube la prese in mano; senza dir niente la rimise a posto, infilò la giacca e uscí dalla porta[8].

dove i verbi aderiscono minuziosamente e come al rallentatore ai movimenti del personaggio. In questo fraseggio essenziale e minuto c'è sempre meno posto per incursioni dentro le varietà del repertorio. Non è allora un caso che sia rigorosamente monolingue uno scrittore come Guido Morselli, arrivato al successo solo dopo la morte, ormai negli anni Settanta. La sua è scrittura giornalistica sobria e moderna. Vi domina la paratassi; le frasi sono semplici, brevi e spesso nominali; ecco un brano da *Dissipatio H. G.* (risale ai primi anni Settanta, edito nel 1977)[9]:

> Alle nove, il mattino, ero sveglio, scostavo la ragazza – dall'occhio-nero che si era giaciuta nel mio letto, frigida e inutile. Sul cuscino una crosta di sangue rappreso. Mi tasto; i capelli, raggrumati di sangue. Il colpo che avevo dato contro la roccia, nel venire via dalla caverna del sifone. Niente di grave in apparenza. Mi sono scaldato la colazione, ho mangiato con la fame del redivivo [...]

Come si può osservare, non solo il periodo è spezzato in frasi (da *Mi tasto* [...] *a sifone*) ma una frase è addirittura spezzata in due (*Mi tasto; i capelli*) a scopo di evidenziarne gli elementi. L'autore ironizza[10] tra virgolette sul linguaggio della cronaca nera con i suoi «groviglio di lamiere contorte» e gli «infelici guidatori»; ma, nello stesso passo, scrive «la carreggiata [...] ostruita da due furgoni» o «invertire la marcia». Il suo italiano accoglie i forestierismi necessari e anche i superflui: *tank, peluche, tarte-aux-pommes*; non evita i verbi giornalistici in *-izzare* (*tipicizza parentesizzare*), le parole composte (*il radio-mondo, ultrasensibile, ultraprecisa, fobantropo, operazione-pulizia, minigrattacieli*), i tecnicismi di moda (*rettifili corollario assiomi*), le forme dotte (*epicedio melopea perenta nittalopo e nottiva-go*) e quelle colloquiali (*sgommando stravaccato venir via*), le ellissi dell'oralità («L'ideologia, oppio dei popoli, *requiem*») e le forme di contatto (i vari: *s'intende*, le finte domande ecc.). Ma è anche una scrittura che sfida le piú piccole variazioni prosodiche dell'orale con una minuziosa punteggiatura: «Poi salgo, adagio, gli scalini. So di trovarla, magra e bionda, silenziosa come allora, mentre giro l'interruttore sull'uscio della sua camera. La trovo», ed esibisce ricchezze seriali e di nomenclatura: «non c'è stato trapasso, malattia, agonia, angoscia», «un diverso mugolio, miagolio, scoppiettamento, fischio», «le strigi, i gufi, gli allocchi, e le civette».

La medietà linguistica non è ormai piú solo fuga dalle connotazioni geografiche e sociologiche; è anche rinuncia a fissare uno «stile» attraverso la sottolineatura di un procedimento, di un tratto sintattico o lessicale. Succede allora che tutte le possibilità, purché contenute dentro la gamma della norma media, sono consentite; di conseguenza si afferma una tipologia periodale di complessità sintattica controllabile, sempre prontamente bilanciata da paratassi a frasi brevissime, come in questi brani da *La storia* (1974) di Elsa Morante[11]:

> Una di quelle mattine Ida, con due grosse sporte al braccio, tornava dalla spesa tenendo per mano Useppe. Faceva un tempo sereno e caldissimo. Secondo un'abitudine presa in quell'estate per i suoi giri dentro al quartiere, Ida era uscita, come una popolana, col suo vestito di casa di cretonne stampato a colori, senza cappello, le gambe nude per risparmiare le calze, e ai piedi delle scarpe di pezza con alta suola di sughero.

> Il loro caseggiato era distrutto. Ne rimaneva solo una quinta, spalancata sul vuoto. Cercando con gli occhi in alto, al posto del loro appartamento, si scorgeva, fra la nuvolaglia del fumo, un pezzo di pianerottolo, sotto a due cassoni dell'acqua rimasti in piedi.

L'indifferenza alla grammatica e alla sintassi conferma paradossalmente la norma; la medietà risulta dal rifiuto di soluzioni univoche e del plurilinguismo esasperato (si vedano, ad esempio, i romanzi recenti di Roberto Pazzi). L'azzeramento dei rilievi invita a sorvolare sul mezzo che pare trasparente e puramente transitivo verso il significato; il racconto sembra prevalere sui suoi modi (perlomeno quelli linguistici; restano piú vistosi, invece, quelli strutturali e compositivi). Non è qui il caso di valutare letterariamente questo esito; ma non va taciuto che, proprio quando è finalmente entrato nel dominio della lingua media e omogenea, tanto a lungo cercata dall'Ottocento in poi, il romanzo italiano rischia di impantanarvisi, perdendo, con le vecchie risorse del repertorio, anche vitalità e originalità.

8.2. *Il rifiuto della medietà linguistica.*

Ma l'approdo alla lingua media è avvertito anche come mortificazione della creatività, conformismo ideologico, rovesciamento dei valori piú autentici. È la polemica verso il romanzo del cosiddetto Gruppo '63 che si traduce, al suo livello piú alto e consapevole, nel romanzo anti-romanzo di Edoardo Sanguineti, *Capriccio italiano* (1963) [12]. Qui l'italiano appare nella disgregazione dei materiali che ne compongono la grammatica (la sintassi è rotta, sconcordata) e nell'esaltazione di quelli che la negano (l'italiano popolare coi suoi *ci* ridondanti, i *che* polivalenti ed eccedenti, la deissi insistita, la *correctio* invadente dei *cioè*):

> La benda è come un serpente, lí per terra, sporca di una roba lí bagnata, che anche la mano è sporca di una roba lí bagnata, che è la stessa roba, sempre, che adesso si cola lí sulla piastrella che c'è, che sembra che ci fa una sua fatica, a uscirci da quella mano guasta, quella roba lí, a lui.

> Perché sono in quella parte del giardino che ci sta dietro l'albergo, che adesso me lo ricordo benissimo, che c'è quel gran disordine degli alberi, che anche di giorno, certo, se li guardi di lassú, cioè da una finestra, e cioè poi dall'albergo, niente ci vedi dentro [...]

Non meno vistose, anche se piú manierate, le evasioni di Arbasino, ad esempio in *Supereliogabalo*; e si capisce che la rottura linguistica è tale che solo nell'esplosione delle strutture stesse della narrazione può avere senso. Già un

racconto del '57, da *Le piccole vacanze*[13], pur dentro un sostanziale rispetto delle regole della lingua, fa intravedere la
minaccia che le metterà in crisi nel decennio successivo:

> Mira vicino a noi; Mira contro il cielo bianco; Mira biondissi-
> ma fra i papaveri e il grano; Mira cacciata di classe, colpevole di
> «solidarietà nel male», cioè di non aver studiato, secondo gli
> accordi comuni, una dose di lezione eccessiva; Mira in fuga da-
> vanti ai piccioni disturbati mentre covavano; a cavallo; pastora
> d'oche; vendemmiatrice; a fianco del radiogrammofono, gi-
> rando interi pomeriggi il disco di *Auprès de ma blonde* e noi
> due cantavamo a gran voce, ma spesso una compagnia piú nu-
> merosa, incerta fra il poker e Monopoli, insisteva per eternare
> ben altre esecuzioni, allora [...]

La sintassi narrativa si sfalda, non conosce piú le distinzioni e le proporzioni che ne regolano l'accettabilità presso
il lettore:

> A Laura avevo detto già che avevo tante buone ragioni per
> venire al Forte in agosto, amici, parenti, e lei sa che non sono
> storie [...] Ma non verrà, non viene, se non viene, se non venis-
> se, è già l'ora, è passata, non viene, non viene piú. No, è inutile,
> non viene. E io pezzo di deficiente. Cretino, bestia, a non chie-
> derle l'indirizzo, non assicurarmi meglio [...]

Persino il discorso diretto e quanto lo accompagna, negli esperimenti d'avanguardia, escono dai canoni che lo caratterizzano. In un dialogo da *L'arte della fuga* (1968)[14] di
Giuseppe Pontiggia i *verba dicendi* alternano modi e tempi
storici e narrativi ad altri ipotetici:

> – Fermiamoci – avrei detto.
> – Non basta piú negare – gli risposi.
> – Perché ha paura a negare? – mi avrebbe chiesto. – Ha una
> scelta migliore?
> – Lei ha sbagliato in questo – mi disse invece.

in un gioco che sovrappone l'accaduto (romanzesco) al
possibile. Al limite, poi, il discorso riportato può perdere
ogni apparenza di lingua e farsi sonorità vuota, mimica fonica senza senso:

> Una donna in vestaglia venne ad aprire.
> – Gll aaa dli t gll
> Entrarono nel salotto.

– Frrw y bv?
·Gll aaa dli t gll
– J prt lllm dlau...

L'indagine analitica, la psicoanalisi con le tecniche di registrazione e liberazione delle associazioni spontanee favoriscono a loro volta l'infrazione sintattica, l'esasperazione di uno stilema; la sequenza paratattica dilaga, come nelle prime pagine di *Campo di concentrazione* (1972) [15] di Ottiero Ottieri, con ipertrofia dello stile nominale e delle frasi di modo infinito:

Passate tre settimane di clinica (durante le quali è stato impossibile scrivere).
Ricordarsi di dire che la sera stando «meglio» ho gli stessi problemi di scelta che a casa. Raccontarli all'analista.
Le occasioni e l'amica.
La vergogna di...
La posta alla...
Una via l'altra. La ridda delle donne vagheggiate. Ritorno come prima... Come usavo, non mi muovo piuttosto che scegliere.
Il pericolo è che non ci siano novità (dall'esterno?)
Che tutto torni come prima.
Il rinnovamento. Gli occhi nuovi. Guarire.
Che subentri l'agitazione ansiosa.
Il non potere non volere perdere nulla.
After all that desperation the danger is to be the same as before (questa clinica è molto internazionale).

Persino il multilinguismo serve a marchiare la fuga dalla norma, il linguaggio non comprensibile dell'inconscio; ma l'artificiosità, la macchinosità è evidente. L'autore deve attenuare il tasso di infrazione per tenere in piedi il racconto, ma non riesce a evitare la monotonia, la sequela noiosa, oggi illeggibile. E tuttavia è un segno inequivocabile: il discorso dell'io, vuole una libertà linguistica piú ampia, meno freni, piú arbitrarietà soggettiva.

---

[1] Citazioni e suggerimenti da I. Baldelli, *Verso una lingua comune: Bassani e Cassola*, in *Varianti di prosatori contemporanei*, Liviana, Padova 1973, pp. 68-74.

[2] E. Vittorini, *Il garofano rosso*, (prima ed. in volume 1948), Mondadori, Milano 1975, p. 95.

[3] C. Pavese, *Il compagno*, Einaudi, Torino 1989, p. 68.

[4] G. Bassani, *Il giardino dei Finzi-Contini*, Mondadori, Milano 1976.

[5] *Ibid.*, p. 229.

[6] *Ibid.*, pp. 34 e 67.

[7] N. Ginzburg, *Lessico famigliare*, Mondadori, Milano 1972, pp. 56-57.

[8] C. Cassola, *La ragazza di Bube*, Club degli Editori, Milano 1969, p. 28.

[9] G. Morselli, *Dissipatio H. G.*, Adelphi, Milano 1977, p. 28.

[10] *Ibid.*, dai capp. VI e VII. Cfr. V. Coletti, *Guido Morselli*, in «Otto/Novecento», 5 (1978), pp. 89-118.

[11] E. Morante, *La storia*, Einaudi, Torino 1974, pp. 168 e 170.

[12] E. Sanguineti, *Capriccio italiano*, Feltrinelli, Milano 1987[2], esempi da pp. 119 e 51.

[13] A. Arbasino, *Le piccole vacanze*, Einaudi, Torino 1971, pp. 1 e 230.

[14] Adelphi, Milano 1968, pp. 48 e 51.

[15] Bompiani, Milano 1972, p. 9.

Un italiano concreto e preciso

9.1. *Calvino*.

Il rischio della lingua media, pur tanto necessaria al romanzo, sta, lo abbiamo già accennato, nell'amputazione di ogni originalità stilistica, e, sul piano piú specificamente linguistico, nella genericità e monotonia dell'espressione. Prendiamo a caso un passo dalla pur notevole *Storia* di Elsa Morante[1]: il bimbo Useppe, per ingannare il tempo, si mette « per suo conto » a perlustrare « il breve territorio intorno alla capanna »;

> nell'esplorare a quattro zampe il piccolo tratto boschivo alle falde della collina [...] vide pure una specie di topo (dalla pelliccetta vellutata, con una coda minuscola, e i piedi davanti assai piú grossi di quelli di dietro).
>
> Fra gli alberi d'ulivo [...] c'era un albero differente (forse, un piccolo noce) dalle foglie luminose e allegre [...] Nel passare là vicino, Useppe udí una coppia di uccelli chiacchierare assieme e sbaciucchiarsi [...] In realtà questi due, non canarini dovevano essere; ma piuttosto lucherini: genere di uccelletti di bosco piú che di gabbia, che torna in Italia per l'inverno.

C'è qui evidente uno sforzo dell'autrice per contrastare la genericità; esso però si concentra significativamente tra parentesi, in zone cioè « incidentali », oppure si realizza in definizioni vocabolaristiche elementari (« genere di uccelletti [...] »). Il fatto è che la lingua del romanzo segue la via maestra di una medietà insofferente anche della precisione del tecnicismo, cui ammette deroghe solo in via eccezionale o in forma debole. Si confronti questo angolo agreste della *Storia* col capitolo X del *Barone rampante* (1957) di Italo Calvino[2]: qui ci sono, in poche righe: olivi, fico (e

«Cosimo sta sotto il padiglione delle foglie, vede in mezzo alle nervature trasparire il sole, i frutti verdi gonfiare a poco a poco, odora il lattice che geme nel collo dei peduncoli [...]»), sorbo, gelso da more, lecci («o elci», della cui «screpolata corteccia [...] sollevava i quadrelli con le dita»), platani (di cui «desquamava la bianca corteccia»), l'olmo (coi «tronchi bugnati» e dai «bitorzoli» su cui «ricaccia getti teneri e ciuffi di foglie seghettate e di cartacee samare»), faggi e querce, pino (dalle «impalcate vicinissime») e castagno (con «foglia spinosa, ricci, scorza»).

La lingua speciale della botanica soccorre l'autore che la esplora per precisare e dettagliare la descrizione. La precisione fa parte integrante della scrittura e diventa elemento primario, vettore della narrazione stessa, non confinabile in inciso.

Si prenda ora il capitolo «Tre» del romanzo *Macno* (1984)[3] di Andrea De Carlo. In 9 pagine (non fitte) ci sono almeno 28 frasi secondo questo modello: Liza + verbo (+ complemento):

> Liza guarda l'orologio; Liza batte di nuovo le nocche; Liza si inoltra cauta; Liza beve altro sidro di mele; Liza ascolta e osserva; Liza si sofferma; Liza pensa ecc.

Inoltre c'è una quantità di frasi in cui la struttura è identica ma è omesso, perché sottinteso nel verbo, il soggetto Liza:

> va a lavarsi la faccia con acqua fresca; si dà qualche schiaffetto sulle guance [...] fruga nell'armadio a muro, estrae due o tre vestiti; ne sceglie uno di seta verde scuro, se lo infila. Si porta la mano sinistra alla spalla destra; inarca le sopracciglia.

Se si pensa che la maggior parte delle frasi restanti ha identico modulo: soggetto (spesso un nome proprio: «Ted le viene dietro»; «Macno parla»), anche sottinteso («Le sorride, fa un piccolo cenno di saluto») o rappresentato («Lui si gira»), + verbo + complemento («La gente sembra muoversi [...]»; «la musica cresce di intensità») e infine si osserva che l'unica variante rimarchevole (per quantità) è nelle serie rovesciate del verbo dire + soggetto («dice Liza», «dice Ted», «dice Macno») si avrà la misura dell'impressionante (e sarà pur voluta) monotonia dell'insieme.

È proprio questa identità esasperata dentro il dominio paratattico che Italo Calvino, pur indulgendovi la sua parte, ha precocemente cercato di spezzare, lavorando «intensamente con inversioni e segmentazioni le frasi singole» e variando continuamente il modulo sintattico:

> Continuai il cammino, guardingo ma pur impaziente di ripetere l'esperimento. A una fontana beveva una giovane dei Nuovi; era sola. M'avvicinai pian piano, allungai il collo per bere accanto a lei; già presentivo il suo grido disperato appena m'avrebbe visto, la sua fuga affannosa. Ecco che avrebbe dato l'allarme, sarebbero venuti in forze i Nuovi a darmi la caccia [...] Sull'istante, mi ero già pentito del mio gesto [...] [4].

Calvino in effetti è lo scrittore che per primo e meglio di tutti ha rivelato le possibilità espressive che possono nascere dall'accettazione della medietà linguistica. Ma questa medietà è per lui non già genericità e monotonia ma precisione e variazione.

> Il mio ideale linguistico è un italiano che sia il piú possibile *concreto* e il piú possibile *preciso*. Il nemico da battere è la tendenza degli italiani a usare espressioni *astratte* e *generiche* [5].

Mengaldo ha esemplarmente inventariato tutti i principali processi di movimentazione della linearità frasale adottati da Calvino, da quelli dettati dalla simulazione d'oralità (ad esempio la segmentazione, gli anacoluti, lo zeugma) a quelli piú spiccatamente scritti e letterari. Il fatto è che la medietà di Calvino si stende su tutto l'arco della lingua e solo tende a escludere (da un certo punto in poi, perlomeno) le incursioni nel repertorio sociolinguistico e dialettale (l'elogio della lingua «omogenea»), come abbiamo già avuto modo di vedere. Ci sono quindi forme del parlato come gli anacoluti: «Invece, a Marcovaldo, il suo stipendio, tra che era poco», «una ragazzina che ormai non le importa piú nulla» e soluzioni colte tipo: «Batte l'onda sullo scoglio e scava la roccia», «Questo uragano di pensieri leggiamo negli occhi» ecc. Cosí, a livello sintattico, «da un lato domina la linearità, dall'altro c'è una spinta altrettanto forte a sommuoverla» [6].

La gamma della lingua media confina anche coi linguaggi settoriali, i tecnicismi, le terminologie specialistiche. Calvino non solo non li evita, ma li cerca come sostegno alla proclamata precisione.

> Se lingua «tecnologica» è quella che aderisce a un sistema rigoroso – di una disciplina scientifica o d'una scuola di ricerca – se cioè è conquista di nuove categorie lessicali, ordine piú preciso di quelle già esistenti, strutturazione piú funzionale del pensiero attraverso la frase, ben venga e ci liberi da tanta fraseologia generica[7].

Ecco, a titolo di esempio, da *Palomar* e dalle *Cosmicomiche* l'esplorazione del lessico architettonico ed edilizio[8]:

> La forma vera della città è in questo sali e scendi di tetti, tegole vecchie e nuove, coppi ed embrici, comignoli esili o tarchiati, pergole di cannucce e tettoie d'eternit ondulata, ringhiere, balaustre, pilastrini che reggono vasi, serbatoi d'acqua in lamiera, abbaini, lucernai di vetro

> lo spazio in cui ci muovevamo era tutto merlato e traforato, con guglie e pinnacoli che si irradiavano da ogni parte, cupole e balaustre e peristili, con bifore e trifore e rosoni [...]

Persino i verbi onomatopeici sono specificati come si deve: «i passeri gridavano, trillavano i cardellini, tubava la tortora, zirlava il tordo, cinguettava il fringuello»; e quando non basta il repertorio esistente ecco il registro letterario o addirittura l'invenzione d'autore, come con i sostantivi in *-ío* del *Barone rampante*: *gracchío squittío fruscío zampettío sbuffío scattarrío imprechío* ecc.[9].

«Calvino», scrive Mengaldo, «ha sempre onorato in egual misura l'imperativo dell'economia ed essenzialità e quello della precisione analitica. Quanto nella sua scrittura abbonda o magari ridonda rispetto a un ideale di perfetta economicità, è in sostanza da porre in conto della sua implacabile ricerca di precisione, di distinguere e graduare quasi micrometricamente». «Strumento decisivo ne è la modulazione sinonimica», con esiti del tipo:

> «gli schiocchi, i clangori, i cupi rimbombi»; «delle specie di sacche o strozzature o nicchie»; «questo gnocco o porro o escrescenza»; «filamenti o fuscelli o bastoncini»

e disposizioni che esaltano la serialità, soprattutto quella ordinata in coppie o terne, con effetti di ornato ed eleganza:

> c'era un bosco verde e frondoso, tutto frulli e squittii, dove gli sarebbe piaciuto correre, districarsi, scovare selvaggina, opporre a quell'ombra, a quel mistero, a quella natura estranea, se stesso, la sua forza, la sua fatica, il suo coraggio;

> da qualche parte, in una piega della terra, la città si risveglia, con uno sbatacchiare, un martellare, un cigolare in crescendo. Ora un rombo, un fragore, un boato occupa tutto lo spazio, assorbe tutti i richiami, i sospiri, i singhiozzi [...] [10].

L'italiano medio mostra tutta la sua larghezza nel doppio registro della scrittura e dell'oralità; le risorse che un tempo i narratori attingevano alla stratificazione sociale e geografica della lingua ora vengono dalla sua articolazione in specializzazioni professionali. Al tempo stesso, la lingua media si fa ampia e profonda, torna a essere colta senza essere «diversa» da quella comune, di cui è soprattutto piú ricca e precisa.

9.2. *Primo Levi.*

L'ideale di una lingua «precisa, chiara, distinta, trasparente verso il senso e la comunicazione» è alla base anche dell'italiano di Primo Levi. Ovvio ricordare qui, come ha già fatto Mengaldo [11], «il parallelismo fra usi della lingua e procedimenti tecnico-scientifici, della chimica in primo luogo, caratterizzati appunto da precisione, sobrietà, adeguamento senza sbavature dei mezzi allo scopo, attento dosaggio degli elementi in gioco». Persino il non trascurabile tasso di letterarietà, che è parte rilevante del classicismo scrittorio leviano rilevato da Cases [12], coopera a tale scopo. Ad esempio, l'aggettivazione plurima attiva serie (coppie, terne e anche oltre) di sinonimi in graduale ricerca di precisione («stato d'animo inconsueto, alacre, ilare, teso, lucido, sensibile»; «follia vuota, melanconica, ebete e lunare»; «mi sentivo sporco, stracciato, stanco, greve, estenuato»). Allo stesso modo funzionano i latinismi rimotivati semanticamente (*prolisso erratico secreto polluta vigilia*) e i grecismi scientifici e filosofici (*mnemagoghi panspermía anamnesi*);

piú in generale l'«aulicismo, piú o meno raro, può consentire una precisione denotativa, o una ricchezza di sfumature accessorie, vietate ai sinonimi piú usuali», ad esempio: *glauco polita dissecato eroso*. Tutto questo in una lingua che non evita i passaggi anche piú esposti dell'oralità, con punte verso i dialettalismi e i regionalismi:

> (specie in *Chiave a stella*): «ma se glielo dico io, il paese», «di tedesco non ne so neanche una parola», «ben che un lavoro come quello [...] anche da solo me la sarei cavata bene», «dal montaggio di un ponte in India che un giorno o l'altro glielo devo proprio raccontare» e cosí via coi vari costrutti di infiniti «soggetti o oggetti preceduti anormalmente da *a*» («ci guardavamo a passare»), «riflessivi in luogo di verbi semplici», «mancati accordi verbali», ecc. oltre ai dialettalismi espliciti (*tambussare goffate farlecca laiani berliccarsi baliare perniciare nuffiare* ecc.).

Il lessico specializzato delle scienze è usato largamente, ma per lo piú segnalato nella sua specificità (corsivo, virgolette, metalingua). Inoltre «la tendenza a usare una lingua ad alto quoziente di specializzazione tecnico-scientifica porta con sé quella di attivare fortemente meccanismi di formazione delle parole (composti, derivati pre- e suffissali ecc.)»: *controcane versaminizzato starato e ritarato preparativa interinsettico micropulizia* ecc., fino a misure vistose, là dove i tecnicismi diventano ingredienti di ironici *pastiche* linguistici (come in *Storie naturali* e *Vizio di forma*).

9.3. *La precisione linguistica.*

La precisione cercata da Calvino e Levi trova dunque nel linguaggio tecnologico il suo luogo piú immediatamente disponibile. Lo utilizza in particolare un giovane narratore come Daniele Del Giudice. Si legge all'inizio del nono capitolo del suo *Atlante occidentale* (1985) [13]:

> Di tutte le cose che col passare degli anni si irrigidiscono, e bisogna tenere in esercizio, Epstein aveva curato la precisione. Non la pignoleria, che è un restringimento del campo visivo, né la perfezione che ne è l'allargamento illimitato, ma la precisione [...] Forse perché sentiva che la precisione conserva lo stupore [...]

La precisione dunque come fonte del poetico, dello stupore letterario di fronte al mondo:

> precisione, adesso che si è alzato e vestito e beve un caffè in piedi nella veranda guardando il giorno già formato ma in attesa del sole, sarebbe, se lui ancora scrivesse le sue storie invece di vederle, dire con esattezza questo tipo di aria, questo tipo di luce: consistenza, densità, rilievo sulla pelle del viso. Si tratterebbe di scegliere tra gli aggettivi quello che indica il giusto grado di umidità e di umore, di temperatura e di temperamento, di lucore e di lucidità [...]

La citazione scopertamente programmatica è un po' lunga per il nostro caso, ma occorreva per dare un'idea della vocazione alla precisione come fonte di «stile». Del Giudice, per la verità, sceglie in *Atlante occidentale* la via piú rapida all'esattezza: il tecnicismo, il linguaggio della tecnologia. Il primo capitolo, che si svolge in un campo di aviazione non solo sciorina tutti i tecnicismi d'ambiente (*hangar, stallo, braccio telescopico, portanza, baricentro, gondole* ecc.) ma li immette nelle immagini («spartendo la visuale [...] come una lente bifocale», «netta e pulita come un periscopio») e nella descrizione dei personaggi («la sua faccia resa anamorfica dal sole sulla curvatura del plexiglas», «sopracciglia circonflesse»), dei loro pensieri («il futuro era minore ingombro [...] e una diversa consistenza»), dei loro incontri («Si trovarono uno di fronte all'altro, senza punti di fuga per lo sguardo»), del paesaggio («il sole basso [...] appena diaframmato e scurito dal passaggio dell'elica», «una proporzione diversa di toni verdi e toni grigi»). Nel romanzo, ambientato nei laboratori del Cern di Ginevra, circola il linguaggio internazionale dell'informatica («Li vuole in tabulato o in microfisch? – ha detto l'uomo della sala outputs») e qui, dove si parla di «ricalibrare l'elettronica del rivelatore», di «trigger», di «memoria di massa», di «unità logiche» ecc., gli oggetti si toccano «con una pressione misurata», «facendo affidamento su una naturale forza d'attrazione della mano» e il «senso comune» diventa «una misura standard della percezione e della sensibilità»[14]; con qualche eccesso, dunque, ma che dimostra la traducibilità in narrazione del linguaggio scientifico:

Tirò giú il cupolino e bloccò la maniglia, tagliando il rumore che veniva dall'esterno; controllò la pressione di alimentazione, arricchí la miscela. Brahe regolò l'altimetro sull'altitudine e sulla pressione dell'aeroporto, controllò la depressione degli strumenti giroscopici, sbloccò l'orizzonte artificiale. Epstein mise la miscela su tutto-ricca, aumentò i giri del motore [...] L'aereo si mosse in avanti. Brahe fece un cenno al meccanico che fece un cenno contro il cielo ancora rosso [15].

Le istruzioni del manuale di volo per il decollo diventano con naturalezza momento del racconto e lingua narrante, per quanto forse un po' troppo vistosamente specialistica.

Il protagonista del *Giocatore invisibile* di Giuseppe Pontiggia usa l'*epidiascopio* mentre già nella *Morte in banca* (1959) ci sono, con precisione: *distinta, effetti, differenza, striscia, spuntare, cambiali* (nel solo capitolo 6), mentre per un personaggio de *Il raggio d'ombra* si parla di «cure termali e salsoiodiche e [...] elioterapia di alta montagna»; ma soprattutto c'è una accurata anatomia dei gesti, delle situazioni, come in questo passo de *La grande sera* (1989) [16]:

Udí la porta dell'ascensore chiudersi con fragore in basso, poi il rumore della cabina che saliva. Si appoggiò allo stipite in anticamera. Sentiva il muro vibrare sempre piú forte. Quando non restava che un piano, un sussulto metallico bloccò di colpo la corsa. Passi brevi di donna attraversarono il pianerottolo, un uscio si era aperto: ci furono risate sommesse sulla soglia; poi di nuovo il silenzio.

La sequenza paratattica esalta la microscopica aderenza della lingua ai dettagli di un attimo, colto anche grazie a un sapiente dosaggio dei sinonimi (il *rumore-fragore* è realizzato con: *udí sentiva, ci furono risate*; e poi: *ascensore cabina la corsa, porta, uscio*).

Precisione significa anche l'immissione nella lingua del racconto del linguaggio saggistico, col suo lessico e la sua struttura scientifica. I romanzi tanto fortunati di Umberto Eco (*Il nome della rosa*, 1980, e *Il pendolo di Foucault*, 1988) mescolano scopertamente narrazione e saggismo e pescano a piene mani nei linguaggi settoriali, immediatamente disponibili. Un esempio dal *Pendolo* [17]:

In quel momento, alle quattro del pomeriggio del 23 giugno, il Pendolo smorzava la propria velocità a un'estremità del piano d'oscillazione, per ricadere indolente verso il centro, acquistar velocità a metà del suo percorso, sciabolare confidente nell'occulto quadrato delle forze che ne segnano il destino.

Accanto al tecnicismo (dal capitolo 2: *cloche diorama transetto ambulacro calcinazione cinetica eolipila idrargirio elettroscopio cuneiforme clonazioni* ecc.), ecco la moltiplicazione della lingua comune, in serie che dovrebbero fissare nel concreto della metafora l'evento della tecnica: «automi capaci di schiacciare, segare, spostare, rompere, afferrare, accelerare, intoppare, deglutire a scoppio, singhiozzare a cilindri, disarticolarsi come marionette sinistre, far ruotare tamburi, convertire frequenze, trasformare energie, roteare volani». Lo sforzo di nominazione convoglia materiali disparati (con preferenza di quelli tecnologici) nella lingua del romanzo, che saccheggia anche (come Eco nel *Pendolo*) settori riposti (occultismo, magia nera ecc.), pur di procurarsi, si passi per l'occasione la parola, vitamine per uno stile minacciato di monotonia e anemia dalla straripante medietà linguistica.

9.4. *Sciascia: una lingua sempre piú «scritta»*.

La precisione linguistica dei maggiori autori del secondo Novecento, Calvino e Levi soprattutto, costituisce una variante colta della lingua media e la orienta verso una piú immediata referenzialità; il segno, come accade appunto nel linguaggio scientifico, si assottiglia e quasi si nasconde al lettore per agevolargli il passaggio, rapido e semplice, verso i referenti. Concretezza ed esattezza concorrono a rendere trasparente una lingua che per secoli ha soggiornato densa e opaca in letteratura e che sembra aver trovato nel romanzo il genere propizio per nascondere abilmente il suo belletto antico (e per la verità sempre rinnovato, anche negli stessi autori appena citati).

Di questa tendenza approfitta la maggior parte dei romanzieri di oggi, non di rado per sorvolare disinvoltamente sul proprio italiano e le sue approssimazioni: una medietà generica pare favorire e legittimare una ostentata disattenzione per la lingua, a tutto vantaggio del racconto; e invece non è altro che scarsa familiarità col mezzo e mancanza di quello che Calvino avrebbe chiamato «stile». Vengono meno concretezza e precisione e resta solo la lingua media, sciatta, banale, piatta.

Ma la reazione a questo rischio è stata pronta, come sempre nelle nostre lettere, anche troppo suscettibili in fatto di densità e bellezza linguistica. Ad esempio, uno dei maggiori narratori dei nostri tempi, Leonardo Sciascia, ha cominciato presto a increspare la linearità dell'italiano medio rilanciando, sia pure con molta misura e sempre dentro il perimetro della medietà riconosciuta, l'evidenza e lo spessore della scrittura.

Quella informalità colloquiale che consente a Calvino e a Levi di assumere senza traumi, dentro l'italiano medio, la potente formalità del linguaggio scientifico e tecnologico, è usata da Sciascia per arricchire di variazioni e giochi retorici la sua lingua, che si riavvicina cosí, nuovamente, al polo scritto della sua storia pendolare.

Prendiamo qualche appunto da due tra i piú belli e fortunati romanzi di Sciascia, *Todo modo* (1974) e *Candido* (1977)[18]. È subito evidente l'increspatura della linea frasale, affidata innanzitutto a una fittissima partitura interpuntoria che separa e dosa i membri di frase e periodo:

> Da *Todo modo* (= *T*): «Mi fermai, deluso e arrabbiato»; «Nessuna inquietudine, nessuna apprensione. Tranne quelle, oscure e irreprimibili, che ho sempre avute, del vivere e per il vivere»; «Che cosa? – domandai: con impertinenza, con provocazione»; da *Candido* (= *C*): «fu invece il nome che gli misero; e carico di destino anche»; «Siciliana, sua madre; di un paese vicino, a quindici chilometri. Ma non ricordava, sua madre, di avere parenti, in quel paese. L'avvocato, dal cognome, tentò di trovargliene: quel paese lo conosceva bene».

Lo stacco dell'interpunzione dovrebbe sottolineare il tono colloquiale (accentuato dalla deissi, dalla distribuzione delle parole – il soggetto posposto, ad esempio), ma, in vero, richiama con forza l'occhio di chi legge sui movimenti della scrittura e sulla loro ricercata eleganza.

Si osservino le paranomasie di *C*: «da qualche sparuto, quasi sparito», «stupita e stupida contemplazione» e i giochi etimologici: «piú irritabile e piú irritante», le allitterazioni: «dalla delusione e dal disdegno»; oppure le riprese, a volte ad anadiplosi, con ripetizione in inizio di frase dell'ultima parola della precedente: «un luogo da cui spiccar volo, e volo rapace», e in genere molto esposte: «si rialzò in un silenzio attonito, pauroso: un silenzio che pioveva polvere, fittissima e infinita polvere». L'alternarsi di frasi nominali a frasi verbali concorre alla elegante partitura ritmica del testo: «Il generale Arturo Cressi, suo padre, da quella stessa notte in cui Candido era nato si considerava, e desiderava essere considerato, come morto. Di paura e per paura: ma la figlia, che lo adorava [...]». La frantumazione della frase è un tratto costante, per rallentare e arrestare la lettura; da *T*: «Al banco del portiere, il casellario irto di chiavi dietro, c'era un prete. Giovane, bruno, zazzeruto. Stava leggendo Linus»; «Andai fuori: oltre lo spiazzale, nel bosco»; «E c'era di che svogliarsi, nei cibi: mal cucinati, insipidi»; «Ed era a tre chilometri: soltanto, esattamente e giustamente»; cosí come la dislocazione eccentrica dei soggetti: «Lasciammo, don Gaetano ed io, che si sbrigliassero»; da *C*: «e anche se salve furono sempre le apparenze», «Vacche nella campagna non c'erano piú». La grana musicale delle parole è evidentissima negli avverbi in -*mente* (da *T*: «lungamente mi appartavo [...] e tutta la vita [...] musicalmente si fondevano, e infinitamente, alla libertà del presente»). La scelta dotta è poi vistosa nel lessico: «un luogo, che mi fingevo remoto e inaccessibile»; da *C*: «afflato», «favo alacre, ambrato e dolcissimamente stillante», «vasto frinire metallico», «imprendere a», nell'uso transitivo di verbi intransitivi: «vociando terrore», «pioveva polvere» e c'è persino qualche *vi* per *ci* ecc.

Il tutto dentro un tono (parlino i personaggi o il narratore) sempre apparentemente informale, richiamato da qualche *che* non perfettamente in grammatica (in *T*: «E distaccando le parole, che me le piantassi nella memoria – Hotel di Zafer») e da un uso della finale implicita con *a*, che è a metà strada tra la colloquialità spicciativa e la formalità ricercata (sempre da *T*): «e perciò, intanto, a tenersi fresco per la prova, leggeva *Linus*», «e tornò a gettar l'occhio su *Linus*, a farmi capire che [...]». Si capisce allora come questo italiano torni a pescare nelle sue riserve sinonimiche, con cura ma senza risparmio, in coppie e serie tipo: «vasta e profonda», «remoto e inaccessibile», «deluso e arrabbiato», «a ripetere, a moltiplicare», «quella mia inquietudine, quella mia apprensione», «un che di misterioso e di sinistro», «tra meravigliato e incredulo», «non c'è niente di piú profondo, di piú abissale, di piú vertiginoso, di piú inattingibile» ecc.

Spulciamo ancora qualche esempio da *Una storia semplice* (1989)[19], uno degli ultimi racconti, dove la maniera dotta si è fatta anche piú vistosa, a tratti persino eccessiva.

Sinonimi e parasinonimi: «rutilante e rombante» (con allitterazione); «voce educata, calma, suadente», «capacità di selezione, di scelta, di essenzialità»; riprese e giochi etimologici: «festa che la città dedicava a san Giuseppe falegname: e al falegname appunto [...]», «anche se illuminati, l'illuminazione serale e notturna degli uffici di polizia tacitamente prescritta [...]»; iperbati: «quasi promessa ai falegnami ancora in esercizio, e ormai pochi, di un lavoro»; inversioni: «in quegli uffici sempre sulla loro sicurezza si vegliava», «nello stato d'animo, lui e i due agenti che lo accompagnavano, di fare una gita». La sintassi, accanto al periodare paratattico, asindetico, nominale, allinea costrutti ipotattici colti, come la causale implicita: «[*il rapporto*] compito piuttosto ingrato sempre, i suoi anni di scuola e le sue non frequenti letture non bastando a metterlo in confidenza con l'italiano», «secondo il brigadiere soltanto privilegiati, non avendo fino ad allora esperienza [...]»; la punteggiatura è invasiva: «Fatto il sopralluogo, il loro proposito era di darsi a raccogliere asparagi e cicorie, festosamente: tutti e tre esperti a riconoscere le buone verdure selvatiche, da contadini che erano»; *vi* sta per *ci*: «trovarvi qualcosa» e c'è anche lo zero di ridondanza: «nella testa [...] era un grumo nerastro».

[1] E. Morante, *La storia*, Einaudi, Torino 1974, p. 268.
[2] I. Calvino, *Il barone rampante*, Einaudi, Torino 1960.
[3] Bompiani, Milano 1984.
[4] Cfr. P. V. Mengaldo, *Aspetti della lingua di Calvino*, in aa.vv., *Tre narratori. Calvino, Primo Levi, Parise*, a cura di G. Folena, Liviana, Padova 1989 e ora in *La tradizione del Novecento III*, Einaudi, Torino 1991, pp. 227-92; esempio da I. Calvino, *Le Cosmicomiche*, Garzanti, Milano 1988, p. 112.
[5] I. Calvino, *Una pietra sopra*, Einaudi, Torino 1980, p. 121.
[6] P. V. Mengaldo, *Aspetti della lingua di Calvino* cit., p. 36.

[7] I. Calvino, *Una pietra sopra* cit., p. 124.

[8] Id., *Palomar*, Einaudi, Torino 1980, p. 56; id., *Le Cosmicomiche* cit., p. 205.

[9] Cfr. V. Coletti, *L'italiano di Italo Calvino*, in *Italiano d'autore*, Marietti, Genova 1989, pp. 69-80.

[10] Esempi citati da P. V. Mengaldo, *Aspetti della lingua di Calvino* cit., pp. 40-41.

[11] Tutte le citazioni di questo paragrafo sono da P. V. Mengaldo, *Lingua e scrittura in Levi*, Introduzione a P. Levi, *Opere*, vol. III, Einaudi, Torino 1990, ora in *La tradizione del Novecento III* cit., pp. 313-85.

[12] C. Cases, Introduzione a P. Levi, *Opere*, Einaudi, Torino 1989, vol. I.

[13] Einaudi, Torino 1985.

[14] *Ibid.*, pp. 51 e 106.

[15] *Ibid.*, p. 100.

[16] G. Pontiggia, *Il raggio d'ombra*, Mondadori, Milano 1988 (e si vedano le varianti rispetto all'edizione del 1983, tutte rivolte a precisare e dettagliare); *La morte in banca*, Mondadori, Milano 1991; *La grande sera*, Mondadori, Milano 1989.

[17] U. Eco, *Il pendolo di Foucault*, Bompiani, Milano 1988.

[18] L. Sciascia, *Todo modo*, Einaudi, Torino 1974 (esempi dalle prime venti pagine); *Candido*, Einaudi, Torino 1977 (esempi dalle prime dodici pagine).

[19] Adelphi, Milano 1989 (esempi dalle prime quindici pagine).

10

Contro la lingua media

La scelta dell'eleganza, della lingua ricercata, osservata in Sciascia è una delle risposte della narrativa recente al dilagare dell'italiano medio. Risposta, spesso accademica e manierata, ma indicativa del ricorrente bisogno di nuovi spazi espressivi. Non è forse un caso che su questo versante si segnalino scrittori, come Sciascia, siciliani. Lirica è la scrittura calcolatissima di Carmelo Samonà di *Fratelli* (1978) [1], con pause ritmiche e ritmiche congiunzioni.

> Vivo, ormai sono anni, in un vecchio appartamento nel cuore della città, con un fratello ammalato.
> Nessun altro abita con noi, e le visite si fanno rare. Ultimi rimasti di una famiglia che fu numerosa al tempo della mia giovinezza, ci muoviamo, ora, in una complicata gerarchia di silenzi.

La lingua è ricca, calibrata sull'eco fonica delle parole piú che sulla precisione del loro significato:

> Ma sono voci sfocate: piú che turbare i nostri silenzi, giocano a renderli piú compatti, insinuandovi dentro confuse vibrazioni vitali, lembi di esistenza che rimangono, però, senza storia.

Si moltiplicano i sinonimi: «nulla [...] che rassomigli a un moto verso l'esterno. I viaggi, i trasferimenti, persino i contatti»; *incerto* è l'aggettivo prediletto e gli astratti opprimono ogni cenno di concretezza: la casa è fatta di «sequenze di vuoti», «superfici», «percorsi»; le stanze che si svuotano sono il «progressivo svuotarsi dei luoghi». Siamo insomma all'opposto dell'italiano concreto e preciso, ci stiamo allontanando dalla lingua media su cui esso si basava, si va verso una parola poetica e allusiva, suggestiva piú che comunicativa.

Vincenzo Consolo frequenta un italiano arcaico, tra letterario e regionale, con profusione vocabolaristica da vecchia scuola accademica. Fin dal *Sorriso dell'ignoto marinaio* (1976) c'è in questo scrittore una forte escursione dalla lingua colta e barocca a un «dialetto sommariamente italianizzato». «L'impasto linguistico del romanzo», scrive Cesare Segre, «mescola un italiano sostenuto, talora impreziosito da arcaismi, come gli imperfetti in *-ea*, i molti troncamenti, l'enclisi dei pronomi riflessivi ("infrangonsi", "chiamasi Pelato"), le inversioni e gl'iperbati [...] e una massa di termini siciliani, solo foneticamente, e in parte, italianizzati». È un «edonismo fonolessicologico» rintracciabile anche nel recente *Retablo* di cui si riporta qui un passo:

> E i facchini tutti mi guatarono e mi tennero subito in sospetto, cosí nuovo e lustro, cosí foresto. Foresto e imminchionito in quella pampillonia, in quel bailamme della Cala: òmini, muli, scecchi, carri, birocci, carriole, carretti carichi di sacchi, barili, barilotti, casce, gistre, panbari di zolfi, carboni, còiri, tele, sete, cera, merce d'ogni tipo [...]

Non c'è motivazione tematica che tenga di fronte a tanta esibizione di sapienza lessicografica, pesantemente odorosa, piú dei «fumi di fritture di panelle, méuse, arrosti di stigliole»; è un tentativo, molto manierato e artefatto, di «far esplodere il linguaggio medio, spingendolo contemporaneamente verso i livelli piú alti e quelli piú bassi dello spazio linguistico»[2].

Gesualdo Bufalino, il piú celebrato di questi autori, riesuma elisioni d'un tempo e arcaismi, il *vi* per *ci*, con sintassi a suo agio nell'ipotassi come nella paratassi[3]:

> Mangiarono pochissimo o niente. Le portate, sebbene piú ricche dell'ordinario, per come s'era ingegnato di condirle un secondino volenteroso, avevano un sapore nemico, né v'era boccone che in gola non diventasse una cenere. L'inappetenza, si sa, è d'obbligo nelle serate d'addio. Per cui, essendo l'esecuzione fissata ai primi barlumi dell'indomani, il barone non finiva di accalorarsi per questa ipocrisia di concedere ai condanna-

ti inutili ghiottonerie, mentre non s'aveva scrupolo di attossicargliele col pensiero della scadenza imminente.

Piú sottile ed elegante è la curvatura colta della lingua di Antonio Tabucchi, che espone un periodare ad andamento lirico, come in *Donna di Porto Pim* (1983): «le mie canzoni vere sono solo quattro *chamaritas*, perché il mio repertorio è poco, e poi io sono quasi vecchio, e poi fumo troppo, e la mia voce è roca». Qui è l'informalità della dizione a trasformarsi in preziosità letteraria, esaltata dal polisindeto: «Tu sei curioso e cerchi qualcos'altro, perché è la seconda volta che m'inviti a bere, ordini vino di cheiro come se tu fossi dei nostri, sei straniero e fai finta di parlare come noi, ma bevi poco e poi stai zitto e aspetti che parli io»[4].

In effetti, uno dei processi stilistici che piú incidono nella lingua media e la movimentano è la liberazione della sintassi dalle regole consuete della scrittura, in un recupero, tutto letterario, dell'oralità, come in un flusso ininterrotto di discorso, di cui sono stati maestri recenti e ineguagliabili certi autori sudamericani. Non è un caso che maneggi molto bene queste procedure proprio Antonio Tabucchi, professore universitario di portoghese. Ecco l'inizio dell'*Angelo nero*[5]:

«È un gioco facile, non costa niente, non ci sono regole se non con se stessi, il che lo rende attraente e libero, e basta andarsene in giro, per esempio la domenica, la domenica è un giorno ideale con tutte le coppie che circolano annoiate nei caffè, i gruppetti dei vecchi amici che si raccontano storie, i solitari che attaccano bottone col cameriere, certe vecchiette che si lamentano e dicono che ai loro tempi era tutto diverso e ora il mondo sembra impazzito, ecco, cosí, basta una frase e tu decidi che è quella, la estrai dal discorso come un chirurgo che con le pinze prende un brandello di tessuto e lo isola, per esempio: *il mio defunto marito, quando festeggiammo le nozze d'argento*, basta, è una frase ottima per cominciare, oggi è una domenica di primavera inoltrata, uno stormo di piccioni volteggia sul tetto del duomo e fa una virata disegnando una macchia chiara, troppi piccioni su questa piazza, sporcano, ma fa piacere vederli, l'importante è non guardare la portatrice della frase, è una regola che ti piace osservare»... e cosí via per un'altra pagina fino al punto.

Questo accumulo non distinto di discorsi e piani linguistici diversi intacca l'ordine sintattico ed eccede la medietà
grammaticale pur nel rispetto di quella del vocabolario. È
un'ipertrofia periodale che consente un gran movimento
della lingua del narratore (che, in genere, è in questi casi
anche un personaggio), gioco di prestigio linguistico di
bravura non comune, del quale, non per nulla, esempi con-
grui si possono ritrovare in quel gran sperimentatore di
«chiavi» stilistiche diverse che è stato Italo Calvino. Ecco-
lo in un vecchio racconto di recente riedito:

> Invece adesso che, passati quasi trent'anni, ho finalmente
> deciso di tirare a riva le reti dei ricordi e vedere cosa c'è dentro,
> eccomi qui ad annaspare nel buio, come se... come se... e pro-
> prio questa imprecisione è magari il segno che il ricordo è pre-
> ciso – quel mattino la sveglia era stata alle quattro, e subito il di-
> staccamento di Olmo era già in marcia giú per il bosco buio,
> quasi di corsa per scorciatoie che non vedi dove metti il piede,
> forse non sono sentieri ma solo dirupi... e qui siamo ancora al-
> l'inizio della marcia d'avvicinamento, cosí come ora è una mar-
> cia d'avvicinamento nella memoria [...][6].

Tempo della narrazione e tempo del narrato si mescolano con commistioni dei tempi verbali (presente e passato)
in un periodo che occupa un'intera pagina come un flusso
inarrestabile.

Lo sconfinamento dalle regole sintattiche è adoperato
anche, con piú scontato procedimento, per simulare il parlato incolto e popolare, dove abbondano imprecazioni,
gergalismi, voci generazionali; ad esempio in *Altri libertini*
(1980) di Pier Vittorio Tondelli da poco precocemente
scomparso[7]:

> Poi una voce stridula si alza e insulta Benny dicendole uccel-
> lona e noi tre non possiamo far finta di niente come le altre e ci
> alziamo e rovesciamo altro vino e si accende una mezza rissa
> finché non ci spingono fuori ma la Sylvia ha la forza di urlare
> sulla porta che a noi non frega un cazzo dell'ideologia, ma solo
> delle persone toutcourt e che le alleanze si stringono sui vissuti
> e mica sulle chiacchiere insomma anche se non è proprio il caso
> di dirlo, gettate come siamo in mezzo alla strada, diciamo che
> ne abbiamo piene le palle e quindi ce ne andiamo via.

L'abbassamento, soprattutto del discorso riportato, ai livelli piú bassi (a volte anche eticamente) del parlato è un altro dei modi, assai praticato, di evasione dalla gabbia della lingua media e accettata. In questo senso ha fatto del suo meglio, provocatoriamente, Aldo Busi, dal cui *Vita standard di un venditore di collant* (1989) [8] qui si riportano due brani tipici di discorso diretto.

> «Sei proprio un pirlone... una sarebbe bastata, no, per ricordo, per appendere nel cesso, o tre, toh, una per ogni stanza dei tuoi figli... ma diciotto!... non ce la fai neanche a portarle».

> «Senti, a me non mi butti giú il telefono in faccia, capito?»
> «E tu a me non mi prendi per un ex sessantottino o un figlio dei fiori, capito? e io non sono un tuo leccaculo [...]»

Ma c'è anche la ribellione espressionistica con mescolanza di lingue e registri come *In exitu* dell'ultimo Testori:

> Credut' avéa. O m'illudéa, forse. Per salvo esser. Per liberar me ego, forse. Libera, forse! Libera, forse! Nos li! Nos li! a malo! a A malo a. Dalla malò! Dalla cadena anche (anca)! Dalla quale o cui. Invece cui. Non mi. Mi mi. Sarei mai. Liberato mai [...] [9].

Dialetto, latino, italiano popolare e gergale, lingua colta e artefatta, spezzoni di frase e frasi a brandelli, tutto confluisce nel calderone dell'ultimo sperimentalismo, le cui prospettive sembrano buone piú nel teatro che nel romanzo.

La discesa lungo la scala della lingua non è però solo un processo di abbassamento polemico di valori riconosciuti; può essere anche un «levare» accurato, un'immersione nel territorio in cui l'italiano della narrazione torna a balbettare poesia, il romanzo ad accennare alla favola, al mito. Piace esemplificare, conclusivamente, questi recentissimi movimenti della nostra narrativa (nell'impossibilità di cogliere e privilegiare segni e valori che si impongano con chiarezza oggettiva) con tre autori, corregionali, per nascita o elezione letteraria, di chi qui scrive.

Nico Orengo usa nelle *Rose di Evita* (1990) [10] perfino i dialettalismi e i regionalismi liguri, ma non tanto come macchie di realismo quanto come residui di un linguaggio essenziale, di un'umanità senza finzioni, terrigna, colta nei rapporti primari tra «padre» e «figlio»:

> – Avete spostato una collina, – diceva qualcuno. E il padre, fiero, mostrando nel sorriso qualche grande dente di piombo, rispondeva: – Eh sí; belín, l'ho girata! – E accompagnava le parole con il gesto delle mani, come se stesse strozzando un vitello.

Francesco Biamonti esautora decisamente il registro prosaico a favore di quello poetico, in una prosa lirica, che trattiene di quella narrativa solo il minimo indispensabile, come si vede in questo breve passo da *Vento largo* (1991)[11]:

> «Aúrno, paese di arenaria che muore», Varí pensava guardandolo. Il cielo era alla sera e Aúrno si ergeva su fondo oro. Varí scendeva per un sentiero che tagliava le terrazze [...]

Francesco Rum eredita vistosamente la liricità della prosa del conterraneo Giovanni Boine, e, nell'*Onda grande* (1991)[12], alterna poesie, prose liriche, saggio e narrazione; e anche dove domina la prosa del racconto immette soluzioni poetiche come i composti di boiniana memoria *cespugli-jungla, oceano-laguna, creatura-Arlecchino* o inverte liricamente l'ordine standard della frase («La rosa a quel tempo porse») o omette l'articolo («Droga si configura come mitico continente») o inventa parole (*scherzeggiamenti, saracenità corallina*).

La poesia, in effetti, dopo aver molto preso dalla prosa, torna a restituire qualcosa alla lingua che narra, ponendosi accanto ai linguaggi settoriali, a quelli delle scienze e della tecnologia, tra le risorse disponibili per animare il vincente e imprescindibile modello dell'italiano medio. Ormai decisamente finita (col trionfo nella società della lingua media e comune) la stagione in cui i narratori potevano affidare messaggi alle varietà geografiche e sociali del repertorio (con le loro immediate connotazioni ideologiche e culturali) e a esse chiedere conforto per la loro mediocrità stilistica, sono ora le lingue specializzate a fornire riserve preziose per risanguare lo stile minacciato d'anemia. Ma anche la lingua poetica, di cui ora vedremo la storia piú recente, può, forse, tornare a movimentare la linearità senza sorprese della lingua comune e fornire ulteriori appigli alla scalata verso uno stile.

[1] Einaudi, Torino 1978 (esempi dalle prime due pagine). Per il tema di questo capitolo cfr. V. Coletti, *Italiano d'autore*, Marietti, Genova 1989, pp. 11-18.

[2] Le citazioni sono da C. Segre, *La costruzione a chiocciola nel «Sorriso dell'ignoto marinaio» di Vincenzo Consolo*, in *Intreccio di voci*, Einaudi, Torino 1991, pp. 71-86; e da V. Consolo, *Retablo*, Sellerio, Palermo 1987, p. 29.

[3] G. Bufalino, *Le menzogne della notte*, Bompiani, Milano 1988 (esempio da p. 7):

[4] *Donna di Porto Pim*, Sellerio, Palermo 1983, p. 78.

[5] Feltrinelli, Milano 1990.

[6] I. Calvino, *Ricordo di una battaglia*, in *La strada di S. Giovanni*, Mondadori, Milano 1990, p. 76.

[7] Feltrinelli, Milano 1989, p. 62.

[8] Mondadori, Milano 1989, pp. 116 e 224.

[9] G. Testori, *In exitu*, Garzanti, Milano 1988, p. 92.

[10] Einaudi, Torino 1990, p. 21.

[11] Einaudi, Torino 1991, p. 27.

[12] Marietti, Genova 1991.

La crisi del linguaggio poetico

In ritardo rispetto alla prosa narrativa e con maggiori oscillazioni ed esitazioni, anche la poesia compie la propria rivoluzione linguistica, abbandonando via via sempre piú irrevocabilmente la grammatica poetica tradizionale, che Bembo aveva codificato sull'autorità di Petrarca. È un processo le cui ragioni letterarie e ideologiche stanno già, come abbiamo visto, nella poesia romantica, ma i cui riscontri formali si colgono con chiarezza solo nel tardo Ottocento. Il Carducci, ad esempio, pur esplorando senza troppo ritegno la realtà contemporanea aveva continuato a rappresentarla poeticamente in un linguaggio classico, in cui solo il latinismo poteva essere la piú vistosa eccezione al petrarchismo. Se, nella celebre ode *Alla stazione una mattina d'autunno*, si leggevano *sportelli guardia tessera* e *vaporiera*, il treno tornava poi a scolpirsi nel «mostro, conscio di sua metallica anima», con «fiammei occhi» al posto dei *fanali* appena prima nominati[1]. Questa oscillazione di vecchio e nuovo è un tratto caratteristico della lingua poetica di secondo Ottocento, sia pure lungo un percorso che, quantitativamente e qualitativamente, vede la progressiva marginalizzazione dell'antico, da ultimo residuato quasi solo in una serie di fenomeni fonomorfologici tipici. Ma anche questo traguardo non è vicino e sembra proprio necessario che, per tagliarlo, si debba valicare il secolo, se è vero che almeno il lessico (discorso a parte, forse, davvero, merita solo la sintassi) condivide ancora per tutto l'Ottocento l'ambigua attrazione per il nuovo e la sicurezza dell'antico caratteristici della cultura borghese[2].

Nello scapigliato Emilio Praga (*Tavolozze* e *Penombre*

sono del 1862 e del 1864) il rinnovamento del vocabolario
nasce da una larga ospitalità per i nomi di mestieri (*arroti-
no ciabattini dottore facchini mozzi professore droghieri
operai*), dei cibi usuali (*focaccie patate sale cacio pollo aglio*),
dell'abbigliamento quotidiano (*cappellini crinoline cuffie
scarpe soprabito berretto camicietta* e persino il *gilet*), del-
l'arredamento e degli interni (*cantina cucine studietto scrit-
toio tinelli*). In primavera (1869) di Vittorio Betteloni ci sono *guardaboschi prete tabaccajo cintura scialle guanti cor-
vatta arrosto fritto insalata canapè scansia seggiole* e modi di
dire colloquiali: *salto fuori, tiro avanti, capitar male, stavi
fresca* ecc. Anche i dialettalismi si affacciano in versi (Praga
ha *tosa* e *merlano* o i toscanismi *bimba* e *quattrini*; Betteloni esibisce *ova sode, vo, fo*) e compaiono lessici speciali: l'a-
natomia è molto sfruttata dal gusto macabro degli scapigliati che si compiacciono, come Praga appunto, di *auto-
psia feto microscopio*, o, come Arrigo Boito, di *aborto aorta
tibie valvole*; inoltre Praga dà il dovuto rilievo poetico persino a *cedole* e *buoni del Tesoro*.

Il fatto è che le novità linguistiche della poesia seguono a
un definitivo stravolgimento delle vecchie abitudini tematiche e, anche rispetto al primo romanticismo, a un deciso abbassamento dei luoghi e dei profili sociali dei soggetti poetati, nonché al loro radicamento nella contemporaneità e
quotidianità piú umile o media. Le forme colloquiali che,
ad esempio, si registrano in *Postuma* (1877) di Stecchetti
(«Emma, ti lascio a tavola»; «Che cosa importa a me se una
bugia | tra una promessa e l'altra t'è scappata») fanno da
veicolo per l'immissione (presto massiccia) in versi del dialogo, come, assai prima di Gozzano, in queste battute da
Pape Satan Aleppe (1882) di Giuseppe Riccardi di Lantosca:

> E al sànscrito, o sanscríto, non ci pensa?
> – Punto. – Né vuol pensarci? – No signore.
> Ci s'appaga di poco alla mia mensa.
> – E pretende di fare il professore?

o in questi discorsi diretti di De Amicis (*In casa del curato*):

> Signor, non si sgomenti;
> bisogna pur ch'io beva e mi sostenti!
> Lo sa che a giorni tocco l'ottantina?

Si tratta, in generale, di una progressiva inclinazione prosastica e narrativa del testo poetico. Questa, a sua volta, avrà riflessi sempre piú vistosi sull'agglomerato sintattico dei componimenti, in cui finiranno per prevalere la paratassi, una catena di frasi semplici, favorite dalla puntualità diaristica che vuole date, luoghi, onomastica (i nomi propri, spesso nome e cognome) abituali piú al racconto che alla lirica. «Era d'inverno, tardi, e sedevamo | accanto al fuoco soli, imbarazzati» attacca un brano di *Postuma* e «Spunta il mattino e l'alba è scolorata» scrive il Tarchetti di *Disjecta*; il Riccardi puntualizza: «Era il settembre del mille ottocento | cinquantaquattro»: versi che sono l'antecedente diretto degli attacchi narrativi della poesia crepuscolare. Persino il tradizionale monolinguismo della lirica si screpola di fronte all'urgenza del reale, sí che anche la poesia «seria» accoglie impasti prima ammessi solo da quella comica e satirica (ad esempio Guadagnoli). Il Praga fa rimare *fé* con *gilet*, Boito *ad hoc* con *Koch*, Stecchetti (favorito per altro dal piglio polemico dei suoi versi) *brachesse* con *kermesse* e pennella brani mistilingui, preludio della pascoliana *Italy*, come in questi versi in cui un «frascatano» simula il tedesco delle guardie svizzere equivocando sul «cantone»:

Egli intese e muggí – Mein herr taliano
De che paese star ti capitano? – [...]
Ti puzzurre, star nate in un cantone,
Ma mia città star crande e star craziose;

Ssò Ffrascatano, ssò, prute pufone!

Remigio Zena accoglie da parte sua *baby* e *frac*, *café chantant* e *cold-cream*: si spezza insomma la solidità del sistema aprendo il varco a incursioni plurilingui d'avanguardia. G. P. Lucini cita a piene mani dal repertorio delle espressioni fatte, di moda, inzeppando i versi di ironizzati anglicismi e francesismi: «se audace corro lo *steeple-chase* mondano, | con questo *pedigree* ed arnese».

Ma tante, puntuali novità si immettono in una lingua che non ha affatto rinunciato, per il momento, al suo passato; anzi, a lungo, esso occorrerà proprio per far risaltare il nuovo, per quelle che saranno dette, a proposito di Gozzano, le «scintille» del cozzo «dell'aulico col prosaico»'.

Ecco dunque che il Praga alterna *bello* con *vago*, *bere* con
libare, *dimenticare* con *obliare*, *nascondere* con *ascondere*,
nonna con *ava*, *speranza* con *speme*, *strada ferrata* con *ferra-*
to cammin; Betteloni accanto ad *alma ascoso cerulo desio*
face gaudio loco pelago prece solingo spirto tema registra i
doppioni medi e usuali di *anima nascosto azzurro desiderio*
candela gioia luogo mare preghiera solitario spirito timore. E
nessuno nasconde, neppure lo Stecchetti, una sostanziale
conservatività di tanti tratti fonomorfologici, dai troncamenti (*sen crin fin*) alla morfologia poetica dei verbi (oltre
alla prima persona dell'imperfetto in -*a* e le uscite in -*ea*, di
vastissimo uso, i passati remoti tipo *passar pregar*); non
mancano preposizioni doppie (*in sulla*) e forme assimilate
e tronche (*nol*), segni della fonetica lirica, come i monottonghi di *novo* e *core* o la sorda in *secreto* e la sonora in *so-*
*vra*⁴. Il compromesso tra vecchio e nuovo è tanto evidente
quanto precario in Betteloni, per il quale disponiamo di
uno spoglio molto ampio⁵. Alternano in lui forme mono e
dittongate, con un bilancio di 110 a 40 per *core / cuore*, o di
21 a 1 per *foco / fuoco* o di 28 a 27 per *novo / nuovo*; le forme
dittongate prevalgono negli esiti in -*ie*- che però giungono
sino a un *niega* di vecchia data. Oscillano *rumor / romore* e
securo / sicuro, *lungi / lunge*, *imagine / immagine*, *labro /*
labbro, *segreto / secreto*, *spirto / spirito*, *opra / opera*, *seggo /*
siedo, *veggo / vedo* ecc. I pronomi di terza persona sono
egli, *ei* e non c'è caso di *lui*. Nell'imperfetto prevalgono le
forme tradizionali (-*a* alla prima persona e nella terza quelle con caduta di -*v*-); resiste una manciata di condizionali in
-*ia* e abbastanza ampia resta l'enclisi; rimangono, per
quanto limitatamente, le libertà solite nell'ordine delle pa-
role («Né m'era il nodo alla corvatta innante | Di quel dí
omai piú vago riescito», esempio che concentra, ineffabile, tradizione e novità, ad alta quanto letterariamente sca-
dente intensità). Del resto, all'inizio del Novecento, Arturo Graf in *Morgana* (1901) scriverà ancora *givi novo rio core*
arbori nugoli crine ruina piè e modificherà con l'accento le
forme piú consuete: *dissípi sgomína*⁶ ecc.

1.1. *Pascoli*.

Quello che si era annunciato e spesso contraddittoriamente manifestato nella poesia borghese del secondo Ottocento esplode in modo vistoso e sistematico in *Myricae* (dal 1891) e nei *Canti di Castelvecchio* (1903) di Giovanni Pascoli, testi da molti, non ingiustamente, considerati archetipi e prototipi della poesia novecentesca.

Non che non sia isolabile anche in Pascoli un «polo veterogrammaticale», anzi, questo è già stato ben descritto[7]. In *Myricae* ci sono doppioni letterari come *cilestro aulente desio mirare oblio verno dardo verziere*; latinismi poeticamente consolidati come *aureo divo glauco querulo clivo nembo procella pampineo*; residui della fonomorfologia lirica di sempre: qualche forma monottongata (se non sarà toscanismo colloquiale: *core vòto*), le oscillazioni sorda / sonora (*lacrime / lagrime*), sincopi (*opra*) e le innumerevoli apocopi, le poche enclisi, le preposizioni doppie (*di tra, in sul*), *ei* e *ne* (=ci) pronomi personali, la forte resistenza degli imperfetti in -*a* alla prima persona e di quelli senza labiodentale alle terze, *cui* in funzione di oggetto ecc. Ma, nonostante ciò, ha ragione Girardi a ricordare che, in *Myricae*, queste presenze si collocano ormai in «interstizi poco o non affatto pervasi dall'energia creativa» e che insomma «aulicismi e arcaismi vari hanno alla fine», in Pascoli, «scarso rilievo rispetto all'ingente, articolatissimo vocabolario mutuato dalla prosa postmanzoniana, dai dizionari speciali, dal parlato». Tanto piú che il processo variantistico di *Myricae* attesta una sistematica riduzione degli aulicismi sopravvissuti, per cui *appo → presso*, *urgere → urtare*, *solingo → solitario*, *pelago → mare*, *ruina → rovina* (anche se c'è qualche caso inverso in zone limitate)[8]. Osservazioni analoghe valgono anche per i *Canti di Castelvecchio*, dove il testo d'accoglienza (*La poesia*) ci riserva *fumida albeggiano* (latinismo per biancheggiare), *assiduo arride convito aurea vano* (inutile) *rivo incende* (avanza lentamente) *albori*; ma dove piú colpiscono il deverbale a suffisso zero che fissa il «sordo rimastico mite | dei bovi» e la mimesi fonica ottenuta con l'allitterazione del «sibilo assiduo dei fusi».

Sul piano lessicale, in effetti, la grande novità pascoliana sta nell'adozione a scopo di precisa nominazione delle cose e dei rumori, di materiale prosastico derivato dai lessici speciali, spesso dialettali, della botanica, della zoologia e di materiale «pregrammaticale», onomatopeico e puramente fonico. Questa precisione del primo piano si coniuga poi con una indeterminatezza degli sfondi, ottenuta formalmente disseminando e dissolvendo i significanti fino alla desemantizzazione del piano denotativo e al coinvolgimento di tutto il complesso sintagmatico in una diffusa e globale connotazione[9]. Nel secondo testo dei *Canti*, ad esempio, troviamo *cardo talpe gru faggete abetine cincialle-gra ischie olmi pino cerro* a materiare di concretezza il paesaggio; allo stesso scopo concorrono anche forme rare e letterarie come i *buchi erbiti* o l'*azza* o i dialettalismi come *le prata* o *il verno* (forme popolari e dotte al tempo stesso), *la rimessa* ecc. Questo affollarsi di precisione lessicale riesce però, al termine di ogni strofa, in un canto che è una pura sonorità onomatopeica, desemantizzato: «*tient' a su! tient' a su!tient' a su!*» Nella terza poesia (*L'uccellino del freddo*) ci sono dalla zoonimia *sgricciolo grillo elitre*; dai dialetti *tecco* (intirizzito) *stiocchi stipa grecchia stiampa*, voci elette dalla loro fonicità, ribadita da *sgrigiola ruzzola scricchiolettio screpola scoppietta frusciano frulli* e infine, la fonicità pura di: *trr trr trr terit tirit*. Così, la lingua poetica si impadronisce di tecnicismi codificati e tecnicizza le sonorità del mondo; dai soli primi *Canti*: *sci e sci e sci e sci* (dei taglialegna), «*tac tac* di capinere, | *tin tin* di pettirossi, | un *zisterete* di cince, un *rererere* | di cardellini» (*La pania*), *uid uid* (*L'allodola*), *don don* di campane, *sicceccé* del saltimpalo (in una poesia in cui le piante hanno nomi come *calta titimalo meli marasche radiche musco paglia* e dove si dice che «il mandolorlo ha imbottonato», «sul palancato d'un prato» ecc.). Da questa disponibilità a catturare anche i suoni dando ad essi un nome, segue, con moto opposto, la tendenza a deprivare i nomi di senso e a svaporarli nel puro suono: «[il pittiere] fa un salto, un frullo, un giro, un volo; | molleggia, più qui, più lí» (*Il compagno del taglialegna*), la rondine di *Dialogo* (in *Myricae*) fa *vide vide videvitt* come, nei *Canti*, *Il fringuello cieco* che smonta e rimonta dai suoni le parole: «Finch... finché nel cielo volai | finch... finch'ebbi il nido sul moro | [...] Addio addio dio dio dio dio | [...] | Anch'io chio chio chio chio | O sol sol sol sol... sole mio».

È dunque un impulso di precisione a generare la grande novità linguistica di Pascoli: l'esattezza nominativa, spinta all'ossessione onomatopeica, al dialettalismo. Egli stesso ha scritto in margine alla seconda edizione dei *Canti* introducendo significativamente un piccolo glossario:

> Ci sono parolette che mal s'intendono. È vero. Sono [...] proprie dell'agricoltore; e chi non è agricoltore, non le sa; sono vive ancora, dopo tanti secoli, su queste appartate montagne; e chi in queste montagne non è stato, crede che siano parole morte, risuscitate per far rimanere male lui. Ma no, non per codesto io le rimetto in giro; bensí, ora per amor di verità, ora per istudio di brevità. I miei contadini e montanini parlano a quel modo, e [...] spesso meglio che noi, specialmente quando la loro parola è piú corta, e ha l'accento sulla sillaba radicale, sicché s'intende anche a distanza [...] e fa il suo uffizio da sé e non ha bisogno dell'aiuto d'un aggettivo o d'un avverbio [...] [10].

Si apre cosí una via al dialetto in poesia, che non è in funzione di realismo mimetico ma di tecnicismo e di ricordo, di recupero insieme, a scopo di esatta nomenclatura, di una «lingua che piú non si sa». La regressione al linguaggio materno, cosí importante per Pascoli, è veicolata dalla progressione ai lessici speciali, al linguaggio tecnico e scientifico dei campi, del lavoro contadino. Le correzioni a *Myricae*, che pure attenuano, rispetto ai *Canti*, il lessico «locale e dialettale», segnano la ricerca di una dizione piú precisa scartando *vento* per *sizza*, *infinito* mare per *fragoroso* mare, *fiammano* i vetri per *razzano* [11].

Ma, accanto a questo Pascoli, che, scrive suggestivamente Beccaria, «rivela un orientamento verso la parola esposta», c'è quello «che dissolve e attenua, neutralizza l'intento mimetico-riproduttivo», «che ha fatto diventare elementi per sé non-semantici (quali ritmi, accordi fonici) responsabili di uno stato interiore, di una situazione espressiva». È il Pascoli dell'allitterazione, della disseminazione delle parole privilegiate del suo vocabolario poetico (*tremulo fragile anelito palpito fremito soffio* ecc.) «in un ambiente fonico omogeneo», usate «come suscitatrici di una tematicità fonica». La lingua parla anche al di sotto della soglia semantica e paradigmatica del dizionario, nel raccordo segreto e percepibile della sequenza dei significanti; «è una catena di risonanza prolungata che trasmette conoscenza / intuizione del reale che va piú a fondo»[12]. È un processo questo, che ha all'origine il serbatoio delle parole fonicamente ricche e suggestive, disponibili al potenziamento fonosimbolico e che poi si sviluppa, però, piú che sulla lingua, sopra e sotto di essa, cioè, in ultima analisi, al livello dello stile, là dove le parole sono elette e disposte in virtú delle loro associazioni subliminari ed eufoniche, prima ancora che in ragione del loro valore lessicale.

Ma sono, entrambi questi procedimenti, segni di un atteggiamento di fronte alla lingua che è di estraneità ai vecchi codici letterari e di esplorazione e sfruttamento di quelli nuovi o inusitati. Leggiamo alcuni versi ancora dalla *Pania* di *The Hammerless gun* dei *Canti di Castelvecchio*:

> (*sii sii* è nella lingua dei fringuelli
>   quello che *husch* o *still*, o Percey, in quella
> di mamma: zitti! tacciono i monelli) [...]

> E sento *tellterelltelltelltelltell* (sai?
> *tellterelltelltelltelltell* nella favella
>   dei passeri vuol dire come *out! fly!*

> scappa, *boy*, c'è il *babau*!)

Qui dall'onomatopea insistita si scivola nella lingua straniera, nell'inglese che spezza il vecchio monolinguismo non meno dei suoni inventati e mimati. In *Italy*, dei *Primi poemetti*, il dialettalismo *nieva* (nevica in lucchese), detto dalla nonna, è inteso da Molly come *never*, mentre *febbraio* rima con *Ohio*, in una poesia che registra l'italo-americano degli emigrati con i suoi *bisini* (business) *scrima* (icecream)[13] ecc.: segni di una ricerca linguistica che, dopo aver esplorato canti popolari e cantilene, non eviterà neppure un ritorno *ad maiora* (specie *Poemi conviviali*) e persino l'indagine nel latino (e del resto in *Myricae*, *Nozze*, le rane gracchiano «in greco»: *tiò tiò tiò tiò tiò tiò tiò | torotorotorotorotorotrix | torotorotorotorolililix*)[14].

Non meno decisive sono le novità pascoliane nella sin-

tassi. La semplificazione del periodo raggiunge definitivamente anche la poesia, accompagnandone le misure narrative e prosastiche e l'impressionismo frammentato e minuto. Alfredo Schiaffini aveva, a giusta ragione, ricordato da
Myricae i versi di *Ceppo*[15]:

> È mezzanotte. Nevica. Alla pieve
> suonano a doppio; suonano l'entrata.
> Va la Madonna bianca tra la neve:
> spinge una porta; l'apre: era accostata.
> Entra nella capanna [...]

la paratassi coordinata asindeticamente esalta la linearità
del costrutto, la semplicità del racconto, in una ricostruzione letteraria delle «forme semplici» tipiche della narrazione popolare. E gran parte della sintassi di *Myricae* è di
questo tipo, con verbi-frase («Nevica: l'aria brulica di
bianco» di *Nevicata*, «Vedono. Sorge nell'azzurro immen-
so» *Digitale purpurea* da *Primi Poemetti*), paratassi asinde-
tica, spesso su motivi popolareggianti (da *Già dalla matti-
na*: «Acqua, rimbomba; dondola, cassetta; | gira, coper-
chio, intorno la bronzina»), sequenze verbali ravvicinate
(da *Contrasto*: «lo fondo; aspiro: e soffio poi di lena»). Le
varianti evidenziano bene la ricerca di una simile, secca costruzione, enfatizzando il nudo asindeto ai danni delle congiunzioni (*Ceppo*: «Trema il bambino e lei s'accosta al fuoco» → «Gesú trema; Maria s'accosta al fuoco»). Pascoli
mette a punto per il secolo successivo una sintassi che
frammenta le unità metriche e semantiche tradizionali. Alfredo Stussi[16] ha osservato come, pur bilanciata da una forte coazione a ripetere, a iterare suoni e parole, la sintassi
pascoliana si interrompa e spezzi con le piú varie movenze,
da quelle tipiche del parlato, con prolessi del pronome:
«ch'io l'oda il suono della vostra voce», «Già li vedevo gli
occhi tuoi soavi» a piú raffinati e culti iperbati e interruzio-
ni del percorso frasale. Ad esempio le incidentali, che spesso attaccano fin dall'inizio del componimento: «Tra cielo
e mare (un rigo di carmino | recide intorno l'acque marez-
zate) | parlano [...] (*I puffini dell'Adriatico*) oppure le in-
versioni: «quelle che ora vi tendeste | fascie di lino», le di-
sgiunzioni: «e l'amor mio le nutre e il mio lavoro» (*Anni-*

versario) e i vari processi di ritardo del sostantivo rispetto all'aggettivo predicativo. Sono stati già a suo tempo segnalati i sintagmi invertiti che evidenziano impressionisticamente un colore invece della cosa colorata («nero di nubi»), le frasi con anticipo dell'attributo coloristico («Vedeste azzurro scendere il ruscello», «Nero da una fratta l'asino attende») e Renzi[17] ha osservato il ricorrente ritardo del soggetto, segnalando *Scalpitío* con l'esplicita sua preterizione:

> Si sente un galoppo lontano
> (è la...?)
> che viene, che corre sul piano
> con tremula rapidità.

In questo contesto, il costrutto nominale si inserisce con familiarità, come variante lirico-impressionistica della sintassi prosastica e narrativa, come in *Patria* o nel celebre *Temporale*:

> Un bubbolío lontano...
> Rosseggia l'orizzonte,
> come affocato, a mare;
> nero di pece, a monte,
> stracci di nubi chiare:
> tra il nero un casolare:
> un'ala di gabbiano.

Non di rado la nominalizzazione nasce dal processo correttorio come *l'incipit* di *Novembre*, dove «Gemmea l'aria, il sole cosí chiaro» emerge da «L'aria è gemmante, il sole cosí chiaro», che, a sua volta, proveniva da «Azzurro è il cielo, il sole è cosí chiaro»[18].

Stussi ha infine ricordato anche il frequente sdoppiarsi e triplicarsi delle parole, variante dell'onomatopeizzazione dei lemmi semantici e forma della ripetizione, figura da Pascoli in poi centrale nella poesia decadente. Spulciando ancora da *Myricae* ecco alcuni versi scelti tra i conclusivi di poesia: «ella cuce, cuce, cuce», «La neve fiocca lenta, lenta...», «La morte, la morte, la morte». La lingua della poesia sperimenta cosí la contrazione e la dilatazione dell'unità semica della parola, scavando ai confini della grammatica nuove risorse espressive.

1.2. *D'Annunzio alcionico.*

La poesia borghese di secondo Ottocento, il primo Pascoli avevano dunque decretato la definitiva smobilitazione del linguaggio poetico petrarchesco, di secolare fortuna in Italia. Ma non era morta l'idea di poter fare poesia con materiali eletti, anche se meno usurati e conosciuti; anzi, Carducci, lo abbiamo visto, aveva già mostrato come la tradizione fosse rivitalizzabile con l'antica ricetta di ogni classicismo, col latino, col greco, utilizzati come risorse immediatamente disponibili per nobilitare il linguaggio.

È da qui che parte il piú sconcertante e formidabile poeta di fine Ottocento - primo Novecento: Gabriele D'Annunzio. L'esordio dannunziano è sulla linea di Carducci ma subito rimotivato dalla coscienza che un ritorno alla lingua antica doveva avvenire per vie dirette, senza la mediazione di una troppo stanca tradizione letteraria. D'Annunzio, cosí, comincia a rilanciare in poesia un italiano colto, ma non precodificato; una lingua antica ma non vecchia. La ricerca di una lingua diversa lo immette nel preziosismo e nella classicità con lo stesso immediato contatto, se si può dire, di Pascoli coi lessici della campagna. Quando nella *Laus vitae* proclamerà:

> O parole, mitica forza
> della stirpe fertile in opre
> e acerrima in armi...
> parole, corrotte da labbra
> pestilenti d'ulceri tetre,
> ammollite dalla balbuzie
> senile, o italici segni
> rivendicarvi io seppi
> nella vostra vergine gloria!
> Io vi trassi con mano
> casta e robusta dal gorgo
> della prima origine, fresche [...]

fisserà perfettamente il suo progetto linguistico di reinvenzione del linguaggio dalle sue origini; origini, però, dotte, letterarie, classiche. È quello che ha notato una volta per tutte Bruno Migliorini quando ha osservato che in D'Annunzio «predominano le voci italiane arcaiche (*antibraccio* per *avambraccio*, *laude* per *lode*, *palagio* per *palazzo*) e le voci dell'antichità classica (*chiragra* per *gotta*, *traslazione* per *traduzione*). Talora basta a render preziosa la parola una variante fonetica o grafica «che rinvii a un nobile passato» (*conscienza pattovire comedia drama*); spesso si tratta di rimotivazione semantica, che risale il percorso etimologico della parola (*umile* per fatta di terra, *erronee* per vagabonde)[19]. Il latinismo è, naturalmente, il gran serbatoio del primo D'Annunzio; Elwert[20] da «poche pagine del *Canto novo*» ha raccolto: *igneo favonio coorte algido cecubo suaditrice cinereo nevato occaso sannita precordi nauta fulvo flavo altrice talamo testudine iemale* ecc.; ma non meno fertile è il territorio greco: *desposta pelago oreade driadi menade epitalami*. Ma Elwert osserva anche, molto opportunamente, che questo «antichèggiare» non serve, come in Carducci, a nobilitare il discorso (per cui è soprattutto il linguaggio comune ad essere classicizzato), ma a precisare e concretizzare concetti e cose. Non a caso una delle vie regie dei classicismi lessicali di D'Annunzio sono i nomi della terminologia botanica e zoologica (*oleastro asfodeli jacinto croco nautilo antéra*), della mineralogia (*ambra topazio crisopazio berillo alabastro*). «L'italiano antico gli serve come la parola dialettale, il latinismo, il grecismo tanto come parola rara, eletta, quanto come mezzo descrittivo». Càpita, come ha mostrato il Praz, che la fonte tecnica (nel caso il dizionario marinaresco del Guglielmotti)[21] induca il preziosismo, l'arcaismo specialistico.

Precisione, dunque, e scarto dall'usualità sono i due corni intorno ai quali si organizza il linguaggio del D'Annunzio poeta. La peregrinità delle scelte (spesso realizzata, come s'è detto, con scarti minimi foneticografici: *dubio pulmone*, e col ricorso a varianti rare: *acerbare* per inacerbire, *incluso* per chiuso, a volte al limite della neoconiazione: *chimerosa* invece di chimerica: sono esempi che il Praz coglie dalle *Laudi*) detta anche percorsi particolari dentro la storia della nostra lingua letteraria, con predilezione per Dante piú che per Petrarca e, tra i poeti del Duecento, per i comici; per le prose antiche e i volgarizzamenti piú ancora che per l'illustre *Decameron* (il Praz ha individuato nella

Francesca da Rimini addirittura calchi puntuali da *Vegezio* volgarizzato e ha trovato nel *Pier Crescenzio* volgare la fonte del suggestivo *erbale* delle *Laudi*, mentre un altro trattato di agricoltura volgarizzato, quello del Palladio, è fonte di importanti luoghi di *Alcyone*). L'arcaismo è perciò spesso vistoso, e certo non sempre in ruolo tecnicizzato, come, secondo Elwert, da *Canto novo*: *aliga speglio arbore verziere fuora periglio bevere stromento* ecc. Ma D'Annunzio riimmette in circolazione un materiale linguistico sovrabbondante e non piú puramente ornamentale, riciclando in quantità dantismi e soprattutto moduli danteschi liberamente ripetuti e rifatti, che poi il Novecento userà, suo tramite, con dovizia. Si vedrà, ad esempio, Montale accogliere con larghezza il suggerimento dannunziano per un riuso del modulo parasintetico caro a Dante; tra le altre raccolte, *Alcyone* ne aduna in abbondanza: *s'ingiglia s'immezza s'inciela s'inselva s'imperla s'infosca s'inostra s'infutura disfrena disfama dismarrii* ecc. [22]

Ma scorriamo le preziose *Concordanze* dell'*Alcyone* (1904) [23], la piú fortunata raccolta di D'Annunzio. Ecco, solo dalla *a*, le varianti rare di un lemma comune: *acciaro acquedutto aliga aggrevare amadore àlbori arbore albricocco*; spesso ottenute lavorando sugli affissi: si notino i prefissi di *afforzare aggentilire aggrandire aggrumare annitrire* e i suffissi di *agrore ardenza albedine argiglioso algoso*; sulla stessa linea di deviazione verso l'alto si collocano i parasintetici *attoscare assemprare appenare ammusare ammutire allumare affissare accosciare* e i doppioni dotti: *aere agognare albo alipede amarulento ambage angue aruspice ascoso aspide asperso augelletto aulente aura aureo aulire* ecc. C'è tutto uno sfruttamento delle risorse compositive del lessico italiano, che ha il suo punto piú vistoso nei «composti giustappositivi bimembri» come *verdazzurri nerobianco* e quello piú frequente nella suffissazione esposta: ad esempio in -*ame* (*carname corbame cordame erbame fasciame libame pesame saettame*), in -*ura* (*caldura capellatura genitura*), in -*oso* (*doglioso estuoso schiumoso scaglioso tendinoso*), in -*ale* (*eternale fiumale*), in -*ore* (*dolciore verdore sentore negrore*) e, anche, nella prefissazione (*diseparare discingere diguzzare smorire*). È un lavoro dentro il lessico che non solo risulta dallo scrutinio dei vocabolari e dei testi antichi o rari, dei repertori tecnici, ma dall'intensificazione ed esposizione degli strumenti consueti dell'arricchimento linguistico nella formazione delle parole in italiano: un suggerimento che sarà messo a profitto dai migliori poeti del Novecento.

La lingua di *Alcyone* tuttavia non è esaurita tutta dal pur dominante segno della rarità e della cultura; o, perlomeno, questo convive con un italiano piú consueto e «medio», che, però non si costituisce come opposizione o scarto dall'altro, ma con esso divide consensualmente gli spazi in una sorta di compenetrazione reciproca. Cosí, spigolando a caso, coabitano *carico* e *carco*, *piè* e *piede*, *core* e *cuore*, *desio* e *desiderio*, *nessuno* e *niuno*, *foco* e *fuoco*, *gaudio* e *gioia*, *imo* e *profondo*, *pregare* e *priegare*, *offrire* e *offerire*, *anche* e *anco* ecc.; ma sempre (o quasi) la variante standard è piú frequente (e spesso non di poco) della rara e letteraria. Certo non mancano segnali forti di preziosità e rarità, cosí che se ne ricava l'impressione che siano anche piú diffusi di quanto sono realmente; in tal senso funzionano i *lungh'essi*, *ove*, *elli*, *ei*, *cui* complemento oggetto, le enclisi (*godevami tendegli piovonmi piacquemi aggriciarmisi erami serbansi esalasi rinverdiscasi ebbesi* ecc.), pur abbondantemente bilanciate, anzi superate, dalle proclisi regolari; e certi tratti meno significativi, come le terze persone degli imperfetti senza *-v-* (*pendea avea potea vedea*), le forme *dee puote veggo*, o altri casi piú singolari e fortunati, come quelli segnalati dalla predilezione per le parole sdrucciole (*memore roscido tortile sandalo redine panico naufrago inimitabile citiso alcedine* ecc.).

Non tradizionale in poesia è poi la sintassi che offre precise indicazioni a favore di una paratassi impressionistica (*Meriggio*: «Non bava | di vento intorno | alita. Non trema canna... | Non suona voce, se ascolto. | Riga di vele in panna»), spesso di frasi semplici e lineari (*Glauco*: «La radura è vicina. Il sole penetra | fra i rami. Tutto tremola e scintilla. | La resina sul tronco è come l'ambra...»), con un trattamento del costrutto nominale (di cui l'autore del *Notturno* sarà ben presto maestro; ancora da *Meriggio*: «Bonaccia, calura | per ovunque silenzio»; ma si veda anche *L'Alpe sublime*), tutto sommato contenuto a fronte del piú ricorrente affollamento verbale: «Palpita, sale, | si gonfia, s'incurva, | s'alluma, propende» (da *L'onda*).

D'Annunzio mette a punto, insieme con la grande novità metrica della sua «strofe lunga», una forma di complicazione sintattica di tipo allineativo ed enumerativo, che avrà largo successo nel Novecento. Si pensi nelle celebri *Stirpi canore*, alla sequenza aggettivo e complemento di paragone, ripetuta 14 volte o a quella di «piove su» nella *Pioggia nel pineto* (10 volte nella prima strofa). È una sintassi che accumula sullo stesso piano elenchi interminabili come in *Albasia*: «La nube formosa | disposa | il monte che a lei sale, | l'ombra d'entrambi il piano, la dolce acqua il sale, | la canna il tralcio, | il salcio | la florida stiancia, | l'argano la bilancia | su la foce pescosa, | la mia rima il mio giòlito, | l'algosa | arena i tuoi piè lievi». Ma soprattutto D'Annunzio è maestro nell'adeguare il ritmo sintattico all'esigenza di *variatio* ritmica, con continui cambiamenti dell'ordine soggetto-verbo-oggetto (per esempio, nei citati versi di *Meriggio* il verbo occupa alternativamente la prima e l'ultima posizione; il soggetto, nelle lunghe frasi dell'*Onda*, è in fondo alla prima, lunga 7 versi, e all'inizio, invece, di una successiva di 15 versi gremita da 17 verbi principali) [24].

Il significato storico dell'esperienza dannunziana (delle *Laudi* e in specie di *Alcyone*) è enorme per il Novecento e su questo Mengaldo ha già detto tutto quello che si doveva. Basterà qui riproporre, riassuntivamente, alcune considerazioni. Intanto, che, al di là dei tratti che legano singolarmente il linguaggio di D'Annunzio a quello di Cardarelli o di Montale o di Ungaretti o di Luzi, operano elementi dannunziani diffusi un po' in tutto il primo Novecento (fino all'ermetismo incluso): specie nel rilievo delle forme affissate nel lessico (*-mento, -ura, -oso*, parasintetici, avverbi in *-mente*, aggettivi superlativi in *-issimo*) e di tante figure ritmico-foniche, a partire dagli sdruccioli per finire alla surrogazione della rima con assonanze, allitterazioni, quasi rime, ecc. [25]. Ma soprattutto occorrerà osservare che D'Annunzio ha offerto al Novecento un materiale linguistico notevole e rimarcato, spesso arcaico e raro, di cui non si sarebbe certo, altrimenti, ammesso il riuso. Il fatto è che «gli arcaismi dannunziani» «sono tali linguisticamente, non stilisticamente»; la preziosità è per lui un dato da collocare alla fonte, ovunque il poeta acquisisca reperti; sul piano dello stile allora, tutto essendo conguagliato e omogeneizzato, non c'è scarto prezioso né innesto dotto: tutto è colto e artefatto, raccolto come in uno sterminato museo della lingua poetica. «Non si rifletterà mai abbastanza su come [...] l'imponente tentativo dannunziano di proporre ancora una volta come attuale il linguaggio aulico di una tradizione secolare, suonò in pratica quale sua liquidazione: per trattare quel linguaggio con tale impassibile e straniante manierismo, facendo un assoluto di una variabile storica, voleva dire allontanarlo definitivamente» ma anche «metterlo a disposizione» facendone «un campionario inesauribile di nitidi quanto fungibili *specimina*». Nello stesso tempo però, riaffermando la specificità del linguaggio poetico, D'Annunzio «determinava [...] la rivalutazione del prosaico e quotidiano come elemento stilistico di differenziazione e scarto», favorendo la reazione prosastica di primo Novecento[26]. A questa, del resto, egli stesso contribuí anche in positivo, grazie alla sua mutevole musa, colla raccolta all'inizio forse piú fortunata, il *Poema paradisiaco*.

1.2.1. Il poema paradisiaco.

Nel *Poema paradisiaco* (1892) D'Annunzio ha registrato puntualmente, nel suo modo raffinato, l'istanza di prosasticità, di narratività che sarà la cifra della nuova poesia novecentesca. Non è un caso che il primo sostantivo per ordine di frequenza sia qui *anima* (52 ricorrenze), parola chiave del vocabolario intimistico, che nascerà in parte proprio per reagire al maggior D'Annunzio alcionico, e che nel *Paradisiaco* trovava dunque anche un modello[27]. E subito dopo *c'è mano* (45), uno dei tratti piú isolati dalle figure femminili molli e opalescenti tipiche del decadentismo simbolista. Alle zone alte della frequenza stanno pure altre voci poi canoniche, come quelle della vista, da *vedere* a *occhio* a *parere* a *guardare* e dell'*ombra* (37); il colore dominante è il *bianco* (31); il *silenzio* (30) si estende ovunque; gli avverbi chiave sono *forse* (37) e *quasi* (29); *dolce, lento, antico* sono tra gli aggettivi piú ricorrenti, mentre *amore* e *morte, sogno* e *mistero* si disputano le frequenze alte dei sostantivi. Luogo molto frequentato è il *giardino* (17), *vano* tra aggettivo e sostantivo assomma 30 ricorrenze, alle 18 volte di *donna* corrispondono le 12 di *sorella*. Insomma qui c'è già, perlomeno nei valori di frequenza, gran parte del lessico della poesia crepuscolare, con la quale si aprirà il Novecento poetico vero e proprio. Non a caso le forme dotte occupano i gradini bassi (*palagio nugolo verone agognare folcere escire alma angue carme falbo iacintino lapideo* sono tutte a frequenza 1), residui ricercati di un linguaggio che tende, specie con la sintassi, alla prosa. Ecco allora il dialogo in versi («Io dissi, è vero | dissi: – Domani tornerò, domani | vi rivedrò. – e siamo ancora lontani, | Anna, e tu credi che non sia sincero», *Nuovo messaggio*), l'allocuzione patetica («Rimanete, vi prego, rimanete | qui»: *La sera*), la paratassi («Non pianger piú. Torna il diletto figlio | a la tua casa. È stanco di mentire. | Vieni; usciamo. Tempo è di rifiorire...»: *Consolazione*). I moduli del crepuscolarismo, ivi compresa la maniera primitiva e francescana (la celebre *Siera fiesolana*), sono già qui.

D'Annunzio è, in realtà, come Pascoli, già Novecento, specie per la lingua (forse discorso diverso, oltre che per temi e ideologia, andrebbe fatto se si considerassero i metri). L'uno e l'altro si integrano in una serie di offerte che per Mengaldo[2] costituiscono come una «koinè pascoliano-dannunziana», caratterizzata, tra l'altro, dai moduli tipici dell'impressionismo linguistico, come i sostantivi frequentativi in *-ío* (*brulichío trepestío gridío calpestío lampeggío gracidío*) o i verbi frequentativi in *-eggiare* (*someggiare colpeggiare rameggiare schiumeggiare*), ingredienti che saranno assai utili alla lirica novecentesca ansiosa di realismo e di espressionismo insieme.

---

[1] Per tutto l'Ottocento resta fondamentale il già utilizzato T. Elwert, *La crisi del linguaggio poetico italiano nell'Ottocento*, in *Saggi di letteratura italiana*, Steiner, Wiesbaden 1970, pp. 100-45.

[2] Salvo diversa indicazione in questo paragrafo le citazioni sono tutte tolte dall'ottimo saggio di A. Girardi, *La lingua poetica tra Scapigliatura e Verismo*, in «Giornale storico della letteratura italiana», CLVIII (1981), pp. 573-99.

[3] E. Montale, Introduzione a G. Gozzano, *Poesie*, Garzanti, Milano 1960.

[4] A. Girardi, *Nei dintorni di Myricae. Come muore una lingua poetica*, in «Paragone», XL (1989), pp. 60-79.

[5] M. Perugini, *Appunti sulla lingua di Vittorio Betteloni*, in «Studi linguistici italiani», XI (1985), pp. 105-18.

[6] Cfr. G. L. Beccaria, *Ricerche sulla lingua poetica del Primo Novecento*, Giappichelli, Torino 1971, pp. 59-86.

[7] A. Girardi, *Nei dintorni di Myricae* cit., da cui gli esempi; ma si cita anche direttamente da G. Pascoli, *Myricae*, a cura di G. Nava, Salerno, Roma 1978; *Canti di Castelvecchio*, a cura di G. Nava, Rizzoli, Milano 1983.

[8] P. V. Mengaldo, *Un'introduzione a Myricae*, in *La tradizione del Novecento. Nuova serie*, Vallecchi, Firenze 1987, pp. 79-138.

[9] G. Contini, *Il linguaggio di Pascoli*, in *Varianti e altra linguistica*, Einaudi, Torino 1970, pp. 219-46.

[10] *Canti di Castelvecchio* cit.

[11] Cfr. P. V. Mengaldo, *Un'introduzione a Myricae* cit.

[12] G. L. Beccaria, *Polivalenza e dissolvenza del linguaggio poetico: Giovanni Pascoli*, in *Le forme della lontananza*, Garzanti, Milano 1989, pp. 163-179.

[13] L. Serianni, *Storia della lingua italiana. Il secondo ottocento*, Il Mulino, Bologna 1990, p. 149.

[14] A. Traina, *Il latino di Giovanni Pascoli*, Le Monnier, Firenze 1971.

[15] A. Schiaffini, *Antilirismo nel linguaggio della poesia moderna*, in *Mercanti. Poeti. Un maestro*, Ricciardi, Milano-Napoli 1969.

[16] A. Stussi, *Studi e documenti di storia della lingua e dei dialetti italiani*, Il Mulino, Bologna 1982, pp. 237-74.

[17] L. Renzi, *Come leggere la poesia*, Il Mulino, Bologna 1985, pp. 11-36.

[18] Cfr. P. V. Mengaldo, *Un'introduzione a Myricae* cit.

[19] B. Migliorini, *Gabriele D'Annunzio e la lingua italiana*, in *La lingua italiana nel Novecento*, a cura di G. Ghinassi, Le Lettere, Firenze 1990 (n.e.), pp. 261-78.

[20] T. Elwert, *La crisi del linguaggio poetico* cit.

[21] M. Praz, *D'Annunzio e l'amor sensuale della parola*, in *La carne, la morte e il diavolo nella letteratura romantica*, Sansoni, Firenze 1966, pp. 401-56.

[22] Esempi da P. V. Mengaldo, *Da D'Annunzio a Montale*, in *La tradizione del Novecento*, Feltrinelli, Milano 1975, pp. 13-106.

[23] G. Lavezzi, *Concordanza di «Alcyone» di Gabriele D'Annunzio*, Franco Angeli, Milano 1991.

[24] P. V. Mengaldo, *Da D'Annunzio* cit., segnala anche l'iniziativa dannunziana per gli infiniti indipendenti in funzione ottativa, di largo impiego nel Novecento. Le citazioni da *Alcyone* sono tolte dall'ed. a cura di P. Gibellini, Fondazione Mondadori, Milano 1988.

[25] Id., *D'Annunzio e la lingua poetica del Novecento*, in *La tradizione del Novecento* cit., pp. 190-216.

[26] P. V. Mengaldo, *Un parere sul linguaggio di Alcyone*, in *La tradizione del Novecento* cit., pp. 188-89.

[27] G. Savoca, *Concordanze del «Poema Paradisiaco» di Gabriele D'Annunzio*, Olschki, Firenze 1988.

[28] P. V. Mengaldo, *Da D'Annunzio* cit.

I conti col passato

2.1. *I crepuscolari.*

Il Novecento si apre con un crepuscolo che fu davvero, come scriveva Marino Moretti, un «tramonto, non so, forse un'aurora», un'epoca di liquidazione definitiva del passato e di accoglimento spregiudicato del nuovo, di novità accolte con ironia e polemicamente contrapposte alle vecchie abitudini.

È quello che, a proposito di Gozzano, Montale ha definito il «cozzo dell'aulico col prosaico», oggi largamente illustrato dalla critica. Linguisticamente si presenta come convivenza dell'antico e del moderno in una miscela calcolata per stupire e deludere; che gli ingredienti piú distanti si accostino in rima (le celebri *camicie* di Gozzano in rima con *Nietsche* o i suoi *sublimi : concimi*, o *duoli : fagioli* o i *romanzi : avanzi* di Moretti) è sintomatico, perché l'ironia che avvicina gli opposti deve consumarsi in luoghi esposti e dichiarati. È una poesia che nasce in opposizione all'ultimo tentativo di rilanciare la diversità linguistica come segno distintivo della poesia, quello di D'Annunzio; non a caso è spesso opera di dannunziani pentiti o mancati. Il tratto formale della tradizione resta cosí in questi punti di attrito e in vario materiale spesso di inerte risulta; come gli imperfetti a desinenza ridotta (da Moretti[1]: *seguia facean scotea*), i pronomi dotti *ei, quei*, enclisi come *accendonsi*, forme colte tipo: *rimembranza pondo sarte duolo desio téma oblio cerulo lungi niun spirto teco*; poca cosa, insomma, tanto che, come è stato giustamente osservato[2], in Moretti sono quasi solo le molte apocopi ad assicurare una patina di generica aulicità ai molti *sedil vicol stel pan odor* ecc. È però quanto basta perché risulti e stacchi il libero accesso in poesia del vocabolario quotidiano, accentuato in elenchi resi celebri dall'*Amica di Nonna Speranza* di Gozzano: «Loreto impagliato ed il busto d'Alfieri, di Napoleone | i fiori in cornice (le buone cose di pessimo gusto)», allineati in accumuli nominali:

> Ballerine, stampe, stelle,
> scarabei, specchi verdastri,
> corna, pendole, albi, nastri [...]
> scatole, cembali e piatti
> dipinti, fiale, ritratti   (Moretti, *Il salotto rococò*).

Ma soprattutto abbondano (esempi ancora da Moretti) *tegame vaglio gratella sedie scansia pomodoro rosmarino prezzemolo fornello acquaio paiuolo battilardo pennino quaderno taccuino* ecc.; un lessico familiare da caricatura, traboccante di diminutivi, non senza scoperte ironie spregiative (*animula gloriola gabbiuzze tisicuzzo*), messe apposta per chiarire ogni eventuale dubbio sul valore di tanto materiale casalingo e affettuoso. Anche il vocabolario di una modernità meno umbratile e provinciale si affaccia nei versi coi suoi *Caffè-concerto*, *Cinematografo*, *Orario ferroviario*; con esso entrano emblemi poi rilanciati dai futuristi come l'*automobile*, la *lampada elettrica*, i *volanti* e persino *HP* come simbolo di *cavalli*-motore (in rima, infatti, con *dalli*).

Nessuno come Guido Gozzano ' ha saputo giocare sulla doppia tastiera del sublime e del corrivo, anche in virtú di una sapienza metrica eccezionale. Il *core* e l'*augello* ironizzati e rimpianti nei «dolci bruttissimi versi» («caro mio ben | credimi almen! | senza di te | languisce il cor!...») stanno ormai irrimediabilmente tra la paccottiglia del mondo poetico che fu, di cui residuano solo pochi superstiti come *oblio cerulea indarno lunge seco speco verzura*, varianti grafiche dotte come *spetro ordegno labro omai*; le enclisi poetiche si riducono al minimo in luoghi da cartolina letteraria, come in *Paolo e Virginia* dove «le viole della morte | mescevansi alle rose del pudore» o in uno *stavasi* della *Signorina Felicita* e in un «*chinavansi* piano» sorridente nell'*Amica di Nonna Speranza*; insomma stanno con l'oggettistica casalinga un po' desueta che caratterizza l'ironia poetica gozzaniana. Semmai il tratto colto si insinua con elementi piú raffinati e meno usurati come i dantismi *immilla sempiterno favoleggiar* o i composti grecizzanti mutuati da D'Annunzio: *dolcesorridente verdegiallo verdeazzurro altocinta*; ma specialmente coi tecnicismi, precisazioni specialistiche di un lessico consuetudinario (*dagherrotipo anemone macaone protoplasma glomerulo colchico cetonie bombo pirografia pirosforo ipecacuana procellaria*). Da qui però via via si scivola in una nomenclatura piú casereccia e familiare fatta «di basilico d'aglio e di cedrina», «fra mucchi di letame e di vinaccia», tra nomi di mestieri quotidiani: *farmacista camerista crestaia fantesca ipotecario avvocato cuoco* e di oggetti e luoghi sempre piú domestici e linguisticamente comuni: *cucina concime cesto cascina catasto camino cancello canterano caffè bicicletta sdraio* e insomma «topaie, materassi, vasellame, | lucerne, ceste, mobili: ciarpame | reietto, cosí caro alla mia Musa», come recita la *Signorina Felicita*. Non per nulla parola ad alta frequenza in Gozzano è *cosa* (e c'è persino un «coso con due gambe» «detto Guido Gozzano»), segno della genericità, della intercambiabilità linguistica quotidiana.

La poesia crepuscolare ha paesaggi prediletti, provinciali e periferici, fatti, come in Sergio Corazzini [4], di *chiese altari campanili lampioncelli fanali case orti giardini fontane ospedali corsie cimiteri conventi* e un lessico sentimentale corrispondente, fitto di *dolce piccolo triste bianco buono* tra gli aggettivi piú frequenti, di *cuore anima cielo cosa pianto sorella fanciullo ombra* tra i nomi, *morire vedere piangere amare cantare* tra i verbi; gli avverbi di negazione *non*, *piú* stanno in cima alla lista, subito seguiti da *forse* e *mai* e da una litania di forme in *-mente* allungate anche foneticamente. Per altro, neppure in Corazzini mancano i resti della tradizione (anzi numerosi agli esordi) come *oblio novo core niuno incantamento desio*, varianti grafiche dotte come *martoro melanconia maravigliare labro*; ma non è certo ad essi che la poesia chiede l'eleganza, che cercherà, quando lo farà, altrove, in uno scarto stilistico affidato a minimi spostamenti grammaticali (ad esempio l'uso al singolare di *occhio* o l'impiego transitivo di *sapere*) [5].

Ma la poesia crepuscolare rompe col passato anche piú nettamente su altri piani. Innanzitutto su quello sintattico, dove definisce una volta per sempre la paratassi già tentata da Pascoli e nel tardo Ottocento. Moretti sigla un fortunato *incipit*: «Piove. È mercoledí. Sono a Cesena» e in Govoni leggiamo: «Ognissanti! Domenica! La pioggia» e in Palazzeschi: «Dicembre | Crepuscolo | Piove»: le notazioni temporali favoriscono la frantumazione paratattica e con esse entra abbondante in poesia la prosa. Avanzano le forme di contatto, le finte domande, gli attualizzatori; Gozzano ha 53 *ecco*, molto numeroso anche in Moretti, dove ci sono pure forme di allocuzione al lettore come *credetelo*, mentre Corazzini adopera spesso *vedi?, non vedi?* E poi il discorso diretto, come quello giustamente famoso dell'*Amica di Nonna Speranza* con le sue macchie di italiano regionale («Baciate la mano alli zii») e, in Moretti, le prime emergenze in versi dell'italiano medio parlato con *gli* per *le* pronome femminile: «Ma la figliola è come in paradiso | nella sua casa. Che gli viene in mente?», anticipo e ridondanza del pronome: «Fallo tacere il tuo cuore», la frase foderata: «io non lo so nemmen io», «ti rido in faccia, ti rido». Si spezza in questo modo anche il residuo monolinguismo, già intaccato dalla poesia borghese di secondo Ottocento, ora franante sotto le registrazioni del parlato plurilingue in Moretti:

> Guardo e ascolto...
> peut-etre ce soir, my dear, good bye...
> Ah ch'io non veda, ch'io non cerchi piú
> il bene ignoto che non venne a me
> vous ne pouvez encore... j'en suis charmé...
> ...all right... my darling... how are you...
> Qual voce ascolto? Perché son qui
> a meditar la mia perplessità?
> ...c'est dommage... I'dont like... me voilà
> ies danke ser, mein liebe... après midi   (*Grand Hotel*):

dilatazione al repertorio europeo del piú diffuso latino in passato usato come ingrediente della miscela mistilingue. Gozzano, come si sa, riporta in *Torino* discorsi in piemontese: «Ch'a staga ciuto» [...] «'L caso a l'è stupendo!» | «E la Duse ci piace?» – «Oh! Mi m'antendo | pà vaire»; mima il parlar singhiozzante della *Signorina Felicita*: «Non mi ten... ga mai piú... tali dis... corsi!» e si diverte, come un po' tutti i crepuscolari, a intercalare il discorso diretto dei personaggi al proprio, in un doppio piano che sfrutta a fondo le possibilità comiche della rima:

«La Marchesa fuggí... le spese cieche...»
da quel parato a ghirlandette a greche...
«dell'ottocento e dieci, ma il catasto...»
da quel tic-tac dell'orologio guasto

Il minuto realismo di questo linguaggio, dei lunghi cataloghi (Govoni ha poesie di pura enumerazione nominale delle *Cose che fanno la domenica*), non cerca però la nettezza delle definizioni e la perentorietà degli oggetti. Ciò che fissa, subito dissolve smaterializzando il concreto con l'astratto e col sentimentale degli aggettivi; tutto è umanizzato, in uno scambio incessante tra l'uomo e la natura, una sorta di antropomorfismo ininterrotto. I salici di Moretti piangono davvero, il *cielo* è *dolente*, le *labbra* sono come *petali* e il *vicolo* ha una *fronte di mendico*, la *zattera* è anch'essa *dolente*. Govoni è maestro in questo procedimento che fa da anticamera all'analogismo futurista. Basta infatti spingere il confronto un po' piú a fondo per produrre giunture come queste morettiane della *sedia magra* o del *divanetto impermalito*; in Govoni, Beccaria[6] ha colto: «l'amnistia del crepuscolo», «zoppica un organo di Barberia», «la carestia del sole». Dietro il grigiore crepuscolare è in agguato l'eversione, l'eccentricità futurista, come, ancora, nel primo Govoni: i campanili «pulpiti di pietra | da cui sbracciano le campane | le loro giornaliere prediche»; «Una banda di turchini | convolvoli strombetta | davanti alla mia casetta». Si avanzano qui le analogie rette dal *di* come «il taboga di vetro dell'arcobaleno» e apposizionali come i campanili «paracarri di mistici confini»; si moltiplicano le similitudini divaricate, tipo «È una sera di-vina | della primavera fondente | come una caramella di menta glaciale | che si succhia si succhia | finché non resta piú niente» (*Il giardino*). Mentre dunque il reale si dissolve nell'immaginario, l'oggettivo nel sentimentale, il concreto nell'astratto, la stessa consistenza fonica della lingua si sgretola e dissemina in sonorità che dimenticano il senso denotativo per suggerire emozioni, sensazioni. Gozzano e Moretti usano il ritornello, le filastrocche, la reduplicazione dei lessemi. «Lenta, lenta, lenta va | nei canali l'acqua verde» scrive Moretti de *La domenica di Bruggia*, in cui si leggono anche versi di pura iterazione come «vanno unite unite unite | le romite le romite | le romite alla preghiera».

È questo uno dei tratti piú caratteristici della dissoluzione semantica di cui è giocoliere d'eccezione Aldo Palazzeschi (si pensi al *Passo delle Nazarene*): «Il parco è serrato serrato serrato | serrato da un muro | ch'è lungo le miglia le miglia le miglia» (*Il parco umido*). Palazzeschi spezza la catena semantica usuale e la riannoda sul puro ritmo fonico («Salisci mia Diana salisci codesto scalino | non vedi è bassino bassino | salisci»); ne escono la celebre *Passeggiata*, dove si assommano cartelli, insegne, manifesti in un *collage* spassoso e ironico, secondo una tecnica di cui si ricorderà ancora il Montale di *Satura*; o la non meno famosa *Lasciatemi divertire*, composta sulla sequenza di suoni in libertà, «grullerie», «spazzatura delle altre poesie»: «Bubububu, | fufufufu, | friú! | friú», «Bilobilobilobilobilo | blum! | Filofilofilofilofilo | flum! | Bilolú. Filolú. | U»[7].

2.2. *I futuristi.*

La continuità formale tra crepuscolari e futuristi è piuttosto evidente, anche se l'eccesso dei secondi finisce per costituire un salto di qualità rispetto alla moderazione complessiva dei primi. Le parole in libertà teorizzano e moltiplicano in Marinetti l'inconsistenza semantica di Palazzeschi; le metafore violente di Govoni si trovano anche in Cavacchioli[8] che scrive: «Intesso ora i miei sogni | ad un telaio meccanico» e «L'aratro è la pantofola della primavera». Crescono il grottesco e il macabro: «Una città lunare: un festino | cadaverico di costruzioni, | senza lanterne, | con qualche breccia nel travertino | simile alla chirurgia d'un vulcano | che abbia esploso: | aprendo un ventre di fuoco» e c'è piú largo impiego di materiali desunti dalle nuove tecnologie, come l'*Elettricità* celebrata da Luciano Folgore o l'*Aeroplano* di Soffici. Farfa scrive:

Mentre suggevo
latte di luce
da poppe turgide di globi elettrici
un ceffo teppista di tram geloso
col braccio del trolley le staccò nette
immergendomi nell'oscurità.

Soffici anticipa Ungaretti sperimentando a fondo gli accostamenti analogici di cui vivrà tanta poesia novecentesca («Mulinello di luce nella sterminata freschezza», «Stringo il volante con mano d'aria», «Mi sprofondo in un imbuto di paradiso», «Bacio la vulva del firmamento, senza rumore») e comincia, per restare al piano propriamente linguistico che solo ci riguarda, ad abilitare il *di* preposizionale a sostegno di tante congiunzioni analogiche, con una tecnica di sovradosaggio delle competenze preposizionali che sarà tipica della poesia novecentesca, eredità delle preposizioni spiritualizzate, studiate da Leo Spitzer nel simbolismo francese[9].

La poesia futurista si impadronisce intanto anche del lessico specialistico delle nuove tecnologie, delle automobili e dei motori, della guerra meccanizzata e delle metropoli sordide e rumorose; lo scompone analiticamente in accumuli nominali, ne trae serie di immagini ad alta gradazione alcolica, impreviste, spesso troppo intellettualistiche e insistite. Ma è una strada che, superate le oltranze d'avanguardia, chiusi i conti col passato, porta al pieno Novecento.

---

[1] Tutte le citazioni da Moretti sono tolte da V. Coletti, *Il linguaggio poetico crepuscolare di Marino Moretti*, in «Studi di filologia e letteratura», II-III (1975), pp. 421-59.

[2] A. Girardi, *Nei dintorni di Myricae. Come muore una lingua poetica*, in «Paragone», XL (1989).

[3] I materiali prelevati da Gozzano sono di G. Savoca, *Concordanze di tutte le poesie di Guido Gozzano*, Olschki, Firenze 1984.

[4] Per Corazzini cfr. G. Savoca, *Concordanza delle poesie di Sergio Corazzini*, Olschki, Firenze 1987.

[5] Cfr. V. Coletti, *Prelievi linguistici corazziniani*, in *Italiano d'autore*, Marietti, Genova 1989, pp. 107-15.

⁶ G. L. Beccaria, *La somma atonale: Corrado Govoni*, in *Le forme della lontananza*, Garzanti, Milano 1989, pp. 180-226; da qui le citazioni di Govoni.

⁷ Citato da E. Sanguineti, *Poesia italiana del Novecento*, Einaudi, Torino 1969, tomo II.

⁸ Citato da E. Sanguineti, *Poesia italiana* cit., e P. V. Mengaldo, *Poeti italiani del Novecento*, Mondadori, Milano 1978.

⁹ Cfr. L. Spitzer, *Le innovazioni sintattiche del simbolismo francese*, in *Marcel Proust e altri saggi di letteratura francese moderna*, Einaudi, Torino 1959, pp. 3-73.

3.
La stagione dell'espressionismo

I poeti che in qualche modo si riconoscono o avvicinano all'esperienza felice e tormentata della celebre rivista fiorentina «La Voce», iniziativa precipua di Prezzolini e De Robertis, lasciato ormai alle spalle un passato tanto liquidato da non turbare piú, si avviano sulla strada di un nuovo italiano poetico. Chiusi definitivamente gli scrigni tarlati dell'alta lingua della tradizione; slontanati con ferocia polemica quelli rinnovati con seducente abilità da D'Annunzio, essi cercano la lingua per la poesia del nuovo secolo. Non può piú bastare loro la pur vicinissima proposta crepuscolare, ancora in gran parte legata al rifiuto polemico della storia precedente. La quotidianità linguistica che i crepuscolari avevano introdotto, col suo lessico e la sua sintassi poveri e banali, è un riferimento non piú sufficiente. Neppure per un poeta come Camillo Sbarbaro, che è sí legato alla prosaicità crepuscolare; ma questa è ormai il suo mondo, senza alcuna valenza polemica. Ne risulta una scommessa linguistica tra il basso continuo, il *Pianissimo* (1914), come recita il titolo della sua principale raccolta, e un primo, significativo scarto verso l'eloquenza, il tono alto. La svolta è realizzata soprattutto con artifici metrici e ritmici stupendi, da un endecasillabo che Mengaldo sente giustamente come leopardiano agli straordinari *enjambements*[1]. La prosaicità linguistica è data da un lessico medio e umile (*occhio vita cuore terra cielo uomo anima faccia*, le parole piú frequenti) e soprattutto da un andamento narrativo e argomentativo dei componimenti, che raccontano e (leopardianamente) riflettono. Segno della narratività esplicita di Sbarbaro sono i ripetuti legami temporali:

quando (tra i lemmi in assoluto piú numerosi), *volta, poi* (23 occorrenze), *allora, ora, ora che, talora* ecc., mentre non meno numerosi sono i nessi del ragionamento, dell'argomentazione come *ché perché se poiché*. La poesia (sempre, per altro, maestro Leopardi) ritrova anche un'allocutività diretta, una forma di dialogo del poeta con se stesso, esponendo con forza i segni della deissi: da *lui lei* stabilmente pronomi soggetto al ripetuto *tu*, al grande uso del dimostrativo *questo* o dell'avverbio *ecco*. Residui del passato, ma anche già tracce di una spinta verso il pieno recupero delle potenzialità dell'eloquio poetico, sono i pochi *ei* pronome, *seco core crine guisa avea pel*; ma ancor meglio funzionano in tal senso le molte apocopi *pueril man cor par mattin son stupor* e i calcolati iperbati: «sospeso se ci fosse | il fiato», «Inerte vorrei essere fatto» e i molti artifici retorici[2]. Piú significativa linguisticamente l'accoglienza di forme locali, di settentrionalismi per gusto di concretezza, come *credenza* (dispensa) *gotto* (bicchiere) e di tecnicismi come *scapitozzano lapislazzulo*, di forme non comuni come *zampa* (verbo), *mézze* (marce), la transitivizzazione di *camminare* («quanto ti camminai fanciullo»), la costruzione anomala di *mordere* («mordere ai rifiuti»). Da ultimo Sbarbaro, anticipando sviluppi successivi dell'ermetismo, dirada l'articolo e pigia il pedale dell'analogia: «Grappolo mi cocessi sui tuoi sassi», «e, raffica, la macchina la imbocca», «Non era che un crudele immaginare: | paralitico tenta con quest'ansia | la parte, se già il male la guadagni», riducendo i nessi, nascondendoli in un dettato che la poesia piú tarda farà sempre piú implicito e oscuro.

3.1. *Lo sperimentalismo vociano.*

Ma il tratto comune piú vistoso della poesia vociana è lo sperimentalismo, il tormento di una lingua di cui si rifiuta proprio quella medietà che da poco era stata acquisita ai versi, sia pure con intenti polemici[3]. Gli autori della «Voce» iniziano la feconda ricerca novecentesca dentro le strutture della lingua e le enfatizzano o le fanno esplodere. Si muovono tra i suffissi e i prefissi per formare nuove pa-

role o per recuperarne altre in disuso; sfruttano a fondo
l'attitudine dell'italiano ai composti superando anche i
confini della parola monomembre in giustapposizioni fol-
goranti; oppure spezzano la consistenza semantica delle
parole per dilatarne gli echi fonici; scoprono le valenze
oscure dei significanti; scompongono le unità semiche codificate e le ricompongono in nuovi aggregati.

C'è una nuova libertà di fronte al vocabolario in Giovanni Boine e questa si manifesta, come aveva ben visto
Gianfranco Contini[1], proprio nel settore della formazione
delle parole, con intenso ma singolare sfruttamento, nei
Frantumi (1915), della potenza derivativa della lingua; la
suffissazione zero nei deverbali molto numerosi: *rannic-
chio sprofondi rovesci sbarri sconfino rispecchio trabocco
spalanco*; prefissi (e suffissi) nei verbi denominali: *s'inom-
brano divallo si disgroppan svalico disnubila stabarro dissac-
ca ruscelli* e in poche altre forme come *strateso* e *aspettanza
fervenza carezzosa cresposo*, che arrivano a originali soluzioni, come «un noncalente reale», ottenute anche solo
coll'astuzia grafica: «panciallaria mi stendo».

Le barriere della parola sono sfondate invece cogli epiteti fusi e giustapposti: *rapide-vaste, saldo-piantato, molle-
allacciato, rosso-ridente, rauca-smarrita, molle-distesa, lu-
stre-leggere*, e coi composti bimembri in accostamento
analogico diretto del comparato e del comparante: *riso-
rifugio, cunicoli-biscie, occhio-dolore*. Il doppio nome funziona anche da aggettivo: «sei così iride-soffio», «son sof-
fi-brezze i vostri muri»[3]. Si accentua il processo di conden-
sazione che responsabilizza, come poi in tutto il Novecento, il *di* preposizionale nel ruolo di sostegno della metafora
raccorciata: «un assedio d'ansia», «il ronzio vasto dell'al-
lucinazione», «riverbero giallo di ambigua impostura», «i
cubitali cristalli della pazzia», «i tetri Imalaia delle mori-
bonde certezze».

La norma è evasa anche a livello sintattico con anacoluti
tipo «le gioie improvvise che non sai perché, quelle subito
t'alzi e scintilli», «l'acqua di mare così tanta com'è, mi
chiedi perché non ti vien voglia di bere», «le cadenze lon-
tane delle canzoni, [...] subito ti fermi in ascolto». In pari
tempo si afferma l'apposizione analogica «bimbo su rena,

per ozio mi svago», «spente onde, giungono a volte le len-te sere della malinconia».

Il segno linguistico vociano è soprattutto nell'intensa sperimentazione dei processi di formazione delle parole, anche al di fuori delle prove strettamente liriche, stante l'eccezionalità anche testuale e di genere degli scritti di questi autori, quasi sempre partecipi di prosa e di poesia insieme. Le prose di Boine, anche le saggistiche, pullulano di ritrovati suffissali (ad esempio in -*ería*: *polemicheria pla-tonicheria*, -*ume*: *esteticume forestierume*, -*aio*: *salottaio conferenzaio*, -*mento*: *sintetizzamento sguisciamenti*) e di invenzioni scatenate soprattutto tra gli aggettivi: *macrosti-tico* poeta, *pipistrellare* crepuscolo, *ragnatelose* intelligen-tie, *impiegatesca* marsina. Non sarà da meno Piero Jahier coi suoi: silenzio *contabile*, corte *latrinaria*, ditone *inchio-stroso*, ponce *tabaccoso* e i vari derivati *duriore pigriore vil-laniore puzzosa interessoso sgallettío gialluta*, per arrivare sino alla carica esplosiva dei parasintetici e dei denominali tipo *s'imborsa imparadisa ci rincaserma infelicitato automo-bilando semaforare arcobalenare clarineggia sportellato*. Pu-re Jahier conosce la fusione di due nomi in uno: *acquater-na, nottegiorno* né manca di dialettalismi, in omaggio an-che all'andamento da canto e racconto popolare delle sue *Poesie*; l'evasione al codice è infine ribadita da anacoluti del parlato e transitivizzazione di intransitivi: «ti posso ar-rivare»[6].

Tutti questi fenomeni si ritrovano nel piú intenso poe-ta del gruppo vociano, Clemente Rebora dei *Frammenti li-rici* (1913). Seguendo da vicino il suo miglior studioso, Fer-dinando Bandini[7], enumeriamo transitivizzazione (con va-lore causativo) dell'intransitivo e valenza assoluta dei ri-flessivi

> il turbine [...] scorrazza [...] campi e ville; il corso pullula luci; qui dove uno sdraia passi d'argilla; lo fluisce il ruscello; che speranze [...] divampa, che tripudi [...] conflagra; tu sgretoli giú; pendice che rarefà di zanzare; l'attimo svena questa voce

gusto del parasintetico, ripreso su suggestioni dantesche, non infrequenti di fronte a questo paradigma formativo del lessico: *s'incava invilire m'infosca s'invera s'imbotta s'inspelonca incrosti s'ingorga*, con una certa preferenza per i verbi a prefisso *s-*: *snevati sbirbonano spastata*.

Questa insistenza sul verbo traspare anche dal largo impiego di infiniti sostantivati (un acerbo *dubbiar*, il *titubar* ambiguo, pigro *disnodar*, un *non bastarmi*) e di participi in funzione aggettivale: *razzante* pendice, *ampliati* interluni, l'attimo *irraggiato*. Insomma c'è tutto «uno scambio fervido tra la sfera verbale e la sfera nominale nella lingua di Rebora», testimoniato anche da deverbali come *svolto frantumo tinno* e sostantivi in *-ío* come *vocío tremitíi crepolío*. La ricerca di una lingua poetica diversa, nuovamente differente da quella usurata e compromessa della quotidianità, si sviluppa soprattutto, come abbiamo visto, scavando negli assi del paradigma, che produce un lessico nuovo o perlomeno inusitato. Su questo stesso piano stanno perciò addirittura arcaismi, che tornano cosí in poesia non già in funzione di preziosità, ma di scarto dalla norma (che è pur sempre quella media), di variante a maggior pregnanza semantica, come i dantismi *s'indraca addolcia croia delíba* e in genere le forme arcaiche e rare tipo *zonzando garbeggio abbioscia cionno risbaldiscono*, ma anche i lombardismi come *gibigianna e sloia*. Ancor piú latamente, è ricerca della diversità anche fonica delle parole, che porta a privilegiare i segmenti fortemente consonanti, le voci irte di doppie «infernali» (*sguazza spezza schizza strizza* sono verbi in parallelo in una strofa reboriana) e anzi a sottolineare in luoghi ritmici privilegiati (la rima, anche e volentieri in posizione anomala all'interno del verso) proprio il lessico piú arduo e foneticamente denso, irsuto. Nel *Frammento* LXX, analizzato da Bandini, rimano *superbo : nerbo : acerbo*, *zolle : folle*, *grulli : frulli : trastulli*, *serpi : sterpi*, *giogaie : ventraie*, *farfalle : stalle : valle*, *salvi : calvi*, tutte rime difficili e irte di suoni aspri.

Lo sperimentalismo reboriano giunge ben presto, come ovvio, alla metafora raccorciata, all'uso analogico del verbo («contro la noia *sguinzaglia* l'eterno», «la vita [...] *spennecchia* e *trabocca* e *ricade*»), dell'aggettivo: *scabri* doveri, un impeto *rosso*, *ghiotta* luce (da dove si coglie il gusto della sinestesia tipo «*tinnir* luminoso», «*verdi* richiami», «*nereggia* negli echi») e al sempre piú utilizzato ravvicinamento preposizionale di distanze semantiche forti, complice primo il *di*: «al marcio del tempo», «con slanci [...] di luce», «nell'ostia insapora del compito uguale», «pupille d'eclissi e d'assenzio», cui tiene in parte testa l'unificazione col verbo copulativo: «ruscello è il tempo uguale», «l'anima giace pietra», «il donar [...] si fa brezza)». È una lingua che salta i passaggi obbligati della norma e si addentra nelle pieghe del vocabolario là dove sono piú intense e piú vistose le sue forme, piú denso, in virtú anche dell'assetto fonico, il significato.

I vociani, dunque, non si accontentano piú di un'operazione di puro svuotamento e di estraneazione dei materiali linguistici consumati dalla lunga tradizione o dall'inflazionante medietà quotidiana. Lo stereotipo non si addice al poeta nuovo che preferisce strade rare e difficili, scarti netti dalla norma pur di aprire un varco personalizzato dentro la lingua.

Anche quando riprende un procedimento tipico del crepuscolarismo, la ripetizione, il poeta vociano – ci riferiamo qui a Dino Campana – rinnova l'artificio e rimotiva di densità semantica il messaggio dissolvente dell'iteratività palazzeschiana. La consumazione della parola ripetuta in stanchi e malinconici ritornelli diventa nei *Canti orfici* (1914) slittamento dall'ordine dei significati espliciti e irrilevanti a quello dei sensi implicati e oscuri, latenti dietro le catene associative della fonicità, in una radicalizzazione (per altro, in Campana, semplicistica e troppo esibita) di una grande intuizione formale di Pascoli:

> Sorgenti sorgenti abbiam da ascoltare, | Sorgenti, sorgenti che sanno | Sorgenti che sanno che spiriti stanno | Che spiriti stanno ad ascoltare.

Persino forme dotte o carducciane come *suora giovine fulgente pelaghi algenti* possono essere tranquillamente recuperate per il puro motivo ritmico-fonico cui si collegano e che esse stesse rilanciano. Il fatto è che per i «vociani» il linguaggio non è piú un codice esterno – della poesia o del parlato – da riprodurre o rifiutare, ma deve essere il discorso stesso della loro esperienza, di una nuova e sconvolta visione del mondo. La poesia, passati i momenti polemici del crepuscolarismo e del futurismo, torna a dover parlare di un soggetto e questo esige una lingua adeguata, personalizzata, anche a costo di spezzare ogni grammatica, come farà appunto, negli anni della prima guerra mondiale, Giuseppe Ungaretti.

3.2. *Ungaretti*.

Le ricerche formali dei vociani, soprattutto di Rebora, e l'oltranza stilistica dei futuristi giungono al piú alto esito poetico con l'*Allegria* (1916-19) di Ungaretti. L'addensamento della carica semantica delle parole ottenuta per via di spostamenti grammaticali è qui subito evidente. I verbi riflessivi che esprimono una riflessività impropria, che la lingua usa per le cose inanimate, diventano riflessivi diretti veri e propri, introdotti da *mi* e la diatesi passiva è esplicitata anche dove la camuffava il *si* passivante: *mi sono smaltato*, *mi trasmuto*, *mi modulo*, *mi sono colto*; verbi intransitivi si fanno transitivi: «*ci vendemmia* il sole»; ai transitivi si attribuiscono oggetti semanticamente imprevisti come in «*ammaino* il mio corpo», «*mordo* [...] lo spazio». Il *di* congiunge in unità sintagmatica i termini di un'analogia che si fa implicita, secondo un modulo già ben sperimentato. Spezzani[8] ha distinto tre tipologie fondamentali: quella in cui il *di* fa da copula e sintetizza in sé il valore di "essere come": «occhio di stelle», «diamanti di gocciole d'acqua», «corolla di tenebre», «budella di macerie», «imbuto di chiocciola», «camice di neve» (in un solo agglomerato sono cosí comprese, occultate e compresse, le relazioni comparative di una similitudine estesa); poi quella in «cui il determinante-paragonante è costituito da uno pseudo complemento di materia»: «bacio di marmo», «declivio di velluto verde», «orizzonte di bitume»; infine c'è quella del «genitivo ipotattico retto da un sostantivo astratto» che ferma in sintesi piú ravvicinata il significato che emergerebbe da una coppia aggettivo + sostantivo: «nettezza di montagne», «il limpido stupore dell'immensità», «la congestione delle sue mani», «tornitura di labbra lontane». Sono i procedimenti già collaudati soprattutto dai futuristi e dai vociani e ora immessi in un compatto tessuto di intensificazioni semantiche. Ad esempio le apposizioni analogiche, che si osservano già in Sbarbaro e in Rebora e nei futuristi: «Tempo, fuggitivo tremito», «Morte, arido fiume», «Fratelli [...] Parola tremante [...] Foglia appena nata»; e le identificazioni analogiche rette dal verbo essere: «Sono stato uno stagno di buio», «è il mio cuore il paese piú straziato», «sono un grumo di sogni». Queste sintesi folgoranti risaltano anche di piú per lo sfondo elementare, minimo della struttura frasale dell'*Allegria*, ridotta all'essenziale visualizzazione del predicato e spesso organizzata in frammenti giustapposti paratatticamente, e per il ravvicinamento a una colloquialità informale, segnalata dai continui e fitti rinvii deittici, tra i quali si distinguono l'aggettivo possessivo e soprattutto aggettivo e pronome dimostrativo: «Ho tirato su le mie quattr'ossa», «Questo è l'Isonzo», «in queste budella di macerie»; l'attualizzazione è costante e replicata: «una luce fievole | come questa | di questa luna», «di sabato sera a quest'ora». Ma ancor piú risaltano perché la scarnificazione sintattica è esaltata dalla straordinaria invenzione metrica dei microversi, che isolano e evidenziano le parole e di conseguenza rendono anche piú stupefacenti i loro ravvicinati e inediti incontri. In tanta immediatezza e concentrazione, persino le numerose similitudini esplicite diventano fulminanti paragoni: «me ne sono andato | come un acrobata sull'acqua», «il mare [...] trema dolce inquieto | come un piccione».

È noto che al prosciugamento della lingua dai nessi grammaticalmente spesso necessari o comunque previsti Ungaretti è pervenuto attraverso un ripetuto esercizio correttorio, oggetto di numerose e autorevoli analisi. Si osservino questi casi[9]. L'originario (in *Fase d'Oriente*) «Ci spossiamo | in una vendemmia di sole» diviene «Ci vendemmia il sole», con addensamento sul solo verbo dei valori semici prima veicolati da «spossare» e da «vendemmia». In *Levante* (prima *Nebbia*): «e il mare è dolce | trema un po' come gli inquieti piccioni | è cenerino come il loro petto» diventa: «e il mare è cenerino | e trema dolce inquieto | come un piccione» e, nello stesso testo, «e il clarino coi ghirigori striduli» si condensa analogicamente in «e il clarino ghirigori striduli», con soppressione dei passaggi grammaticalmente normali (*come coi*) e trasposizione metaforica dell'ordine consueto. «Di sabato sera a quest'ora | Ebrei laggiú | portano via | i loro morti | e nell'imbuto | di chiocciole | di vicoli | non si vede | che il tentennamento | delle luci» diviene «Di sabato sera a quest'ora | Ebrei | laggiú | portano via | i loro morti | nell'imbuto di chiocciola | tentennamenti | di vicoli | di lumi», con una condensazione metaforica esaltata dalla soppressione dei raccordi grammaticali codificati. Sempre in direzione del rilievo della parola singola si pongono correzioni che cercano uno scarto, ancorché minimo, dall'uso comune, con varianti persino grafico-fonetiche preziose: «aranci e gelsomini» → «arance e gelsumini».

Siamo già molto lontani (a dispetto delle vicinanze cronologiche) dall'esibita ricerca del comune e del banale con la quale i crepuscolari avevano inaugurato la poesia del secolo. Da questo momento in poi, sia pure per vie e con modi molto differenti, la poesia cercherà nuovamente una lingua diversa da quella comune non meno che da quella, ora del tutto improponibile, della tradizione antica. Come già si è visto con i vociani e con Ungaretti, il nuovo si afferma innanzitutto in grammatica (ad esempio si intensifica l'uso di attacchi di componimenti o periodi strofici con congiunzioni copulative o avversative in funzione di riferimento a un non detto, che, paradossalmente, la lingua prevede solo in situazioni note dell'oralità) [10] in attesa di fissarsi anche nel vocabolario.

---

¹ P. V. Mengaldo, *Sbarbaro: come uno specchio rassegnato*, in *La tradizione del Novecento. Terza serie*, Einaudi, Torino 1991, pp. 123-30.

² I dati sono tolti da G. Savoca, *Concordanza delle poesie di Camillo Sbarbaro*, Olschki, Firenze 1989.

³ Cfr. G. Contini, *Espressionismo letterario*, in *Ultimi esercizi ed elzeviri*, Einaudi, Torino 1988, pp. 89-94.

⁴ I dati su Boine sono ricavati da G. Contini, *Alcuni fatti della lingua di Giovanni Boine*, in *Varianti e altra linguistica*, Einaudi, Torino 1970, pp. 247-58; integrabile con V. Coletti, *La lingua maschia di Giovanni Boine*, in *Italiano d'autore*, Marietti, Genova 1989, pp. 124-37.

⁵ Lo scavalcamento dei limiti tradizionali della parola sarà portato all'eccesso piú tardi, negli anni Trenta, da un vociano attardato come Arturo

Onofri di *Zolla torna cosmo* dove si trovano macrounità tipo il «suo quaggiú-purificarsi-in-croce», un «volerti-diveniente-androgine», con risultati che G. Contini, *Espressionismo* cit., chiama di «trans-italiano». Mengaldo, in *Poeti italiani del Novecento*, Mondadori, Milano 1978, p. 151 scheda «conglomerati lessicali» come «il turchinío-vertigine del sole» o «pensarmi-diverso-da-me» e neoformazioni denominali e parasintetiche del calibro di *risfanciulla m'instesso inaera si sdensa illabbrano sdemonia* e altre bravate linguistiche di dubbio risultato.

[6] Le osservazioni sono di P. V. Mengaldo, nel cappello introduttivo a Jahier in *Poeti italiani del Novecento* cit., p. 427 e i dati in parte da V. Coletti, *Dall'anonimo al personale*, in *Momenti del linguaggio poetico novecentesco*, Il Melangolo, Genova 1978, pp. 47-61.

[7] I dati su Rebora da F. Bandini, *Elementi di espressionismo linguistico in Rebora*, in aa.vv., *Ricerche sulla lingua poetica contemporanea*, Liviana, Padova 1966, pp. 3-38; da integrare con G. Contini, *Clemente Rebora*, in *Esercizi di lettura*, Einaudi, Torino 1974, pp. 3-15 e M. Marchione, *Nell'immagine tesa*, Storia e letteratura, Roma 1960, pp. 171-98.

[8] P. Spezzani, *Per una storia del linguaggio di Ungaretti fino al «Sentimento del tempo»*, in aa.vv., *Ricerche sulla lingua poetica contemporanea* cit., pp. 91-162; cfr. anche I. Gutia, *Linguaggio di Ungaretti*, Le Monnier, Firenze 1959 e G. Contini, *Ungaretti*, in *Esercizi di lettura* cit., pp. 43-54.

[9] Sulle varianti, oltre al citato saggio di Spezzani, è inevitabile rinviare a G. De Robertis, *Sulla formazione della poesia di Ungaretti*, ora in G. Ungaretti, *Vita d'un uomo. Tutte le poesie*, a cura di L. Piccioni, Mondadori, Milano 1969. Cfr. anche C. Ossola, *Giuseppe Ungaretti*, Mursia, Milano 1975.

[10] P. V. Mengaldo, *Una lirica di Ungaretti*, in *La tradizione del Novecento I* cit., pp. 242-55.

4.1. *Dalla «Ronda» al «Sentimento del tempo»*.

La reazione allo sperimentalismo è, come sempre succede, sostanzialmente parallela e sincrona allo sperimentalismo stesso. Mentre alcuni poeti vanno provando un italiano intenso e incurante di infrazioni grammaticali, ce ne sono altri che si affrettano a riproporre la grammatica ovvero a grammaticalizzare, cioè ad assumere in un ordine previsto e prevedibile, le irrequietezze stilistiche dei contemporanei. È il caso dei poeti della rivista «La Ronda» e soprattutto del loro migliore, Vincenzo Cardarelli. Con Cardarelli (che esordisce già nel 1916) ci troviamo di fronte alla prima manifestazione di un rinascente classicismo, traducibile, con parole di Mengaldo, in «rifiuto delle salienze espressive e dell'esposizione violenta di singoli particolari in nome di un'equa distribuzione dell'energia stilistica su tutta la superficie del testo»[1]. Questo aspetto è evidente già dalle scelte linguistiche. Intanto, con l'opzione di forme piú elette o rare, anche se non piú antiche, tutte le volte che è possibile. Dalla celebre *Adolescente* spulciamo: *recludi veggo chioma gaudio disfiorerà sorgiva disciolgono duole*, *cui* oggetto, pur dentro una sintassi elementare, paratattica, semplicissima. Dalle *Concordanze*[2] isoliamo altro materiale eletto come: *trascolorare ambulare rifulgere orare obliare perocché imperlare solingo ascoso periglioso onusto lungi infero lavacri pomo prole*; *sapere* è usato col valore di conoscere (con complemento oggetto: «non sanno le mani tue [...] il sudore umiliante») e *usare* ritrova l'antico valore di abituare («usi ai diurni | lavacri»). Per altro domina un livello medio prosastico, che però, con pochi tocchi, si alza verso il tono alto e l'eloquenza piena. La sintassi semplificata è in funzione di una solennità di pronuncia che ricorda quella di Leopardi (si veda *Sera di Gavinana*)[³]; i dosati iperbati variano di tanto in tanto l'ordine lineare prevalente: «La tua pupilla è bruciata [...] La tua bocca è serrata [...] non sanno le mani tue bianche»; «la bocca sua rideva luminosa», con posposizione del soggetto ritmicamente esposta: «e cheta, dietro le Procuratie, sorge intanto la luna». Ma neppure Cardarelli ha rinunciato a esplorare la lingua e si è anche lui compiaciuto di ribadire certi paradigmi derivativi come quelli degli aggettivi in *-oso*: *acquoso cruccioso difficoltoso estuoso fortunoso increscioso muscoso selvoso terroso* o quelli degli avverbi in *-mente*: *animalmente sontuosamente desolatamente tristemente faticosamente irrevocabilmente perpetuamente* o quelli dei prefissati con *in-* negativo: *impalpabile imporosa inconsumata infesto inoperoso insalutato inappagato*. L'eccezione (colta o innovativa che sia) è però rapidamente normalizzata, sia dalla propria stessa regolarità, sia dall'incastonamento in sequenze (a volte anche sinonimiche) che ne riducono l'imprevedibilità semantica: «imporosa e liscia», «difficoltoso e vago», «infocati e lustri», «riposata e indolente», «corpo inastato, festivo», «io sono il tuo martire e il tuo testimone», o che l'accentuano, ma ingabbiandola in costrutti bloccati e simmetrici di tipo ossimorico: «terrosa e splendida», «oscuro gaudio», «dubbio [agg.] lampante», «denso, infruttuoso», «opulenta creatura pallida». Ricercato è poi l'astratto rispetto al concreto: il sangue che ha «diffusioni di fiamma sulla tua faccia», «e il riso spunta sulle fissità», «la nostra irrisorietà», «impossibili ubiquità», realizzato anche (con soluzione poi molto fortunata) con l'uso del plurale per il singolare: «mi poserò ai tuoi soli», «stagione dei densi climi | dei grandi mattini | delle albe senza rumore [...] prostrata in riposi enormi», febbraio «non ha i riposi del grande inverno».

Un ordine, per quanto nuovo e incerto, comincia a ristabilirsi e lo fa, non a caso, a partire da una estensione dell'astratto, persino a dispetto della grammatica. Sta infatti nascendo, di nuovo, per quanto incomparabile col vecchio, un sistema di linguaggio proprio ed esclusivo della poesia;

a costituirlo autorevolmente provvede il secondo Ungaretti, quello del *Sentimento del tempo*.

Molto è stato scritto sull'evoluzione della poesia ungarettiana dall'*Allegria* al *Sentimento del tempo*, raccolta per certi aspetti successiva e per altri contemporanea della prima nelle lunghe fasi della sua gestazione (1919-43). Sia che la si interpreti come un'involuzione del poeta che come un suo progresso, sta di fatto che essa rappresenta un momento di ricostruzione di parte di ciò che la prima stagione ungarettiana aveva frantumato e di ricomposizione di quanto in precedenza era stato fatto espressionisticamente esplodere. Evidente sul piano delle forme metriche, questo processo, determinante per i futuri sviluppi della lingua poetica, è vistosissimo anche a livello linguistico. A partire da un'accoglienza inusitata (perlomeno nel primo momento della raccolta) di forme dotte e poetiche (per altro ridotte in sede correttoria) [4]. Il lessico ungarettiano del *Sentimento* registra voci come (segnalo con un asterisco quelle poi sostituite o cassate) *immemore glauco inospite murmure ascoso oblio desioso presago lungi *disperanza *lucevale *spirto *pria *anco *procelloso *aere *speglio *guardo *meridio *atre *frali *rimembranze *desio *arboratura* (→ alberatura) *numerosa discacciare erasi appiè botro miro nimbo*; e, parallelamente, la sintassi (che ama anche complicarsi in periodi stroficamente e grammaticalmente lunghi e complessi) riscopre il gusto classico delle inversioni e degli iperbati:

> Non piú ora tra la piana sterminata | E il largo mare m'apparterò, né umili | Di remote età, udrò piú sciogliersi, chiari, | Nell'aria limpida, squilli» (*Ricordo d'Affrica*); «Dove non muove foglia piú la luce» (*Dove la luce*); «botro, d'irruenti | acque sontuoso» (*Inno alla Morte*); «la mano le luceva che le porse» (*Alla noia*).

Lo scarto dunque sussiste, ma non si presenta piú nei termini del verbalismo espressionistico dell'*Allegria* ma in quelli di una diversità composta e solenne. Come in Cardarelli, si moltiplicano gli astratti, a volte persino in apposizioni analogiche tipo: «tempo, fuggitivo tremito», «amore, mio giovine emblema»; e poi «impallidito livore», «rossori di mattine nuove», «terrori, slanci, | rantolo di foreste» ecc. Vi si affiancano le astrazioni dei sostantivi concreti resi col loro uso al plurale: «A una proda [...] di anziane selve assorte», «botro, d'irruenti | acque sontuoso», «nel vento lieto sui giovani prati», «silenzi trepidi, infiniti slanci [...] gelose arsure, titubanze, | E strazi, risa [...]» e, con pari effetto straniante, i nomi privati dell'articolo: «A una proda ove sera era perenne | [...] | E lo richiamò rumore di penne | [...] | In sé da simulacro a fiamma vera | Errando [...] | [...] | Levigato da fioca febbre» (da l'*Isola*). Si sviluppa ulteriormente la tecnica della giustapposizione analogica per via appositiva: «Memoria, fluido simulacro, | Malinconico scherno, | Buio del sangue [...] (*Alla noia*), «immemore sorella, morte» (e si veda tutta *O notte*) e subentra un'inedita esplorazione delle valenze liriche della morfologia verbale, che ora, lasciato il lacerante presente della prima raccolta, tocca i tasti di un futuro oracolare (*Inno alla Morte*) e quelli di un passato (imperfetto e passato remoto) che rievocano e ritualizzano un mito. Altro tratto grammaticale esibito a scopo di parallelismo sono i legami polisindetici: «E strazi... | e delirio... | E abbandono... | E gloria... | E numerosa solitudine» (*Danni con fantasia*), «E s'inoltrò... | E lo richiamò... | E una larva...» (*Isola*) e, ai fini di una rinnovata densità semantica, i sintagmi di aggettivo (nell'*Allegria* raro o meno intenso) e sostantivo, che si sobbarcano non poco del peso metaforico della raccolta: *pioggia pigra, allodola ondosa, sabbie favolose, giorno rupestre, selve assorte, labili rivi, sanguigno balzo, prora bionda, erba monotona, liscio tepore, stridulo batticuore, grido torbido e alato*, con un gusto (come documentano gli ultimi esempi) per la sinestesia di ulteriore fortuna novecentesca.

4.2. *L'ermetismo.*

Sono i poeti ermetici che si incaricano di codificare definitivamente e con largo successo i tormenti linguistici del Novecento costituendoli con ciò stesso in maniera e norma. Dopo aver abiurato alle solenni sue prerogative, la lingua poetica torna a grammaticalizzare la propria differenza, segno della sua incapacità (storica o costituzionale che sia) a contenersi dentro i limiti dell'usualità o della grammatica comune. Ma, come già abbiamo osservato, lo scarto dell'italiano poetico non emerge piú tanto (o soltanto) dal lessico e dalle sontuosità sintattiche tipici del passato, quanto da una serie di infrazioni microgrammaticali destinate però a modificare la realtà linguistica da esse investita. Di questi fenomeni, dopo un eccellente sondaggio di Chiappelli, ha fatto un regesto definitivo Mengaldo, che ci si limiterà qui a sintetizzare[5]. Essi sono, principalmente: 1) soppressione dell'articolo con conseguente assolutizzazione del sostantivo (Quasimodo: «ignota riva incontro | ti venga»; De Libero: «mi festeggerà perpetua luce») 2) articolo indeterminativo usato con valore assoluto in luogo del previsto determinativo (Bigongiari: «grappoli di nulla | pendono già a un oriente»; Gatto: «Corsie attenuate e accorte | in un silenzio») 3) plurali al posto dei singolari (Gatto: «in soglie | di lunari giardini addormentati»; Quasimodo: «fiumi lenti portano alberi e cieli | nel rombo di rive lunari») 4) «generale libertà nel manovrare i nessi preposizionali» a partire dall'«uso *passe-partout*» di *a*, che assume valenze molteplici e si sovrappone ad altre preposizioni (Quasimodo: «I monti a cupo sonno | supini giacciono affranti»; Gatto: «a rare voci ritorna»; De Libero: «noi vide la notte a riva | del fiume sommersi»). Concentra su di sé l'attenzione lirica anche il *di* che introduce legami sintetici e spesso metaforici, ora immettendo in un complemento di specificazione con valore aggettivale (Gatto: «un villaggio di luna»; De Libero: «Mi basta una casa di bosco | sulla riva di stagni») ora introducendo congiunzioni ambigue (non chiaramente risolvibili in parafrasi) e del tutto immaginose (Gatto: «vestiti improvvisi di colore»; Quasimodo: «d'angeli morti sorride»; «mobile d'astri e di quiete»; De Libero: «mare lento di grano»); anche *in* è coinvolta in queste giunture metaforiche (Gatto: «I pescatori rianimano in gridi la città»; De Libero: «la luce scoppiava in sorgenti») 5) inversione di determinante e determinato (Gatto: «sull'alba dell'acque», «l'anima dei vani riposi»; De Libero: «ai pranzi delle date», «nel fuoco d'aranci») 6) apposizioni analogiche (De Libero: «Erba nella bocca | dei cavalli le mie | sillabe tra i denti»; Gatto:

«Scoperta una città prato di vento»; Quasimodo: «La sera è qui, venuta ultima, | uno strazio d'albatri») 7) ampio uso di una sintassi nominale per blocchi condensati e di minima estensione (Quasimodo: «Salina: gelida», «antico inverno») 8) astratti in luogo di aggettivi (De Libero: «nello stupore | di foglie»; Gatto: «in una fioca cautela d'aria») 9) transitivizzazione dei verbi intransitivi (Gatto: «silenzio che stupí la bara», «carni ancora annottate») e uso attivo dei participi passati dei transitivi (De Libero: «Cantata l'estate a piene cicale») 10) attacchi con congiunzione in uso assoluto (*e ma*) (Quasimodo: «Ed è ancora il richiamo dell'antico») 11) impiego di *se* con valore temporale (Luzi: «Pensami, se la notte [...]») 12) preziosismi lessicali in forma di latinismi (*calida viride nepente equanime turge ancipite finitime*), di parasintetici (*s'inciela s'impiuma s'inserena*), di rietimologizzazioni (Gatto: «vi decade l'immagine lunare»; De Libero: «rondini volubili»; Bigongiari: «un lume di secoli aberrante») e di aggettivi rari in sé e rari soprattutto nell'accostamento col sostantivo (De Libero: «cielo implume»; Bigongiari: «pianto astruso») e infine in scelte fonicamente marcate o per l'accento proparossitono (di eredità dannunziana) o per la grana sonora interna (*gerbido tarlata mi cardo fangaia discorza scarno*).

4.2.1. Luzi.

Questi fenomeni si colgono con particolare evidenza e straordinaria perizia nel maggiore poeta del «gruppo», Mario Luzi (*La barca*, 1935; *Avvento notturno*, 1940; *Un brindisi*, 1946)[6]. Qui gli scarti grammaticali esibiscono anticipazione del verbo («Arrossano le mele sulle fioche erbe di Parma», «Parla il cipresso equinoziale»), rietimologizzazione («esulta il capriolo», «esorbita la stella», «discorrono cavalli»), intransitivi con argomento diretto («solo uno sguardo evade la sua forma», «correranno le intense vie») o in uso assoluto («astrale il carro rampica», «dove l'albero inclina al tuo celeste | frastuono»), iperbati a scopo di depistaggio semantico sul ruolo di soggetto e oggetto («Profonda rompe l'ora sopra i folti | fieni la torre nei cor-

tili in ombra», «E se volevi accoglierlo una bruna | solitu-
dine offesa la tua mano | premeva nei suoi limbi odorosi»),
frequente ritardo del soggetto («E ciascuno di voi sentita-
mente | solca il gelo d'un vento fatto inerme | alberi»), ani-
mazione delle preposizioni («le criniere | *dai* baci adagio
lavan le cavalle»), con particolare rilievo per *a* («Dal cielo
penderà invano *alle* branche», «animava ognuna *alle* finestre», «rompe il vento *alle* gelide inferriate»), *di* («ricom-
pongo *di* rose il tuo passato»), *in* («la luce sfronda *in* rovi
alti»), *su* («Venere *sulle* selve ultime penetra»), cui va assommato un uso deitticamente delusivo degli indicatori
(«Piú lucente là esorbita la stella | di passione, piú amara
sopra i fondachi | di perla in una nuvola acquiescente | la
città [...]»). Sullo stesso piano vanno ricordati gli *incipit*
con congiunzione («Ma tu continua e perditi, mia vita»,
«Ma i tuoi capelli blu dimenticati»), il *se* con valore temporale («Verso dove però se giunge a sera», «Se un giorno
tacerà la bionda voce»), i plurali per il singolare («inesi-
stenti soli», «i soli d'inverno»; «lungo i fiumi silenti»). Il
peso dell'aggettivazione è vistoso per la posizione staccata
dal nome («astrale il carro rampica», «lacrimevole il vento
| palpa», «umani i fiori»), esaltata ovviamente in *en-
jambement* («brulla | Venere», «notturno | muro»), oltre
che, si capisce, per valenze metaforiche (*cani afosi, profonde comete, sogno longanime, atavico ponte, affettuose vele,
viola trafelata*) e sinestetiche (*bionda voce, celeste frastuo-
no, battiti verdi, un grido rosso*), che spesso però sono anche a carico del verbo («s'annuvolano i corvi», «un gregge
sfuma | d'incenso», «la città s'arrovella»). Al tempo stesso
non mancano i segni di un lessico prezioso, letterario, nuovamente accolto (ancorché mescolato a materiale di ogni
altro genere): *assiso purpureo silenti serico aduste verone
chioma vestigia arci accalmie assurge turge incede s'imperna
nitente*.

La manipolazione della lingua, anche quando il poeta
lascerà la maniera piú propriamente ermetica, resterà un
tratto tipico, pur se via via meno vistoso, del linguaggio lu-
ziano, fino agli esiti piú tardi e alti. Si veda ad esempio cosa
produce lo scavo nei valori semanticamente negativi di *in-*:

inabitato inaccaduto inadempiuti inanime inappagamento inarginata inattuato inconsolidato increazione ineloquio inequabile inesistenza; non meno frequente è il *dis-* con eguale valenza anche se con minore eccezionalità formale (*displumare disanimare*). In seguito Luzi si eserciterà anche con *ultra-* (*ultralucente ultramutevole ultrasuperbia ultravivo*) ma, nel corso del tempo, ridurrà l'oltranza grammaticale della sua lingua; un'eccellente concordanza diacronica[7] rivela come lo sterminato impiego del *di* preposizionale perda sempre piú il ruolo di sintetizzatore metaforico («la bianca offerta delle strade», «sul vetro della sera», «i cavalli di febbre») per tornare a quello grammaticalizzato (specificazione, materia ecc.) e come, similmente, si normalizzino *a* e *in* e in genere si attenuino e in larga parte scompaiano i fenomeni registrati durante il periodo ermetico; anche se certe soluzioni avranno invece un seguito felice e fecondo, come l'uso del modulo interrogativo che diventerà centrale nella lirica filosofica e dubitosa del grande Luzi degli anni piú recenti.

Ma intanto il linguaggio ermetico è diventato l'ultima «tipica incarnazione, in Italia, di un linguaggio della poesia interpersonale ed egemonico». Lo dimostra il suo largo impiego, anche al di là della stagione piú propriamente ermetica, nell'italiano dei poeti traduttori, che, come ha mostrato Mengaldo, stendono una patina ermetizzante anche quando ermetici in proprio non sono o si misurano con autori di per sé assai refrattari a questa maniera (Solmi)[8]. Una maniera che resiste del resto anche al di là dei termini cronologici e dei poeti stessi che l'hanno attivata; Andrea Zanzotto, ad esempio, in *Dietro il paesaggio* e in *Vocativo* (1951 e 1957), riprende e porta alle soglie di una nuova deformazione espressionistica la grammatica dell'ermetismo, abbondando ancora in plurali («paradisi di crisantemi si addensano in climi azzurri»), con la *a* preposizione («si spalancano al lago»), con le analogie appositive («il sole | tranquillo baco di spinosi boschi»), con l'aggettivazione («vocali foglie», «selvosi uccelli»), o l'uso assoluto dell'intransitivo («marzo senza misteri | inebetí nel muro»),

mentre le vecchie tracce di un lessico aspro (*s'inerba car-*
da»)[9] stanno già a preannunciare un tormento linguistico
nuovo che emergerà con le *Ecloghe*, come vedremo piú
avanti.

---

[1] P. V. Mengaldo, *Poeti italiani del Novecento*, Mondadori, Milano 1978, p. 366.

[2] G. Savoca, *Concordanza delle poesie di Vincenzo Cardarelli*, Olschki, Firenze 1987.

[3] Cfr. G. Lonardi, *Leopardismo. Tre saggi sull'uso di Leopardi dall'Ottocento al Novecento*, Sansoni, Firenze 1990.

[4] Ci atterremo qui al saggio di P. Spezzani, *Per una storia del linguaggio di Ungaretti fino al «Sentimento del tempo»*, in aa.vv., *Ricerche sulla lingua poetica contemporanea*, Liviana, Padova 1966.

[5] F. Chiappelli, *Langage traditionnel et langage personnel dans la poésie italienne contemporaine*, Université de Neuchâtel, Neuchâtel 1951 e P. V. Mengaldo, *Il linguaggio della poesia ermetica*, in *La tradizione del Novecento, Terza serie*, Einaudi, Torino 1991, pp. 131-58. Altri esempi anche in M. L. Altieri Biagi, *Gli ermetici*, in Devoto-Altieri, *La lingua italiana. Storia e problemi attuali*, ERI, Torino 1968, pp. 161-87.

[6] Gli esempi da V. Coletti, *Una grammatica per l'evasione. Avvento notturno di Luzi*, in *Momenti del linguaggio poetico novecentesco*, Il Melangolo, Genova 1978, pp. 96-124.

[7] Opera di S. Sarcletti, presentata come tesi di laurea in lettere e discussa con la prof. Anna Dolfi presso l'Università di Trento nel settembre 1991.

[8] P. V. Mengaldo, *Aspetti e tendenze della lingua poetica del Novecento*, in *La tradizione del Novecento. I* cit., pp. 125-51.

[9] P. V. Mengaldo, *Poeti italiani del Novecento* cit., p. 871.

5

Montale

Tra lo sperimentalismo dell'età vociana e la grammaticalizzazione degli scarti di quella ermetica, il piú grande poeta del secolo, Eugenio Montale, presenta soluzioni al tempo stesso piú moderate e meno prevedibili. Non c'è in lui la rottura esibita con la lingua, di cui si erano compiaciuti Boine e il primo Ungaretti (e c'è quindi, semmai, di quegli anni, Sbarbaro), né il rifiuto del passato (anche recente) che aveva alimentato la polemica futurista (clamoroso il suo ormai ben noto recupero-riciclaggio di D'Annunzio). Ma non c'è neppure quella sistematizzazione dell'eccezione che aveva costituito in un codice sovraindividuale la lingua degli ermetici; egli resta legato a un suo riconoscibilissimo idioletto, congegnato retoricamente in modo da sfuggire proprio alla prevedibilità di una norma (per quanto poi questa risulti, in qualche modo, ben percepibile). Ma soprattutto, rispetto alle scelte del secondo Ungaretti e degli ermetici, c'è in Montale un'opzione per la precisione nominativa e la tecnicità semantica che forza la lingua in direzione opposta a quella ermetica, spingendola allo scarto (lessicale piú che grammaticale) verso la concretezza e l'esattezza anziché verso l'astrazione e la vaghezza. Per quanto non ne manchino, sono in generale assai ridotti in Montale i segni dell'evasione grammaticale dell'ermetismo (ellissi dell'articolo, diatesi verbale libera e poco altro) e, a volte, anzi, i procedimenti sono opposti, volti cioè a evidenziare non l'astratto ma il concreto, con conseguente sviluppo rovesciato del movimento metaforico, che fissa il particolare (le celebri immagini del «prisma del minuto» o del «gocciolío del tempo» o del «tempo fatto acqua») invece del generale.

Luigi Rosiello[1] aveva, ormai tanti anni fa, colto lo specifico linguistico montaliano in un vocabolario «lungo», cioè molto ampio e accogliente e poco ripetitivo. I suoi calcoli facevano emergere una frequenza media di 3,80 per *Ossi*, 3,84 per *Occasioni* e 3,69 per la *Bufera*: segno di una ben scarsa ridondanza. Gli eccellenti strumenti preparati da Giuseppe Savoca[2] consentono di verificare ulteriormente questi dati. *Tutte le poesie* di Montale sono composte da 73 682 parole di ogni categoria e forma; tolte però le ripetizioni di una stessa parola o le sue varietà morfologiche si passa a 10 255 lemmi, con un rapporto cioè di 1 a 7 (scarso). Ma questo rapporto scende a 1:3 negli *Ossi di seppia*, a 1:2 nelle *Occasioni*, a 1:2 nella *Bufera* e risale solo da *Satura* in poi. Si tratta cioè di un vocabolario continuamente variato (e piú lo risulterebbe numericamente, se togliessimo dal conto gli articoli, che a fronte di 9 lemmi totalizzano sempre quasi un migliaio di occorrenze!) e quindi tale da far risaltare anche piú ciò che in esso è costante e ribadito. Questo dato consente anche di fissare con supporti numerico-linguistici il vistoso scarto che, nella produzione montaliana, è segnato da *Satura* (1963) con deciso spostamento quantitativo e qualitativo del linguaggio, parallelo al mutamento di poetica sviluppato dal sorprendente autore in vecchiaia. Eliminando dal conto le parole sincategorematiche, notiamo che *Ossi* e *Occasioni* hanno in comune 125 lemmi (su un vocabolario specifico, esclusivo, rispettivamente, di 732 e 589); *Ossi* e *Bufera* ne hanno in comune 72 (la *Bufera* ha il suo proprio ed esclusivo di 692) e *Occasioni* e *Bufera* 89. Tutti gli altri tratti comuni tra una qualsiasi delle prime tre raccolte e una qualsiasi delle successive hanno lunghezze assai minori (non calcolando, ovviamente, le disperse di datazione varia), nell'ordine del 50% in meno e solo tra *Bufera* e *Satura* c'è una zona di reciproca pertinenza (non a caso segnata dai lemmi delle poesie piú buferesche di *Satura*); mentre di nuovo piú ampie sono le terre di confine tra le varie raccolte da *Satura* in poi (*Diario del 71 e 72*, *Quaderno di quattro anni*, *Altri versi*). E ancora: se sono 56 i lemmi comuni alle prime tre raccolte, per avvicinarsi (sia pure da lontano), nel confronto tra altre tre raccolte a questo valore, occorrerà mettere insieme *Satura, Quaderno di quattro anni* e *Altri versi* (allo stesso modo l'unico tratto di qualche rilievo in comune tra quattro raccolte sarà quello che lega *Satura, Diario, Quaderno, Altri versi*).

Ora non c'è dubbio che questa frattura, ripetutamente documentabile da diverse prospettive, segni nella storia linguistica di Montale una linea al di là della quale, se resta immutato l'interesse dello storico, è assai meno sollecitato quello dello studioso dello stile poetico. Prima di *Satura*, infatti la lingua di Montale è anche fortemente e deliberatamente marcata, ancorché non uniformemente; mentre in seguito tende a un grado zero di espressività e a ridurre lo scarto formale delle sue scelte, con un altrettanto forte cambiamento di poetica.

Tra i 56 lemmi comuni alle prime tre raccolte spiccano innanzitutto forme rare come i verbi *figgere fiottare palpebrare* o aggettivi rimarchevoli per tradizione e per forma fonica (*irto acre erto scarno*) o sostantivi segnati dai rilievi formali dell'accento sdrucciolo (*gemito portico circolo*) e della composizione fonica che evidenzia l'accostamento consonantico (*scaglia scheggia giunco pozzo polso solco*) o dal marchio della tradizione colta (*orda radura lido ordegno*). Sono questi tratti ricorrenti anche nel vocabolario comune tra *Ossi* e *Occasioni*: vi troviamo aggettivi e nomi blasonati come *verdecupo cerulo plaga nembo* e verbi dotti come *vanire svellere impaurare ragnare ventare*; ma soprattutto diventa vistosa la scelta per forme fonicamente corpose come i composti con *di- dis-* (*dilavare discolorare discoprire*) e in genere i sostantivi e gli aggettivi a forte densità consonantica, specie se comprensiva di una nasale o muta + liquida: *sghembo smorto ciurma fermento lembo limbo sambuco stormo strame varco* o una consonante intensa: *muraglia fanghiglia spacco viottolo assiduo*. Non diversa è la situazione se osserviamo le zone comuni a *Ossi* e *Bufera* dove ci sono forme rare per provenienza e per forma come *biocco botro greppo sistro sterpo arrembare annottare* o solo per l'uno o solo per l'altro carattere: *spera* (specchio) *brolo clivo empire flettere schiarare*; tra *Oc-*

casioni e *Bufera* cogliamo per l'evidenza letteraria e fonica: *erma spoglia tregenda* e soprattutto per la grana fonetica: *arca cuspide fuliggine carrubo mugghio rostro schianto squarcio strazio sgrondare stemprare*. Si può ben dire, con Rosiello, che l'alto grado di informazione lessicale del testo montaliano è fondato prevalentemente su un ampio uso di parole rare, imprevedibili.

Basterebbero, credo, questi pochi dati per misurare come, con Montale, la poesia torni a soppesare il valore della parola, la sua capacità di determinazione semantica e la sua forza di gravitazione fonica (non a caso Montale costituirà, collocandole in luoghi imprevedibili, le sue rime, spesso, proprio all'incontro di forme di questo genere). Il lemmario inverso (peccato non disporre anche di un rimario) dà risultati impressionanti nel documentare l'opzione per le forme foneticamente ricche: la frequenza delle uscite con consonante intensa, tipo *-cco* (*stocco barocco stucco stecco*), in *-ccio* (*impaccio fantoccio rossiccio libeccio cruccio*), in *-mbo* (*strambo grembo limbo bombo*), in *-sti* (*dileguasti desti esisti girarrosti fusti*), in *-rti* (*sorti irti aperti parti urti*), in *-glio* (*abbaglio meglio bisbiglio scoglio muglio*), in *-tti* (*aggotti stretti distrutti imbatti*), in *-tto* (*gatto trabocchetto trafitto palabotto flutto*), in *-llo* (*cristallo fuscello grillo stollo frullo*) ecc. Ci troviamo di fronte a una poesia che seleziona i materiali a partire dalla loro consistenza sonora, si direbbe dalla loro dissonanza piú che (come spesso, di fatto, è) consonanza; e poi, con la stessa accuratezza, ne vaglia la rarità, con una attenta ricerca nei lessici tecnici e nei dialetti, nei dizionari e nella letteratura. Ecco il riuso di materiale raffinato, dannunziano (seguo l'elenco di Mengaldo)[3]: *alide àsoli assempri bruiva caldura cinigia ellera corimbi estua falbe foràno ignita s'infolta alighe arsiccio buffo* (di vento) *diruto bulicame carraia chiaría pomario scialbato* (da *Ossi*), *rédola scrímolo fuia bramire belletta correntía incarbonirsi balestrucci* (da *Occasioni* e *Bufera*). D'Annunzio (si ricordino anche gli aggettivi composti cromatici: *gialloverde verdibrune rossonero*) è uno dei grandi serbatoi di Montale, che chiede al tanto lontano «vate» materiale insieme prezioso e preciso, e attraverso di lui giunge ad altre, importanti fonti, lessicografiche e poetiche, come Pascoli e Dante. Sono anche pascoliani i vari *bombo aliare bava* (d'aria) *onagri strosci* (di pioggia) *tamerici* e i numerosi frequentativi in *-io* (*ribollío alluccolío brulichío scampanío lacerío zampettío* ecc.) e i loro paralleli verbali in *-eggiare* (*lameggia corneggia arpeggiante*). A Dante rinviano i numerosi parasintetici che Montale, sempre dietro suggestione dannunziana, riprende da un esperimento già molto praticato in età vociana (Rebora); ecco i numerosi verbi a prefisso *in-*: *impigra incartocciarsi s'infrasca s'ingromma infebbra s'infitta incarbonirsi*, *-dis*: *disfrenati discolora disfiora dismemora*, *a-*: *asserpare avvenare arrosare annerare affiocare addipanare*. Sono esempi che evidenziano il lavoro montaliano sulle strutture derivazionali della lingua e rivelano il fascino che certi paradigmi hanno avuto sul poeta per il loro blasone letterario ma soprattutto per lo scarto che inducono rispetto a un lessico medio e comune, pure ampiamente accolto. Si pensi agli astratti in *-mento* con *assentimento franamento commovimenti avvenimento* (il venire) *concitamento*, indizi di una variazione ricercata rispetto agli esiti piú consueti (infinito sostantivato o suffisso diverso) o agli aggettivi in *-oso*: *fumicoso bioccoso fioccoso procelloso turbinoso rapinoso umoroso*. La lingua della poesia non esita a far ricorso, se necessario, anche alla variante colta e rara, pur di sorprendere con l'effetto della propria eccezionalità, dell'emergenza esistenziale fatta parola: *rabido ramure rancio* (agg.) *riottante riverdicare*; allo stesso modo, sonda il vocabolario della quotidianità, persino i dialetti, cercandovi i nomi piú esatti e meno generici: *ramaiolo ramello refe renaio riale riano rigodone roggio*, trascegliendo solo dalla lettera *r* di un glossarietto montaliano di Barbuto[4]. In particolare anche i dialettalismi liguri (studiati da G. Bagnasco)[5] danno la misura dell'esplorazione lessicografica di Montale alla ricerca del termine preciso: oltre ai già notati, si ricorderanno *aggottare arrembare bugno cavagno cimello frusto gozzo putrella strinato*. Zolli[6] ha ulteriormente documentato il gusto montaliano di spingersi ai limiti dell'*hapax* catalogando forme come *abrupto albale*; un gusto che non si esaurisce certo con la svolta di *Satura*, se da questa raccolta in poi si registrano casi rari come *autofago arrestante aldiqua altra-*

vita badilante beccatore disingaggiato miniangelo minieffigie arrubinare diadoco jerofante. È resiste la ricerca lessicale sui derivati come *inabitabile incimurrito infruscato intemporaneo dilettazione pernottazione* e sui dialettalismi (liguri o no): *greppia gamella paniccia goriello* e tra le forme colte, letterarie o specialistiche: *brago cerusico asolare ilota paleontologo catafratto frutice*; ma dentro un insieme segnato dal tratto non marcato, da un lessico gremito di *quisquilia clacson facsimile infilascarpe mangianastri reumatismo saltimbocca stuzzicadenti* ecc.

È in effetti solo nella prima fase (quella che si chiude con la *Bufera*) che Montale istituisce le sue piú caratteristiche opzioni in un sistema che punta alla densità, alla pregnanza linguistica. Nella *Bufera*, ad esempio, la presenza di *gong zigzag ufficio parrucchiere* o *lavandino* non attenua la sistematicità di scelte alte, inconsuete per le piú diverse ragioni: i nomi delle piante *falasco ilice eliotropio ceppaia* o di animali *astore coturnice cefalo elitra*, di danze e strumenti musicali: *sardana giga fandango trescone*, in genere la terminologia tecnica, magari dialettaleggiante: *battima biancana cavana* e soprattutto l'aggettivazione letteraria, o comunque rara: *albale fuio interito inermesso lazzeruolo limoso maggengo marmorato mordace nerocupo nidace.* Nelle *Occasioni* basterà spigolare i deverbali a suffisso zero come *vilucchio abbaglio avvampo rialzo scrollo stroscio* e solo alcuni dei tanti lemmi la cui decifrazione può richiedere il vocabolario: *ergotante* (cavilloso) *lionato* (color di leone) *burrato* (burrone) *cinabro* (rosso) *diospero* (caco) *arnia* (ape) *belletta* (fanghiglia) *frigidario* (sala da bagno freddo, luogo fresco) *gheppio* (uccello rapace) *onagro* (asino) *padule* (palude) *palabotto* (barca). E, per finire questo tragitto all'indietro, ecco negli *Ossi* preziosità e / o rarità (oltre le già notate) come *acclive adusto balbo briaco ceduo cresputo dorsuto emunto erbato erratico falotico gibboso ignito lustrante salso strepeante zampante*, tra gli aggettivi, e, tra i nomi piú colti: *doglia caldura grigiura rancura ebrietudine pelago ligustro fumea cimasa.*

La sintassi accompagna questo vocabolario selezionato e solenne con impalcature di una complessità sconosciuta al Novecento poetico. Periodi ampi come quelli che si leggono in *Arsenio* o in *Notizie dall'Amiata*, dove la sintassi accumula subordinate prima di precipitare nella principale conclusiva, non sono certo frequenti nella scrittura moderna; ma piú che i legami subordinanti (tra cui il *se* ipotetico temporale di tipo ermetico e, in genere, il relativo), sono gli incisi, spesso lunghi e complicati (si veda *La bufera*) a spezzare il moto sintattico, pur prevalentemente paratattico, tra frasi quasi mai semplici ma spesso dense, ricche.

La lezione di Montale è decisiva per la lingua poetica del Novecento, ma anche cosí fortemente individuale da non riuscire commerciabile al di là del suo artefice. L'italiano si è riscoperto lingua poetica di altissime possibilità, esponendo tutto il quadro della propria storia e l'ampio spettro delle sue specialità. Ma a questa straordinaria tensione non ha resistito, in parte, neppure il suo autore; da *Satura* in poi, per quanto con la vivacità e originalità già osservate, Montale ha cessato di creare una lingua per la poesia accettando di manipolare con arguzia e bravura quella esistente; ma non senza accensioni improvvise di grande stile, in linea coi piú alti esiti delle prime raccolte. Il problema della lingua, ha scritto Mengaldo[7], «non esiste piú» nell'ultimo Montale; nel senso che la sua lingua non è piú costituita di quella forza ed evidenza che la rendevano densa e alta. La scelta «mediocre» della *Satura* (già allusa dal titolo) comporta un'ospitalità nuova, piú larga e meno selezionata per il linguaggio corrente, specie per il parlare alla moda, citato con ironia e usato a piene mani dal tardo Montale: con esiti poeticamente spesso altissimi, ma che immettono la storia della lingua poetica sullo stesso percorso di quella della lingua comune.

[1] L. Rosiello, *Analisi statistica della funzione poetica: la poesia montaliana*, in *Struttura, uso e funzioni della lingua*, Vallecchi, Firenze 1965, pp. 119-47.

[2] G. Savoca, *Concordanze di Tutte le poesie di Eugenio Montale*, Olschki, Firenze 1987; *Appendice di liste alle concordanze montaliane*, in id. (a cura di), *Per la lingua di Montale*, Olschki, Firenze 1988, pp. 163-363.

[3] P. V. Mengaldo, *Da D'Annunzio a Montale*, in *La tradizione del Novecento*, Feltrinelli, Milano 1975, pp. 13-106.

[4] A. Barbuto, *Le parole di Montale. Glossario del lessico poetico*, Bulzoni, Roma 1973.

[5] G. Bagnasco, *Glossario di dialettismi in testi letterari liguri del '900*, in «Quaderni dell'Atlante lessicale toscano», 4 (1986), pp. 157-222.

[6] P. Zolli, *Montale e la lessicografia italiana*, in G. Savoca (a cura di), *Per la lingua di Montale* cit., pp. 71-92.

[7] P. V. Mengaldo, *Primi appunti su Satura*, in *La tradizione del Novecento I* cit., pp. 335-58.

6.

Una lingua piú affabile

Fin dall'inizio del secolo è viva e fertile un'opzione poetica che non rompe del tutto con la tradizione e al tempo stesso si apre al linguaggio comune e quotidiano, in nome di un'usualità (letteraria e giornaliera) che dovrebbe servire a tenere viva la comunicazione tra l'autore e i suoi lettori. Ne è alfiere ben noto Umberto Saba[1], che a questa misura di colloquialità col lettore non è mai venuto meno, neppure, a ben vedere, nei momenti di maggior suggestione ermetica e montaliana della sua lunga stagione poetica. Il lessico di Saba è segnato dalla quotidianità (*cose tutto bel buono* sono parole chiave in lui) e dalla vivacità pragmatica di una insistita deissi temporale e spaziale. Accoglie il discorso diretto fino ai limiti di una caricata mimesi del registro popolaresco: «Né a feste andavan senza Zaccaria, | che ben di sé poté scrivere: Io sono | un quore che con quista molti quori», dell'italiano popolare scritto: «Eri un bravo, e scrivevi: "Mamma, quando | finirà questa vitta disperatta?"», e del dialetto: «Tu la guardi e rispondi: podi minga». Ricorrono espressioni del parlato come «il mio dolore è a spasso», «crepacuore», «fare il gran signore», «sapessi che vita faccio». E c'è un italiano medio, semplice (*birra friggitore bottega fanale ciminiera catrame magazzini cordame cipolle caffelatte cine ottimismo ombrelloni* sono solo alcuni campioni di questo vocabolario quotidiano), in cui largheggia il verbo *essere* tanto in funzione di copula quanto in funzione di predicato verbale; dove sono numerosi i diminutivi familiari, spesso vezzeggiativi (*botteguccia arboscello torrentello fanciulletto muricciuolo cantuccio gattina alberelli testina stanzetta casette musichetta corpicciolo*

muretto zampine bandieretta) e dove persino l'accrescitivo
è affettuoso, come il celebre *ragazzaccio* «aspro e vorace».
Accanto a questo linguaggio, c'è la lingua della poesia tradizionale, del melodramma potremmo dire, coi suoi *occulto brama natia pinge cupida romita oblii ascondi mena gar-
zon artiere arride rimembranza tedio agogna chioma intolle-
rando scerna querelarsi istoria sovra anco onde* (rel.) *indi* (e
anche solo da alcuni di questi campioni è evidente la suggestione leopardiana), con le inversioni e gli iperbati: «io
della morte | non desiderio provai, ma vergogna», «im-
mensa fra voi due fate una schiuma», «un indistinto ancor
bisogno», «che sempre tanta | dolcezza ha negli occhi»,
«Qui degli umili sento in compagnia | il mio pensiero farsi
piú puro [...]», «onde stupita avrei | l'accolta folla a un lie-
to mio ritorno», «Altre vi sono cose» ecc.

In Saba, specie nel primo, aulicismi e quotidianità convivono in un tono medio, di cui ha parlato definitivamente
Antonio Girardi[2]; i segni colti, di per sé rilevanti ma non
mai eccessivi né vistosi, rappresentano i «detriti della
grande poesia del passato» riemergenti dentro una scelta
dell'attualità linguistica, che, per altro, non ha nulla del re-
trogusto ironico crepuscolare ed è invece un'opzione per
l'immediatezza e la narratività piú cordiale. Naturalmente,
la convivenza di tratti cosí diversi è poi soprattutto affidata
al metro, in cui le istituzioni piú tradizionali (dalla rima facile e riconoscibile al sonetto) formano la griglia di contenimento capace di alzare il basso del quotidiano e di bana-
lizzare l'aulico della tradizione.

Un discorso in parte simile si potrebbe fare per un altro
grande dell'antiespressionismo novecentesco: Carlo Betocchi[3]. Anche in Betocchi, come in Saba, la scelta della regola prevale sull'evidenza dello scarto; e anche per Betocchi un formidabile regolatore ed equilibratore degli scarti
residui è il metro, con le sue partizioni strofiche a lungo
ben segnate, le sue rime (o quasi rime, il che, nel Novecento, è lo stesso) pronte e visibili, la sua riconoscibilità come
apriori poetico in un tessuto per tanti altri aspetti decisamente prosastico. Lingua comune e ben nota per l'usualità
quotidiana (*asfalto basilico cortile erba alla giornata brincel-*

lo, tanto per fare qualcuno dei nomi «pullulanti» che piacevano a Betocchi: «Pietro, Giovanni, bei nomi di uomini | [...] allodola, leopardo | sirena, quercia e tu erba [...] | [...] pietra, acque, lontananze») si mescola a residui aulici come *imi pasce poscia duol aere riede s'aderge* e preziosismi come *dolca incolmi inacerba inconca navalestri*. In Betocchi, diversamente o assai piú che in Saba, si sente vicina la lezione ermetica, vistosa nell'uso metaforico del verbo parasintetico («non *dismagli* faville», «la bestia *s'inacerba*, | *s'arrovella* al fosco | giorno, e *s'indura* l'erba: | col cuor dove già *inalba* [...] l'inverno»), che arieggia persino sovraccarichi reboriani nei prefissati con *s-* e nei denominali: «sui colmignoli *smagra* | il di piú, *flagra* | l'incanto celeste, *sdoppia* | il miraggio che *alloppia*». È soprattutto tra gli aggettivi che l'impronta dell'ermetismo fiorentino si fa rilevante in Betocchi, sia per la loro giunzione metaforica e anche sinestetica («fiuti l'azzurra traccia | dei venti», «la beltà breve degli orti», «disullusi azzurri», «attiva innocenza»), sia per il loro dilagare anche sul residuo valore verbale dei participi: «ombrati capelli», «inquietate stelle», «correnti prati» ecc. Il fatto è che, a un certo punto, la grammatica dell'ermetismo ha calamitato anche il linguaggio di autori di per sé estranei alla cultura dello scarto. Che Betocchi sia stato tale, lo ha poi mostrato la sua produzione piú recente, clamorosamente piegata non già verso devianze poetiche ma a prosastiche affermazioni, deviate, semmai, per eccesso di prosaicità, dalla lingua poetica media degli ultimi decenni del secolo che viviamo.

Il ruolo delle opzioni metriche e ritmiche nella poesia non o addirittura antiermetica ed antiespressionistica è evidente, come in nessun altro, nel piú originale e alto tentativo di creare una poesia e una lingua «diverse» da quelle della corrente dominante in Italia: quello di *Lavorare stanca* (1936) di Cesare Pavese. Ogni discorso sulla lingua di Pavese non dovrebbe prescindere dalla struttura ritmica particolare dei suoi componimenti, che attiva una tendenza già operante nel primo Novecento e solo accantonata dall'ermetismo: la tendenza all'iteratività ritmica in luogo di quella alla regolarità e variabilità versale[4]. In questa struttura di fondo, Pavese, per la prima volta, trasferisce in lingua poetica i dati caratteristici dell'italiano parlato e persino del dialetto. F. Riva e A. M. Mutterle[5] li hanno catalogati. Per l'italiano medio-popolare e del registro parlato segnalano la forma aferetica del dimostrativo («sto caldo»), cosí come *fino* in luogo di *perfino* («c'è fino da ridere»); l'uso di *ci* per *vi* («comprò un pianterreno | nel paese e ci fece riuscire un garage», «anche a notte ci passano macchine»); il *che* polivalente («mi giunse un'età | che tiravo dei pugni nell'aria», «alla sera che l'acqua si stende slavata»); il singolare per il plurale («Sull'asfalto c'è due mozziconi», «c'è le foglie [...] e le nebbie»); *gli* dativo anche per il femminile («alla figlia [...] gli fiaccano il collo»); la doppia negazione («nemmeno il fucile | non gli serve»); gli anacoluti («La capra che morde | certi fiori, le gonfia la pancia e bisogna che corra», «Le piace esser libera, Deola»); le tematizzazioni («e le lepri le han prese e le mangiano al caldo», «la stuoia sul letto | la sporcavano con le scarpacce i soldati», «non lo temono il caldo»); locuzioni del parlato regionale piemontese («Gella è stufa», «Fortuna che», «puzza di buono», «se li è mangiati [i soldi]», «si beve una volta», «il piú bello» [il bello è che], «il passaggio» [il traffico], *litri* [di benzina], *garage, brioches,* «fare il mattino», «da napoli» [da meridionale], e pure dialettalismi gergali come *tampa piola gorbetta*). Ma Pavese introduce anche discorsi diretti (spesso in incidentali) e indiretti liberi («Stare sola, se vuole, | al mattino, e sedere al caffè. Non cercare nessuno») e attualizza il discorso con una fitta deissi, per altro generica (*una sera, sul prato a quest'ora, al mattino, su in cima*), per un effetto di concretezza e insieme di favolosità narrativa; a questa concorre anche un largo impiego dell'impersonale («ci si sveglia un mattino», «ci si trova la sera») e dell'articolo determinativo in luogo (generalizzante) del dimostrativo («L'uomo solo», «L'uomo fermo»), che, però, è ugualmente assai frequente («quel ragazzo», «questa donna»). La sintassi è di frasi semplici, essenziali, coordinate paratatticamente con una certa evidenza dei polisindeti e un uso calcolatissimo dei sintagmi che si trovano in clausola ritmica (specie le coppie di sostantivi). C'è in effetti tutto un lato colto, immaginoso e letterario della poesia pavesiana, che si accentuerà con le piccole ma suggestive raccolte piú tarde. L'essenzialità allora assumerà un aspetto diverso: la semplicità non sarà piú prodotta dall'informalità e dalla secchezza dell'italiano parlato, ma dalla sinteticità di un linguaggio mitico, analogico (con forte ed esibito ruolo del verbo *essere* in funzione, e a volte anche in forma, di impersonale: «Sarà come smettere un vizio», «c'è una terra che tace» e caricato di identificazioni metaforiche: «sei un chiuso silenzio»). Al tempo stesso comparirà un *tu*, interlocutore immanente alla poesia, che ne orienterà il linguaggio in direzione di un dialogo lirico con un assente, secondo moduli anche montaliani. Il *tu* è pronome nella poesia novecentesca squisitamente femminile e segno di una dialogicità intima e portante del discorso lirico. Ma la grande originalità di Pavese nella storia della lingua poetica è nell'adattamento di quello che, in qualche misura, potremmo definire italiano popolare al regime della poesia, dove fa tutt'uno con ben piú tipici processi poetici della lingua, l'eleganza di vocabolario e la densità metaforica.

Tratti comuni a poeti per lo piú tra di loro diversissimi, ma avvicinabili da una condivisa aspirazione a una lingua piú comunicativa e piú direttamente e meno letterariamente capace di esprimere la realtà, sono l'insistenza sulla deissi come segnale della concretezza pragmatica del discorso, la tendenza alla narratività e una ricerca ritmico-sintattica che sostenga e riequilibri la prosasticità insita in queste soluzioni. Questi atteggiamenti convivono con momenti (in genere negli anni Quaranta) di maggior avvicinamento all'isolamento comunicativo dell'ermetismo, alla sua aristocraticità e sontuosità metaforica di linguaggio, che sono stati in genere poi superati, nel dopoguerra, da una piú decisa e definitiva conversione a una lingua comune e media.

È il caso di un grande degli ultimi decenni, Giorgio Caproni, i cui esordi, però, cadono nel pieno della stagione ermetica. La lunga storia poetica di Caproni ha capitoli ben diversi, specie in rapporto alla lontananza o alla vicinanza alla formula compositiva dell'ermetismo. All'altezza di *Finzioni* (1941) e *Cronistoria* (1943) si osservano in Ca-

proni, come ha ben documentato Girardi[6], «densità analogiche» di stampo ermetico, insistite specie nell'aggettivazione (*festa rapita, voci dissennate*), in qualche ricerca-
tezza lessicale (*effigie*), nell'evidenza dell'astratto («nella
tranquillità dell'alba»), nelle analogie col *di* («aria di terra-
cotta»), nell'uso dell'indeterminativo assoluto («come
una tenebra accesa»), nei plurali (*afrori madori sudori*), nel
libero trattamento delle preposizioni («io in che parole |
fuggo», «mentre gridano ai mercati»). Ma non è, né prima
né dopo, questa la cifra caratteristica di Caproni, poeta
dalla lingua concreta e segnata dalla musica di rime e associazioni foniche ribadite ed evidenti. Scarsi e presto rimos-
si sono i segni di vecchi preziosismi e tutto il discorso si
svolge in quella che Girardi ha chiamato una «situazione
deittica», una lingua che sottolinea e definisce gli interlocutori e li situa con opportuni attualizzatori nel tempo-
spazio della loro piccola storia. Il tratto narrativo si accentua nelle raccolte del dopoguerra con conseguente assimilazione di un lessico medio-tecnico e usuale (*automobili,
alt, sterzate a secco, gas, deus ex machina*), pur bilanciato da
scarti nobili come le «lunari | vampe», «scheletri di luce»,
«fosforiche prosciugazioni». La sintassi si adegua al «pas-
so» narrativo: «Attilio caro, ho lasciato | il caffè sul gas e il
burro | nella credenza: compra | solo un po' di spaghetti, |
e vedi di non lavorare | troppo (non ti stancare | come al so-
lito) e fuma | un poco meno [...]» (*Ad portam inferi*). L'ita-
liano è sempre piú quello comune, come accade, negli stessi anni, in Betocchi, assecondando una curvatura verso
l'indifferenza linguistica della poesia che è il tratto dominante degli anni Sessanta-Settanta.

Inclinazione narrativa (realizzazione novecentesca del-
l'antica vocazione poematica della poesa), lessico medio
comune, quasi mai piegato ai limiti della norma, neppure
per esigenze di precisione nominativa, deissi spazio-tem-
porale sono i segni piú vistosi anche della poesia di Attilio
Bertolucci. Bertolucci, addirittura, corregge i residui troppo colti per farli rientrare nel prevedibile linguistico (*ove
→ dove, solatío → soleggiato, obliati → dimenticati, garzo-*

ne → ragazzo ecc.) e ospita persino lessici speciali del vocabolario medico (*uricemico primipara subfebbrile extrasistole...*), dialettalismi (*biolchę morbino bergamini*) e forestierismi d'uso (*nonchalance hall alpenstock*). Dalla media evade solo a livello sintattico con inversioni e iperbati, complicazioni ipotattiche (notevole l'impiego del gerundio) e incisioni parentetiche profonde[7].

Il fatto è che nella progressiva e impressionante discesa della lingua poetica verso la prosa (segno, si diceva, costante di tanta produzione recente, da Montale a Betocchi a Caproni ecc.), resistono, a segnalare la diversità concessa alla (e voluta dalla) poesia, soprattutto e quasi solo scarti nella linearità sintattica (inversioni, iperbati) e nella catena ritmico-sintattica: come ha ben notato Girardi[8], nella libera metrica del Novecento e nella declinazione prosastica delle sue prove piú recenti (di Bertolucci, ma discorso analogo si potrebbe fare per l'ultimo Betocchi), l'antico processo dell'*enjambement* introduce «non tanto il frutto di una controsegmentazione imposta dalla lunghezza del verso, quanto di una controsegmentazione ritmico-sintattica [...] tracciata entro la sintassi della frase». La svolta linguistica è, come sempre è accaduto, legata a una decisiva svolta nella struttura metrica della poesia.

---

[1] Gli esempi da Saba sono tolti, oltre che da personali riscontri sull'*Antologia del «Canzoniere»*, a cura di C. Muscetta, Einaudi, Torino 1963, da L. Polato, *Aspetti e tendenze della lingua poetica di Saba*, in aa.vv., *Ricerche sulla lingua poetica contemporanea*, Liviana, Padova 1966, pp. 39-90.

[2] A. Girardi, *Metrica e stile del primo Saba*, in *Cinque storie stilistiche*, Marietti, Genova 1987, pp. 1-48.

[3] V. Coletti, *Metri e lingua di Betocchi*, in *Italiano d'autore*, Marietti, Genova 1989, pp. 138-52.

[4] Cfr. G. Bertone, *Appunti di metrica*, Bozzi, Genova 1981.

[5] F. Riva, *Nota sulla lingua delle poesie di Pavese*, in «Lingua nostra», XVII (1956), pp. 47-53; A. M. Mutterle, *Appunti sulla lingua di Pavese lirico*, in aa.vv., *Ricerche sulla lingua poetica contemporanea* cit., pp. 263-316; gli esempi sono tolti dal saggio di Mutterle e integrati da mie schede. Per la lingua di Pavese sono sempre fondamentali anche i saggi del numero monografico a lui dedicato da «Sigma», 3-4, (1964).

[6] A. Girardi, *Metri di Giorgio Caproni*, in *Cinque storie stilistiche* cit., pp. 99-134 (da qui gli esempi, integrati da me). Ma cfr. anche L. Surdich, *Su «Il muro della terra» di Giorgio Caproni*, in «Resine», 15 (1975), pp. 3-46.

[7] A. Girardi, *Impressionismo narrativo della «Capanna indiana»* e *Rilievi variantistici sul poema di Bertolucci*, in *Cinque storie stilistiche* cit., pp. 66-98 (da qui gli esempi).

[8] A. Girardi, *Cinque storie stilistiche* cit., p. 85.

7.
Una lingua impoetica

Nel dopoguerra, si rafforza e si carica di motivazioni anche ideologiche la tendenza a una lingua impoetica. La suggestione ermetica per una diversità di linguaggio nei versi continuerà ad attrarre molti autori, ma non è piú produttiva e molti dei suoi stessi piú accreditati interpreti ne prendono le distanze. Ci sono, fondamentalmente, due tipi di reazione ad essa: quella di Pier Paolo Pasolini, che ribadisce il valore comunicativo della poesia, dotandola di forme metriche tradizionali e fortemente costruite (le terzine, soprattutto), con un italiano medio-usuale, rispettoso della grammatica; e quella di Edoardo Sanguineti (e in parte della neoavanguardia), che invece denuncia la confusione comunicativa dell'epoca confondendo la grammatica e accentuando in essa i fenomeni di deviazione non già verso l'estraneità colta ma verso la corrività substandard e popolare.

Pasolini, pur con libertà inedite e infrazioni sottili, adatta al suo bisogno di comunicazione il poemetto in terzine rilanciato da Pascoli e dentro vi colloca una lingua comune e parlata. Ecco qualche esempio (a volte col corrispondente in rima o quasi) di «questa baraonda»: *ferrivecchi saracinesche camions autobus garages cellula infissi canottiere ferrobeton* (: *frutteto*) *biliardi fanali braccianti* (: *stanchi*) *polverone* (: *peoni*) *motori* (: *dolore*) *stanzone bastarda*; vi spicca il lessico astratto della discussione, del dibattito politico, per la prima volta ammesso largamente in versi: *neocapitalismo ragione* (: *figurazione*) *espressione* (: *passione*) *attitudine gobettiano gèsuitiche perentoria dot-*

trinari negazione (: *reazione*) *scelte simbiosi idee convergen-*
ti Marx ecc.

La sintassi cerca la chiarezza scavalcando senza problemi i confini del metro: «Lo scandalo del contraddirmi,
dell'essere | con te e contro di te; con te nel cuore, | in luce,
contro te nelle buie viscere | [...] attratto da una vita prole-
taria | a te anteriore, è per me religione | la sua allegria, non
la millenaria | sua lotta [...]»: sono versi celebri da *Le cene-
ri di Gramsci* (1957) che dànno la misura della ricerca paso-
liniana di una poesia formale e limpida al tempo stesso.
Non è un caso se la residua oscillazione del vocabolario
«non è tanto [ormai, come scrive Bertone] tra il "comico"
e il "medio"» quanto tra il medio e il sublime, «tra tombe e
urne, tra noia e tedio» e quindi con qualche sporadica possibilità di sopravvivenza per classicismi come *adusta solatio
elisie vereconda*, strumento di compensazione della prosaicità dominante dei temi, allo stesso modo delle prolessi ag-
gettivali («meridionali voci», «umana la luna», «l'autun-
nale maggio», «mortale pace», «caparbio l'inganno»,
«pasquale campagna») o di quella del soggetto [1].

Sanguineti violenta l'italiano mescolandovi lingue diverse e soprattutto scomponendolo, interrompendolo (parentesi continue), deridendolo con l'abuso delle frasi fatte
e specie quelle di un lessico intellettuale improvvido quanto presuntuoso. Ecco un breve brano da *Laborintus* (che è
del 1956): «ah il mio sonno; e ah? e involuzione? e ah? e
oh? devoluzione? (e uh?) | e volizione! e nel tuo aspetto e
infinito e generantur! | ex putrefactione; complesse terre;
ex superfluitate [...]»; da *Novissimum testamentum*
(1986): «(un paradoxe) che non ci ho il mio tempo per scri-
vertelo». Non molto diversamente fa Elio Pagliarani di cui
basterà un *incipit* da *Lezione di Fisica e Fecaloro* (1968):
«Lei personalmente non è che faccia pena, anzi | ma fa rab-
bia vedere come una | si butta via cosí». E nella *Ragazza
Carla* (1962) adopera, un po' come Jahier, la lingua settoriale dell'ufficio, della burocrazia distanziandola ironica-
mente: «Carlo Dondi fu Ambrogio di anni | diciassette
primo impiego stenodattilo | all'ombra del Duomo [...]»

Il Raboni de *Le case della vetra* (1966) sgrana versi prosastici, in lingua comune e incerta come questi: «Povera strega, poveraccia, ripeteva lisciandosi i baffi, | i capelli, aggiustando con cura la cravatta, | in cuor suo ridendo per la di lei caduta nello stagno» (*Figure nel parco*). Giovanni Giudici di *Autobiologia* (1968) (*La Bovary c'est moi*) scrive: «Deve essere stato l'abbaglio di un momento | un tac di calamita da una parola mia o sua. | E io che ci ricasco benché lo so come sono».

Persino un autore agli esordi non lontano da certa preziosità ermetica e anche in seguito sempre refrattario all'eccesso informale, come Vittorio Sereni, con una svolta in direzione narrativa, piega la sua poesia verso il parlato: «Ma uno di sinistra | di autentica sinistra (mi sorprendevo a domandarmi) | come ci sta come ci vive al mare?» (*Un posto di vacanza*) [2].

Il fatto è che negli ultimi anni la poesia si è venuta ritagliando un altro ruolo (o forse è il poeta che ha cambiato di nuovo identità) e da luogo di espressione delle emozioni e sensazioni si è fatta terra di riflessioni e racconti, pagina di diario e di meditazione, di ricordo e di giudizio.

La lingua usata da tutti, usurata, entra cosí in massa come ingrediente del poetare recente. Ad esempio nel secondo Montale da *Satura* in poi [3] abbondano le frasi fatte, le citazioni di lingua *à la page*: «una camera singola», «les jeux sont faits», «de visu», «getta la spugna», «au ralenti», «ad abundantiam», «non s'incrementa (sic) la produzione»; è fitto il plurilinguismo del «*badinage* internazionale»: *breakfast flash comfort puzzle baby-sitter chaise-longue tapeur flat stimmung at home necessaire da viaggio cocktail*: sono parole che fanno ironicamente il verso a un italiano malridotto e troppo detto; quasi che dopo avere cercato l'impraticabile e il diverso, il poeta, chiusa quella via, indugi a deridere e a giocare col risaputo, col già detto. Del resto basterebbe spulciare nel vocabolario di *Satura* con le sue *dattilografa telefonista greppia quisquilia teleselezione telescrivente blabla facsimile duplicato mangianastri saltimbocca scendiletto*, per vedere ribadita la quotidianità dilagante; allo stesso modo che l'ironia sul lessico pseudointellettuale emerge dai vari, irrisi, *solipsismo pessimismo neologismo storicismo noosfera speleologia musicologo paleontologo*; o, (dal *Diario*) *neoterista semiologia materialismo mistagogo pauperismo pneuma infungibilità* ecc.

La poesia punta ad annullare quasi ogni differenza con la prosa; anzi, con la prosa piú sciapa e banale:

> Prima del viaggio si scrutano gli orari, | le coincidenze, le soste, le pernottazioni | e le prenotazioni (di camera con bagno | o doccia, a un letto o due o addirittura un *flat*); | si consultano | le guide Hachette e quelle dei musei, | si cambiano valute, si dividono | franchi da escudos, rubli da copechi

scrive con apparente trascuratezza Montale in *Satura* (*Prima del viaggio*).

Anche il piú recente Caproni, da *Il muro della terra* in poi (1975), dispiega narratività e prosaicità, un «parlato-narrativo» fitto di incidentali, di avverbi frasali (*certo, del resto*), di verbi di puro contatto (*lo so, credo, pare*), lacerti di discorso diretto[4]. Un esempio da *Il conte di Kevenhuller* (1986), *Lo scomparso*: «"È diventato anche lui | – morto – uno scomparso". | Al bar, la ragazza del banco, | se le chiedono, dice: | "Già, non s'è piú visto. | È scomparso. | Dove, | lo sa gesucristo"». L'ultimo Luzi costruisce i suoi versi sulle domande: «Di chi erano vessilli? | quelli, | quelle bandiere?», «Di che era maceria | quel silenzio? | della storia | dell'uomo | perfino | della sua memoria – | oppure del collasso | estremo della materia?» (da *Frasi e incisi di un canto salutare* del 1990), orientandoli apertamente verso un denso e prosastico riflettere, come si vede in esempi di prolessi e ridondanza pronominale di questo genere: «Cerchiamo a volte di esserlo | fedeli alla consegna», «Non perderlo il filo della vita».

Insomma: dopo aver tanto faticato a imporsi nella società, l'italiano parlato, la lingua media di tutti i giorni, è arrivata in poesia senza piú finzioni, persino coi suoi tic e le sue «sgrammaticature», i suoi forestierismi e regionalismi. Ma la poesia non si è accontentata di una lingua azzerata d'espressività. Il trattamento dell'usuale (per ironizzarlo o demonizzarlo) ha subito avviato una ricerca nuova dentro l'italiano, per sfruttarne a fondo le risorse e liberarne tutte le possibilità.

7.1. *Scandagliando la grammatica.*

Neppure in questa stagione di clamorosa identificazione con l'informale del parlato, la lingua della poesia ha perduto la sua antica vocazione a differenziarsi. Basterebbe pensare al ruolo che, nel Novecento, ha avuto la poesia in dialetto; all'assunzione in essa dei dialetti come lingue vistosamente liriche e spesso artificiate, di nessun (o quasi) commercio nella realtà, solo connotative e letterarie (si pensi a Giotti, al Pasolini friulano o a Pierro o a Firpo) e sempre meno valide per una più affabile e diretta comunicazione (in questo senso è, in parte, un'eccezione Marin), più spesso invece impiegate per sfuggire alla medietà e usura linguistica corrente[5].

Ma, anche restando alla lingua (come è nostro proposito), ci sono poeti che non si sono mai arresi del tutto allo stravolgimento della formalità o hanno cercato di ricostruirne una, in qualche modo. Mengaldo[6] ha segnalato come in Fortini la «relativa estensione della gamma lessicale sia comunque imbrigliata dalla normalità convenzionale e razionale della sintassi» e ha ricordato che gli «scarti sono semmai [...] più in direzione "alta", di registro poetico [...] che in direzione bassa». In uno stesso componimento (qui *Agli dei della mattinata* di *Una volta per sempre* 1963) ci sono processi del parlato come la ridondanza pronominale: «Tra fumi e luci la costa la vedi a tratti, poi nulla» e altri della scrittura colta come la sintassi nominale o il metaforico *di*: «meste di frasche le tempie» e soprattutto una ritrovata evidenza del significante nell'accostamento di lemmi omologhi fonicamente e grammaticalmente, come mettendo a nudo la componente derivativa che li ha originati: «o dèi dell'autunno indulgenti dormenti».

È questa dello scavo nel significante, dell'estrapolazione delle strutture morfologiche un tratto caratteristico di un poeta considerato da molti di primaria grandezza come Andrea Zanzotto[7]; egli si compiace di accoppiamenti di questo tipo: *acroníe atopíe, fuoco foco, parvenza ed essenza, sovraesistenze-sopravvivenze, onanistici mistici cosmici orgiastici* (da *Pasque* 1973), che sono poi una variazione dell'antico gioco caro ai poeti (specie da Pascoli in poi) etimologico, paranomasico e allitterativo. Già nella *Beltà* (del 1968) si possono notare, con Mengaldo[8], decomposizioni morfologiche: «bru-bruciore», «prude-ude-ude», paranomasie: «luce limitata limata», esposizione insistita di paradigmi derivativi: «scritto circoscritto descritto trascritto | non scritto», giochi etimologici o pseudo tali: *gremire* accostato a *grembo*, *astrazione* ad *astro* ecc. Con Zanzotto, per la verità, la lingua sembra diventare il tema stesso della poesia offrendosi come mezzo e oggetto, fino a uno sperimentalismo esasperato. Enfatizzato ne risulta il plurilinguismo, spinto ai limiti estremi, con ingredienti latini, tecnicismi, neologismi; versi come «assideramento attraverso sidera e coelos», «senza di lui, noi, si, Man, On, ombra pia», «17 alfa-etinil-17 beta-idrossi-3-one | (noretindrone) mg. 1», «plastica maxillofacciale» sono comuni in Zanzotto. Ne nasce un sondaggio frenetico nella lingua e nelle lingue (e nel dialetto), con forte esibizione dei morfemi e dei costituenti delle parole (da *Pasque* e da *Fosfeni* 1983): «Fa'di (ex- de- ob etc.) – sistere» «scivolo-i», «disgiunto/a», «(dis)aspettazioni / dis(attenzioni)» e dei costrutti «fa che, cerca di, tendi, dimmi tutto», «strappate-in-su» e assoluta libertà neoformativa: *agnellare preteribile asignificante falcialune falciasoli cielitudini induranza turbazioni stellarità minimità ingloria subvigoreggiante sottosplendori microsorpresi ghiacciosottili indecidibili ultragelo multiblu.* Il tutto spesso a vantaggio di una derivazione parasintetica abnome: *invetrinarsi intelaiarsi s'infianca immicrobirsi inchimichita inventri inuoviti impettina disocchia disfigura* e di agglomerati mostruosi: «io-noi (e lui-esso-essere-ente)», «lucori-sentieri», «perduto-effranto», «seccumi-ragni». Le sequenze paiono dettate soprattutto dal significante: «Rossicchiare, verzicare, sfalciare | rosicchiare giallicare oltre i tonfi e le serenità, | azzurricare di lunghissime modulazioni ottiche»; addirittura si replica la sola categoria grammaticale: «scoscende, accede, s'infianca, s'incastra», per altro a volte rafforzata dalla sinonimia: «trotterellano arrancano zoppicano» che può anche essere la sola ragione della serie: «pomolo capezzolo capocchia succhiotto».

Cosí, appena raggiunta e acquisita la lingua di tutti, la poesia ne scavalca allegramente i confini e usa l'informale quotidiano per calarvi dentro una delle piú straordinarie ricerche nella forma che mai stagione letteraria abbia compiuto. Si prenda l'ultimo, grande Sanguineti degli anni Ottanta (*Bisbidis* 1987) in grado di comporre un *Alfabeto apocalittico* in ottave, ognuna fatta di parole che cominciano con la stessa lettera, tipo: «quando qualunque quiete è quatriduana», «frutto freudiano freme fra le fronde». Sanguineti esplora il vocabolario e coglie ogni possibilità nella formazione delle parole: «sociobiologi, sociopsicologi, sociolinguisti | e gli altri socio- (e soci)», «entropico eutrofico euforico», «ipotenusa ipotetica, diaforetica, eidetica», «sdato e sdentato», «sono carico di buoni | -concorso e -sconto e -omaggio e -acquisto e -premio... | ... e sono sorteggiabile, estraibile, indispensabile». Non c'è cosí limite all'invenzione (o alla citazione dell'«invenuto»), specie dei composti: *microsecchie microfaccia protovegetariani protorustici paraorango similannaspanti monocontenitore audiovideosubite* e dei derivati: *spontaneizzato quasimente finisterresco spaventapasseresco muscolame ramarrosa poetema* ecc. Insomma: un incredibile inventario di forme possibili (piú che reali), una grande festa della lingua per un messaggio «comico» di straordinaria efficacia icastica e capace di un'espressività di rado raggiunta dalla poesia contemporanea. Non è certo superfluo osservare che è proprio Sanguineti il poeta piú di tutti pronto a resuscitare persino vecchi metri e formalità classiche (sonetti, ottave, specie in *Novissimum testamentum*): anche per le antiche strutture c'è un ruolo nuovo, quello di contenitori di inedite esperienze linguistiche.

Ma pur senza arrivare ai limiti dello sperimentalismo intellettualistico di Zanzotto e della comicità «dura» di San-

guineti, anche nella misura «mediocre» della *Satura* borghese, dei *Diari* e *Quaderni* montaliani c'è spazio per la parola al di fuori della media e per la ricerca delle strutture
formali del lessico. Ecco un campione dell'arte derivativa
di *Satura*: *escresce anteprova inespungibili intemporaneo
multanimi*, «primario | secon-terziario, mortuario», *esisti-
bile sabbiume trimurtica ominizzato*, a cui andrà aggiunto
tutto quanto, nel lessico, è fuori media perché troppo colto
o specialistico: *jerofanti entomologo psicagogo diadochi sco-
liasti perento ectoplasma neòteroi pandemie*. Anche nel secondo Montale, come in Sanguineti e Zanzotto, c'è il gusto
di far sgorgare la parola dal significante che la precede:
«indisposta | al disponibile», «il tangibile è quanto basta. |
Basterebbe un tangente», «(dicono) che il fondatore non
fonda perché nessuno | l'ha mai fondato o fonduto», «feb-
brile | o la fabbrile».

> Quasi un intero componimento (*Gerarchie*) è costruito su que-
> sto procedimento: «La polis è piú importante delle sue parti. |
> La parte è piú importante d'ogni sua parte. | Il predicato lo è
> piú del predicante | e l'arrestato lo è meno dell'arrestante. | Il
> tempo s'infutura nel totale, | il totale è il cascame del totalizzan-
> te, | l'avvento è l'improbabile nell'avvenibile, | il pulsante una
> luce nel pulsabile».

Qualche sondaggio dalle altre raccolte documenta ulteriormente il piacere dell'infrazione alla medietà pur accolta con tanta larghezza; dal *Diario del 71 e 72* e dal *Quaderno
di quattro anni*, ecco, ad esempio, la serie dei prefissi con
in-: *infiocchettabile immemoriale insolcabile infungibilità
immiliardarsi in-necessario*; oppure i participi presenti rimotivati nel ruolo verbale: *preopinante deputante gratulan-
te tictaccante tarlante*; i suffissati inediti (o quasi): *decozio-
ne valedizione susseguenza*; i composti rari o nuovi: *icono-
grafo microsuono mistagogo nonfatto onnicolore supervuoto*
ecc.

La sintassi, a sua volta, segue senza intoppi l'andamento
prosastico del discorso in versi, ma poi non si sottrae all'e-
sigenza dello scarto, a partire dal collaudato artificio del-
l'ellissi verbale: «Sotto, il vicolo, tanfo di scampi fritti, |
qualche zaffata di nausea dal canale» (Montale, *Satura*).

Anche Caproni[9] semplifica la sintassi, sottolineando le sequenze enumerative di frasi spesso in stile nominale: «Hanno bruciato tutto. | La chiesa. La scuola. | Il municipio. | Tutto», «Mi lega l'erba. Il bosco. | Il fiume» e segmenta la linearità della prosa: «Il grigio | del vento sull'asfalto. E il vuoto», «Fa freddo, su queste balze. | L'altezza non è molta. | Stiamo | a quota mille. | Ma il vento. | L'esposizione, quasi del tutto a nord». Sereni invece[10] (parco, rispetto agli altri, nel lessico) dilata la linea frasale assommando asidenticamente membri e frasi e traducendo cosí in figura sintattica il gusto diffuso per l'enumerazione e l'agglomerato (l'«arci-parola»), fino ai «limiti delle norme interpuntivo-sintattiche dell'italiano»: «Piú volte agli incroci agli scambi della vita», «tra i dileguati e la sogguardante la | farfugliante animula», «rimpalli | d'echi gibigianne cucú», «per quanto qui attorno s'impenna sfavilla si sfa».

Anche a livello dell'organizzazione sintattica, dunque, la medietà appena raggiunta è subito eccepita, ora interrompendone il movimento, ora accelerandolo e prolungandolo. L'ultimo Luzi (di *Per il battesimo dei nostri frammenti* 1985 e di *Frasi e incisi di un canto salutare* del 1990) ha utilizzato magistralmente proprio la disponibilità colloquiale della sintassi per piegare di nuovo il linguaggio agli scarti della poesia. Si osservi l'uso della ridondanza del pronome proletttico e, in genere, della tematizzazione: «lasciale al loro nume | le cose che nomini», «Chi può dirlo | qual è il giusto compimento | di una fede – e poi che fede era?», «un suo portentoso non prodigio | che tutti li riassume | però, i grandi prodigi», «Andavano cauti loro, i Magi». La poesia si appropria dell'inversione dell'oralità e la assimila alle sue antiche, solenni procedure; ad esempio, il ritardo del soggetto; «Scoppia | qua e là | nel tempo | in un punto | o nell'altro | dell'accidentata palta, | tace | e si riaccende | tra morte | ed immortalità | la lite | e il suo diverbio», «Non trattenute le immagini | ma pieni gli occhi | di esse», «Coagula e disperde | l'alba questi pensieri»; o un profondo iperbato: «però sembrano | averli | quel cruccio e quel dolore | voluti dimenticare». Certo non mancano in

Luzi scavi lessicografici in linea con le tendenze già riscontrate in altri autori; ma in lui le serie derivative sono paradigmi di esplorazione del linguaggio (al modo di Zanzotto) che tendono verso l'indicibile, l'assoluto: *insignificanza ineloquio inequabile lubricità orfanità astralità infimità oblivescenza albescenza esultazione*; cosí i composti: *retropensiero infrasentito infratempo inselvare incielare ultraceleste ultramutevole ultrasuperbo ultratrepidante infrapensiero superamoroso subsquillante*, che si fondono con una non del tutto spenta ricercatezza, con un vocabolario volentieri raro e lirico: *ravvisare cupidigia delibare eloquio evangelio gluire esondare adusto cilestre sizio disfilare* [1] ecc. Ma la cifra luziana è una sintassi che si adagia su una frantumazione metrica apparente e la ricompone a livelli piú alti e solenni, dove la rottura dell'ordine corrente è tanto cercata nelle pieghe del parlato («e sotto altra specie lo ripensa | l'uomo») quanto in quelle della tradizione («sa solo | che le è intorno | autunnale improvvisamente | il bosco appena prima verde»).

La poesia pare dunque in questi anni sondare l'italiano di tutti che non può piú smettere di adoperare; cerca una formalità nell'informale; rimodula una sua dizione non usurata, pur con materiali spesso normali o neutri. Anche i migliori tra i piú giovani, come Giuseppe Conte (*L'oceano e il ragazzo* 1983) ad esempio, si muovono su questa strada. C'è una pronuncia poetica che sembra proprio non voler rinunciare al suo spessore caratteristico, alla sua evidenza significante, pur nel rifiuto di ogni esemplarità e nella perdita di tutte le aureole.

Dopo aver seguito e sanzionato con il proprio fascino il cammino dell'italiano verso il parlato e la lingua comune e quotidiana, la poesia riprende a studiare la grammatica e, forse, cosí, chissà?, anche a insegnarla.

---

[1] Esempi e osservazioni si debbono in gran parte a G. Bertone, *La rima nelle «Ceneri di Gramsci» di Pier Paolo Pasolini*, in «Metrica», IV (1986), pp. 225-65.

[2] Per Sereni, cfr. P. V. Mengaldo, *Iterazione e specularità in Sereni*, in *La*

tradizione del Novecento I, cit., pp. 359-86; D. Isella, *La lingua poetica di Sereni*, in V. Sereni, *Tutte le poesie*, Mondadori, Milano 1986 e A. Girardi, *Sereni, il parlato, la «terza generazione»*, in «Studi novecenteschi», 33 (1987), pp. 127-39.

³ Esempi anche da G. Savoca, *Per la lingua di Montale*, Olschki, Firenze 1988 e id., *Concordanze di Tutte le poesie di Eugenio Montale*, Olschki, Firenze 1987; cfr. poi P. V. Mengaldo, *Primi appunti su Satura*, in *La tradizione del Novecento I*, pp. 335-58.

⁴ L. Surdich, *Su «Il muro della terra» di Giorgio Caproni*, in «Resine», 15 (1975), pp. 3-46.

⁵ Cfr. F. Bandini, *Osservazioni sull'ultima poesia dialettale*, in «Ulisse», XI (1976) ma anche le note ai poeti dialettali novecenteschi in P. V. Mengaldo, *Poeti italiani del Novecento*, Mondadori, Milano 1978; cfr. ora F. Brevini, *Le parole perdute*, Einaudi, Torino 1990.

⁶ P. V. Mengaldo, *Per la poesia di Fortini*, in *La tradizione del Novecento I*, cit., p. 399.

⁷ Sulla lingua di Zanzotto, cfr. F. Belmonte, *Zanzotto dal linguaggio degli «altri» al discorso dell'«altro»*, in «Resine», 21 (1977).

⁸ P. V. Mengaldo, *Poeti italiani del Novecento* cit., p. 874.

⁹ Esempi e suggerimenti da L. Surdich, *Su «Il muro della terra»* cit.

¹⁰ A. Girardi, *Una figura sintattica dell'ultimo Sereni*, in *Cinque storie stilistiche*, Marietti, Genova 1987, pp. 135-45.

¹¹ Dati dalla già citata tesi di laurea di S. Sarcletti, Università di Trento, settembre 1991.

Bibliografia

Strumenti

GDLI = S. Battaglia, *Grande Dizionario della lingua italiana*, Utet, Torino dal 1961 (A-RIA).

DELI = M. Cortellazzo - P. Zolli, *Dizionario etimologico della lingua italiana*, Zanichelli, Bologna 1979-88.

TB = N. Tommaseo - B. Bellini, *Dizionario della lingua italiana*, a cura di G. Folena, Rizzoli, Milano 1977.

LEI = M. Pfister, *Lessico etimologico italiano*, Reichert, Wiesbaden, dal 1979 (A-B).

G. Rohlfs, *Grammatica storica della lingua italiana e dei suoi dialetti*, Einaudi, Torino 1969.

P. Tekavčič, *Grammatica storica dell'italiano*, Il Mulino, Bologna 1972.

L. Serianni, *Grammatica italiana. Italiano comune e lingua letteraria*, Utet, Torino 1988.

Opere generali di storia della lingua italiana

aa.vv., *Italia linguistica: idee, storia, strutture*, Il Mulino, Bologna 1983.

Beccaria G. L. - Del Popolo C. - Marazzini C., *L'italiano letterario. Profilo storico*, Utet, Torino 1989.

Bruni F., *L'italiano. Elementi di storia della lingua e della cultura*, Utet, Torino 1984.

Coletti V., *L'italiano nel tempo*, Librex, Milano 1987.

Devoto G. - Altieri Biagi M. L., *La lingua italiana. Storia e problemi attuali*, ERI, Torino 1979[2].

Devoto G., *Il linguaggio d'Italia*, Rizzoli, Milano 1974.

– *Profilo di storia linguistica italiana*, La Nuova Italia, Firenze 1971[4].

Durante M., *Dal latino all'italiano moderno*, Zanichelli, Bologna 1981.

Fogarasi M., *Nuovo manuale di storia della lingua italiana*, Le Monnier, Firenze 1990.

Gensini S., *Italiana*, Minerva Italica, Milano 1980.

Migliorini B., *Storia della lingua italiana*, a cura di G. Ghinassi, Sansoni, Firenze 1991[10].

Migliorini B. - Baldelli I., *Breve storia della lingua italiana*, Sansoni, Firenze 1972.

Simone R. (a cura di), *Una lingua per tutti: L'italiano*, ERI, Torino 1980, I.

Vitale M., *La questione della lingua*, Palumbo, Palermo 1978².

Raccolte di saggi di interesse generale

Baldelli I., *Conti, glosse, riscritture*, Morano, Napoli 1988.

Contini G., *Varianti e altra linguistica*, Einaudi, Torino 1970.

Corti M., *Metodi e fantasmi*, Feltrinelli, Milano 1969.

Dionisotti C., *Geografia e storia della letteratura italiana*, Einaudi, Torino 1967.

Elwert T. W., *Saggi di letteratura italiana*, Steiner, Wiesbaden 1970.

Herczeg G., *Saggi linguistici e stilistici*, Olschki, Firenze 1972.

Migliorini B., *Saggi linguistici*, Le Monnier, Firenze 1957.

Nencioni G., *Tra grammatica e retorica*, Einaudi, Torino 1983.

– *La lingua dei Malavoglia ed altri saggi*, Morano, Napoli 1988.

– *Saggi di lingua antica e moderna*, Rosenberg & Sellier, Torino 1989.

Ruggieri R. M., *Saggi di linguistica italiana e italo romanza*, Olschki, Firenze 1972.

Schiaffini, *Italiano antico e moderno*, Ricciardi, Milano-Napoli 1975.

Segre C., *Lingua, stile e società*, Feltrinelli, Milano 1976².

Stussi A., *Studi e documenti di storia della lingua e dei dialetti italiani*, Il Mulino, Bologna 1982.

Vitale M., *La veneranda favella*, Morano, Napoli 1989.

Bibliografia relativa alla Parte prima

Baldelli I. (a cura di), *Lingua e stile delle opere volgari di Dante*, in *Enciclopedia Dantesca*, Roma, Istituto Enciclopedico Italiano, 1984², vol. VI.

– *Medioevo volgare da Montecassino all'Umbria*, Adriatica, Bari 1971.

Boccaccio G., *Decameron*, a cura di V. Branca, Einaudi, Torino 1984².

Contini G. (a cura di), *Poeti del Duecento*, Ricciardi, Milano-Napoli 1960.

– *Letteratura delle origini*, Sansoni, Firenze 1970.

– *Letteratura italiana del Quattrocento*, Sansoni, Firenze 1976.

Dante Alighieri, *Opere minori*, parte I, tomo I, a cura di D. De Robertis e G. Contini, Ricciardi, Milano-Napoli 1984; parte II, a cura di C. Vasoli, Ricciardi, Milano-Napoli 1988; parte I, tomo II a cura di P. V. Mengaldo, B. Nardi, A. Frugoni, G. Brugnoli, E. Cecchini, F. Mazzoni, Ricciardi, Milano-Napoli 1979.

Dardano M., *Lingua e tecnica narrativa del Duecento*, Bulzoni, Roma 1969.

Folena G., *La crisi linguistica del Quattrocento e l'Arcadia del Sannazzaro*, Olschki, Firenze 1952.

Ghinassi G., *Il volgare letterario nel Quattrocento e le Stanze del Poliziano*, Olschki, Firenze 1957.

Mengaldo P. V., *La lingua del Boiardo lirico*, Olschki, Firenze 1963.

Petrarca F., *Canzoniere*, a cura di G. Contini, Einaudi, Torino 1964.

Schiaffini A., *Tradizione e poesia nella prosa d'arte italiana dalla latinità medievale a G. Boccaccio*, Storia e letteratura, Roma 1969².

Spongano R., *Due saggi sull'umanesimo*, Sansoni, Firenze 1964.

Tavoni M., *Latino, grammatica, volgare*, Antenore, Padova 1984.

– *Storia della lingua italiana. Il Quattrocento*, Il Mulino, Bologna 1992.

Bibliografia relativa alla Parte seconda

aa.vv., *Lingua e strutture del teatro italiano del Rinascimento*, Liviana, Padova 1970.

aa.vv., *Tra Rinascimento e strutture attuali*, Rosenberg & Sellier, Torino 1991.

Bembo P., *Prose della volgar lingua. Gli Asolani. Rime*, a cura di C. Dionisotti, Utet, Torino 1966.

De Lollis C., *Scrittori d'Italia*, Ricciardi, Milano-Napoli 1968.

Folena G., *L'italiano in Europa*, Einaudi, Torino 1983.

– *Il linguaggio del caos*, Bollati Boringhieri, Torino 1991.

Giambullari P. F., *Regole della lingua fiorentina*, a cura di I. Bonomi, Accademia della Crusca, Firenze 1986.

Paccagnella I., *Il fasto delle lingue. Plurilinguismo letterario nel Cinquecento*, Bulzoni, Roma 1984.

Pozzi M. (a cura di), *Discussioni linguistiche del Cinquecento*, Utet, Torino 1988.

– *Lingua e cultura del Cinquecento*, Liviana, Padova 1975.

Puppo M. (a cura di), *Discussioni linguistiche del Settecento*, Utet, Torino 1979².

Puppo M., *Critica e linguistica del Settecento*, Fiorini, Verona 1975.

Serianni L., *Norma dei puristi e lingua d'uso nell'Ottocento*, Accademia della Crusca, Firenze 1981.

– *Storia della lingua italiana. Il primo Ottocento*, Il Mulino, Bologna 1989.

Sozzi B. T., *Aspetti e momenti della questione linguistica*, Liviana, Padova 1955.

Testa E., *Simulazione di parlato*, Accademia della Crusca, Firenze 1991.

Trissino G. G., *Scritti linguistici*, a cura di A. Castelvecchi, Salerno, Roma 1986.

Trovato P., *Con ogni diligenza corretto. Correzioni editoriali 1470-1570*, Il Mulino, Bologna 1991.

Vitale M., *L'oro della lingua*, Ricciardi, Milano-Napoli 1986.

Bibliografia relativa alla Parte terza, 1

aa.vv., *Profili linguistici di prosatori contemporanei*, Liviana, Padova 1973.

Baldelli I., *Varianti di prosatori contemporanei*, Le Monnier, Firenze 1965.

Beccaria G. L. (a cura di), *Letteratura e dialetto*, Zanichelli, Bologna 1975.

Coletti V., *Italiano d'autore*, Marietti, Genova 1989.

De Mauro T., *Storia linguistica dell'Italia unita*, Laterza, Bari 1961.

Devoto G., *Nuovi studi di stilistica*, Le Monnier, Firenze 1969.

Grassi C., *Corso di storia della lingua italiana*, Giappichelli, Torino 1966.

– *Corso di storia della lingua italiana*, Giappichelli, Torino 1970, parte II.

Herczeg G., *Lo stile indiretto libero in italiano*, Le Monnier, Firenze 1963.

– *Lo stile nominale in italiano*, Le Monnier, Firenze 1967.

Matarrese T. (a cura di), A. Manzoni, *Scritti sulla lingua*, Liviana, Padova 1987.

Mengaldo P. V., *La tradizione del Novecento III*, Einaudi, Torino 1991.

Migliorini B., *La lingua italiana nel Novecento*, a cura di G. Ghinassi, Le Lettere, Firenze 1990 (n.e.).

Serianni L., *Storia della lingua italiana. Il secondo Ottocento*, Il Mulino, Bologna 1990.

– *Saggi di storia linguistica italiana*, Morano, Napoli 1989.

Bibliografia relativa alla Parte terza, 2

aa.vv., *Ricerche sulla lingua poetica contemporanea*, Liviana, Padova 1966.

Beccaria G. L., *Ricerche sulla lingua poetica del Primo Novecento*, Giappichelli, Torino 1971.

– *Le forme della lontananza*, Garzanti, Milano 1989.

Chiappelli F., *Langage traditionnel et langage personnel dans la poésie italienne contemporaine*, Université de Neuchâtel, Neuchâtel 1951.

Coletti V., *Momenti del linguaggio poetico novecentesco*, Il Melangolo, Genova 1978.

Contini G., *Esercizi di lettura*, Einaudi, Torino 1974.

– *Ultimi esercizi ed elzeviri*, Einaudi, Torino 1988.

Girardi A., *Cinque storie stilistiche*, Marietti, Genova 1987.

Mengaldo P. V., *La tradizione del Novecento*, Feltrinelli, Milano 1975.

– *La tradizione del Novecento. Nuova serie*, Vallecchi, Firenze 1987.

Indice delle cose notevoli

Indice dei nomi

I nomi degli scrittori esaminati o comunque sfiorati sono dati per esteso; quelli degli studiosi utilizzati, invece, solo con l'iniziale del nome proprio.

Stampato per conto della Casa editrice Einaudi
presso Mondadori Printing S.p.A., Stabilimento N.S.M., Cles (Trento)

C.L. 15433

Piccola Biblioteca Einaudi
Nuova serie